新曲綫 New Curves | 用心雕刻每一本......

http://site.douban.com/110283/

http://weibo.com/nccpub

用心字里行间　雕刻名著经典

社会认知

——洞悉人心的科学

〔加〕齐瓦·孔达　著

周治金　朱新秤　等译

人民邮电出版社

北　京

图书在版编目（CIP）数据

社会认知——洞悉人心的科学 /（加）孔达（Kunda, Z.）著；周治金，朱新秤 等译 .
—北京：人民邮电出版社，2013.2（2023.10 重印）
ISBN 978-7-115-29822-5
I. ①社… II. ①孔… ②周… ③朱… III. ①社会认知—研究 IV. ① C912.6
中国版本图书馆 CIP 数据核字（2012）第 281580 号

Ziva Kunda
Social Cognition: Making Sense of People
ISBN 0-262-61143-0

社会认知——洞悉人心的科学

◆ 著　　[加] 齐瓦 · 孔达
译　　周治金　朱新秤 等
策　划　刘　力　陆　瑜
责任编辑　刘冰云
装帧设计　陶建胜

◆ 人民邮电出版社出版发行　北京市丰台区成寿寺路 11 号
邮编　100164　电子邮件　315@ptpress.com.cn
网址　http://www.ptpress.com.cn
电话（编辑部）010-84931398　（市场部）010-84937152
廊坊市都印印刷有限公司印刷
新华书店经销

◆ 开本：710 × 1000　1 /16
印张：28.5
字数：461 千字　2013 年 2 月第 1 版　2023 年 10 月第 7 次印刷
著作权合同登记号　图字：01-2006-6456

定价：88.00 元

本书如有印装质量问题，请与本社联系　电话：（010）84937152

内容提要

我们如何洞悉自己和他人的内心？我们在每天的生活中都会遇到各种各样的人，我们对于他们以及当时的情境了解多少？我们又是如何利用这些信息来理解、预测和记忆他们的行为的？我们的社会判断是完全由我们的社会知识决定的，还是也会受到感受和欲望的影响？

社会认知是心理学的前沿领域，它关注我们如何理解自我和他人。在这本具有里程碑意义的著作里，齐瓦·孔达深入而广泛地回顾了社会认知领域的研究和理论，不仅适合心理学专业的本科生和研究生阅读，也可供该领域的研究者参考。

本书的第一部分回顾了社会认知的基本过程，包括社会概念的表征、推理规则、记忆、由动机和情感驱动的“暖”认知、自动化加工。第二部分总结了社会认知的三个基本主题：群体刻板印象、有关其他个体的知识以及自我。最后一章从跨文化的视角重新审视了上述主题。

译丛新序

1979年，我在北京大学校园开始了我的心理学求学生涯，当时我们心理系的老师委婉地告诉我们，你们学心理学可能早了20年。老实说，年轻的我们当时并没有完全领会这句话的多重含义。

2004年，我在美国伯克利加州大学的校园，开始了和新曲线出版咨询公司的合作，推荐出版《社会心理学精品译丛》。坦率地说，我并没有预料到这样一套关于人性、人情、人欲、人世的学术丛书，会有这么大的社会影响，成为中国出版界发行的最畅销的心理学丛书之一。

2013年的今天，我已经到了清华校园。受清华大学之邀、加州大学之托，五年前我开始帮助清华大学恢复它历史上曾经辉煌的心理学系，并出任复建后的首任系主任。五年的国际穿梭，以及和国内心理学界同仁的共苦同甘，已经让我看到了中国社会心理学的兴起，等来了中国心理学的春天！

所以，当新曲线公司的同事们决定出版该丛书的十周年纪念版，不仅新增《社会认知：洞悉人心的科学》、《不确定世界的理性选择》、《社会冲突》、《社会心理学之旅》、《社会心理学纲要》等新品种，而且对《态度改变与社会影响》、《决策与判断》等原有品种的译文进行精益求精的再加工，将丛书以更加精致、高雅、系统的方式介绍给我们的读者，并邀请我为新书重新写序，我已经一点也不感到意外，并相信它一定会成为人们喜爱的优秀的心理学书籍。

那么，为什么短短几年社会心理学会在中国变得如此大受欢迎？甚至我们还可以问问，为什么清华大学要在2008年恢复它的心理学系？我觉得，中国的现代化是背后最主要的原因。正是在2008年，中国的人均GDP达到3400美金。根据经济学家在上世纪40年代提出的人均3000美金的现代化标准，这正式表明中国已经迈入现代化国家的门槛。美国人是在1962年首先进入现代化国家的行列，英国人是 1968 年，法国人是 1972 年。

现代化国家的一个重要标志就是人变得比物更为重要。现代化之前，我们追求小康，以物质的丰富作为社会发展的目标，现代化以后，我们追求和谐、文化、美和幸福，以人民的尊严和完美生活为奋斗目标。这种变化，也不断反映在中国政府的执政理念变化上。从“全面建设小康社会”到“构建和谐社会”，从“建设文化强国”再到“建设美丽中国”，这些理念其实反映的正是中国社会的发展进步，特别是人民基本需求的变化和提升。心理学家马斯洛早就提出人类的需要层次理论，就是说人类从一开始衣食住行的生理需求，逐渐上升到安全、归属、爱和尊严的社会需求。再往上，就得有文化和知识的需求，以及对美的追求。人类最高级的需求就是马斯洛的自我实现，而其中一个很重要的心理指标就是幸福的巅峰体验。

2007 年的中共十七大报告明确提出：“科学发展观，第一要义是发展，核心是以人为本。”那人又是什么？其实，人最重要的标志是他有心理活动。“人者，心之器也。”正是因为人类的心理活动，人生活得才有意义，才有价值。没有心理活动，人就是行尸走肉。

自然科学的研究对象，没有人类的心理，可以照样存在。没有人类，星空依然灿烂，太阳照常升落，但一旦人类的活动参与进来，星空就不仅仅是自然科学研究的对象，它就成为心理学的研究对象。在中国东海，北纬 25°40′ ~ 26°、东经 123° ~ 124°34′ 之间有一片岛屿，这本来是一个地理科学的概念，是属于自然科学的知识，但当我们意识到，这片岛屿就是钓鱼岛列岛时，这个知识就变成社会心理学的研究范畴。它就有了感情、意识、行动。没有人类的思想和意识，自然世界本身是不会有特别的意义的。

科学发展，以人为本。它呼唤的其实就是社会心理学。因为社会就是人的集合；人的本质就是心理的载体。正是人类的心理活动，如需求、欲望、价值、信念、判断、决策、竞争、合作、冲突、博弈，等等，使得我们的生活更加丰富多彩，也更加复杂多变，需要更多的智慧、理性、善良、宽容和理解。

中国社会的发展变化为中国的社会心理学提出了无数引人入胜的问题。社会如何管理？创新如何推进？什么是中国人共同的民族意识？中华文化薪火相传，传的到底是什么？甚至还包括一些看起来肤浅、实际上很难回答的问题，比如，你幸福吗？

2000年，美国科学院组织了一批著名的学者讨论人类的未来科学究竟有哪些，他们的结论是NBICS（纳米—生物—信息—认知—社会）。

“在下个世纪，或者在大约五代人的时期之内，一些突破会出现在纳米技术（消弭了自然的和人造的分子系统之间的界限）、信息科学（导向更加自主的、智能的机器）、生物科学和生命科学（通过基因学和蛋白质学来延长人类生命）、认知和神经科学（创造出人工神经网络并破译人类认知）和社会科学（理解文化信息，驾驭集体智商）领域，这些突破被用于加快技术进步的步伐，并可能会再一次改变我们的物种，其深远的意义可以媲美数十万代人以前人类首次学会口头语言知识。”

其中提出的社会科学问题——理解文化信息，驾驭集体智商——正是我推荐社会心理学精品译丛的初衷。丰富中国人民的社会文化生活，提高我们中国人的集体智商，这是这个时代赋予我们这些心理学工作者的责任，让我们大家一起为人民的心理幸福而奋斗。

彭凯平

清华大学心理学系伟清楼501

2012年12月12日

译丛序

社会心理学是在第二次世界大战后兴起的一门社会科学学科，它研究的是人的心理和社会现象之间的关系，试图探讨人的思想、情感和行为是如何受到其他人的影响，这些影响包括实际的、想象中的和推测出来的人际作用。社会心理学家通常思考的问题有：我们如何认识他人（社会认知），我们如何与他人打交道（社会互动）以及文化、社会、团体如何作用于我们（社会影响）等方面的内容。

众所周知，社会心理学研究向来有心理学的、社会学的和符号学的三种取向，其中心理学取向的社会心理学更强调实证的研究和对社会中个体心理的关注。本译丛以津巴多（Philip G. Zimbardo）主编的“麦格劳—希尔社会心理学系列丛书”为基础，从中遴选出精品（如《决策与判断》、《自我》、《亲密关系》、《态度改变与社会影响》），并在更大的范围内，补充一些在近年来有广泛影响的社会心理学新著。

十几年前，香港著名社会心理学家彭迈克（Michael Bond）就曾经说过：“心理学不幸是由西方人创建的，结果，西方的心理学研究了太多的变态心理和个性行为。如果心理学是由中国人创建的，那么它一定是一门强调社会心理学的基础学科。”确实，这门学科是我们中国人有可能做得比其他国家的学者更好的心理学领域，因为我们的文化几千年来就很强调人与他人、人与环境、人与社会的关系，而这些关系正好是社会心理学关注的焦点所在。可惜时至今日，中国的社会心理学并没有得到它所应有的关注。我们推出这套丛书的目的，一方面是为了让国内有志于学习、研究和应用社会心理学的各界人士较为系统地了解当代社会心理学的来龙去脉、重大发现以及最新前沿，而更重要的是，我们希望通过这套丛书，为推动中国社会心理学的发展以及提高中国社会心理学的国际影响贡献绵薄之力。

彭凯平

美国加州大学柏克利分校心理学教授

2004 年 9 月

序

齐瓦·孔达是我在密歇根大学读研究生的师姐，我们都师从于美国著名的社会心理学家理查德·尼斯贝特（Richard Nisbett）。在尼斯贝特的门徒中，我们俩都有各自的特殊代表性。她是尼斯贝特的第一个女性博士研究生，我是尼斯贝特的第一个来自中国的博士研究生。在很多社会心理学家的活动中，我们都会被挑选出来，作为尼斯贝特的学生代表而出席，因此我们成为了好朋友。

但齐瓦更是我非常敬重的社会心理学家。有些人让人敬重，是他们的成就非一般人所能及；有些人让人敬重，是他们给我们带来的恩典，我们感激他们对于我们的帮助；有些人让人敬重，是他们的人格魅力，我们不知不觉中被他们感染而偏爱。齐瓦是集三种魅力为一体的圣人。

她的成就是不容置疑的。她出生于1955年6月13日，但因患癌症，于2004年2月24日不幸英年早逝，短短50年的生命年华，她为社会心理学作出了卓越的贡献。她在研究生时期所从事的有关日常社会行为的测量研究及日常生活中理性思维能力的培养，都发表在社会心理学界公认的最权威的杂志上，是当时轰动一时的新突破。

她后来任教于加拿大著名的滑铁卢大学，一直从事社会认知的研究，成为该领域的重要研究者。她拓展了社会认知研究的范畴。社会认知是社会心理学在70年代初期的认知革命中兴起的一个重要研究领域。在早期，它仅仅是指用认知科学和信息加工的方法来研究社会心理过程的一种研究范式。它的基本假设就是人类的社会认识是以“认知元素”如图式、刻板印象、各种思维启发式等形式存在于我们的大脑中，并被我们在社会活动中加以提取和应用。这样的假设，使我们能够对人的社会影响、社会认识、社会关系的过程作出具体的描述和检验。但在齐瓦之前，社会认知的工作是比较“冷”的分析，不太关心情感与动机对认知的影响。因此，她的有关动机化的推理研究，是一项开创性的工作，证明了动机对人类思维过程的影响。在她去世之后的2006年，美国实验社会心理学会决定授予她终身成就奖，以表彰她对社会认知领域和动机化推理研究的特殊贡献。这是社会心理学界的最高成就，是值得我们敬仰的业绩。

齐瓦还是一位热心公益的好人。多年来，她一直担任社会心理学界各种杂志的编委和主编，不辞辛劳地为这一领域的研究者提供服务。我的好几篇文章，都是她担任的编辑，给我提供了很多宝贵的意见和建议。1994年，我和师兄迈克尔·莫里斯写了一篇有关文化对归因过程影响的文章，在投稿不到三个月之内就收到齐瓦热情洋溢的接受函，并附有仔细认真的建议。我也做过心理学杂志的编辑，深知要在三个月内给作者回复，一定是花费了很多的精力和时间，而且还要发挥个人魅力及影响力。因为我们的审稿人都是特别忙的学者，要他们在很短的时间内对一篇论文做出评估，没有编辑的压力是很难让他们完成评阅任务的。我想这样的影响力一定来自于多年的友情积累和互惠互助，从一个侧面可以看出齐瓦是大家都很喜欢的心理学家。

但齐瓦更重要的受人敬重的特质是她的宽容、谦和、善良的人格魅力。多少年来她一直是滑铁卢大学最受欢迎的社会心理学家，她教授的《社会认知》一直是该大学最受学生欢迎的课程。本书就是建立在她的教学讲义基础之上，从内容到表述，每一处都可以透露出齐瓦的敏锐和谦和，确实做到了文如其人。比如说，齐瓦·孔达对行为经济学的描述及分析，我觉得是目前心理学教科书中最仔细、最认真，而且来龙去脉最清晰的——毫不夸张地说，她甚至可能比行为经济学的创始人卡尼曼（2002年诺贝尔经济学奖得主）的阐述还要清晰。在本书中，她还花了很大的篇幅介绍我在跨文化心理学中的贡献，平心而论，我觉得甚至比我的阐述还要清楚。这表明，她是用心地阅读和理解了其他学者的研究，而且以褒扬的风格给年轻的学者介绍社会心理学的成就，这是她的善和爱心的体现。这也能解释为什么这本书会成为美国及加拿大高校心理学专业最常用的社会认知方面的教科书。

明年就是齐瓦逝世十周年的纪念，能够在中国出版她的成名之作，我想对齐瓦应该是一个最好的纪念礼物。如果齐瓦的精神还存在的话，她一定会非常欣慰和快乐。

彭凯平

清华大学心理学系教授及系主任

译者序

社会认知主要研究人们如何解释、分析、记忆和使用社会世界中的信息，是社会心理学和认知心理学相结合的产物，它不仅对社会心理学的一些经典问题进行了新的解释，也开拓了一些新的领域。不过，直到20世纪80年代末，社会认知的理论和方法都属于所谓的“冷”认知，只关注有关社会认知概念的表征和由此得出的推论。从20世纪90年代开始，人们才开始对基于动机和情感的“暖”认知感兴趣，将人的目标、动机和情感整合到一个新的理论体系中去探讨社会心理现象，取得了一些突破性的成果。

齐瓦·孔达（Ziva Kunda）在密歇根大学获得博士学位，是加拿大滑铁卢大学社会心理学教授，在社会认知领域进行了大量的研究，特别是在动机性推理研究方面做出了杰出贡献。孔达的《社会认知：洞悉人心的科学》（*Social Cognition: Making Sense of People*）尽管没有包括社会认知的所有内容，但却包括了当时社会认知研究的主要研究主题，是对20世纪90年代社会认知研究进展的很好的总结，是一本很有影响的著作。与其他著作相比，本书具有一些鲜明的特点与特色。

首先，社会认知不是简单的信息加工过程，而是一个人构建意义的过程。人作为社会世界的认知者，对于自己身边发生的新的社会事件总在寻找其变化的原因，即为什么会发生这种变化，以此调整自己的行为。人对社会事件的理解，并不是一种简单的信息加工过程，而是一种构建过程，是社会事件呈现的信息与认知者相互作用形成个人意义的过程。在这一过程中，社会认知者个人的目标、情感、自我观、信仰和理论观都对社会事件的理解产生重要的影响。因此，对于同一社会事件，两个不同的人可能会有完全不同的理解和反应。即使是同一个人，如果他在不同的时间场合有着不同的动机、目标和情感；那么，他可能在不同的时间场合对同样的情境有不同的理解。因此，在本书中，孔达所指的认知并不是一般意义上的纯认识活动，而是包括动机、目标、情感、自我等在内更广泛意义上的“大认知”。

其次，对影响社会认知偏差的各种因素和机制进行详尽探讨是本书最大的特色之一。尽管我们关于社会行为的多数信念和理论是相当准确的，对社会现象进行推理的一些规则经常是有效的，但人并不是一个“完美”认知者，在社会认知中会产生各种各样的认知偏差。造成这些认知偏差的原因是多方面的，有些是由纯认知方面的因素造成的，如不恰当的联想、刻板印象、启发式加工等；一些非认知方面的因素，如期望、情感、目标、心情、文化等是造成认知偏差的更重要原因。另外，由于人的认知资源的有限性，在社会认知的过程中，人是一个认知的“吝啬者”，在大多数情况下，人们对于社会事件加工都是根据经验的法则进行自动化、无意识的加工，这也是导致社会认知偏差的重要原因。

第三，对于研究的主题，本书不仅阐述了研究的结果，也对研究方法进行了详尽的说明。正如作者所言，普通人和心理学家一样，对社会认知的本质都有自己的观点和看法，只不过这些看法绝大多数是建立在直觉的基础之上。人的直觉有时候很有用，但有时又会错得很离谱，因此，对于那些没有研究证据支持的直觉应持怀疑态度。本书的研究结论是建立在经验研究的基础上的，而不是建立在直觉的基础上。鉴于不同的实验方法各有长短，作者对于研究方法的细节进行了详细介绍，以便他人对这些研究所得出的结论作出自己的判断。

总之，我们认为，本书特色鲜明，方法阐述清楚明白，结论科学，内容生动有趣，是了解国外社会认知发展的重要窗口。本书不仅适合于学习心理学专业、社会学专业的大学生作为专业教材，其他对心理学感兴趣的人也可以把本书作为学习参考书或自学读物。我们相信，所有关注社会心理学领域的人都会从本书受益。

全书译者及分工如下：第 1 章，周治金、周国莉；第 2 章，朱巍巍、周治金；第 3 章，姚永松、王佩佩、周治金；第 4 章，肖力玮、周治金；第 5 章，李瑞菊、周治金；第 6 章、第 7 章、第 9 章、第 10 章，朱新秤；第 8 章，李瑞菊；第 11 章，冷海晶、周治金。另外，王伊兰、顾嘉佳、宋专茂等人做过部分章节译稿的校对工作。感谢著名心理学家彭凯平先生的信任，建议并推荐我们翻译此书！感谢责任编辑刘冰云，为本书作了耐心细致的校对和编辑工作！

因水平有限，在翻译的过程中，尽管几易其稿，译稿中难免有错译和不妥之处，望读者批评指正。

简要目录

详细目录

第 *1* 章

绪论

我们是如何理解别人和我们自己的呢？在日常生活中，我们对自己所遇到的人和当时的情境知道些什么呢？当我们试图去理解、预测或回忆他们的行为时，我们又如何利用这些已有的知识呢？我们的社会判断是否完全由我们的社会知识决定，或者，我们的社会判断是否受我们的情感和愿望的影响？

这些问题正是一个相对较新的学科领域——“社会认知”的核心。社会认知以传统的社会心理学的理论和研究方法为基础，并且受认知心理学的新观点和新方法的推动。这个领域的研究者给予社会心理学中的一些经典问题以新的阐释，也努力开拓以前从未研究过的领域。

背景

20 世纪前半叶，行为主义研究取向在实验心理学中占主导地位，它规定心理学家的研究只能关注那些可以直接观察的现象，如刺激和反应。心理学研究的目标是寻找控制行为的规律，即发现环境中刺激事件是如何影响行为的，特别是，刺激事件是如何成为奖励物和惩罚物的。介于环境刺激和反应之间的心理事件被看做无关因素，心理过程被认为是心理学家不能研究、也不必去研究的“黑箱”（例如，Skinner，1963）。存在于知觉、判断和决策中的认知事件，在 20 世纪 60 年代前则少人问津。

社会心理学家从未理睬行为主义学派的观点，认知一直都是社会心理学理论和研究的中心问题（Markus & Zajonc，1985）。社会心理学从早期就开始关注的一些核心问题——我们怎么形成对别人的印象，我们如何解释别人的行为，行为和态度是如何联系的，如何解决信念之间的冲突，人们的反应如何受偏见的影响——包含了非常复杂的心理过程。对这些问题的研究主要集中于探讨其认知成分，如信念和推理。

因而，社会心理学家对20世纪50年代末期开始的认知革命，早就做好了接受的准备。通过将人类对信息的加工类比为计算机对信息的加工过程，心理过程是可以被理解和讨论的，由此引发了大量针对人的认知结构和认知加工过程的研究，认知理论大量涌现。利用知识结构、规则和计划等概念，认知心理学家对许多被行为主义学派视为研究禁区的主题展开了研究。认知心理学最新的研究方法和理论已涉及人们怎样学习和表征概念、怎样储存和提取信息，以及人们用什么规则解决问题等诸如此类的问题（对认知革命的分析，参见Thagard，1992）。

社会心理学家很快认识到这些新观点和他们关心的传统研究内容之间的联系。认知心理学中研究概念（如鸟或苹果）如何表征的理论和研究方法可以非常方便地用来研究诸如外向性格者或图书管理员之类的社会概念。比如，通过呈现字词如“银行”，看是否能在头脑中自动激活相关词“金钱”这样的认知心理学研究方法，同样可以用来检验是否看见一个非洲裔美国人就自动激活其大脑里与这个群体有关的刻板印象。认知心理学研究发现，人们对不确定事件（如掷硬币）的推理遵循某些规则，这可以应用到类似的不确定的社会事件中，例如，一个人可能做出什么行为。这种启示导致了社会认知研究的大量涌现，到20世纪70年代初，社会认知的研究得到了飞速的发展。

除了对信念和归因等认知成分的研究兴趣外，社会心理学保持了其历史上对另外两个系统的研究兴趣——动机和情感。认知失调理论是一个十分有影响的社会心理学理论，动机可以影响我们信念的观点在认知失调理论中占据核心地位。认知失调理论的假设是：人们具有一种缓解两个冲突信念间令人不愉快的紧张情绪的动机，它会促使人们对其中的某个信念进行调整（Festinger，1957）。社会心理学的另外一个重要的研究主线，态度及其对行为影响的研究，一直把情感看做是态度概念的核心（Eagly & Chaiken，1993）。尽管动机和情感向来都是社会心理学理论的中心，但这两个系统在社会认知的早期研究中多少有些被忽视，因为研究者热衷于引入和扩展来自认知心理学的观点，并且致力于探索认知结构和认知过程对社会判断的作用。直至20世纪80年代末，绝大多数社会认知理论和研究方法都属于所谓的“冷”认知，只关注有关社会认知概念的表征和由此得出的推论。近年来，人们对那种基于动机和情感的所谓“暖”认知发生了兴趣，这种研究取向引导社会认知研究者探讨目标、愿望和情感怎样影响我们的记忆和对社会事件的理解。此类研究导致人们努力将认知、动机和情感整合在一个新的理论体系中。在本书中，我采用宽泛的“社会认知”概念，包括那些有助于我们理解社会世界的各个方面——思想、目标和情感，或者更专业地说，认知、动机和情感。

概 览

本书对社会认知的研究回顾非常丰富和全面，包括一些广泛的问题和不同观点；但也有一些统一的主题贯穿本书始终。其中最重要的可能是，社会事件并不是简单展现在我们眼前，完整地显示其固有的意义和内涵；相反，在理解社会事件意义的过程中，人起着非常重要的作用，我们赋予它意义。我们对社会世界的理解不仅受我们的目标和情感的影响，也受我们的观念、信仰和理论观点的影响。如果两个人戴着不同的有色眼镜，他们对同一社会事件或情境会有完全不同的理解。同样，被一个人看成是诙谐玩笑的评论，另一个人可能把它看成是对自己的无礼和侮辱。同一个榜样，既可以鼓舞一个人，也可能引起另外一个人的挫折感。一个冒险的行为对一个人来说就像有把握取胜的赌博，而在另一个人看来则注定要失败。

这种差异有可能产生，因为同一个社会情境在不同的人身上可能引起不同的联想。同一个女人，可能让一个人联想到其温柔的母亲，而让另一个人想到其不友好的邻居。同一个非洲裔美国医生，可能唤起一个人对非洲裔美国人的负面刻板印象，而唤起另一个人对医生的积极刻板印象。同一个具有挑战性的情境，可能导致一个人努力追求成功，而导致另一个人极力去避免失败。提到休假，可能引起一个人快乐的回忆，而引起另一个人沮丧的记忆。同样的情境在不同的人身上引起的不同思想、目标和情感可以导致他们产生对该情境形成不同的解释；而且当他们置身于该情境时，可能就会有不同的行为。

即使是同一个人，如果他在不同的时间场合有着不同的思想、目标和情感，那么他可能在不同的时间场合对同样的情境有不同的理解。对于同样的推挤动作，如果我刚好想到暴力，我会把它看成是攻击行为；但是，如果我正好想到打趣，我会把它看成是嬉戏。同样的言论，当我相信的时候它就有说服力，当我不相信的时候它就无效了。同一个人，当我心情愉快的时候我会觉得他很有趣，而当我心情不好的时候我会觉得他很烦人。

这种意义建构活动中的大多数都是自动实现的。我们可能没有意识到我们对另一个人的行为的理解受到刻板印象的影响，也受到此人使我们想到了什么人的影响。另外，我们关于社会行为的理论、我们当时的思想和情感、我们当时想追求的目标等因素，都会影响到我们对别人行为的意义建构过程。我们能够在多大程度上控制这种自动加工过程，是当前极具争议的话题。其中的一个争议焦点是，我们是否有能力压抑我们不希望有的负面刻板印象，以及防止这种刻板印象影响我们对目标对象带有偏见的解释。

另一个贯穿本书的主题是，我们的社会知识和判断可能是错误的。我们关于社会行为的多数信念和理论是相当准确的，我们对社会现象进行推理的一些规则用起来也颇为有效。然而，我们也持有一些错误的信念和规则，这会使我们误入歧途。我们可能对过去的行为和态度的记忆并不准确，例如，我们可能认为从一开始就喜欢自己的室友（实际并没有那么喜欢）。我们有可能错误地认识自己和他人行为的原因，例如我们意识不到自己愤怒的言论是由于受到了挑衅，而不是因为自己爱生气。我们可能弄错流行于同辈间的态度和行为，例如我们可能认为许多朋友都喜欢喝烈性酒，但事实并非如此。没有正确掌握相关的统计学原理，可能导致我们把偶然事件当成有意义的事件。例如，我们可能将某位篮球运动员偶然的出色投篮表现，当作他是未来明星的证据。我们可能对预测自己或他人将来行为的准确性太过自信，例如，我们会预测目前两人的浪漫关系会天长地久，但结果并不会这么好。我们可能正在进行一些探险行动，如果我们知道这会有多么危险的话，我们就会避免这些危险的行为。

上面所提到的人们对事件的独特解释、错误的信念和思想等例子，均会被本书中将要介绍的研究证实。我们建构事件的独特意义，而这种建构意义的过程经常受到不恰当联想、信念和规则的影响；尽管我们知道这种可能性，但是这并不足以阻止我们陷入我们不希望看到的偏见和误区。不过，这可能使我们对自己的解释和记忆的准确性保留一点谦虚态度，对不同的观点多了一点包容，在做判断和决策时多了一丝谨慎。

贯穿本书，我所强调的不仅是在每个感兴趣的话题方面得出的结论是什么，而且也强调这些结论是如何得出来的。为了评估我们针对人类本质所做结论的可靠性，首先要理解我们是基于什么得出这些结论的。普通人和心理学家一样，对社会认知的本质有自己的看法。你随便拿一张报纸或一份杂志，其中充满了关于本书讨论的许多问题的论断和推测。你可能看到媒体正在讨论，诸如目击证人记忆的准确性，性别刻板印象会影响雇佣什么样的工作人员，决策者在多大程度上被自己的兴趣所蒙蔽，或者日本儿童和美国儿童间的差异等话题。然而，你所见到的一些主张可能得到实证研究的支持，而另一些主张则完全是凭直觉。正如我在本书中所证明的，我们的直觉有时候很有作用，但直觉有时也会很离谱；因而，对那些没有研究证据支持的直觉应持怀疑态度。

本书中的结论是建立在实证研究的基础上的，而非基于直觉。不同的实验方法各有短长，所以，我力图提供一些研究工作中方法方面的细节，以便对这些研究所得出结论的普遍性与局限性有恰当的评价。

概 要

本书分为三个部分，第一部分重点介绍社会认知的基本过程，这部分回顾了概念表征、推理规则、记忆、“暖”认知和自动加工过程方面的研究。第二部分集中讨论社会认知的三个基本主题：群体刻板印象、关于别人的知识、自我。最后一章从跨文化的角度审视本书中所讨论过的一些问题。

确定基本过程部分应包含哪些内容、基本主题部分应包括哪些内容，这并不容易。大多数揭示基本过程的研究与三个基本主题之一有关，而大多数针对三个基本主题的研究工作也揭示了认知加工过程的基础。但是，我仍然决定用这种方式来划分章节，因为我认为，全面理解社会认知的基本加工过程是理解那些基本主题的基础。因而在基本过程部分，我呈现和讨论的每个研究，其重点放在解释这些研究的基本过程，并给出了一个简短的说明，指出这些研究与基本主题之间的关系。相反，在基本主题部分，我把许多基于不同认知过程的研究放在一起，以便说明社会认知想要探讨人们对三个不同的主题——刻板印象群体及其成员、他人和自我——是如何思考、感受和行动的。最后的跨文化研究部分，涉及不同加工过程与不同主题的一些研究。下面我将简单介绍一下本书的内容。

基本过程

第2章的重点是概念,也即思维的建造单元。该章提出,一些社会概念如律师、外向性格、哭泣或政党，是理解社会世界的基础。这些概念有助于我们理解遇到的社会事件和超越我们直接观察到的社会信息，使我们思考这些事件并与别人讨论这些事件。这一章考察了人们是如何表征社会概念的——我们是否预存着律师这一概念的定义及其典型属性，以及有关概念的理论。最后，讨论概念之间相互关联的模型，这类模型可以用来说明为什么思考一个概念时，可以影响我们对另一个概念的思考。

第3章集中讨论人们是如何对不确定事件进行判断的。该章指出，人们对于控制社会事件的统计规则有一定的了解，并能恰当地运用这些规则。但是，人们在很多时候不是依靠这些统计规则，而是运用非常不同的各种启发法，即经验规则，来做判断的。这一章回顾了人们基于这些启发法对自己和别人做出判断时，会产生系统的偏差和错误，也列举了影响人们运用统计规则，或者采用启发法来解决特定问题的一些因素。

第4章首先讨论人们如何检验假设（简对人友好吗？）以及如何评估相互关系（优秀的科学家能否成为一个优秀的老师？）。研究表明，人们所用的策略会使自己产生系统偏差。人们有时倾向于证实他们的假设，有时不能发现存在于事物间的联系，有时却发现那种根本不存在的联系。该章在讨论了人们如何决定他们现在生活事件的真实性后，再讨论人们是如何思考过去事件的真实面貌，并检验人们在不同的情境下倾向于出现“如果……该多好啊”这样的想法，以及这种想法是怎样影响人们的后悔情绪及相关判断的。

第5章讨论记忆。该章阐述了我们并不是严格按照事件发生的方式准确地回忆它们，而是重构过去的事件。我们的回忆不仅会受我们当前的期待、理论、目标和情绪的影响，也会受到事件发生时的心境影响。因此，对过去事件的记忆可能并不准确。我们回忆出来的当时对该事件的态度与我们现在对该事件的态度更一致，而不是过去对该事件的真正态度。我们回忆出来的过去的情绪色彩与我们现在的情绪状态更一致，而不是过去情绪的原貌。有时我们也可能弄错记忆的来源，可能把想象的事件当成真实的事件，也可能把别人的观点当成自己曾拥有的观点。

第 6 章讨论暖认知，即认知受愿望和情感的影响。该章首先检验了不同目标对判断的影响。研究表明，企图产生特定结论的动机会误导人们得出曾希望得到的结论。想得到准确结论的动机会引导人们为判断付出更多的努力。接下来，该章检验人们的情绪对判断的影响。研究表明，当我们情绪愉快时，我们对自己的汽车、上司、生活及许多其他对象的评价比我们伤心时更积极。本章还探讨了我们的心境通过何种方式使我们的判断蒙上感情的色彩。

第 7 章所回顾的一些事例说明，人们的很多判断和行为可能是自动发生的，即不需要觉察、意图、努力或控制。研究表明，我们的判断、情绪和行为会受我们并未意识到的一些因素的影响（因为它们在知觉阈限以下），也受到那些曾经意识到却再也回忆不起来的一些因素的影响。有些影响因素我们虽然能回忆起来，但我们并不清楚它们如何影响我们的判断与行为。该章接下来说明，自动加工几乎不需要努力，当我们因集中于其他任务而不能投入太多精力于这些事件的时候，加工过程也能够不被打断地继续进行。该章描述了如何运用这种观点来确定不同社会决策过程是否是自动实现的。

基本主题

第 8 章讨论刻板印象。首先检验了刻板印象产生的环境，以及刻板印象对人们判断的影响。探讨了刻板印象是否为自动加工过程，以及刻板印象是否依赖于个体的偏见程度。该章接着研究了什么样的人容易让人形成刻板印象；描述了那些受歧视群体中的成员理解别人的反馈信息时是如何碰到困难的；并讨论了当负面刻板印象及其相关信息突出时，受歧视对象的表现会受到不利的影响。最后，该章讨论了群体中的某些成员与刻板印象对其形成的看法不一致时，群体刻板印象是怎样保持的。

第9章讨论人们关于他人的知识。该章首先指出，尽管人们能够相当准确地知道拥有不同观点和行为的人的比例，但人们还是容易产生系统偏差。有时人们夸大了别人观点与自己观点的一致性程度。有时他们会错误地认为别人的反应与自己不同。该章接下来集中探讨了人们关于其行为一致性的信念。尽管人们所表现的友好、忠诚和其他特征在一定程度上受情境压力的影响，这些特征可能在不同的情境中有非常明显的变化；但是人们错误地假定这种行为具有很高的一致性。人们甚至从单一行为就去推断这些行为后面的人格特征。该章也考察了产生这种错误观念的原因。

第10章集中讨论自我。这章描述了关于自我知识的内容和结构如何影响人们对有关他们自己和别人的信息的理解和反应。接着讨论了人们渴望接收那些能支持其自我概念的信息，渴望接收加强其自我观念的信息；并进一步讨论了这两种愿望之间出现了冲突时（例如，负面的信息倾向于支持个人关于自我的概念是不恰当的，而正面的信息却加强其自我观念），又会发生什么事情。该章还检验了当个体考虑他人的表现时，其自我知识是如何起作用的。别人取得的成就需要用自己的成就为参照进行评估，反过来也一样，自己所取得的成就也要通过与别人的成就比较来评估。该章最后讨论了人们调节自己的思想、情绪和行为的能力。这种自我调节需要个体付出极大的努力，而锻炼自我调节的能力具有适应性。

文 化

第11章讨论社会认知中的文化差异。该章从比较东西方文化开始。许多东方文化提倡自我是一种依存于他人、依存于错综复杂的社会关系网的自我，而西方文化则主张独立的自我。这种差异与东西方人不同的自我知识、对他人行为的不同解释方式和不同的目标有关。该章接着讨论了美国北部和南部的文化差异，发现只有南方人拥有“荣誉文化”,在这种文化中男人很注重保护他们的名声和名誉。相对于美国北方人而言，为荣誉而战为更多美国南方男人所接受。面对同样的侮辱，美国南方人的解释和反应比北方人更加消极。

第一编

基本过程

第2章

概念：社会知识的表征

人们依靠各种不同的概念来理解我们这个社会。在这些众多的概念中，有些是关于人格特质方面的概念，如害羞、责任感；有些是关于范畴方面的概念，如学生、非洲裔美国人；有些是关于社会事件方面的概念，如一场葬礼。在这一章里，我将从概念的不同作用开始探讨，例如概念能够帮助我们理解我们所处的社会环境，指导我们的社会判断。当然，概念帮助我们进行判断的前提条件是它已经进入我们的头脑。随后，我将要讨论我们所处的社会环境、我们最近的经历、个人性格和人生目标等因素是如何影响我们在特定情境中激活与使用某些概念的。为了搞清楚人们是如何运用社会概念的，我们首先需要考察人们是如何表征这些社会概念的。那么人们是否预存着关于"学生"的不同定义，他们的一系列典型属性，或者与此有关的理论呢？本章回顾了概念表征理论的发展，并描述了一些重要理论各自的优缺点。另外，了解概念是如何组织的，以及各个概念之间有何联系也很重要。本章将描述那些比较流行的、说明概念间联系的几个模型，介绍这些模型是怎样解释当我们思考某一概念时，另一个概念也浮现在我们的脑海里。举例来讲，如果你对律师的刻板印象是他们讲话时咄咄逼人，那么，当你见到一位律师的时候就会想到攻击性这个概念。如果这时你的一个朋友逗乐地调侃你几句，你就会认为这是一种侮辱，而不仅仅是在开玩笑。

什么是概念

为什么那些主张男女平等的妇女很不愿意人们将她们称为女权主义者呢？为什么美国那些社会福利部门改名为“就业中心”、“人才交流中心”，或者是“家庭独立代理机构”（《纽约时报》，1998 年 7 月 5 日）？这种名称的变更和围绕术语的争论并不少见。让我们来思考这么一种情境：一个巴勒斯坦人在一辆以色列公共汽车上放置了一枚炸弹并成功引爆，炸死了许多平民。是应该称这个巴勒斯坦人为恐怖主义者呢，还是应该称他为自由主义战士？这是一个极有争议的问题。或者让我们换一个例子，一个 6 岁的男孩吻了他女同学的脸颊，我们是把这种行为看做一种性骚扰，于是就像北卡罗莱纳州的列克星敦市的校长一样，处罚那个叫 Jonathan Prevette 的小孩，一天不准他上课；还是把这种行为看做孩童间的嬉戏，他仅仅是模仿自己父母的行为而已呢（《纽约时报》，1996 年 9 月 27 日）？

上述这些例子表明，我们需要寻找一个最合适的概念，以便能够最好地描述一个客体、一个人或一个行为。概念是认知这座大厦的基石，一个概念就是一个范畴的心理表征，也就是说，我们认为可以归为一个范畴的那些客体（Smith，1990）。稍后，我们将回过头来讨论这么一个问题：到底是什么原因使我们把一组对象或一群人联系起来并归为有意义的一类。现在，我想着重指出的是，概念就是我们头脑中对这种范畴的表征；包含我们对于范畴及其成员的知识。举例来说，我们关于“律师”这一概念就包含我们认为能将这些人联系起来的共同属性（如聪明的，爱争论的）；并包含解释这些属性之间的联系，以及这些属性如何形成一个整体（肯定很聪明而且上过法学院）的理论；还包含我们所认识的某个律师的形象（如电视里的律师的形象，或是我们买房时接触到的律师的形象）。概念并不必然表征客体、人群或情境具体是怎样的，它只是反映我们头脑里认为这些对象是什么。有些概念，如一只苹果或一次演讲，可能比较明确；而有些概念，如图书馆管理员或蜜月旅行，可能就不那么明确了。概念并不是正好“抓住本质”，将一些客体、一群人或一些事件归类成有客观意义的范畴。许多概念本身就反映着我们对于如何分组或归类才是最有意义的一种理解。人们可以很容易地按照肤色对人进行归类，就像按照鞋的大小分类一样。正是我们关于这个世界的理论，才使得这种按肤色对人进行的分类方式变得更有意义。

心理学家采用了许多不同的术语来表述“概念”这个词。其中有一些术语使用得非常普遍，能指代任何概念。这些术语包括心理表征（mental representcotions）、知识结构（knowledge structures）和图式（schemas）。有些术语针对表征性质做一些特定的假设，如原型（prototypes）和框架（frames）。其他一些术语则指一类特定的客体，包括事件的脚本和各类人物的刻板印象。在社会心理学家那里，使用频率最高的表述心理表征的词汇是图式。然而，不同的研究者却赋予这个词不同的涵义。大多数心理学家运用的是这个词最普遍的意思，即图式可以与概念和心理表征互换使用。但另外一些心理学家认为图式也包含关于心理表征性质的特定假设。因为人们对表征的性质目前还存在很大的争议，所以在本章里，我将选用“概念”（concept）这个最简单、最通用的词汇，这个词对表征的内容或表征结构没有任何特定的假设。

概念的功能

假如没有概念，那么我们这个世界会变得单调乏味；我们将无法准确地知道我们周围的海量信息的意义；我们将无法从一种经验归纳概括到另一种经验上去；我们将无法同他人进行有效的沟通。例如，你可以想象一下：你去参加一个婚礼，而你又对一些关键概念，如婚礼、新娘、侍者、舞蹈、摄影师和礼物等不甚了解，那么你将感到迷茫而不知所措。

概念的一些关键功能有：分类、推知概念额外属性、引导注意和解释、交流及推理。

分　类

我们一旦碰到某些客体、人物或某些行为，我们会很自然地把它们归到某一特定概念中去。在通常情况下，我们所做的这些分类都是自动完成的。我们只会报告说见到了一只香蕉，而不会说我们见到了一个有黑色条纹的长长的黄色物体。同样，我“见到”警察和乞丐，害羞行为和助人行为，有人高兴得手舞足蹈而有人愤怒得跺脚大吼（Trope，1986）。正因为分类可以让我们把不同的客体看做同一类，可以让我们运用有关范畴的知识就能了解这一范畴中成员的意义，所以它才显得如此重要。正因为我们脑海里有“医生”这个概念，我们才能很清楚地知道他为什么要挂个听诊器；正因为我们脑海里有“助人为乐”这一概念，我们才能很清楚地知道为什么有人主动地帮一位老人提东西，并能了解这一行为背后的深层涵义。

推知概念的其他属性

当我们把一个实例归入到某一个概念以后，我们就可以利用这个概念，了解这个实例的其他信息（Bruner，1957）。当我们把一个动物归入“狗”这个概念，那么我们就可以设想这只动物会吠叫和撕咬。当我们把某人归类为医生后，我们就可以认定这个人受过良好的教育并且有不菲的收入。当我们通过一个病人的症状将其归类为抑郁症患者后，临床医师就可能假定这个病人随时有自杀的危险，认知治疗和药物治疗相结合可能较为恰当。正因为概念能够使我们超越已有的信息，所以，激烈的政治争议经常就是在纠缠概念：如果我们把一个人归入到自由战士中去，那么我们就可以假定这是一个高尚的人、一个英雄；如果我们把他归为恐怖分子，那么我们就可以认定他是一个卑劣的人、一个杀人犯。

引导注意和解释

概念为我们理解输入的信息提供了一个框架。当你进入教室，那么诸如讲演、教授、学生的概念就可以让你知道接下来将要发生什么。如果没有这些概念，师生间的互动就会显得那么奇怪。我们通常是在进入一个完全陌生的文化环境中，发现没有任何线索能帮助我们了解将要发生什么的时候，才会意识到我们是如此依赖于概念。

概念不仅能帮助我们识别所碰到的客体、事件和人物，而且能让我们的现实生活多姿多彩。人们如果运用不同的概念理解同一事件，那么就有可能产生完全不同的看法和理解。这一点在现实生活中是千真万确的，因为社会现实中的许多行为和人际关系情景都是模棱两可或模糊不清的。对于同一行为，如果我们透过不同的概念去看待它，我们就会得出完全不同的解释；所以我们运用一些概念去理解社会现象时，这些概念可以帮助我们从多种可能的意义中选择一个最适合解释当前事件的意义。当我们看到一位妇女在葬礼上哭泣，那么我们就会认为她是由于悲伤才哭泣的；而当我们看到她在婚礼上哭泣的时候，我们有理由认为此时此刻她流下的是幸福的泪水（Trope，1986）。同样的道理，当我们看到一个白人推了别人一把后，我们认为这是一种表示友善的行为；而当同样的动作发生在一个黑人身上时，我们就有可能认为那是一种暴力行为了（Sagar & Schofied，1980）。

概念的这种解释功能是社会认知领域研究的核心内容之一。当我们观察这个社会时，我们不是简单地观看客观现实如何在我们的眼前展现；我们会参与其中，塑造着我们自己的现实。我们理解社会世界时所采用的概念，决定了我们会从中撷取哪些（种）意义。

当输入的信息可以通过一系列相关的概念很容易进行解释的时候，我们不会注意看起来似乎是无关的某些知觉信息，而会去关注那些行为背后的深层涵义（von Hippel et al.，1993）。例如，我们可能注意到亚历克斯推了约翰一把，但是我们不会注意亚历克斯那时穿的是什么衣服，或者他究竟触碰了约翰的哪一个部位。

概念可以帮助我们快速、方便地确认各种不同的对象，引导我们注意一些相关的信息。概念的这些功能极其重要，凭着这些功能，概念才可以帮助我们简化认知过程；减少我们为认识这个世界所需付出的努力；于是就可以释放出一部分宝贵的认知资源，用于那些紧迫的、需要进行判断的任务（Macrae，Milne，& Bodenhausen，1994）。概念还有助于我们理解那些看来似乎毫无意义的行为和事件的意义。然而，概念也有其负面效果。概念可能会让我们误读信息。概念引导注意时，我们所忽略的一些看似无关的细节可能恰恰是重要的信息。当我们用刻板印象去解释人们的行为时，概念的负面作用特别令人不安，因为它将导致某些偏见和歧视（详见第 8 章）。

交　流

有了种种概念，那么我们就可以有效地与他人进行交流。事实上，我们在日常交流中就是运用各种不同的概念来理解别人说了什么。举例来说，如果你问我“你跑什么啊？”，我回答说“我见到一条可怕的蛇”，这就是一个涵义很丰富的回答。你通过过去积累的关于蛇的知识，就能知道那条蛇会对我做些什么，并且明白我为什么要跑。正因为有了概念，可以使交流者省略许多交流双方都知道的细节，所以显得双方的交流是那么的有效率。但是，当交流双方的头脑中有完全不同的概念，或者双方对于同一概念的理解不同时，概念也会让人在交流中产生误解。

推　理

概念是思维的组成成分。我们可以运用许多现有的概念来形成新的概念，用来描述新的客体和新的情境。例如，我们可以通过“受过哈佛大学高等教育”和“木匠”及一些相关的概念,就可以理解“哈佛毕业的木匠”这一新颖的复合名词。在这个例子中，我们可以认为这个人是聪明的，可以接受并完成哈佛大学的学业，同时他又不是一个物质主义者，这样他才会选择去做木匠，而不是想办法去谋得一份薪水丰厚的工作（Kunda，Miller，& Claire，1990）。

激活概念

在某种特定情境下，出现在我们头脑中的概念对于我们如何理解所碰到的人和事件，起着决定性的作用。于是，一个非常有意思的课题产生了：在特定的情境下，是什么因素引导我们激活并使用概念呢？为什么同一个人面对类似的情境，在不同的场合下会激活不同的概念？例如，为什么我会认为约翰的微笑是表示友好，而埃德的微笑是表示谦卑呢？在相同的情境下，为什么两个人会分别激活两种不同的概念来理解同一行为表现呢？再例如，为什么有些人将“不”仅仅理解为“不”的本义（不行、不好等），而有些人把“不”理解为“要”（于是更加努力）？由此我们可以看出，在特定情境下，概念的激活取决于刺激信息、观察时的背景和观察者等多种因素。

刺激特征

毫无疑问，刺激的特征决定了什么概念会被激活。很难想象见到一个满脸皱纹的人会激活“年轻人”这一概念，或把一个非常有活力的行为描述成“退缩”。这个问题目前很少有人关注，也许是这个问题太过明显，或者是由于社会心理学家并不想简单地研究刺激特征，而是更多地关注知觉者的哪些方面、哪些刺激条件会影响到概念的激活（Higgins，1996）。当刺激可以由多个概念来描述的时候，刺激特征的影响就表现得较为突出；因为这些刺激具有多种意义，或者刺激可以归入多个范畴。

突出性

情境使一个人某些方面的特性比其他人显得更为突出。一个人的某个特性与众不同时，那么这个特性就会激活相关的概念。在屋里有一群人，那个唯一的黑肤色的人就会很容易地被归入黑人这个范畴。人们也更有可能采用有关妇女的社会刻板印象来看待屋里那个唯一的女士（例如，Biernat & Vesico，1993；Taylor et al.,1978）。突出性特征的作用还表现在它能影响我们用何种概念来描述我们自己。儿童更有可能采用那些能把他和他的同学区分开来的属性描述自己。例如，在一个男生占少数的班级中，当那些小男孩被问到“告诉大家关于你的一些情况”时，他们会更多地提到他们是男孩（McGuire & Padawer-Singer，1976）。

启　动

假如你在读一篇关于种族关系的文章，那么你脑海里极有可能浮现出一个黑肤色的非洲裔美国人，而不会浮现出“妇女”、“医生”、“朋友”等这些概念。假如你脑海里刚刚浮现出一些有敌意的行为时，很有可能认为一个声称不给他租的公寓粉刷就不付房租的人是具有攻击性的，而不是“公正的”或“自信的”（Srull & Wyer,1979）。在这两个例子中,特定的概念（非洲裔美国人,攻击性）被启动了，也就是说，最近经验使这两个概念的意义更易浮现。所谓*启动*（priming）是指过去的经验或程序使头脑中特定的概念（或知识结构）得到激活（Higgins，1996）。

在 Tory Higgins 和他的同事们开创性的研究之后，许多社会心理学家已经反复验证了：被激活的概念极有可能被用于解释新的信息，甚至于用来解释一些不相关的情境（例如，Higgins，Rholes，& Jones，1976；Higgins & King，1981。综述参见 Higgins,1996）。有许多不同的程序被用来启动一个概念,这些程序包括：让被试阅读有关某个概念的同义词，或要求他们整理出与概念相关的一系列句子（例如，“腿，打断，胳膊，他的”对应于概念“攻击性”）；或者让他们无意中听到一段与概念有关的广播。随后，在一个表面上看似无关的上下文中通过判断任务来检验启动效应。

现在有足够的证据表明，一些人格特征如“*攻击性*”、“*鲁莽*”，或者诸如“*非洲裔美国人*”和“*老年人*”这样的刻板印象被启动后，会影响我们随后对一些相关的、模棱两可行为的解释。例如，被试阅读一段描述一个人可能具有攻击性的模棱两可的文章，那些先前受到“*攻击性*”这样的词汇或句子启动的被试，或者受到有关描述“*非洲裔美国人*”的词汇（社会普遍流行他们具有攻击性这种刻板印象）启动的被试，更倾向于将这个人评价为“有攻击性的”（例如，Devine，1989；Srull & Wyer，1979。综述参见 Higgins，1996）。在无意识情况下也可以获得启动效应。向被试快速地闪现一些单词，速度快到被试根本无法看出任何单词，然而，他们的判断却受到刚才一闪而逝单词的影响。例如，在知觉阈限下快速呈现一些有关攻击性词汇，或者有关非洲裔美国人负面刻板印象的词汇，虽然被试不曾有意识地看过单词，但是被试倾向于将随后那些可能是攻击性的、模棱两可的行为，评价为更具攻击性。（例如，Bargh & Pietromonaco，1982；Devine，1989；参见第 7、8 两章）。

人们的态度或情感也可以启动一个概念，而这个被启动的概念会在随后的判断中起作用。例如，在一般情况下，一半人会把“特雷莎嬷嬷”当做一名人道主义者，另一半人会把她当做天主教的修女。然而，如果人们先前被问到有多么喜欢天主教修女的话，那么接下来，他们就会更倾向于把她当做一个天主教的修女而不是一名人道主义者了（Smith，Fazio，& Cejka，1996）。这种情况不仅仅是由概念的激活引起的，因为仅仅由概念的激活（如要求被试确定对象具有生命还是非生物）是不能得到上述具有明显对比性的结果。我们更倾向于使用那些能够唤起我们强烈情感体验的概念。当我们想到我们喜爱的一个范畴时，我们对那个范畴的情感很容易被激活，于是我们在判断中就倾向于使用表征这一范畴的概念了。

长期通达性

每个人总有那么几个概念是长期通达其意义又可随时拿出来应用的。例如，如果“智力”这个概念是某人长期通达的概念，那么这个人则倾向于将不同的人区分为“聪明的人”或“愚拙的人”，将人们的行为区分为“明智的行为”或“愚笨的行为”。对另一个人来说，如果“性别”是其长期通达的概念，那么他就倾向于将人区分为“男性”与“女性”，将人的行为区分为“阳刚”与“柔美”。当概念被用来自我定义（描述）且非常重要时，或者概念明确地用来描述他人的时候，概念倾向于长期得到通达（Higgins，King，& Mavin，1982；Markus，1977）。长期通达的概念会影响到个人对他人的理解：如果一个人长期通达的概念是“男子气概”，那么他就会运用这一概念看待别人的行为；如果另一个人长期通达的是“羞怯”这个概念，那么他极有可能将某一模棱两可的行为看做羞怯行为（Bargh et al.，1986；Markus，Smith，& Moreland，1985）。正因为不同的人长期通达的概念不同，所以两个人就算进入完全相同的社会情境中，也会从此情境中理解到不同的意义。

目　标

人们在实现其目标的过程中也许会激活或抑制某些特定的概念。有时，你欲蔑视某人，也许是因为这个人在某些方面曾经冒犯过你，或者是因为你觉得在某方面有缺点、感情容易受到伤害，于是你就想起用这种方式来显示你比那人优越。假如此人是某一负面刻板印象团体中的一员，那么你有可能激活并运用这个团体的刻板印象来蔑视他（或她）。有证据表明：当人们输给了非洲裔美国人（黑人）或者犹太人，或者是受到这两个团体中某个成员的批评，那么这些人就会激活并使用关于这两个种族的消极刻板印象来蔑视那些击败或批评过他们的人（Fein & Spencer，1997；Sinclair & Kunda，1998）。当人们想表现其公平性，或者想避免侮辱某个种族中的成员之时，人们就会压抑并且不使用那些关于该种族的消极刻板印象的概念（Devine，1989；Kunda & Sinclair；参见第 8 章）。

概念的结构

概念在头脑里是如何表征的？这个问题引发了无数的研究，但还有许多重要的问题尚未被解决。在过去的数十年中，心理学家对于概念的理解有了很大的转变（Medin，1989）。第一次转变是从概念的经典观点到概率观点，即从概念是由一组充分必要的定义性特征组成的，转变为概念并非是由定义性特征组成的，而是由一组松散的代表性特征组成的。第二次转变是心理学家认识到一组没有关联的特征并不能充分地描述一个概念，概念还包含有丰富的因果信息。

概念的经典观点

直到最近，绝大多数的哲学家、语言学家和心理学家才在概念表征的经典观点的表述上达成一致（Smith & Medin，1981）。这种经典观点的核心假定是，概念由一组必要且充分的属性所定义。例如，我们可以用一组属性来定义学生这一概念。一个人只有具备了作为学生的所有属性，他才能被当作一名学生；任何人，只要他具备了学生的所有属性就是学生。这种观点恰好同我们的直觉是一致的。绝大多数人都认为可以用这种方式定义任何概念。事实上，从亚里士多德时代直到 20 世纪中叶，许多不同学科的学者都认为这种经典观点是正确的。然而，近几十年来，哲学家和语言学家分析的焦点和心理学家研究的焦点都在于概念是如何表征的；在这种情况下，概念的经典观点就渐渐淡出了人们的视野。

对经典观点的评价

Medin（1989）总结了经典观点存在的几个比较严重的问题，其中包括：

1. ***确定定义性特征时存在困难***。尽管我们认为可以对概念下定义，但事实上，对大部分概念来说，找出定义其充分必要的属性是很困难的。哲学家维特根斯坦（1953）在其现在看来非常著名的关于“游戏”定义的探讨中首先提出了这个问题。什么是定义“游戏”的充分必要属性呢？事实表明，不同的“游戏”本身就有不同的属性。有些游戏是竞争性的，有胜利者和失败者；还有一些游戏如抢椅子就不会有很强的竞争性。有些游戏如蛇爬梯子含有运气的成分；而其他一些游戏如下棋，则需要技巧；还有一些游戏如打扑克，则包含上述两种因素。许多游戏都含有娱乐的成分，即使在某种游戏中没人能从中得到快乐，但这也不会妨碍我们把它看做一种游戏。同样，有些游戏可以一个人玩，有些游戏则需要搭档，还有一些游戏需要很多人在一起玩。简而言之，列出一组所有游戏都含有的且符合概念的经典观点那样的定义性特征是不可能的。同时我们应该明白，这种问题并不仅仅出现在“游戏”这一概念中。尽管运用经典观点可以对许多代数和几何概念下定义，例如奇数或三角形等等，但绝大多数概念，即便是专家也难以找到给其下定义的充分必要属性。
2. ***成员的代表性不同***。在经典观点看来，任何实例都应该能够明确地归入某个范畴，如果一个实例具有某一概念所要求的充分必要属性，那么它就是该概念的一个成员，反之就不是。所有实例都能同等程度地反映其概念，任何一个三角形同其他三角形一样，它们都含有那些充分必要的定义性特征。但认知心理学家 Eleaner Rosch 的开创性研究表明，实际上人们认为某类范畴中一些成员比其他成员具备更好的代表性（Rosh & Mervis，1975；Rosh，Simpson，& Miller，1976）。例如，我们认为知更鸟与鸵鸟或鸡相比，更能代表鸟这一概念。Rosch 和他的同事及其许多后续的研究者分别用不同的实验技术验证了这一点（综述参见 Smith，1990）。这些研究方法包括：

   成员代表性评估。让被试对一个范畴（鸟）中的一个具体实例（知更鸟）的代表性进行评估。在这种评估性实验中，人们通常会倾向于把某些实例评估为更具代表性。例如，苹果和梨被认为是典型的水果，葡萄干和无花果的代表性就要差一些，而南瓜和橄榄就不具代表性了。

反应时研究。在实验中要求被试尽快地通过按键判断某一实例（知更鸟）是否为范畴（鸟）中的一个成员。统计那些正确反应的反应时间，结果表明人们判断那些代表性高的成员（如知更鸟或燕子）的速度远远快于那些代表性低的成员（如猫头鹰或秃鹰）。

实例列举研究。要求被试列出某一范畴的所有成员，被试倾向于首先列出那些更有代表性的成员。

总而言之，由上述研究我们可以清楚地了解到，范畴成员的代表性是不一样的，然而按照经典观点的看法，它们的代表性应该是一样的。我们认为范畴的某些成员更具代表性，并且可以有效地对这些成员进行归类；另外，当我们思考某一范畴并寻找它的实例的时候，这些更具代表性的实例会更为迅速地浮现在脑海里。社会心理学家 Nancy Cantor 和 Walter Mischel 引用了这一观点，认为这个观点在社会性范畴中也同样适用（Cantor & Mischel，1979）。假如面对一群性格外向的人，我们会把其中的某些人当做性格外向的“更好”代表。后续研究表明，许多其他的社会性概念也存在代表性差别。例如，当我们思考“爱”这个概念的时候，在一系列行为和情感中我们认为“信任”和“关心”比“思念”和“愉悦对方”更能体现和代表“爱”的核心意义（Fehr，1988）。

3. ***难以分类的实例***。假如概念的经典观点是正确的，那么我们将某些实例归类到某一范畴就不应该有任何困难，我们所要做的仅仅是核对实例表现出来的定义性特征。事实上，我们还是经常碰到一些不知如何进行分类的实例。例如，黑板是家具吗？一个人整天打工但又能同时完成他的课程学习，他是一个学生吗？这两个让我们感到困惑的例子说明，我们对概念的分类并不是依靠清晰的定义来完成的。

由于这样或那样的问题，心理学家对经典观点能否解释概念表征逐渐失去了信心；概率观点则取而代之。

概率观点

首先对经典观点发起抨击的是哲学家维特根斯坦，他也为概念的概率观点打下了基础（Wittgenstein，1953），心理学家则紧随其后。依据概念的概率观点，一组具有代表性的特征可以描述概念，但不足以定义概念。例如，鸟类的典型特征是会飞并在树上筑巢，鸡虽然两者都不具备，但它却属于鸟类。维特根斯坦用“家庭成员间的相似”来类比范畴成员所具有的相似性。每一个家族成员会有许多共同特征：蓝眼睛、卷头发、胖脸蛋、害羞等等。在一个家庭中并不是每一个成员都具备所有这些特征，事实上也不可能有哪个成员具备所有共同特征，但某些成员比其他成员含有较多的“家庭特征”。同理，每个范畴成员间有相似的地方，但是概念并不能用一组必要的定义性特征来界定。这是因为范畴本身就是模糊的，没有一条很清晰的边界，所以也就很难加以界定。

概率观点认为，当我们考察某一实例是否属于某一范畴的时候，我们所要做的就是比较两者之间的相似性程度。当实例与范畴之间的相似性超过某一临界水平时，我们就可以将该实例归入这个范畴。正因为相似性在概念分类中扮演如此重要的角色，所以有必要明确说明如何对相似性进行评估。关于相似性的传统理论认为，相似性程度是随着实例与范畴间相同特征数量的增加而增加，随着实例独特性特征的增加而减少（Smith，1990；Tversky，1977）。举例来讲，为了判断简是不是一个性格外向的人，我们把她同其他我们已知的性格外向的人、或者一些抽象的外向性格表征进行相似性程度评估。我们比较简的性格特征和那些我们认为属于性格外向的特征。我们对性格外向的表征包括如下特征：“友好、健谈、交友广泛、喜欢与人交谈、在社交场合处之泰然、经常参加晚会”。简拥有的上述特征越多，那么与我们对“性格外向”的表征就越相似，因此也就更有可能被归类为“性格外向的人”，反之亦然。

支持概率观点的证据

那些用经典观点难以解释的问题，用概率观点就很容易解释。根据概率观点，成员是否属于一个范畴，只是一个程度的问题，而非“是”或“否”这么泾渭分明。某一实例与范畴有越多的共同特征，那么与其他实例比起来，它就显得更“好”，更具代表性。假如某一实例与范畴的相似性程度处于临界水平附近，那么人们就无法确定是否该把这个处于边界的实例归类到某个范畴中去。

Rosch 和 Mervis（1975）的实验结果强有力地支持了概率观点。他们的实验表明，当要求被试判断某些成员在多大程度上代表了范畴时，实例与范畴享有的共同特征数目越多，判断该成员的代表性程度就越高；两者之间的相关很高。只有那些与范畴有着最多相似性特征数目的实例才被当做最具代表性的成员。像知更鸟这种代表性很高的鸟与企鹅那种代表性很低的鸟比较起来，前者比后者具有更多的典型特征。Cantor 和 Mische（1979）的研究表明，概率观点同样适用于社会范畴。例如，就“性格外向”这个概念而言，某个人被认为是“性格外向”的人，是因为与其他人相比他的特征同“外向性格”这个范畴的特征有更多相似之处。

在概率观点中，形成范畴的方式有两种：

原型说。原型说认为人们拥有一个范畴的表征集，即原型。原型包含从范畴成员中抽象出来的一组特征。例如，鸟的原型就包括了一系列特征，如会飞、啼鸣、生蛋、体形较小、在树上筑巢和吃昆虫（Smith，1990）。当判定某一生物是不是鸟时，人们通常会把它同上述特征集相比较而不会去同一只具体的鸟做比较。同理，人们对个体进行分类时，会根据该个体与抽象表征集或某个范畴的刻板印象的相似性程度，来决定他是不是学生、性格外向的人或美食家，而不会根据他与范畴中某个具体成员的相似性来做出决定。

样例说。样例说的观点与原型说恰恰相反，这种观点认为范畴是由一系列样例或范畴成员来表征的。按照这种观点，一提到概念，在我们头脑中浮现的将不是抽象的表征集，而是一组具体的实例。例如，Smith 和 Zarate（1992）认为那些对黑人抱有偏见的白人并没有关于黑人的所有负面刻板印象。相反，在他们脑海里只有几个具体的关于黑人犯罪的样例，并以此来判断他们新碰到的其他黑人。一般而言，人们没有刻板印象的抽象表征，也没有任何其他的概念。事实上，他们就是靠一组特定的范畴成员形成某个特别的刻板印象，并且往往在不同的场合想起不同的实例。于是，在判定某一实例是否属于某一范畴的时候，判定的依据是比较那个实例同想到的一组范畴成员间的相似程度，而不是同抽象表征进行比较。

原型说还是样例说？概念到底是由抽象的原型来表征的，还是由一组具体的样例来表征的呢？至今尚无定论。许多研究表明，两种表征的方法对概率观点来

说似乎都可以成立。例如，我们可能意识到了在范畴的成员中，被当做最具代表性的成员往往是那些与范畴有着最多共同特征的实例——知更鸟同企鹅比起来含有更多的鸟类特征（Rosch & Mervis，1975）。研究表明，不管是按照原型说的观点（考察知更鸟是否是鸟，把它与鸟的抽象特征集进行比较，看看其相似性程度），还是按照样例说的观点（把知更鸟同其他许多具体的鸟如燕子、秃鹰、鸡等一一进行比较，然后再判断相似程度），都是可行的（Smith，1990）。

每个观点都有一些实验证据的支持，而换做另一个观点却难以解释这些实验证据。支持原型说的研究表明，人们在判定一个群体究竟是一个什么样的群体时，一般不会受他们所记得的那个群体中具体成员的影响（Park & Hastie，1987）。该研究表明，人们往往会对群体中具体成员的形象进行抽象表征，因此并不需要回忆起某个具体成员就可以判定该群体是个什么样的群体。这个研究对样例说提出了挑战，因为样例说假定群体这个概念并没有抽象的表征，因此判定某一群体就需要回忆并找出其中某些成员的属性。当然，也有来自其他方面的证据支持样例说，有研究表明，回想起来的样例确实会影响到对该群体及其成员的判断。例如，当人们想起某些腐败的政客时，就倾向于认为那些从政的人都不可信（Schwarz & Bless，1992）。当我们评价运动员的时候，假如脑海里突然浮现出某个足球明星的形象，那么这个足球明星的印象就会影响我们的判断（Gilovich，1981）。

上述两种理论都有各自的市场。绝大多数该研究领域的专家都倾向于综合上述两种理论的观点，认为人们不仅仅存储关于概念的抽象性表征，还会存储其中的一些特定的实例（如 Fiske & Taylor，1991；Hamilton & Sherman，1994；Smith，1996）。按照这种观点，我们判断一个新碰到的人是不是学生的时候，首先会通过学生的抽象表征对这个人做一个整体的判断，接着再把他与我们记忆中的一个或多个学生的样例进行比较。虽然我们在评价学生的时候会发现许多相同的地方，但是一个后进生和一个获得奖学金的优秀生在我们的印象里还是有很大不同的。

需要特别指出的是，原型说和样例说都有一个共同的核心假设，两者都认为分类基于实例和范畴的相似性程度。两者的区别仅仅在于这种相似性程度的判断是基于实例与范畴的抽象表征之间比较，还是与一组具体成员之间的比较。概率观点过于强调相似性，这一点成为其受到批评的靶心，人们开始对该理论持谨慎态度。

对概率观点的评价

概率观点有着广泛而深远的影响，它能解释很多现象。基于这种理论，研究者们创造了一些精确测量相似性程度的方法，并用来测量实例与范畴间的相似性程度；通过这种测量我们可以预测实例对范畴的代表性程度。反过来，通过对代表性程度的判断，我们就可以预测分类判断的一些重要信息，如反应速度和准确性（Smith，1990）。这种精确测量和准确预测的能力极具价值。假如我们知道了一个范畴的属性，那么我们就可以运用这种理论对新实例的分类进行预测。例如，如果我们能够确定海关官员辨认走私犯的一系列特征和行为表现，那么我们就能预测哪个人最可能在边境检查站上停下来接受检查和盘问。如果我们知道大学教授所看重的作为研究生的一系列属性（特征），那么我们就可据此来预测哪些学生可以进入研究生院进行深造。

概念是由一组代表性程度不同或联结强度不同的属性所表征的，这一观点对社会心理学的理论与方法都产生了重大的影响。现在绝大多数研究者的兴趣在于，通过列出与刻板印象有关的一系列属性，来评估人们的社会刻板印象（Stangor & Lange，1994）。例如，人们对于黑人的一种社会刻板印象是：他们是充满敌意的、贫穷的和富有音乐才能的（Devine & Baker，1991）。同样人们对于别人的印象通常是一组关于他们的人格特质、行为和态度等属性的表征。例如，对于一群学生的印象通常可以由下面一组词汇进行描述：聪明的、把头发染成了粉红、能察觉他们的错误（Park，1986）。人们对于人格特质的表征也概念化了，并且用一组行为来测量。例如，"乐于交际"的人格特质，我们用这样一组行为对其进行描述：愿意主动去结识别人、在晚宴上讲笑话活跃气氛，并且喜欢扎堆学习（Buss & Graik，1983）。总之，社会概念常常是用一组互不相干的属性来表征的。

对概率观点的广泛接受，导致了临床医师修改了指导诊断的重要文献，即《精神疾病的诊断与统计手册》（*Diagnostic and Statistical Manual of Mental Disorders*）。该书 1968 年的版本（DSM-II，美国精神病学会）还尝试对各类疾病进行定义。例如，该书把抑郁症定义为一种由内心冲突或特殊事件（如失去了至亲或至爱之物）所引起的极端的抑郁性反应（p.40）。到了 1987 年，概念的概率观点已经深入人心了。在那年的新版本中，该书（DSM-IIIR）就不再尝试对"疾病"下定义了，取而代之的是把心理疾病的典型症状描述出来，在后续的 1994 年的版本（DSM-

IV）中采用了相同的方法。在这几个版本中，对于抑郁症是这样诊断的：一个人在 2 年或以上的时间里，抑郁心境的天数超过一半；而且要具备以下 6 种病症中至少 2 种以上。这些症状包括：失眠，食欲不振，疲乏，至少连续 2 周的自我评价低。值得注意的是，只要有 3 种不同的症状就可以直接被诊断为抑郁症，而不需同上述除抑郁心境之外他们的抑郁症状吻合。人们认为抑郁症患者只具有一些家族的相似性，而不具有共同的定义性特征。

尽管概率观点有着广泛的影响并被普遍地接受了，但该理论还是受到了严厉的批评。对于该理论的主要质疑集中在样例与范畴间的相似性上，并进而挑战“概念就是一组不相关属性的集合”这一观点。批评者同意相似性在组织范畴的过程中起着核心的作用，因为同一范畴中的成员看起来确实彼此相似。但是他们指出“相似性”这一指标不能单独用来解释概念的分类。Murphy 和 Medin（1985）指出了单独运用相似性来决定概念成员所存在的问题。其中包括：

1. ***相似性判定的依据是什么？***相似性作为一种具有广泛影响力的理论是由 Tversky（1977）提出并发展而来的。他认为两客体之间的相似性取决于两者具有多少相同的特征，两者又有多少独特的特征，以及这些特征在突出性与重要性上的权重各是多少。但问题是我们该如何选择特征呢？正如 Murphy 和 Medin（1985，p.292）所指出的那样，任何两个客体之间都存在着无限多的相同特征。让我们以梅树和割草机为例，我们可以说两者的重量都不超过 10000kg（也不超过 10001kg……），两者的存在年限都不超过 10000000 年（也不超过 10000001 年……），两者都没有听觉，两者都可被放倒，两者都占用空间，如此等等。同理可知，两者之间的不同点也可以是无穷多的。从中可以看出，没有谁会用这种荒谬的特征来说明在概念分类的时候，某些特征比其他特征更有意义。在现实生活中，我们更倾向于采用性别对人们进行分类，而不是采用个体对食物的喜好来分类；我们会通过肤色，而不是衬衫的颜色对人群进行分类；我们会把人群按照职业，而不是按他们的爱好进行分类（例如，Stangor et al.，1992）。显然，关于自然和世界的一些额外知识指引着我们对事物特征进行选择，并帮助我们决定哪些特征对概念的分类将会起决定性的作用。

即使我们已经确定了哪些特征可以对概念进行分类，但接下来还有一个问题有待解决，即我们将如何去评判每一个特征？我们该如何决定特征间的相对重要性？这是相当重要的，因为两客体间的相似性可以随着我们指定特征的重要性程度的变化而变化。举例来讲，假如我们认定“条纹”这一特征是重要的，那么一匹斑马同理发店门口那个三色圆柱灯筒的相似性就比斑马同马的相似性要高。显然，特征的突出性和重要性随着情境的变化而变化，因此客体间的相似性也会随之变化（Medin，Goldstone，& Gentner，1993；Tversky，1977）。由这个问题直接引发了下面一个新的问题：假如相似性会随着情境的变化而变化，那么概念分类又怎么能够仅仅建立在“相似性”的基础之上呢？当我们尝试将人们归入到某一社会范畴（如刻板印象）中时，这个问题就显得尤为突出了。因为单个个体往往会属于许多不同的范畴。一个黑人妇女和一个白人妇女如果处于50个黑人和白人男性中，此时性别特征就显得尤为突出，她们俩彼此间看起来就更相似，并归为一类。但是，只有两个黑人处在50个白人（男女都有）中，那个黑人妇女将会同一位黑人男性归为一类，而不会同其他妇女归为一类（Taylor et al.，1978）。

从上面的论述我们可以看出，基于特征相似性的判断并不能充分地说明概念的分类。至少，只有在一些额外信息的指引下，我们才能决定哪些特征彼此间是相关的，每个特征的重要性程度有多高。

2. ***仅基于相似性的分类忽略了属性之间的相互关系。***概率观认为，客体和范畴的特征就是一组并不相关的属性的集合，分类就是建立在实例与范畴共享多少共同的属性，以及实例又有多少独特属性的基础之上。这种观点忽略了这么一个事实，即人们已经掌握了有关属性间（关系）的丰富知识。我们头脑中关于鸟的概念，除了“有翅膀”和“能飞”这些特征之外，还包括“鸟能飞是因为它们有翅膀”这一常识。毋庸置疑，我们都知道作为一名律师必须口齿伶俐，因为在法庭上他们需要用言语去说服别人。由此可见，我们在进行分类的时候经常用到这些带有因果关系的常识。例如，我们会把一位衣着光鲜、但突然跳进游泳池的人当作一位醉汉，尽管在我们对于“喝醉酒”的描述中并不包含这一特殊的行为。我们之所以能做出上述判断，是因为我们知道在某些特定情境下这种行为所代表的意义，以及酒喝多了之后的反应；于是我们就可以推断那个人喝醉酒了（Murphy & Medin，1985）。

现在我们意识到了这种因果关系知识的重要性可能已经超越了相似性的判断，那么我们接下来就介绍概念理论的另一次转变，即“基于理论的概念观”。

基于理论的概念观

长期以来，社会心理学家认为概念的表征包含了因果关系。有关社会认知的论述中，图式在心理表征中占有重要的地位，它被定义成一种解释社会运作的“理论”（Markus & Zajonc，1985，p.145；Taylor & Crocker，1981）。然而，绝大多数社会心理学家将图式作为一种理论背景，而不是一种实证研究的焦点。事实上，社会认知研究的焦点在于研究图式是如何被激活的，以及运用它来加工社会信息会得到什么样的结果。许多研究表明，这种研究方法并不依赖于有关概念表征的特定假设。正如我前文所指出的那样，社会概念是由一组并不相关的特征所测量和描述的，而不是用某些理论来描述的。

近一段时间以来，认知心理学家和发展心理学家在探究概念表征本质的研究过程中，积累了丰富的证据；这些证据表明概念中包含了因果关系方面的知识。于是，有些心理学家提出，因果关系在维持概念和指导人们对概念进行分类的过程中起着核心的作用（Carey，1985；Keil，1989；Murphy & Medin，1985）。基于理论概念观的极端观点（强理论）认为，概念和实例之间的关系类似于理论和数据之间的关系（Murphy & Medin，1985）。分类不是简单地把实例的属性与概念匹配起来，而是要求实例能够最好地解释和说明理论是如何对概念进行组织的（Medin，1989，p.1474）。基于理论概念观的折衷观点（弱理论）认为，许多概念包含因果关系方面的知识（同时也有属性的代表性信息），而且这些因果关系方面的知识在概念分类中可以发挥作用（Keil，1989）。

基于理论概念观的支持证据

在表征和运用概念方面，理论知识起何作用？对于这个问题有几种不同的研究路线，下面将分别论述。

*范畴成员比相似性重要。*发展心理学家 Susan Gelman 和 Ellen Markman（1986）发现，即便对学龄前儿童来说，建立在理论基础上的知识比建立在相似性基础上的判断要重要。在他们的研究中，向儿童呈现一些知觉上相似而范畴成员却相互冲突的图片。例如，在图片中，燕子同蝙蝠很相似，但与丹顶鹤差别很大。尽管如此，绝大多数儿童还是认为燕子和丹顶鹤具有同样的觅食行为（都是鸟），而不认为燕子与外形上差不多的蝙蝠是一类。换句话说，儿童根据范畴的成员属性进行分类而不是根据知觉的相似性进行分类。显然，在分类中，范畴成员具有的共同属性比基于相似性的判断要重要。

另一位发展心理学家 Frank Keil（1989）的研究同样支持上述结论。在实验中，Keil 告诉儿童，他们会逐渐改变一只动物的外形直至它变得看起来像另一种动物。其中有一个实验便是通过修剪皮毛和染色的方法，并把一个像臭鼬所带有的那种巨臭无比的气囊植入一只浣熊体内（采用外科手术），让一只浣熊无论是在外形上还是在气味上变得都像一只臭鼬，但儿童还是认为那只动物是只浣熊而非臭鼬。这再一次证明了，在分类中范畴成员要比外形相似更重要。在对动物进行分类和对动物行为进行预测的时候，儿童依靠的是那种关于动物本质特性的潜在的知识。

*目标派生的范畴。*在组织概念方面，能够突出理论重要性的另一个证据就是目标派生范畴的存在（Barsalou，1983，1985）。让我们来思考一下，有一个范畴包括孩子、钱、相册和宠物。你可能会觉得奇怪，为什么这些东西能归为一类呢？如果你被告知，这些东西都是从起火的房子里抢救出来的，那么你就会明白这种归类的原因。当你明白了这一点之后，你就能决定哪些物品也属于应该施救的范围之列，如手写的书稿属于此类，而电冰箱不属此类；同时你也就知道了属于此类的每件东西的意义有多大。像这种分类，范畴成员间就只具有很少的相似性，也许有人会争论说它们都有一些共同特征，例如它们是珍贵的、不可替代的并且都是便于携带的。但事实上把这些东西归为一类仅仅是采用了概念组织的因果关系原则罢了。由此我们可以很容易地在社会范畴中找到一些类似的例子，这些范畴是由潜在的道德观念的知识而不是由表面的相似性组织在一起的。你可以找到一些具体的实例归类到如下几个范畴："使母亲气得发疯的行为"，"我所看重的配偶的品质"或"能够获得假释的囚犯"。显然，背景知识和理论可以使我们看清

表面上不相干的对象、行为或人之间的相似性，并据此把它们归为不可分割的一类。

专家意见。领域内杰出的专家所做的分类与一般人的分类是不一样的。例如，当要求被试对一组物理题进行分类的时候，初学者是按照问题表面的相似性来进行分类的，而专家则是按照解决问题所用的物理原理进行分类的（Chi，Feltovich，& Glaser，1981）。显然，专家深厚的理论知识可以帮助他们把表面上看起来不同的问题归为一类。同理，那些不同专业水准的人对相同物体的分类也会不一样。研究林木的科学家、把树修剪成工艺品的园林设计师和那些在公园里养护树木的园林工人，他们对于树的分类就会不同。例如，园林设计师同其他专家比起来，更倾向于通过草本植物还是观赏植物来对树进行分类；而园林工人则会把注意力更多地放在诸如树干强度等特征之上（Medin，Lynch & Goley，1997）。不同专家所拥有的不同背景知识以及其不同目的，直接影响对概念分类的判断。

复合概念。什么是宠物鱼？什么是海洋驾驶？什么是赛马？我们能很容易地理解这些复合概念。正如 Murphy 和 Medin（1983）所指出的那样，我们并没有弄明白单个概念的意义是如何结合在一起形成复合概念的，也没有单一的规则能解释我们是如何理解这种复合概念的。我们知道“赛马”就是一群马赛跑，但“海洋驾驶”不是驾驶海洋；我们知道“专家维修”就是由专家进行的维修，但“引擎维修”就不是由引擎进行的维修了。为了理解这类复合概念，我们需要运用单个概念中潜在的因果关系知识和有关这个世界的丰富的常识。

社会心理学家的研究提供了关于复合概念中需要因果推论的一些好的例子。Asch 和 Zukier（1984）要求被试运用一对相反特质词汇来描述个体的性格特征，例如“忧郁的”对“愉快的”，“怀有敌意的”对“依赖他人的”，“宽宏大量”对“睚眦必报”。被试通常是通过因果推论来决定在什么情况下该运用一对反义词中的哪一个。在某些情况下，一种特质被当做获得另一种特质的手段，也许“严厉的”同时也是“好心的”，因为那个人通过严厉的管教来保护孩子。在另一些情况下，一种特质被看做引发另一种特质的原因，例如一个人可能既是“怀有敌意的”又是“高度依赖他人的”，这是因为“高依赖性”导致了攻击性。在其他一些情况下，我们可以通过推论来解释一些事情，例如，一个聪明的人却胸无大志，那么我们可以推论，他也许在事业上遭受过挫折。从上述这些例子可以看出，因果关系方面的知识不仅可以用来解释不同特质词汇之间的矛盾，而且还可以引导我们在一对反义词中选取哪个特质词更为合适。这也表明了特质概念潜藏于因果关系网络之中。

上述结论在“刻板印象”中同样得到了验证。让我们来思考如下情况：一个人受过哈佛大学的高等教育同时又是一位木匠；一个人双目失明同时又是位律师；一个人是同性恋者同时又是位建筑工人。Kunda、Miller 和 Claire（1990）通过研究发现，人们还是会依靠因果关系知识把那些令人奇怪的、表面上看起来并不相容的刻板印象组合起来。被试对于这些人作出的描述通常含有明确的因果推论：一个双目失明的律师必须付出十二分的努力，才能克服攻读法学时存在的障碍；一位同性恋建筑工人必须在他所从事的男性职业下掩藏他的真实性取向。除此之外，采用复合概念描述（对某个人的）“刻板印象”时，还会涌现出某些新的概念属性，也就是说，这些属性不是任何单一刻板印象所具有的属性。例如，一位哈佛大学毕业的木匠可以被描述为非物质主义者和墨守陈规者，尽管这两个属性既不能用来描述一个纯粹的哈佛大学的毕业生，也不能用来描述一位纯粹的木匠。这种出现在复合概念中的新属性提示人们，当某人属于多个刻板印象群体，对其形成印象时，我们不仅依靠单个刻板印象所包含的属性，而且还依靠丰富的常识。上述这些研究同“刻板印象是一组不相关属性的集合”这一观点是不一致的。

对基于理论概念观的评价

现在似乎有数量可观的、引人注目的证据表明，概念所包含的因果关系方面的知识可以影响人们对实例的分类，影响人们判断范畴成员与其他成员共享哪些属性，也影响人们判断多个概念是怎样组合在一起的。尽管这些证据表明理论在概念的组织过程中起着作用，但我们不清楚这种作用有多大。这些证据还不足以支持那种极端的观点（强理论），即所有的概念完全是由“理论”组成的，每种属性不仅与概念整体而且与其他属性都有一种解释性的关系。除此之外，许多概念确实包含因果信息，同时还有一些同“理论”不相关的信息。例如，我们都知道狮子拥有锋利的爪子和牙齿，这个信息就同我们原本关于狮子是肉食动物这种知识之间存在因果关系。但我们同时还知道狮子有长长的鬃毛，我们就不明白这是为什么了。正如 Keil（1989，p.278）所指出的那样，“概念也许总是潜藏在理论之中，但有部分结构是由独立于理论的某些规则组织起来的。”

基于理论的概念观加深了人们对于概念的理解，并且解释了许多原本难以解释的现象。但是对于此观点的全盘接受，反而使它失去了精确性和预测性；比较而言，概率观点反而显得更有吸引力。基于理论的概念观中，“理论”和因果关系有时也显得有些模糊不清。到目前为止，研究者致力于证明“理论”在概念的应用中发挥着作用，却只有少量的研究对理论知识进行测量，并以此为依据预测它的影响。

概念间的组织

迄今为止，我们所讨论的问题焦点集中于概念的内部结构。关于不同概念间是如何相互联系的，目前也已有了数量可观的研究工作了。许多概念是以等级层次的形式组织起来的，最具体的和最狭隘的概念处于底层，抽象的和宽泛的概念居于上层。以生物为例，“动物”处于上层或较高等级层次，“狗”处于较低层次，“达尔马希亚狗”处于更低的下级层次水平。在社会概念中，“情绪不稳定”处于一个等级层次较高的层次，“恐惧症”处于较低层次，“幽闭恐惧症”则处于更低的层次（Cantor & Mishcel，1979）。在这些等级层次中，上位概念包括所有处于它之下的范畴成员：“动物”包括了所有的狗，“狗”包括了所有的达尔马希亚狗。因此，同一种生物可以归类到不同的抽象层次中去，例如我们可以把罗马（狗名）看做达尔马希亚狗，也可以把它当做一条狗或者一只动物。由于在不同的抽象水平上，范畴在我们的脑海里激活的属性不一样，所以搞清楚我们运用的是范畴的哪一个层次就显得尤为重要：“动物”在我们脑海里激起的是“能呼吸”；“狗”所激发的印象是“会犬吠”；“达尔马希亚狗”所激发的印象是“有斑点”。显然在许多等级层次中，每一个抽象水平都具有其特殊性；Rosch 及其同事把那个特殊的、具有决定意义的层次命名为基础水平（Rosch et al.，1976）。

基础水平范畴

基础水平是指在这个层次水平上，我们可以很自然地对物体进行命名。当看到罗马的照片时，我们脑海里就会首先映入“这是一条狗”，而不会想到“这是一只达尔马希亚狗”或“这是一只动物”。基础水平概念通常也是儿童首先学习的概念。那么这种特定的基础水平概念是由什么因素决定的呢？Rosch 最初认为它是由自然因素决定的——基础水平就是那种涵盖性最高的层次水平，在这一层次水平上，客体拥有许多本范畴的共同属性，但与其他范畴同一水平的属性有明显的区别。例如，每种不同的狗都拥有许多相似的属性，而这些属性又不同于鸟类和鱼类的属性。在低一层次上，不同的达尔马希亚狗有许多相似的属性，但这些属性同狮子狗或斗牛犬的属性就没有多大区别。在高一层次上，不同种类动物的共同属性就较少。在基础水平上，个体能够容易地想象出某个实例的形象，它能在最高层次上代表该范畴的整体。一个人可以很容易地想象出一只普通的狗或鸟，但你能想象“普通的动物”是什么样的吗？不同范畴就是以这种方式区分开来的，而基础水平概念往往处于概念抽象水平的中间位置（Rosch，1978）。然而，认为基础水平范畴是“抓住本质”的观点，也受到了挑战。人们认识到，不同人的基础水平概念并不相同。例如，专家就有可能将那个在概念的层次结构中处于较低水平的层次当做基础水平。你、我和其他人也许都会认为罗马是一条狗，但驯狗师也许就会认为它是一条达尔马希亚狗（Tanaka & Taylor，1991）。基础水平的选取同样有可能受目标的影响。当我们挑选宠物狗的时候，我们也许会将候选狗区分为狮子狗与小猎犬，而不会把它们笼统地当做狗了。

社会概念存在类似的基础水平范畴吗？这是一个很重要的问题，因为在前面的讨论中我们已指出，关于人和行为上的那些范畴会影响我们对个体的预期和对行为的解释。我们可以把一个人放到一个较高的抽象水平上——妇女；或把她放到一个较低的抽象水平上——祖母、女权主义者、修女；采用不同的分类，我们对个体就会产生完全不同的期待。社会概念的许多层次都有其基础水平范畴，并且与自然范畴一样，基础社会概念处于概念抽象水平的中间位置。让我们来思考一下图 2.1 中所展现的社会概念层次。Cantor 和 Mischel（1979）的研究发现，在社会概念层次中，处于中间水平的范畴，例如公关型和幽默风趣型的人，与 Rosch 所列举的狗或椅子这种基础水平范畴有许多相似之处。这些概念处于这样

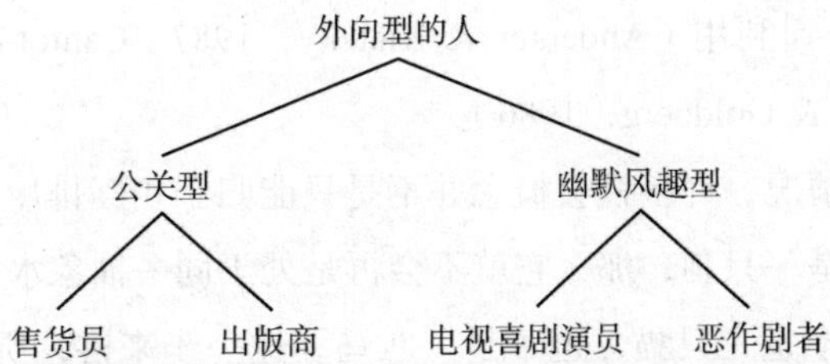

图 2.1　社会概念层次。资料来源：Cantor & Mischel (1979，p.17，图 2). Copyright © (1979) by Academic Press. Adapted with permission.

一种抽象层次，人们能够用最丰富生动的语言对之加以描述；同时，这些概念也很容易与相同抽象水平的其他概念区分开来。同样，像喜剧演员和政客等带有社会刻板印象的概念，比起那些宽泛的概念，如“外向性格的人”，含有更为丰富的特征，并且两者的区别也相当大（Anderson & Klatzky，1987）。这些内容丰富但又迥然不同的中间层次范畴可能就是基础水平，当我们观察人物的时候，它就会首先进入我们的脑海中。我们也有理由相信这种情况很普遍。在提到一位上了年岁的个体时，我们往往会想到一些处于概念中间层次的刻板印象人物，诸如老奶奶、上了年纪的政治家；而不会想到处于较高水平的、包容性更大（更抽象）的刻板印象人物，如老人（Brewer，Dull & Lui，1981）。同样，在描述个体的人格特征时，我们还是倾向于采用中间层次的概念（特质），诸如好心的（kind）；而不会采用那些过于具体的下级特质，如仁慈的（charitable）；也不会采用那些抽象性水平更高的特质词汇，如好的（good），因为这个词汇的含义是如此之宽泛，以至于不能提示任何具体的行为了（John，Hampson & Goldberg，1991）。

虽然已有了上述众多的研究成果，但我们还是不能贸然下结论说，我们能够并且已经区分出了人们在想到其他人时，习惯性使用的有关社会概念的基础水平。这是由于在社会概念等级层次中，我们所认为的基础水平似乎更具可变性，在不同情境下我们的基础水平不同。与非社会性概念不同，社会概念的基础水平更多地取决于我们的目标（Cantor & Kihlstrom，1987）。尽管这种推测还没得到直接的验证，但目前有研究表明，不同种类的社会概念可能是自发激活的。某些特征，如慷慨的，就经常被用来描述某些行为（Winter & Vleman，1984），而宽泛的种族刻板印象，如黑人，常常会自动地套到某些人的身上（Fazio et al.，1995）。因此，与其争论概念的哪个层次是基础水平，还不如研究概念的每个层次在什么情境下最有可能得到利用（Anderson & Klatzky，1987；Cantor & Mischel，1979；Hampson，John，& Goldberg，1986）。

还存在一个情况，许多社会概念并不是只能归于相互排斥的某个层次中。一只达尔马希亚狗是一只狗，那么它就不会再是处于同一抽象水平的其他范畴中的一员，例如，它不是一只猫，也不是一匹马。进一步来讲，所有的狗都是动物，但并非所有的动物都是狗。社会概念就有所不同，以我的邻居为例，他是个男人，美国人，教授，亚裔人，性格外向的人，美食家，体育迷……像这样的单子我们可以不断地列下去。从中我们可以看出，每个人都可被归类到许多相互交叉的范畴中去。社会概念的组织并不是包容性逐渐增加的、简单的层次结构。如果没有清晰的层次结构，那么就不会有类似于 Rosch 所描述的那种基础水平范畴了。个体的人格特质和行为也同样难以确定基础水平范畴。假设出现了这种行为，一个人用粗鲁的言语议论一位刚好路过的女士。我们可以把这种行为当做个体具有攻击性的一个例子，但我们也可以把这个行为归类到其他特质中去，如粗俗的和不友好的。由此我们可以发现，行为和人格特质，都可以被划到概念的多个层次中去（Hampson et al.，1986；Kunda，Sinclair & Griffin，1997）。对于同一水平上的多个概念，如果我们不能确定应该采用哪一个概念，例如，我们不能确定是该把简看做喜剧演员，还是该把她看做数学奇才；我们把推人这一动作当做一种攻击性行为，还是一种粗鲁行为。那么在这种情况下，提出某种人格特质或某种社会刻板印象是概念的基础水平，这种做法的意义就不大了。

由于社会性概念的层次比非社会性概念的层次复杂，因此对于社会性概念基础水平的研究就要复杂得多。在非社会性范畴中，上位与下位概念间的关系通常是明晰的。狗是动物的一种，但动物不是狗的一种，这个道理谁都明白。与此相反，我们可以认为“冷酷的”是“不顾他人感受的”一种，也可以认为“不顾他人感受的”是“冷酷的”一种（Hampson et al.，1986）。在社会刻板印象中存在同样的情况：我们可以认为医生是妇女的一种，也可以认为妇女是医生的一种。

社会概念间的复杂关系促使一些人提出：与其把社会概念当做一种有组织的层次结构，还不如把它们当做是一种异常复杂的网络结构（Anderson & Klatzky，1987；Cantor & Kihlstrom，1987）。在某种特定的场合下，究竟运用哪一个概念，与其说是取决于概念的丰富内涵或独特性等结构方面的因素，还不如说是取决于环境和个人因素所激活的特定的概念。

表征的模型

认知心理学家建立了一种详细的知识表征模型，这种模型不仅可以描述概念是如何表征和相互联结的，而且可以描述概念是如何被激活和提取的（例如，Anderson，1983；Collins & Loftus，1975）。一些社会心理学家同样建立起了一种详细的模型，用来解释社会概念是如何被表征和应用的（例如，Wyer & Srull，1986）。但是，大多数社会心理学家仅仅借鉴了具有广泛影响力的认知模型中的核心假说，而不拘泥于一些特定的细节。显然，社会心理学家的注意力并不在于详细提出一种概念的认知结构，而是致力于利用这种认知结构来解释人们是如何理解社会世界的。事实上，联想网络模型假说（Collins & Loftus，1975）激发了大量有关社会认知方面的研究。因此，我将分别讲述各个理论模型的核心思想和假设的不同，而不会关注于具体的细节（综述参见 Carlston & Smith，1996；Fiske & Taylor，1991；Smith，1998）。

联想网络模型

这种模型把心理表征看做一种通过联结的方式相互联系的节点网络。在特定的模型中，一个结点可以表征一种特征（漂亮）、一个概念（妇女）或一个命题（戴夫帮助一位奶奶过马路）。这些“联结”的强度不同，有些联结的强度比其他联结的强度大。在许多认知模型中，“联结”是可以贴上标签的。例如，“狗”同“动物”之间的联结就可以标上“是”。而“狗”同“犬吠”之间的联结就可以标上“能够”。但绝大多数社会心理模型是由那些不贴标签的“联结”简化形成的。在不同的情境下，每个结点的激活水平也不一样，激活水平愈高的结点，就愈有可能被使用；就是说，它或者突然进入到意识层面，或者被回忆起来，或者被用来接收信息。结点的激活通过连接彼此的联想网络从一个结点扩散到另一个结点。因此，当一个结点，例如“狗”被激活以后，其他与之相联系的结点（如动物、犬吠）也会被激活。当结点被激活之后，它的激活水平会逐渐下降。

在通常情形下，联想模型并没有对概念的内部结构或它们的组织结构做出任何假设。知识是以概念网络和特征网络进行表征的，概念的代表性和概念的层次结构也不存在等级或梯度上的变化。然而，这些信息在联想网络模型中还是可以通过如下途径体现出来：范畴与不同实例间联结的强度（实例愈具代表性，联结强度就愈强），概念间的相互联结形式（概念与其上位概念和下位概念有直接的联系），对这些联结本质的明确解释（一个概念包含另一个概念，或者一个概念可以解释另一个概念）。

图 2.2 是一个联想网络的片断，描绘了一组关于行为、特质和刻板印象之间的联系（当然，还有许多行为、特质等在这个图中没有描绘出来）。这个网络可以用来说明联想模型如何解释社会心理学有关概念激活与概念应用方面的发现。一个重要的研究发现就是启动——一个新近被激活的概念将会影响对后续碰到的信息的解释（例如，Srull & Wyer，1979）。让我们来思考一下在图 2.2 中所描绘的一个行为，“*在房子粉刷之前不会付房租*”。不管是什么原因，假如你刚刚想到了“攻击性”，那么“*攻击性*”这个结点将会有很高的激活水平。当你听说约翰在他的房子重新粉刷之前不会付任何房租，那么这将进一步激活“*攻击性*”这一概念。激活会从这个行为扩散到其他的结点上，如“*抗议不公平的待遇，想要一间好房子*”。但是，这些概念的激活水平不如“*攻击性*”的激活水平高，因为只有“*攻*

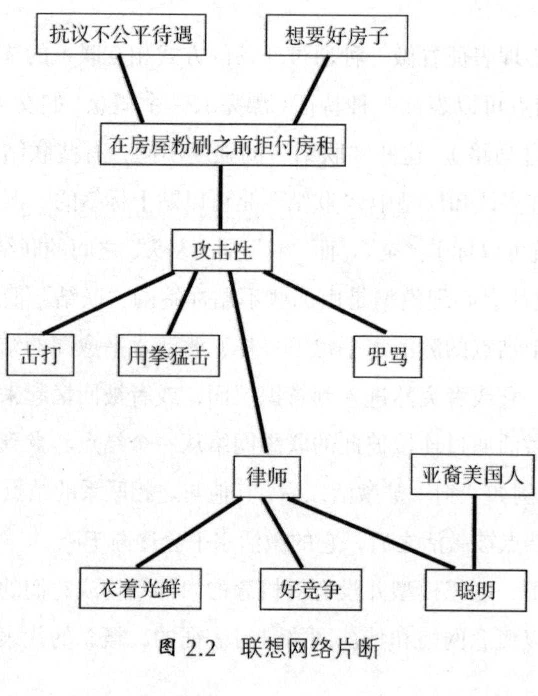

图 2.2 联想网络片断

击性”通过最近的使用而获得了额外的激活。因此你对约翰的主要印象将会是“好攻击的”。

从图中我们可以明显看出，原本模棱两可的行为含义受到了被激活的刻板印象的影响，而这个刻板印象又恰恰同“攻击性”相联系（Devine，1989）。在这个例子中，假如你正好想到了“律师”这个词汇，“律师”的刻板印象被激活了，那么激活就将从“律师”这个结点传到“攻击性”这个结点，并影响到你对这位声称“在房子粉刷之前不会付房租”的租房者所形成的印象，这与先直接激活“攻击性”的效果是一样的。

这个图也暴露出联想网络模型存在的一个重大缺陷：激活通过概念间的联想网络进行扩散具有不确定性，有些扩散途径常常是不恰当的。在这个例子里，照理来说，“亚裔美国人”同样可以激活你头脑中“攻击性”这一概念，这是因为激活从“亚裔美国人”传到了“聪明的”，接下来从“聪明的”传到了“律师”，从“律师”传到了“攻击性”。尽管我们承认有这样的联结途径，即律师和亚裔美国人给我们的刻板印象是聪明，同时律师还给我们具有攻击性的刻板印象，但是由“亚裔美国人”激活“攻击性”就让人觉得不可思议了。如果说“亚裔美国人”与“攻击性”之间可能存在着某种关系的话，那就是这样一种刻板印象，即“亚裔美国人”是“不具攻击性”的。由此我们可以想到，似乎应该有某种规则来限制激活的扩散。一些模型回避了这个问题，它们假定每个概念都好比是储存在一个独立的、与其他概念隔离的单元之中，因此激活“亚裔美国人”的时候将不会激活“律师”，从而也就不会激活“攻击性”（Wyer & Srull，1986）。而新近出现并被应用到社会心理学领域的理论模型在处理这一问题的时候，就明确设立了激活扩散的种种限制。

并行—限制—满意模型

该模型通常被称为*联结主义模型*，同样认为概念是由相互联结在一起的结点组成的网络，并假设概念结点的激活可以沿着它们之间的联结来扩散。但在此模型中加入了一条重要的假设：一个结点的激活不仅可以激活与此相邻的其他结点，同样也可以使那些相邻的结点*去激活*（Rumelhart & McClelland，1986）。结点间的联结有兴奋和抑制两种基本的形式：如果两结点之间的联结属于兴奋性联结，那么一个结点的激活将增强另一结点的激活水平。这类联结同早期的联想模型是类似的。但两结点之间的联结也可以是抑制性联结，在这种情况下，一个结点的激活将会减弱与此相邻的其他结点的激活水平。让我们回到图 2.2，我们也许可以在“亚裔美国人”和“攻击性”之间加入一个抑制性的联结，那么当我们想到“亚裔美国人”的时候，就不太可能想到“攻击性”。把抑制性联结加入到网络模型中至关重要，因为有越来越多的证据表明心理结构会被抑制，也就是说在某些情况下结点的激活会减弱（Anderson & Spellman，1995；Macrae，Bodenhausen，& Milne，1995）。

兴奋（正性）和抑制（负性）两类联结形式在激活扩散中起着限制的功能。两个结点之间的正性联结意味着两者有着共同的命运：要么一起被激活，要么一起去激活。例如，如果约翰是怀有敌意的，那么他同时也具有攻击性；如果约翰没有敌意，那么他就不具有攻击性。负性联结则意味着两个结点的激活情形不一样：如果一个结点被激活，那么另一结点将去激活。例如，如果约翰是怀有敌意的，那么他就不会是友善的；如果约翰与人为善，那么他就不会对人怀有敌意。这个模型也存在一个问题：激活扩散到最后一个结点需要最大限度地满足各种不同的联结限制，但是，激活扩散要想满足所有联结限制几乎是不可能的，因为各种限制之间可能相互冲突。例如，如果一个人具有操控别人的能力，那么他应该具备高超的人际关系技巧。如果一个人具备高超的人际关系技巧，他应该是一个充满爱心的人；然而一位具有操控能力的人就不大可能充满爱心。由此可见，同时满足所有联结间的限制是不可能的。并行–限制–满意模型的目标在于尽可能多地满足各种限制条件，而且侧重于满足一些相对重要的限制条件（Thagard & Kunda，1998）。

大致上有两类并行–限制–满意模型，其区别在于概念化结点的抽象水平不同。运用局部表征的一类模型认为，结点表征明确的概念或命题，如特质、刻板印象或行为，这类模型与图 2.2 中所列出来的联想网络模型非常相似。另一类模型认为概念采用分布式表征，概念结点表征基础的、低水平元素，于是，处于高水平的概念是由许多较低层次的概念采用分布式方式进行表征的。到目前为止，只有少数模型运用到社会认知领域，而且运用到社会认知领域的模型多数采用局部、直觉意义的表征形式（Kunda & Thagard，1996；Read & Miller，1993；Read

& Marcus-Newhall，1993；Shultz & Lepper，1996；Spellman & Holyoak，1992）。分布式表征模型在社会心理学研究方面也可能有许多应用价值（Smith，1996）。

并行–限制–满意模型在如何概念化联结和如何限制的问题上也有所分歧。最简单的模型仅仅包含了正性、负性联结和限制（Kunda & Thagard，1996）。这种简单的模型成功地解释了人们是如何将冗杂的、通常又是矛盾的信息资源（如不同的特质、行为和刻板印象）整合成为关于某人的连贯一致的印象。该模型也可以很容易地用来解释某些现象，譬如在联想网络模型中已经解释过了的启动效应。另一类模型包含更为详细的、用来解释因果关系的联结和一套更为复杂的限制条件（例如，逻辑矛盾和简单性；Read & Marcus-Newhall，1993；Thagard，1989）。这些模型已被用来解释诸如陪审团的裁决等高层次的推理活动。

在并行–限制–满意模型中，尽管存在上述各种不同之处，但是各类模型都认为，要想解释人们的行为，就应该有一套复杂的、平衡的规则系统，人们可以通过它满足大量的、通常是相互矛盾的一些要求，从而形成一个关于个体、行为或社会情境的连贯一致的印象。

总　结

概念指的是范畴的心理表征，就是说，我们认为哪些客体应该属于一类。社会客体概念，例如特征、刻板印象和人际情境，有利于我们对行为、人群和事件进行分类，有助于我们解释我们生活的社会，有助于我们跳出直接观察的经验做出某种推论，有助于我们彼此间进行交流。

在某种情形下，概念的激活是由刺激、观察时的情境和观察者等多种因素共同决定的。社会情境可以使某些概念凸显出来，并使用这些概念。例如，在满屋男人中，仅有一位女士，那么她就极有可能被归为“女人”。我们新近的经验也会影响到哪一种概念会浮现到我们的脑海中。如果我们刚在一种情境下思考过某个特定的概念，那么这个概念的激活可能仍保持着，并影响到我们在另一个情境下的判断。对我们每个人而言，有些概念长期保持激活，这些激活的概念将会影响我们在许多情况下的判断。我们的目标同样会影响哪个概念被激活，我们极有可能激活并运用那些能帮助我们获得期望结论的概念。

在过去几十年的时间里，心理学家对于概念结构的理解已经发生了很大的变化。第一次转变是从概念的经典观点转到概率观点，即从概念是由一组充分必要的定义性特征组成的，转变到概念并非是由定义性特征组成的，而是由一组松散的代表性特征组成的。第二次转变是心理学家认识到一组相互没有关联的特征不能充分地描述一个概念，概念中还包含有丰富的因果信息。

盛行的知识表征的联想网络模型认为，知识是由一组相互联系的结点（描述性特征、概念或命题）所组成的网络来表征的。激活从一个结点扩散到另一个与之相连的结点。因此当我们想到某一概念的时候，就能增强与之相连的另一概念的激活水平,从而提高了在判断中运用该概念的可能性。新近出现的并行－限制－满意模型认为，一个结点的激活不仅可以激活与之相连的结点，也可以使这些结点去激活；是激活还是去激活其他结点，这取决于结点间是如何连结的。每个概念最终的激活水平，是与之相连的各个结点传入的激活和去激活信息累积的结果。这种模型能解释关于一个人不同的、通常是相互矛盾的信息，为什么最终能整合成为一个连贯一致的印象。

第3章

启发法：基于经验和直觉的推理法则

假如你刚刚遇到一位蓝谷高中的毕业生，她看上去相当傲慢，你是否会认为你遇见的下一位蓝谷的毕业生也会如此傲慢呢？你的好朋友在佛罗里达度过了一个愉快的假期，你是否也会爱上佛罗里达呢？对安东尼进行过面试的公司人事部门经理认为他将会成为一个出色的管理者，那么安东尼会在未来的管理工作中表现出色吗？

要回答上述任何一个问题，你都需要考虑以下概率：某高中的一个毕业生态度傲慢，该校另一个毕业生也会傲慢的概率；你的朋友喜欢一个旅游胜地，而你也会喜欢该地的概率；某人在工作面试中有出色的表现，他以后也会在该项工作中表现出色的概率。

我们是如何进行概率推理的呢？这个问题已经受到许多学者的关注。关注的焦点主要放在确认我们的推理弱点上，即一些导致我们无法理解和运用概率法则的方式以及由此带来的困境。就研究认知偏差及认知错觉本身而言，不仅极富趣味性而且还十分重要，因为它可以帮助我们了解人类是如何进行推理的，正如对视错觉的研究有助于我们了解视觉系统的加工机制。在本章的开始，我将简要地介绍人类概率推理的历史，然后探讨一些最新的研究——人们在统计推理中存在的问题，以及这些问题对社会事件推理产生的影响。随后，会介绍一些重要的非统计性推理方法——启发法，或者说是人们常常喜欢使用的推理法则，而不是那些更为科学的统计原理。本章最后将讨论是什么因素决定了人们有时会选择使用适当的统计原理，而有时又会采用非统计性策略。

概率推理的历史

概率理论是一个比较新的知识成果。人类从古代就开始赌博。古时候，人们将动物的膝节骨打磨抛光做成骰子，掷出后它们会以四种方式落下。虽然这种随机化的工具很流行，但是直到近代，人类才真正理解支配它的原理。哲学家 Ian Hacking 在他的著作《概率的出现》(*The Emergence of Probability*, 1975) 中指出，概率理论在 17 世纪才出现。Hacking 认为，一个人只需懂得些许概率数理知识，他就可以在一个星期内赢得整个古代高卢城。

从历史上来看，人们很晚才对概率有所认识，这一事实很重要，因为它说明虽然人们每天都会碰到一些不确定的事件，并且这些事件本身蕴含着概率原理，但人们却并不能自发地从这些事件中获得概率知识。因此，我们也不必奇怪，即使是现在，人们在进行概率推理时也会遇到困难。也许你会诧异，在这个充满不确定性的世界里，在无法完全理解支配着这些不确定性的概率原理的情况下，人类是如何生活的呢？最恰当的解释就是人类的确形成了对这些原理的基本理解，这足以使我们解决很多推理问题。但是由于理解能力有限，我们还是会犯错，特别是在思考社会事件的时候。只要仔细考虑一下人类推理不确定事件的能力局限性与人们推理物质世界的能力局限性之间的相似性，你就会更好地理解这一点。人类对物质世界中的概率原理了解甚多，所以我们走路时才不会撞墙，开车时才不会撞车。甚至连儿童都能够准确预测投出的棒球的轨迹，从而使自己跑过去接到它。但是，即使是成人，在推理物质世界的事件时，也会犯系统性的错误。例如，第一次世界大战期间，飞行员常常会将炸弹投掷到轰炸目标的前方，因为他们往往是在飞行到目标的正上方时才投掷炸弹，而不是在之前就投弹，提前投弹的做法才是正确的。这说明他们还不是非常了解物质世界，尚没有认识到从飞行的飞机上投掷的炸弹是不可能垂直降落的。现在的许多大学生对日常生活中的物质现象也有类似的错误认识（例如，Kaiser，Proffitt，& McClosky，1986）。所以，我们对日常生活的统计知识有着错误的认识也就不足为奇了。

统计知识逐渐发展，到 20 世纪中期为止，就已经建立了很完备的概率理论。人们广泛地应用概率理论对不确定事件进行推理，从预测概率游戏中各种结果出现的可能性，到根据死亡曲线计算合理的养老金。尽管缺乏相关的心理学研究，但大家普遍认为人们在日常生活中的判断遵循概率理论。实际上，很多现代经济学理论的预测都是基于这样一种观点，即人们理性地使用概率去计算他们可能的经济得失。

心理学于 20 世纪 50 年代开始认真地对概率推理进行研究。诺贝尔奖得主赫伯特·西蒙（Herbert Simon）的研究认为，人们并不总是用完全理性的方式去寻找推理问题的最佳解决方案。他指出，人们在*有限理性*范围内执行任务，而非采用*令人满意*的最优化原则，即人们寻找的是一个达到目标的足够好的解决方案，尽管它并不一定是最佳的（Simon，1957）。差不多在同一时期，Paul Meehl 比较了临床医生以两种不同的方式得出的推理，即一种是通过整合不同的信息源得出的推理，一种是对同样的信息进行简单的统计合并得出的推理，他发现他们的推理中存在缺陷（Meehl，1954）。Ward Edwards 与其同事发现，一条重要的概率规则——*贝叶斯定理*，可以用来评估人们在面对新的证据时修正自身信念的方式。Edwards 等人的研究表明，人们采用很保守的贝叶斯法则，即当人们面对新的证据时，如果有必要，人们的确会修正其信念，但并不是大刀阔斧的修正（如，Phillips & Edwards，1966）。

这些理论的发展为 20 世纪 70 年代丹尼尔·卡尼曼（Daniel Kahneman）和阿莫斯·特韦尔斯基（Amos Tversky）的突破性研究奠定了坚实的基础（Kahneman & Tversky，1973）。他们认为，人们对事件进行判断时，常常根据不同类型的推理*启发法*，即拇指规则——依据直觉和经验的推理方法，而不是不合理地使用统计原理。虽然这些启发法常常能够导致有效的推理，但同时也会导致一些系统性的偏差和错误。卡尼曼和特韦尔斯基的研究工作激发了大量有关推理方面的研究，这些研究主要探讨人们在推理时存在的不足，考察在何种情形下人们容易运用不恰当的非统计性启发法。Richard Nisbett 和 Lee Ross 在他们的一本重要著作中，详细说明了这些研究工作对社会性判断的意义（Nisbett & Ross，1980）。最近，人们对推理不断有新的认识，除了卡尼曼和特韦尔斯基发现的非统计性启发法之外，人们对一些基本的统计原理知识也有一定的了解。这使得许多研究者去试图发现是什么决定了这两种启发法——统计性和非统计性的启发法——在每种情况下的使用（例如，Gigerenzer，1991；Ginossar & Trope，1987；Nisbett et al.，1983）。接下来的部分，我将会介绍卡尼曼和特韦尔斯基提出的几种重要的非统计性启发法，讨论每种启发法如何帮助我们理解我们的社会。最后我还会介绍人们有时会使用的一些较为合理的统计性启发法，以及讨论哪些因素会影响人们选择使用统计性启发法或不太合适的非统计性启发法。

代表性启发法

苏珊可能是一个民主党成员还是共和党成员？杰里最近常常被女性拒绝，这说明他运气不好还是说明他人格异常？我们遇到的很多概率性问题都是这种形式：我们通常被告知要判断一个事例属于一种范畴的可能性，或是判断一个事件有多大可能来自于某一潜在过程。卡尼曼和特韦尔斯基认为，当我们回答这些问题时，通常依赖*代表性启发法*，即人们通常会根据一个事例在多大程度上能够代表其范畴，或者该事例在多大程度上与该范畴相似来进行分类。如果苏珊的表现与我们对民主党固有的印象相似的话，我们就会认为她是民主党成员。同样的道理，我们对事件的归因也是基于这一事件与促使其产生的过程的代表性程度来进行。我们对人格异常将会产生的后果有某种预期，如果杰里连续遭拒绝这一结果符合这种预期，我们就会认为杰里是人格异常患者（Kahneman & Tversky，1972；Kahneman & Tversky，1974）。

代表性启发法能够帮助我们在很多时候做出恰当的判断，因为事例与范畴的相似性能够很好地说明该事例是这一范畴的成员（参见第 2 章）。当事例特征能够很好地用来判断该事例是否属于一个范畴时，判断一般都是正确的，我们对诸如动物或水果等事物的归类常常就是如此：某种动物长得像鸭子，走路像鸭子，叫声像鸭子，那么它极有可能就是鸭子。但是，有一些范畴，尤其是社会范畴，特征往往不能作为判断其范畴成员的依据。一个富有的白人，他对犯罪持强硬态度，这些特征符合人们对共和党人固有的印象，但是我们知道，许多民主党人也具有这些特征。在这种情况下，如果我们仅仅以代表性特征作为概率判断的基础，就会产生严重的偏差。因为概率判断同样受到许多其他因素的影响，而这些因素并不会影响人们对相似性的判断。卡尼曼和特韦尔斯基的研究表明，我们常常会忽略这些因素的影响。接下来我们将讨论这些因素。

忽略先验概率（基础比率）

思考下面的问题：

> 威廉是一个矮个子、害羞的男人。他对诗歌充满热情，喜欢参观艺术博物馆。孩提时代，他常常受到同学的欺负。你认为威廉是一个：(a) 农民；(b) 古典文学学者？

根据上面的描述，大多数人都会猜测威廉是一个古典文学学者。毕竟，和农民相比较，对威廉的描述更符合古典文学学者的形象。但是在我们下结论之前，还要考虑一个关键信息——*基础比率*，即该职业在总人口中所占的比率。在美国，农民的数量远远大于古典文学学者的数量。实际上，即使只有很少比例的美国农民符合威廉的特征，这部分农民的数量也会比美国古典文学学者的数量多。因此，当我们猜测威廉从事的职业究竟是哪一种时，应该考虑到这种先验概率。但结果却是，我们常常忽略或无法充分利用这些先验概率或基础比率，而依赖于代表性启发法。

为了说明人类的判断通常基于代表性启发法，而非先验概率，卡尼曼和特韦尔斯基（1973）设计了一个实验。在这一实验中，他们有意识地操纵人们对基础比率的认识，以考察这一操纵对个体判断的影响。他们告知参与者，一组心理学家对 100 名成功人士（包括工程师和律师两种职业）进行了访谈和测试。基于这些信息，心理学家对他们每个人做了简要的描述。为了操纵基础比率，参与者所获得的信息有所不同。告诉一半参与者，这 100 位成功人士是由 70 名工程师和 30 名律师组成；告诉另一半参与者，这 100 人由 30 名工程师和 70 名律师组成。随后，从关于这 100 个人物的描述中随机抽取一部分，让所有的参与者阅读。对于每一个人物描述，要求参与者判断该描述有多大可能是对一个工程师的描述。这些描述有代表律师职业特征的，也有代表工程师职业特征的。其中，一段像工程师的描述如下：

> 杰克今年 45 岁。他已经结婚并有四个孩子。他通常比较保守，谨慎而雄心勃勃。他对政治和社会事件并没有多大的兴趣，而将大部分的业余时间都用在了自己的爱好上，如家中的木工活、航海以及数字游戏。（p.241）

参与者如何确定此人是不是工程师呢？根据贝叶斯定理，两个因素会影响这一判断：（1）在工程师和律师中，能够找出符合这一人物描述的相对可能性。当然，例子中所描述的特征更接近于对工程师的描述，也就是说，相对于律师来说，这些描述更能代表工程师的特征。相对于只具有中等程度代表性特征的人，那些具有工程师典型特征的人，更容易被判断为工程师。[1]（2）工程师和律师在这一组人中的先验概率或基础比率。相对于工程师人数占总数 30% 的情况，当工程师人数占总数的 70% 时，人们势必会更多地认为上面所描述的人是一个工程师。

但是，根据参与者的反应，他们只利用了代表性因素而忽略了基础比率，无论告诉工程师占总数的 70% 还是 30%，其可能性判断的结果在本质上都是一样的。可能性判断是特征相似性程度的一个函数，而不是基础比率的函数。这并非由于人们生来就不能理解和应用基础比率。当没有给出人格特征描述时，参与者能够按照基础比率判断一个未知个体有多大可能为工程师（即 70% 或 30% 的可能性）。但是，一旦给出人格特征描述，参与者就不再利用基础比率信息，而是依赖于人物描述的代表性信息。

这些早期研究结果引发了学者们针对"人们是否利用以及何时利用基础比率信息"这一问题的大量研究。研究发现，在某些情况下，人们的确会利用基础比率，但显然没有达到贝叶斯定理所描述的那个重要程度（Kahneman & Tversky，1996）。

当基础比率传达给参与者某些有意义的因果信息时，参与者更有可能使用基础比率进行判断。例如，考试通过率对学生来说就具有显著的意义——如果 75% 的学生通过考试，则说明该考试简单；如果只有 25% 的学生通过考试，则说明该考试困难。人们都知道简单的考试比困难的考试更容易通过。换句话说，人们能够利用这一有意义的基础比率对学生作出判断。为了验证该假设，研究者设计了这样一个试验：给参与者看一篇简介，描述的是一个学生的能力及学习习惯。然后让参与者评估该学生能通过考试的概率（Ajzen，1977）。事先会将有关的基础比率信息告诉参与者。对于一半参与者来说，这一基础比率信息是有意义的，他们被告知有 75%（或 25%）的考生通过了考试。结果发现，这一部分参与者利用

1 这并不意味着承认刻板印象。律师和工程师彼此之间在人格上的相似性要远大于通常的刻板印象。然而，如果你赞成刻板印象，并将性格的描述看成是工程师的代表性特征，而不是律师的代表性特征，那么你应该使用这一信息，假使你希望你的判断在逻辑上与你的信念相符。

基础比率作出判断。在 75% 通过率的基础比率情况下，参与者更倾向于认为该学生通过考试；在 25% 通过率的基础比率情况下，参与者更倾向于认为该学生没有通过考试。将同样的基础比率信息也告诉另一半参与者，但将这些信息的意义与考试难度分离开。研究者告诉这些参与者，教授对成功（或失败）的学生非常感兴趣，因此选择了一部分学生，其中 75%（或 25%）通过考试。结果发现，相对于前一种条件，参与者在这种情况下较少利用基础比率。显然，人们会更多地利用有意义的基础比率，而较少使用看起来像是无关的基础比率。

一些与卡尼曼和特韦尔斯基的工程师 / 律师问题相似的研究表明，当概率因素被强调或基础比率更明显时，人们倾向于利用基础比率（如，Bar-Hillel & Fischhoff，1981；Gigerenzer，Hell & Blank，1988；Ginossar & Trope，1987；Krosnick，Li & Lehman，1990；Schwarz et al.，1991）。这些研究或明确或非明确地表明，统计推理似乎可以增加人们对基础比率信息的使用。关于这一问题，我们会在后面的统计性启发法中作详细讨论。

上面提到的研究结果，修正了先前关于人们如何利用以及为何没有成功利用基础比率的一些理论，但这并不意味着先前的理论不管用了。虽然我们在一定程度上理解了基础比率的重要性，并且在一定的情况下能够运用它作出判断，但是这种理解并不深入、并不稳定，我们很容易受代表性启发法的诱惑，而忽略或无法充分利用基础比率，从而导致错误。

当我们思考自己或者权威人士作出的一些重要决策时，我们关注更多的是在这之中所犯的错误，而且发现本应在这些决策中发挥作用的基础比率，却常常被忽略了。许多医生都没有意识到，当症状和医疗检查都无法很好地预测一种疾病时，对于一名患者是否患上该病的判断，就会受到当前流行病的影响（Eddy，1982）。敢于冒风险的资本家进行风险投资时，常常没有认识到，对某个新行业进行投资其失败率是相当高的。项目规划者可能没有考虑到与此类似的项目一般需要多长的时间才能完成。新婚夫妇可能没有认识到当前离婚率与他们的婚姻能否长久维持有何关联。有抱负的篮球明星也不能清醒地认识到自己能够进入 NBA 的概率。所有这些情况中，未能利用基础比率，就可能导致他们极大地低估其行为的风险，从而做出错误的判断和决策。

并不是说，当成功率很低时，就绝不要去冒风险。人们常常进行高风险投资、高难度竞标以及做出种种冒险行为，这样做自有其理由。要说的是，人们常常在并未充分认识到风险的情况下就去冒险，或是事先并不知道风险系数有多大，而选择一些本应该规避的行为。人们没有认识到相关的基础比率，所以常常看不到风险。

人们在判断中常常忽视基础比率，这一点可用来解释许多重要的社会心理学问题，例如接下来我们将讨论的归因、刻板印象以及印象形成等问题。

普遍性作为基础比率 上文探讨了人们从对贝叶斯定理的了解到对概率推理的理解，这些与许多判断任务的完成有关，但是，人们在判断时常常没有运用它们。在社会心理学中，人们对他人行为的归因经历了一个类似的发展过程：最初提出一个标准归因模式，认为人们在进行归因时必须充分考虑各方面因素，其后意识到，我们并不总是按照这种标准模式行事。

想想埃里克在与黛安娜谈话后变得十分沮丧。我们应该把它归因于埃里克（他本身就是个很抑郁的人），还是归因于黛安娜（她让人变得情绪低落）？Harold Kelly（1976）的*归因协变模型*为我们回答这个问题提供了指导（Kelly，1967）。按照 Kelly 的模型，我们在归因过程中要考虑三个因素：*区别性*，即某种结果是否只在特定的原因下才会出现。埃里克仅仅是在与黛安娜谈话后才变得沮丧，还是在与其他任何人谈话后都会变得沮丧？*一致性*，即同样的结果在同一原因下是否反复出现。埃里克每次与黛安娜谈话后都沮丧不已呢，还是仅此一次？*普遍性*，即其他人是否在同样情境下也产生同样的行为。是每个与黛安娜谈话的人都变得沮丧不已呢，还是只有埃里克一个人才会如此？

这些因素的不同组合方式会让我们做出不同的归因。如果埃里克和很多人谈话后都会沮丧（低区别性），埃里克与黛安娜谈话后总会沮丧（高一致性），而其他人与黛安娜谈话后都不会沮丧（低普遍性），我们就可以得出这样的结论：在这种情形下，埃里克变得情绪沮丧是他自己的原因。相反，如果埃里克只是在与黛安娜谈话后情绪沮丧，而与其他人谈话后都不会这样（高区别性），埃里克与黛安娜谈话后总是很沮丧（高一致性），并且每个人与黛安娜谈话后都很沮丧（高普遍性），我们就可以认为，埃里克在这种情形下很沮丧是黛安娜的原因；不知为何，她总让人沮丧不已。

最初，研究者假设人们在归因时能恰当地应用这三个维度的信息（Nisbett & Ross，1980）。但是，有研究表明，系统地变化这三方面的信息，发现阅读短文的参与者在归因时对区别性和一致性信息十分敏感，而对普遍性信息不敏感。例如，一个男人为何会保护他的房子？人们对此归因时，往往较少关注普遍性特征信息（是所有其他男人也都会保护其房子呢，还是几乎没有男人会保护他的房子？），更多地关注于区别性信息（这个男人是保护所有的房子呢，还是置其他房子于不顾？McArthur，1972，1976）。后来的一些研究也得到了相同的结论，即人们在归因时较少应用普遍性信息（Major，1980）。

Nisbett 和 Borgida（1975）认识到，人们在归因中较少应用普遍性信息的倾向与在分类中较少应用基础比率的倾向是一致的。其实，普遍性就是一个基础比率，它反映出人们做出某一特定行为的比率。就像律师在总人口中所占的比率，会影响我们评估杰克是一个律师的概率；被乔丹绊倒的人数比率，会影响我们评估拉尔夫可能被他绊倒的概率（当然，除非我们有充分的理由预测拉尔夫会或不会被乔丹绊倒。但是对于社会行为，我们却很少有这种明确的诊断性信息）。人们作出某种行为的概率是我们对此行为进行归因的一个明确的指标。如果我们预期拉尔夫将会踩乔丹的脚，而且我们知道每个人都会这样，那么我们就不能把这种行为归因为拉尔夫的独特人格或技能。Nisbett 和 Borgida 推测，人们在归因时忽略普遍性信息，是因为我们没能认识到普遍性信息可以用来评估个体某种行为出现的概率。所以就没能进行统计推理，也就没有使用基础比率。

Nisbett 和 Borgida 认为，人们的确没有意识到普遍性信息的作用。而这种普遍性信息可以说明在一个特定的情境下人们做出某种行为的概率，可以影响我们对特殊个体在此情境中的行为的预期（Nisbett & Borgida，1975）。有一项研究，要求参与者阅读一个经典的社会心理学实验，这个实验考察的是学生从内部联络通信系统中得知有同伴癫痫突然发作时，是否能够及时地救助他们。之所以选择这个实验，是因为它得出了一个令人不可思议的结果：大多数参与者都没有及时去援助他们的同伴。在 Nisbett 和 Borgida 的研究中，一部分参与者被告知该实验的结果，这种“共同反应”的信息应该引导个体准确地进行情境归因。而另一部分参与者则没有得到这样的信息。接下来让两组参与者阅读一些关于几个学生的简要描述，告诉参与者，这些学生要参与上述的经典实验，并让他们猜测这些学生在该实验中会作出何种行为。有趣的是，研究结果发现，那些被告知实验结果的参与者，在做出判断时并没有使用“共同反应”这一信息。他们的预测与那些没有得到“共同反应”信息的参与者所做的预测没有显著差异。尽管参与者已经知道在经典实验中大多数学生都没有及时救助同伴，但还是倾向于认为他们看到的那些平凡普通的学生会及时援助同伴。也就是说，他们在做出推理时忽略了基础比率，而常常运用代表性启发法。由于所描述的这些普通人的形象更接近于亲切、乐于助人，而非冷酷无情，所以参与者认为他们能够迅速地对同伴施以援助。

人们在预测个体可能出现的行为时不运用基础比率，这似乎是一件不可思议的事情。前文曾论述过，当基础比率信息是有意义的因果信息时，人们才会加以利用。我们利用考试通过率这一基础比率来推断某个学生通过该考试的概率，因为通过率决定着考试的难度（Ajzen，1977）。普遍性信息也非常重要，它说明了情境的重要性。在相同情境下，个体有着同样的行为，表明情境对行为有重要影响。可是，为什么我们不能根据重要的情境条件来推断个体的行为，就像我们能够根据试卷的难易程度来判断学生们是否能通过考试一样呢？社会心理学研究中的一个重要理论揭示了其原因：人们总是低估环境对行为的影响（Ross & Nisbett，1991）。人们倾向于认为行为主要受到潜在人格因素的影响，然而却并没有意识到，即使是微小的环境变化都可能会使行为产生戏剧性的变化（Joans & Davis，1965；Ross，1977；详见第 9 章）。在不知道情境如何影响行为时，普遍性信息更应该被看做一个重要的基础比率，甚至应高过有意义的、传达因果关系的信息。

虽然人们承认普遍性信息在预测陌生人行为时有重要作用，但大多数人在预测自己或朋友的行为时却不愿采用这一重要的普遍性信息。你可能想说："我并不在乎别人是怎么做的。我确信自己与别人不同。别人的行为不可能对我（或我父母、朋友）的行为有预测作用。"这样的想法也许有其道理，但正是这些直觉往往让我们犯错。Vallone 等人（1990）做了这样一项调查，让学生预测自己及室友在一段较长时间内（大学四分之一的时间或一整年）的行为。该预测包括学校环境中大量重要的行为，如学业（是否会挂科，申请哪个专业）、社会生活（是否会与男 / 女朋友分手，是否会与室友关系更加亲密）、家庭关系（是否会特别想家，暑假是否回家）以及课外活动（是否为不久后将要举行的选举投票，是否参加大型比赛）。通过比较参与者所预测的行为及他们在这段时间内真实的行为，研究者评价参与者预测的准确性。

该实验设计可以考察如下假设：人们依据有关自我的密切而广泛的信息做出预测的准确性，要胜过从人口基础比率角度所做出预测的准确性。假设其实并不成立。无论是对自我还是对室友，违反基础比率所做出的预测，其准确率都相当低。

一项研究表明，当人们用基础比率进行预测时，即当人们认为自己的行为与大多数人一致时，预测的准确率高达 78%；反之，不用基础比率进行预测，即认为自己的行为会与大多数人不同时，预测的准确率只有 50%。当分析的焦点仅仅集中在高基础比率项目上时，即至少有 75% 的同学会做出同样行为的项目上，最终得到的结果更加有趣。对于这些项目，根据基础比率进行预测的准确率高达 88%，而不根据基础比率的预测其准确率只有 28%。我们看到，在基础比率很极端的情况下，就算参与者不根据先前对自己和室友的了解，仅仅只是简单地根据大多数人的行为来预测自己或室友的行为，其预测的准确概率也会相当高。

我们不能指责参与者不使用基础比率，因为他们可能完全没有意识到这些基础比率。这些研究结果清楚地说明，基础比率无疑可以用来预测我们的行为。当你预期自己的行为会与众不同时，你就该认识到自己正冒着犯一个大错误的风险。

刻板印象作为基础比率　人们脑中常常会有这样的刻板印象：男人都比女人自信。Anne Locksley 和她的同事认为，这种或者其他的刻板印象都可以看成是基础比率（Locksley et al.，1980；Locksley，Hepburn & Ortiz，1982）。上面提到的刻板印象反映了男人可能比女人更自信，或者说自信的男人在人口中所占的比率高于自信的女人所占的比率。也就是说，刻板印象就是一个基础比率，它定义了先验概率，即任何群体成员的特征都与其所属组群的固有特征相关。因此，刻板印象应该发挥基础比率的作用。回顾之前所讨论的，当人们对某个人一无所知时，会利用基础比率对此人做出判断；但是如果阅读了关于此人的简短描述，就会仅仅只根据描述中的代表性特征对他做出判断，而忽略或无法充分利用基础比率。Locksley 和她的同事发现，与基础比率一样，人们也常常使用或忽略刻板印象。

Locksley 等人做了一项关于男人比女人更自信这一刻板印象的研究。参与者首先阅读几个男女的一些不同类型的信息，然后让他们判断这些个体的自信程度。有些描述仅仅只给出了个体的名字，在这种情况下参与者往往会利用刻板印象：叫保罗的人一定比叫苏珊的人更自信。另一些信息不仅有姓名，还有能表明其自信的行为描述，例如某个描述如下：

> 不久前，南希想在课堂上对正在讨论的问题陈述一些她的观点。但是另一个同学却对此夸夸其谈，不让其他人有发言的机会，因此她必须打断这个学生的发言才可以陈述她自己的观点（Locksley et al.，1980，p.827）。

一半参与者读了以上描述，而在另一半参与者阅读的描述中，南希换成了一个男性名字（如汤姆）。尽管一半参与者读到的是男性名字，另一半参与者读到的是女性名字，但是他们都看到了对其行为的描述，因此在做判断时并没有用性别刻板印象：认为做出相同行为的南希和汤姆都很自信。这样看来似乎是，当给出具体行为信息时，我们完全根据代表性启发法做出判断。我们对个体是否自信的判断，仅仅只基于描述中能够表明其自信的行为信息，而没有考虑到个体自信的先验概率，这一概率也就是在缺乏他人行为信息的情况下我们赞同和使用的刻板印象。

虽然在此情形下人们忽略刻板印象会导致推理误差，但 Locksley 和她的同事们也指出这种错误带来的益处：人们所持的许多刻板印象都是不准确且毫无意义的。我们很高兴看到，当人们掌握了一些行为信息后，就不会采用这些不利的刻板印象去推断别人。相对于熟悉的人，偏见更容易影响人们对陌生人的判断。

Locksley 和她的同事们在最初的研究中探索了刻板印象如何影响个体印象的形成。这一研究及其意义会在第 8 章详述。迄今为止，只有 Locksley 等人早期的研究证实，人们通常不能将刻板印象这种先验概率与行为信息结合起来。但不容乐观的是，刻板印象仍然可以通过其他途径来歪曲人们的判断。例如，刻板印象可能会歪曲我们对个体行为的理解（Kunda & Thagard，1996）。

稀释效应 对于完全不了解的人，我们常常会用刻板印象对其进行评价，但是只要掌握了个体的一些额外信息，即使我们认为这些信息与当前判断完全无关，刻板印象效应也会被降低甚至消除。如果仅仅只给出个体的姓名，人们就会判断保罗比苏珊更自信（Locksley et al.，1980）。但如果提供一些与自信毫无关系的信息，比如，那个人的母亲“在某个城市的一家银行工作，年薪 2.4 万美元，每天上下班往返时间为 1 个小时”，这些无关信息也会削弱刻板印象对判断的影响。人们认为，如果两个人的母亲均在银行工作，保罗并不比苏珊更自信（Hiltonh & Fein，1989）。这个例子说明，无关的或次要信息会削弱那些我们认为的重要信息（本例中的性别）的作用。

Nisbett 等人把这种现象命名为*稀释效应*，即次要信息能削弱重要信息的作用（Nisbett，Tukier，& Lemley，1981）。例如，判断一个社会工作者是否会虐待儿童，提供给参与者一些与此相关的暗示信息，如他有性虐待倾向、酗酒，然后让参与者判断这个男人是否真的有虐待儿童的倾向。结果很明显，大部分参与者都给予了肯定的答案。但是另外一些参与者，除了得到这些相关信息以外，还得到一些与该判断完全无关的信息，如该人经营了一家五金器材店，他的 IQ 为 110。结果发现人们认为他是儿童虐待者的比率降低了。也就是说，在人们的判断中，次要信息的确能够削弱重要信息的作用。

Nisbett 和他的同事们认为，稀释效应产生的原因在于人们对代表性启发法的依赖。关于保罗或苏珊的次要信息减弱了他们与性别刻板印象的相似性，究其原因在于，任何不属于性别刻板印象的个体特征，都会减弱个体与刻板印象群体的相似性。同样地，关于社会工作者的次要信息，也降低了他与儿童虐待者两者之间的相似性。我们难以想象，一个有着正常、普通属性的人会是邪恶的，因为我们所认为的邪恶就是纯粹恶毒的形象。

上文论述了人们在做判断时，如猜测某人的职业、解释某人的行为或形成对某人的印象时，常常会忽视或不能充分利用基础比率信息，而是依赖代表性启发法。下文将讨论人们在使用代表性启发法时，总会忽略的一些其他统计信息。

忽视样本大小

思考下面的问题（Tversky & Kahneman，1974，p.1125）：

某个镇上有两家医院。较大的那家医院，每天大概有 45 个婴儿出生；较小的医院，每天大概只有 15 个婴儿出生。我们都知道，男婴的出生率大约为 50%。但是，确切的比率每天都会不同，有时高于 50%，有时低于 50%。

在一年之中，每家医院都会记录下男婴出生率超过 60% 的那天，你认为哪家医院拥有这样记录的天数多一些呢？

a. 大医院？

b. 小医院？

c. 一样多？（也就是，两家医院记录天数之间的差别不超过 5%）

结果，大多数参与者都认为两家医院男婴出生率超过 60% 的天数是一样的。这反映出人们对样本大小这一重要因素的忽略。事实上，小样本要比大样本更容易偏离总人口均值。因此，对于总人口中男婴的平均出生率为 50% 来说，小医院应该比大医院更频繁地偏离该出生率。人们错误地认为两家医院的男婴出生率超过 60% 的天数是一样，很有可能是基于代表性启发法。他们没有考虑医院的大小，认为 60% 和 50% 有同等的相似性。如果只是以相似性或代表性作为判断基础，那么就会认为两家医院偏离人口均值的概率是一样的。

随后的一些研究认为，在某些情境下，人们能够意识到样本大小的重要性，就如同人们有时也会使用基础比率进行推理一样（Nisbett et al.，1983）。但是，人们对样本大小重要性的理解同人们对基础比率的理解一样，都是不稳定的，因此很容易将它遗忘。这为我们的社会判断带来一个重要启示，人们不能仅凭与别人一时的接触就去推测他长期的行为。仅仅用一面之缘得到的印象去推测其潜在人格特征，便会错误地把短暂相处所获得的印象与长期深入了解后获得的信息相提并论。

试想一下，一个你非常信任的同事向你推荐和他一起共事多年的约翰，并且告诉你约翰是个非常能干且富有效率的经理。但你自己在对约翰进行了一小时的面试后发现，约翰并没有出色的管理技能。如果你坚持自己的评价，就如我们大多数人在这种情境中所做的一样，可能你就应该停下来考虑一下，你的印象和你朋友的印象两者所暗含的样本大小。你的印象只基于约翰在这一个小时里的行为，而你朋友的印象则是基于成百上千个小时。约翰在短暂面试中所表现出来的行为以及他给你留下的印象，相比给你朋友多年来留下的印象而言，很有可能是失常的。除非你有理由怀疑你朋友的诚信度或把握人才的能力，否则你就应该认为你朋友对约翰的印象要比你准确得多。

对概率的误解

当我的两个儿子为看什么电视节目而起争执时，总会用掷硬币的方式解决。有时连续掷三次，大儿子都输，他便开始抱怨这枚硬币更喜欢他的弟弟。我们可能会认为 7 岁孩子的这种逻辑十分可笑。但当我们意识到，自己的大多数行为，都如同掷硬币和玩赌博轮盘一样采用随机策略时，我们就不会再觉得 7 岁孩子的逻辑可笑了。我们可能并不乐于发现我们常常表现得好像随机化仪器，如硬币和赌博轮盘，认为它们似乎应该具有类似于人的认知能力。例如，人们相信在掷硬币时（H 代表正面，T 代表反面），顺序是 H-T-H-T-T-H 要比顺序是 H-H-H-T-T-T 更容易出现，而事实上两种顺序出现的概率是相等的。我们之所以会出现这种错误的判断，是因为第一种顺序看上去更随机。也就是说，这种顺序更能够代表投币的随机过程（Tversky & Kahneman，1974）。人们错误地认为，即使只掷几次硬币，这一随机过程也会自己表现出来。

在赌场，如果你在一个轮盘旁花费一些时间，就会发现其操作中存在同样的错误。如果你等的时间足够久，就会碰到出现一系列的红牌。当一系列的红牌出现时，下一局就会有更多人把赌注押在黑牌上。为什么在一系列红牌出现后，大多数人会认为下一张一定是黑牌呢？人们错误地认为这时出现黑牌才是合适的。人们都认为，出现一系列红牌后，如果再出现一张黑牌而不是一张红牌，就更能够代表潜在的随机过程。人们在纸牌游戏中所犯的错误就和我 7 岁儿子的幼稚想法一样。出现三张红牌接着出现黑牌的概率与三张任意顺序的红和黑的牌出现后接着出现黑牌的概率是一样的，都为 50%。

对概率的误解会导致人们认为，历经了一系列好运的人接下来就会倒霉。或者认为，因为他的不幸，才会经历一系列倒霉的事情。同样地，如果一栋楼里有几个雇员得了癌症，我们就会认为整栋楼都不安全。我们并不知道，在这样一个充满不确定的世界里，偶然的成功、事故及疾病，都是随机的。体育迷们所迷信的“热手现象”就是对这种误解的最好说明。

“热手”信念　篮球评论员及球迷都普遍相信，球员们偶尔经历了“热手”后，便会成为“得分投手”。这一假设是，球员在几次投篮命中之后会变得自信和放松，因此在接下来的投篮中更容易成功。的确，Thomas Gilovich、Robert Vallone 和 Amos Tversky（1985）在询问了 100 个内行的球迷后发现，91% 的球迷认为一个球员在前面两三次投篮命中后，其接下来的命中率要比之前连续失误两三次后再投篮的命中率高，84% 球迷认为应该把球传给已经连续投进几个球（2 个、3 个或 4 个）的球员。

然而，Gilovich 等人猜测，这种“热手”信念来自于对概率的误解。试想某个球员的投篮成功率在 50% 上下。这个球员偶尔连续投进 4 个球或更多，就如同抛一枚硬币偶尔连续 4 次或更多次出现正面一样。重要的问题是：相比于抛硬币，这种连续命中的现象会更多地发生在一个投篮命中率为 50% 的球员身上吗？更进一步说，相对于没有投进一两个球的情境，在连续投进 1 个、2 个或 3 个球的情境下，球员接下来是不是更容易投进球呢？“连续命中”的概率是否比随机概率所预期的更高呢？答案当然全部是否定的。

Gilovich 等人对费城 76 人队在整个赛季的投篮记录进行一系列分析后发现，球员的连续命中率与总体投中概率并没有显著差异，球员在连续投中多个球后，再次投篮时命中的概率，并不比其投失多球后再次投篮的命中率高。一个球员是否能投中并不依赖于他之前的表现，就如同抛一枚硬币，它落地后是否为正面并不依赖于之前它出现的是哪一面。当然这并不是说投篮成功率完全依赖概率。一个高水平的运动员当然会比一个低水平运动员更容易投进球。但问题在于，对于这两名运动员来说，下一次投篮成功的可能性并不受他们之前表现的影响（当然命中率会受到他们整体能力的影响）。

这种错误的“热手”信念会让人们付出代价。如果队员们只把球传给“热手”球员（他们完全相信他们应该这样做），而不传给那些能力相当同时又没有被严密防守的球员，就会影响球队的成绩。

一些著名的篮球教练对 Gilovich 等人的研究结果作出的反应也充分说明，人们不能很好地理解概率在产生连续事件中所起的作用。波士顿凯尔特人队的 Red Auerbach 声称：“这小子是谁？他是做了一项研究，但我才不关心。”印第安那步行者队的著名教练 Bobby Knight 同样满不在乎：“……投篮是否命中存在诸多变数，这一研究没有任何意义。”这些教练不仅没有意识到概率因素的重要性，他们对“热手”信念毫无根据的强烈信仰，也使得他们本能地抵制挑战这一现象的证据。

未能理解回归

你的考试成绩受到你所掌握的有关知识的影响，同时也受到一些偶然因素的影响：可能你很幸运，与测试题目相关的知识你都掌握了；可能因为头痛使得你在考试时没有发挥好。如果分数极高或者极低，我们就能够据此推测你的成绩在多大程度上受到概率的影响，即概率因素是帮了你还是害了你。如果你的成绩非常好，那么除了能力，你可能还碰上了好运气；如果成绩很差，那么你可能碰上了霉运。所以，你真实的能力可能并不如你在考试中所表现得那么好，而且你在类似考试中的表现也不会总是那么好。但不同的是，每当测验分数或多或少受到概率的影响时，人们可能会偶尔考得非常好，但总的来说，在其他时候就不会考得这么好；偶尔会考得非常差，可能在其他时候就不会考得这么差。当考出极好或极差两种极端分数后，可以预期其随后的考试成绩会更加接近平均分数，即所谓的“回归平均数”。这一根基稳固的统计学原理却高度违反我们的直觉。

特韦尔斯基和卡尼曼（1974）描述了以色列的飞行教官认为他们应该避免过度赞扬出色的表现，而应该批评差的表现。这一信念与学习的强化理论完全相反，该学习理论认为表扬比批评更有效。教员们开始时表扬那些着陆很平稳的学员，并批评那些着陆不佳的学员，随后他们发现，那些受到过度赞扬的学员，其成绩会下降；而上次表现差劲的学员却因为严厉的责骂，其成绩变好了。但是教官并没有意识到，他们所看到的只是学员的表现向平均数回归。无论教官表扬还是批评，表现好的学员都可能在下一次行动中表现得较差，反之亦然。

对于人们无法理解“回归平均数”这一现象，卡尼曼和特韦尔斯基（1973）还提供了更多实验证据。例如，即使告诉人们，一个关于集中注意力的测试是受到很多随机因素（如情绪、疲劳程度等）影响的，而且仅仅只能部分地预测总体 GPA，但人们还是会认为注意力测试分数极端者的 GPA 分数也会是极端的，他们的预测是非回归性的。卡尼曼和特韦尔斯基假设，这是因为人们的预测基于代表性启发法，即认为结果（GPA）的极端性应该表现出预测指标（注意力测试分数）的极端性。

不理解统计回归现象还会带来一种令人困扰的结果，当我们注意到某种模式遵循“回归平均数”时，就会试图构造出因果理论来解释这种现象，就像那些飞行教员一样。我们可能会成立一个专门的委员会来确定为何公司会失去那些没有充分发挥其潜力的优秀候选人；也可能建立心理学理论来解释为什么有些孩子不如他们的父母聪明，或大学新生在第二年的表现往往不如第一年（Fong，Krartz，& Nisbett，1986），还可能在一些看似能够提高差生成绩的教学程序上过度投资。但人们却没有意识到，所有这些现象其实只是遵循“回归平均数”的规律而已。

合取谬误

思考下面的问题（Tversky & Kahneman，1983，p.297）：

> 琳达，31 岁，单身，坦率直言，性格开朗。她的专业是哲学。当她还是学生的时候，就非常关注歧视和社会公正问题，并且参与过反对核武器的游行。以下两个选项哪个可能性更高：
>
> a. 琳达是一个银行出纳员
>
> b. 琳达是一个银行出纳员，同时也是一个活跃的女权主义者

绝大多数人都选择了第二个选项。在特韦尔斯基和卡尼曼的实验中，85% 的参与者都做出这样的选择。但这一答案却违反了概率的基本原则。概率理论认为一个合取的概率，即两个独立事件同时发生的概率不可能高于单个事件发生的概率。因此，琳达既是个银行出纳员又是个女权主义者的概率不可能高于她仅仅只是个银行出纳员的概率。更简单地来说，所有符合以上描述的女权主义的银行出纳员，必然包含在所有符合这些描述的银行出纳员之内。而人们却没有认识到这一定理，特韦尔斯基和卡尼曼将这种现象称为“合取谬误”。

人们对代表性启发法的使用，可能导致这种合取谬误。琳达与人们心中女权主义银行出纳员的形象更相似，而不只是一个银行出纳员。如果我们仅以这种相似性作为判断的依据，那么就会认为琳达更像一个女权主义的银行出纳员，而不仅仅只是一个银行出纳员。我们陷入这种困境是因为：当对琳达的描述越详细，越符合女权主义者的特征时，琳达的代表性特征增加了，而合取概率却在下降。

合取谬误还会影响到我们如何评估对某个结果的不同解释，即孰优孰劣。在一项研究中，让学生判断约翰为什么会选择达特茅斯大学，这些学生不会认为约翰这么做是因为他喜欢达特茅斯的男女比例。但是当这个不可能的原因与一个可能的原因结合在一起时（约翰选择达特茅斯大学是因为这所大学很有名望，并且他也喜欢该大学的男女比例。），参与者认为，这种结合的原因比单独的原因更有可能成立（Leddo，Abelson，& Gross，1984）。当然，这违反了概率理论。喜欢某校的男女比例作为选择大学的理由是不合理的，但喜欢男女比例和想上名校两者结合的概率更小。然而，两种理由的结合却更能代表我们对择校（理由）的解

释，因此我们会判断该理由更有可能成立。

上文简单概述了人们在使用代表性启发法这一策略进行推理时存在的各种问题。当人们使用这种策略而忽略或者无法充分考虑重要的统计信息（如基础比率、样本大小）以及无法理解概率理论的重要原理（如合取原则）时，就会出现严重的推理错误。

统计启发法

试想一下，如果有人说："我真不明白，我有 9 个孙子，全部都是男孩"，你会做何反应。你可能会认为这个陈述完全可以理解，不过是一个好奇者在寻求解释。但如果这个人说："我真不明白，我有 3 个孙子，全部都是男孩。"你可能会觉得这种说法真是少见多怪，并向这位老人解释，这种结果仅仅只是概率造成的，并没有其他原因。Nisbett 等人（1983）认为人们在这样做时，表现出的是有效的统计性直觉。

特韦尔斯基和卡尼曼早期的研究认为，基础统计概念完全"不属于人类的直觉"（1974，p.1125）；这一陈述有些夸大其词。后来的研究发现，人们确实了解一些基本的统计原则。Nisbett 等人把这种简单有效的统计方法称为*统计启发法*。不幸的是，人们并非总能在需要的时候使用统计启发法。举例来说，上面提到的"孙子问题"，以及卡尼曼和特韦尔斯基先前描述的"医院问题"，想想这两个问题之间的差别。虽然大多数人都知道，关于性别组成，小样本远不及大样本有代表性，但大多数人还是不能用这一统计原则解决医院问题。在这种情况下，我们没能认识到小医院比大医院会出现更多的偏离样本。因此，尽管我们的直觉中包括一些相当复杂的统计启发法，但在需要利用它们时仍然发现这些直觉还不够完善。

接下来的问题是：什么因素决定着人们在遇到问题时是使用统计启发法，还是使用非统计性启发法？什么因素让我们认识到统计原理与某些概率问题的相关，而不是另一些问题？对这些问题至今都没有完善的答案。但有些影响人们选择不同启发法的重要因素已被确定下来，接下来我们将详述这些因素。

影响人们选择何种启发法的因素

面对一个特定的问题，人们选择使用何种启发法，依赖于人们对该事件本质的认识，以及所具备的统计学常识。人们通常拥有一些相互矛盾的信念，并且拥有可以支配的多种相关启发法，还有那些能够让人们形成某种特定信念或通达某种规则的背景信息，这些都会影响人们对启发法的选择。

我们在某个领域中的核心知识，涉及我们认为到底何种因素（力量）主宰该领域中的事件。例如，试图预测一个学生在标准测试中的表现时，我们可以从学生的学术能力、动机、焦虑、学校的教育质量、家庭教育和一些偶然因素等多方面进行考虑。对影响该事件发生的概率的认识在这里起到了关键作用，因为在某一领域中运用统计思想，最重要的一步就是要认识到概率在该事件产生中所起的作用。人们是否能够认识到事件是受概率影响的，依赖于人们所拥有的相关领域的知识，能够凸显概率因素或其他因素重要性的背景线索，以及人们所掌握的基本统计知识（Nisbett et al.，1983）。接下来将会逐一讨论这些因素。

相关领域的知识

概率因素在许多领域中发挥着重要作用。学术考试的成绩，体育比赛的结果，以及各种社会场合中的人际交往行为，都会受到一些稳定因素的影响，如个体潜在的能力和人格特质；但是，它们也会受到一些偶然因素的影响，如是否正好遇上头痛、是否将要去度假、是否卷进家庭纠纷之中。对这些偶然因素作用的认识，依赖于这一领域本身的性质，还依赖于我们在这一领域所积累的经验。

领域内样本空间的清晰性 在某些领域中，我们可以很容易地将大量事件划分成清晰的单元，并且很容易地对每个单元进行评分。在学术方面，一个测验就是一个自然的单元，而且每个测验的分数都清清楚楚。同样，在运动会中，各项比赛形成各种单元，比赛结果也显而易见。在这些客观领域中，很容易追踪到重复的分数——重复测验的成绩，再次比赛的结果。这种观测是理解概率在事件发生中起作用的第一步，也是理解相关推论统计的第一步。但是，在交互作用的社会中，如何对事件单元化或评分，常常没有那么清晰。例如，构成友谊的单元是什么？

即使人们可以人为地划分一些单元，如一次交谈、一小时的相处，但是我们如何对友谊进行评分呢？采用每分钟微笑的次数吗？即使是这种看似客观的评分也会出错，因为不是所有的微笑都象征着友谊。在这些主观领域中，单元化和评分相对困难，概率的作用也不太能够清楚地看到，统计推理也更不太可能。

有研究支持这一观点，证明人们在回答客观问题如体育、能力等问题时更倾向于给出统计性答案；而对主观领域中的问题，如个体喜好和人格评估，则较少作出统计性回答（Jepson，Krantz，& Nisbett，1983）。例如，同样的参与者，在遇到客观领域的事件时（如体育比赛），他们会认为大样本比小样本更可靠；而在面对主观领域的事件时（如个体对课程的评估），他们就不太明白大样本仍然比小样本可靠。另外一项关于人们使用基础比率的实验，也得出了相似的结果。面对卡尼曼和特韦尔斯基最初的工程师 / 律师问题时，参与者没有使用基础比率；但是当同样的问题以一种卡片游戏的形式再次呈现，每张卡片的一面提供个人的职业，另一面则是他的人格概述，这时参与者却利用了基础比率（Ginossar & Trope，1987）。在卡片游戏中，样本空间是明确的，概率的作用是明显的，因此就更容易做出统计性推理。

相关领域经验　对那些受概率影响的事件，人们对该事件所属领域越熟悉，就越能理解概率的作用，那么在思考问题时也就会更多地应用统计性启发法。即使是在概率的作用相对容易观察的领域，如体育比赛，人们也要在多次观察结果后才能完全理解概率的作用。有经验的运动员比新手更有可能认识到，运动员在不同场合下的表现有好有坏，难以预测。

如果以上直觉正确的话，那么相关领域的经验，就可以促使人们更倾向于使用统计性推理解决该领域内的有关问题。一项研究考察了这种假设，给一部分参与者提出一个关于体育比赛的问题：让参与者解释为什么足球教练所选择的球员在练习赛中表现完美,但到了真正比赛时其发挥却差强人意。这一结果能够用“回归平均数”来解释。大多数有运动经验的参与者,其解释都反映出了这一统计原理：练习中的完美表现并不一定能够代表球员的平均能力，他们可能只是刚好在练习赛中表现得比平时好（Nisbett et al.，1983，p.354）。相反地，那些没有运动经验的参与者则对这一结果采用了非统计性的因果解释，如最初表现很好的运动员故意松懈，以免遭人忌妒；或是他们不想做出很大努力，而只是想依靠他们的天赋度过整个赛季。

给另一部分参与者的几乎是同样的问题，只是稍做修改，使该问题与表演有关：让参与者解释为什么有些演员在试演中的表现好过正式演出。此次的结果也一样，是否有演出经验决定了答案的差异：大多数有演出经验的参与者偏好统计性解释，而没有经验的参与者则偏好非统计性的因果解释。

虽然结果显示，相关领域经验促使人们更多地使用合理的统计性启发法，但同样要知道，对于那些本身就不太容易做出统计性推理的领域，经验的帮助并不大。我们对社会交往非常有经验，但在这些社会情境中，我们对于概率的作用仍然难以理解，可能是因为社会事件难以单元化和评分。

在人们非常熟悉的领域中，这种熟悉性也会受到特定样本大小的限制。例如，有 2 个、3 个和 4 个孩子的家庭，我们对性别在他们之间的分配很熟悉，因此仅根据概率，我们知道相比于较多孩子的家庭，只有 2 个孩子的家庭都是男孩或都是女孩的比率要更高。然而，这种对概率作用和样本大小的认识却不能扩展到我们不熟悉的更大的样本中。回想前文所述，大多数人都不能意识到，与每天有 45 个婴儿出生的大医院相比，每天有 15 个婴儿出生的小医院其男婴出生率偏离人口性别常态的天数要多（Tversky & Kahneman，1974）。但是，将这一医院问题稍做调整，如小医院每天仅有 2 个婴儿出生（而不是之前的 15 个），然后让参与者回答哪家医院拥有 100% 男婴出生率（而不是先前的 60%）的天数多，参与者就能够更好地使用统计原理判断。在一项研究中，给参与者这一修改了的材料或是原始的材料，结果发现，能够运用合理的统计性启发法并且认识到小医院比大医院更容易偏离常态，以及能够这样做出正确回答的人数所占的比例在原始的问题情境下为 31%，在修改后的问题情境下则上升到 76%（Pelham & Neter，1995）。修改后的问题更加简单明了，因为人们对样本大小为 2 个孩子时都是男婴的情况，比样本为 15 个孩子时 60% 为男婴的情况更熟悉。如果人们对后者的样本比较熟悉，就会认识到在特定大小的样本中，概率对样本的构成起决定性作用。

背景线索

人们选择使用何种启发法还受到问题性质或情境的影响，在能够凸显出概率特征的问题和情境下，人们更容易选择统计性启发法。我们会推测别人认为什么规则更加合理，这种对别人的假设会影响我们的推理；人们更可能使用那些别人认为合理的启发法。

概率因素的显著性　那些能够提醒我们运气或概率作用的信息，更容易使我们使用统计启发法。一项研究发现，参与者能够认识到大样本调查（基于对学校几个月的观察）比小样本观察（基于一天的访问）更具代表性，尽管告诉这些参与者小样本也是随机抽取的。这些信息似乎提醒了人们，小样本更多地受到随机概率的影响（Nisbett et al.，1985）。

对随机选择性的强调也可以提高人们对基础比率的使用。回顾卡尼曼和特韦尔斯基（1973）的律师/工程师问题，给参与者关于某人的描述，让参与者猜测此人的职业，并告诉参与者此人是从一个样本中随机抽取的，样本是由70名律师和30名工程师或30名律师和70名工程师组成，在这种情况下，参与者常常会忽略基础比率的使用。随后的研究试图强调这样一个事实：这些描述是随机选择的（Gigerenzer et al.，1988）。这一次让参与者自己从样本中抽取人物描述，一次抽取一个。实验结果显示，经历了这一强调概率因素过程的参与者，比仅仅告知为随机抽取的参与者更多运用基础比率做出判断（尽管在高显著性条件下的参与者仍然未能充分利用基础比率）。这说明提高概率因素的显著性，就能增强人们对统计性启发法的意识。

对交谈意图的假设　在日常谈话中，人们运用特定的交谈规则，并且利用这些规则去理解别人所说的意思（Grice，1975）。例如，我们假设一个讲话者所传递出来的是相关且有意义的信息，因而照此解读它（Schwarz，1994）。然而，在心理学实验的情境中，常常违背这些规则。在一个关于判断的研究中，实验者不停地向参与者传达一些实验者自己认为是多余的或毫无价值的信息，以此来观察参与者如何看待和处理这些信息。如果参与者错误地假定常规交谈规则适用于实验背景，那么他们就会推测，实验者认为这些信息与他们后面要做的判断是相关的和有用的，参与者就可能会做这样的推理："如果主试给我一个详细的关于某人的人格描述，那么他一定是想让我在对此人做判断的时候使用这些描述信息。"一些研究显示，采用一些问题来评估人们对基础比率的使用情况，人们解决这些问题时所用的信息和使用的启发法种类，受到他们对实验者交谈意图的假设的影响

（Krosnick，Li，& Lehhman，1990；Schwarz，1994）。

Krosnick 等人（1990）注意到，那些证明人们不能充分利用基础比率信息的研究，都是先给出基础比率，再给出对个体的描述。如果参与者假设实验者试图让信息与随后的判断相关和有意义，他们就会认为实验者提供的个人描述是建立在基础比率信息上（其信息本身的含义清晰，并对判断有意义），因为他们认为这些描述尤其具有相关性和重要性。而且，正如人们通常所想的一样，参与者假设说话者最后才会说出最重要的信息，他们就会特别关注最后说出的信息。

一系列研究检验了该假设。在一个研究中，实验材料为卡尼曼和特韦尔斯基的律师 / 工程师问题，实验过程中基础比率或在最初呈现，或在最后呈现（Krosnick et al.，1990）。与“人们认为最后出现的信息最重要”这一观点一致，参与者更乐于使用后出现的基础比率信息。这一结果不单是因为最后呈现的信息更加突出和容易记住。更确切地说，是因为参与者事先假设，实验者本身会更重视最后提供的信息。若告诉参与者，信息的呈现顺序是随机的，以削弱参与者关于实验者交谈意图的假设，这时最后呈现信息的作用就不占优势了。

这些研究还显示，如果人们认为别人觉得有关个体的描述对判断此人的职业非常重要，就会更加倾向于使用代表性启发法，即依靠这些描述性信息。相反，如果人们认为别人觉得基础比率非常重要，就会使用统计性启发法，即考虑基础比率。人们有关他人处理问题的意图的假设，会凸显出相关的启发法，从而提高对此种方法的使用率。

这一系列研究更进一步说明了人们对基础比率信息重要性的理解是多么的不可靠！人们能够理解这种信息的作用，也可以在判断时合理使用它们。然而，我们却使用不太合适的非统计性启发法，仅仅是因为我们认为别人觉得这种信息与判断更相关。如果我们坚定自己对基础比率信息作用的理解，就会坚持自己的观点，无论我们认为别人对我们有何期望，都会明智地做出判断而不是随声附和。

预测单个事件和预测长期频率 在有关启发法和偏见的很多研究中，都是让参与者预测单个事件的发生概率——琳达既是银行出纳员又是女权主义者的概率？答对一个问题的概率？Gigerenzer 等人在几篇文章中都提到，遇到长期频率问题时——100 个人中谁符合关于琳达的描述，有多少人既是银行职员又是女权主义者？解决 100 个问题的正确率是多少？——人们会更偏向于使用统计性启发法

（Gigerenzer，1991，1996；Gigerenzer，Hoffrage，& Kleinbolting，1991）

的确，相对于判断单个事件发生的概率，人们在对同一问题长期频率的推理时更有可能应用统计性启发法。把问题变成频率问题，就会增加基础比率信息的利用率，减少合取谬误，降低人们对自己判断的过分自信（综述参见 Gigerenzer，1991）。当前的观点认为，问题依照频率方式构成，能增加统计性启发法的利用率，因为这种构成方式突出了概率因素的显著性，而且通过强调样本而不是个体，使样本空间更加清晰。

Gigerenzer（1991）提出强有力的证据说明，普通人所理解的统计方法仅限于频率的估计。他们认为统计规则只与频率问题有关，而不运用这些规则去评估独立事件的概率，因为他们认为此类问题与这些规则无关。Gigerenzer 还强调指出，与传统启发法和偏见研究结论所不同的是，人们的确理解统计规则，而且可以正确地将这些方法应用于任何相关问题中。当问题呈现方式符合他们的频率统计方法假设时，认知错觉和偏见就会消失。

但是，上述观点与一些研究结果相矛盾。有些研究显示，当统计规则受到一些其他因素强调时，人们会应用这些统计规则评估独立事件的概率。如前所述，当概率的作用显著，或是当参与者假设实验者认为该信息很重要时，他们就会运用基础比率信息去评估个体为工程师的概率（Gigerenzer et al.，1988；Ginossar & Trope，1987；Krosnick et al.，1990）。此外，人们并非总是运用统计性启发法解决那些结构为频率的问题，事实上，人们常常没能这样做（Kahneman & Tversky，1996）。由此看来，按照频率构成问题，似乎只是强调概率显著性以及提高人们使用统计性启发法的方法之一。即便问题并非按照频率方式构成，只要其他因素使得统计性启发法凸显出来，人们就可能运用它来解决问题；如果一些因素使得其他启发法凸显出来，人们有可能不会运用统计性启发法来评估频率。

Gigerenzer（1991）进一步规范他的主张，认为概率理论只能用于判断事件的长期频率，而不能用于判断单个事件的概率。Gigerenzer 和一些支持频率论的统计学家们认为："单一事件的概率"这类问题没有意义，不能用概率理论来解决。也就是说，统计信息和规则不能用于解决汤姆是律师的概率、这种药物治愈疾病的概率、明天下雨的概率等等诸如此类的问题。此外，由于这些问题本身无任何意义，答案也就无所谓对错。

我并不同意这种观点。正如卡尼曼和特韦尔斯基（1996）所指出的那样，一个人声称明天下雨的概率为 99%，不会下雨的概率也是 99%，这显然是错误的。同样，如果外科医生向你保证手术成功的概率为 99%，但你随后发现这名外科医生做出的保证，只有 75% 的概率是正确的，你有充足的理由为此感到生气和沮丧。类似地，对单个患者的疾病进行诊断时，不考虑疾病在人口中的基础比率的医生就会比用基础比率来诊断的医生犯更多的错误。

总之，尽管人们的确掌握了统计性启发法，却常常不能运用它来解决各种相关的问题。这能导致严重的误差及偏见。人们不禁要问，如何能够促进人们在日常判断中使用统计性启发法呢？我们有理由相信，培养人们的统计知识可以解决此问题，接下来将详述之。

统计教育

统计教育可以增强人们对统计性启发法的理解，可以提高人们在日常情境中使用这些方法的能力。在一项研究中，用电话的形式对学生进行一项体育比赛调查，调查在他们学习统计课程以前或学习统计课程以后进行（Fong，Krantz，& Nisbett，1986）。调查中的一个问题是，为什么篮球比赛中历届常规赛的最佳新人在第二年都表现不佳，即所谓的第二年消沉现象。在统计课程将近结束的时候，学生对这个问题更多地给予了统计性解释。统计课程使他们认识到，这一现象可以通过“回归平均数”来解释。其他研究也显示，短暂的统计知识指导、长期的科学训练以及学科教育中强调统计知识（如心理学），都可以使人们在解决日常生活中的问题时更容易使用统计性启发法（Fong，Krantz，& Nisbett，1986；Lehman & Nisbett，1990）。

统计学方法的训练可以提高人们对不确定事件的推理能力，但并不能让人们避免偏见和谬误。事实上，即使是经验丰富的科学家也常常不能使用适当的统计性启发法（如，Kunda & Nisbett，1986；Kahneman & Tversky，1971）。正如特韦尔斯基所说：“当你发现普通人犯下幼稚的统计错误时，你也能发现同样的问题以更加复杂的形式出现时也会让专家犯错。如果我对我的研究生说，‘父亲个子高，儿子的个子一定高吗？’他们一定会根据书本上的回归原理来解释。如果我把问题改成‘在法国的历史上，最优秀君主的身边通常都是平庸的大臣，而平庸的君主身边通常有最优秀的大臣，这种现象难道不是很有趣吗？’他们就会说：‘是的，非常有意思！我想知道为什么。’”（McKean，1985，p.31）。

有些问题涉及预测别人或自己的行为、态度及表现，这类问题尤其不能触发统计性推理。在这些领域中，人们很难认识到概率的作用，因为并没有多少线索提示我们应该考虑概率因素。此外，我们（北美）的文化通常鼓励人们在某些领域中做统计性推理，如体育比赛和天气预报，并且为我们提供了大量的相关统计资料（如击球率、下雨的概率等），但是对于社会行为，我们的文化几乎没有提供有关概率和统计方面的信息。所以，我们在推理社会行为时很容易犯错。

前面，我一直将重点放在代表性启发法和常被我们忽略的统计性启发法上。下面，我将讨论第二种重要的非统计性方法，即卡尼曼和特韦尔斯基所提出的易得性启发法。

易得性启发法

中年男性患心脏病的概率有多大？大学生找到工作的概率是多少？你是否经常表现出害羞的行为？特韦尔斯基和卡尼曼（1974）认为，人们在回答这些问题时，通常使用*易得性启发法*：我们会尝试回忆这些需要我们判断其发生频率的事件的例子，依据事例容易回忆的程度来判断事件出现的概率，即依据它们的易得性。如果我们能够很容易想起中年男性心脏病发作、找到工作的大学生及自己害羞行为的例子，那么我们就会判断这些事件是非常普遍的。

总的来说，易得性启发法简便可行，因为相比不常见的结果，普通结果的例子更容易回忆。以政治家为例，人们更容易想到的政治家是男性而非女性，因为男性政治家更普遍。但是当人们容易想到的例子受到那些与事件出现频率无关的因素影响时，易得性启发法就会带来麻烦。

一项简单的实验让这个问题清楚地表现出来。在实验中要求参与者判断首字母为 R 的单词多还是第三个字母为 R 的单词多（Tversky & Kahneman，1973）。事实上，第三个字母是 R 的单词远远多于首字母是 R 的单词。但是，大多数参与者的判断相反，他们错误地认为首字母为 R 的单词比第三个字母为 R 的单词多。特韦尔斯基和卡尼曼认为，出现这种错误是因为人们更容易想到首字母为 R 的单词，而不是第三个字母为 R 的单词，因此就会在推测它的频率时依赖这些容易提取的单词或每种类型单词的易得性。不幸的是，在这个实验中，易得的单词与其真实的频率无关，所以这种易得性启发法导致我们产生了错误。

忽视可得样本中的偏差

无论是什么原因，当我们考虑的事例样本出现偏差时，头脑中这些易得性事例就不能反映事件的真实频率。在这种情况下，如果不考虑这种偏差，只依靠事件的易得程度来判断事件的概率，就会出现判断失误。你的兴趣和境遇可能会使你想到的样本带有偏差。一位老年朋友这样说："当我的第一个孩子出生时，我看见到处都是婴儿；而现在我患上了关节炎，我看见到处都是拄拐杖的人。"这位朋友很容易想到有孩子的人和拄拐杖的人，因此就会高估这些事件的概率。相反，缺少这些特定兴趣的人可能不会去注意有孩子的人和拄拐杖的人，因此，他们就可能低估这些事件的概率。同样地，跟随候选人参加竞选活动的记者和随行人员，看到这位候选人在一个接一个的乡镇中都受到热烈欢迎，通常就会高估这位候选人受欢迎的程度。这都是因为易得性启发法——这些记者很容易想起候选人受到热烈支持的场景，而很少想到关于反对者的例子。他们没有认识到自己头脑中的样本已经存在偏差了——不喜欢那位候选人的群众都待在家里。同样，如果你的一场音乐会、你所做的演讲或是举办的一场晚会得到的只是赞扬，那么正面信息的易得性就会使你高估你自己在这些事情上的成功率，因为不喜欢你的人通常会保持沉默。

如果媒体报道某事件的频率与事件实际的频率不匹配，媒体的报道就会使事件的易得性产生偏差。在媒体对不同死亡原因的报道上通常存在这种情况。媒体特别喜欢报道那些暴力的、戏剧性的死亡事件，如凶杀或飓风，较少报道不太容易引起轰动的死亡事件，如疾病。人们就会根据这些报道来评估事件发生的频率。在一项研究中，人们认为死于凶杀案的人比死于胃癌的人多，而事实却是，死于胃癌的人数是死于凶杀案人数的 17 倍。人们之所以会产生这样的误解是因为人们不太愿意读晚报上的这类信息（Slovic，Fischhott，& Lichtenstein，1982）。这暗含着令人担忧的问题，由于易得性信息的影响，人们更关注容易想到的危险，并加以防范。其代价就是，人们会疏于防范那些从心理上来说不太容易想到，但是却更有可能发生的一些危险。

媒体还会使人们对社会群体的认知产生偏差。例如，如果媒体只报道那些犯罪的黑人，那么对黑人不太了解的个体就会过于高估黑人犯罪的概率。由于认识到这一点，美国的许多报纸都有意识地试图确保黑人不仅出现在有关犯罪和社会救济的事件中，还会出现在其他更主流的事件中，如健康、消费者行为或政治。

社会心理学家的研究表明，当人们的易得性数据样本产生系统性偏差时，易得性启发法的使用就会导致人们对社会事件的归因和判断产生可预期的偏差。这就是接下来将讨论的问题。

显著性　事件进入到脑海之前，人们必须先注意它。信息的显著性或突出性决定着人们是否注意它，以及对它的注意程度。如果我们更多地注意高显著性信息，这些信息将会更容易地被我们捕捉到，也就会对我们的判断产生更大的影响（Taylor & Fiske，1975，1978）。

Taylor 和 Fiske（1975）一系列巧妙的实验支持了这些观点。在一项研究中，有 6 个观察者从三个不同的角度来观察两个人对话：两个观察者坐在一个发言者后面，这样的安排可以保证他们把注意力集中在对面的一个发言者身上；另两个观察者则坐在相反的位置上，使他们的注意力集中在另一个发言者身上；剩余的两个观察者所坐的位置能够同时观看两个发言者。所有的参与者在同一时间观察同样的对话。然而，当询问参与者每个讨论者对谈话的影响程度时，他们的答案受到了发言者（对自己的）显著性的影响。对看得更清楚的发言者，参与者评定其影响性越大。很明显，观察者所坐的位置，会觉得某个人更加突出，从而认为那个人尤其具有影响力。

一个特殊的个体同样会因为其他理由吸引你的注意。你可能会无意间注意到房间里孤单的妇女，或孤独的黑人，并因此认为他们在社会互动中扮演着某些重要的角色（Taylor & Fiske，1978）。

易得性启发法能够解释这种显著性效应：将注意力集中在一个特定个体身上，会导致我们更多地察觉和回忆出此人的贡献。当试图评价一些人在交互活动中的影响力时，人们更容易获得具有显著贡献个体的信息，因此就会认为这个人更具影响力。

人们倾向于将别人的行为归因为他们的人格（她为慈善事业捐款是因为她很慷慨），而把自己的行为归因于情境（我捐钱是因为工作中的社会压力；Jones & Nisbett，1972）。这种行为者和观察者之间的差异，可能是由于人们在解释自己和他人的行为时，显著性信息不同所致。当观察别人的行为时，注意到的是行为的人；但当观察自己的行为时，看不到自己，故将注意力集中在情境上。由于注意的焦点不同，对别人的行为和对自己的行为归因时，易得的信息也就不同。对别人进行判断时，关于别人的信息是易得的，因此会将他的行为归因为他自身。但对自己进行判断时，环境信息是易得的，因此会将自己的行为归因于情境（Nisbett & Ross，1980）。

自我中心偏见 找一对你熟悉的夫妇，与他们单独交谈，分别问他们两个人承担家务事的百分数。答案很有趣，两个人给出的百分数总和大于 100%。

人们认为自己对共同努力的成果所作的贡献比他实际作的要多，Michael Ross 和 Fiore Sicoly 将这种倾向性定义为*自我中心偏见*。Ross 和 Sicoly（1979）发现，夫妻评价他们对家务活所作的贡献、学生评价自己在班级讨论中的贡献以及篮球队员评价自己在比赛关键时刻的贡献，都存在自我中心偏见。他们认为，易得性启发法在自我中心偏见的产生中起到重要作用：人们在合作中高估自己的贡献，是因为自己的贡献对本人来说更易得。妻子会记得自己每一次倒垃圾、洗碗的事，而不会注意到丈夫的贡献，尤其是当妻子不在场的时候。Ross 和 Sicoly 为此找到了一些证据：相对于同伴的贡献，人们总会更多地记住自己作出贡献的例子，而且记得的例子越多，自我中心偏见就会越强。在另外一项研究中，要求参与者注意搭档的贡献，这样可以使他们对同伴分配更多的责任。最终结果却发现，人们低估自己同伴的贡献，并不完全是因为没有注意对方的贡献；事实上，我们可能知道同伴作出的贡献，但我们不能自觉地回忆起它们。下一节将介绍更多这种影响判断的暂时可得性（或不可得性）的例子。

忽视信息通达时的偏差

即使人们所拥有的全部样本并无偏差，如果我们脑海中暂时想到的只是全部样本中的一个有偏差的例子，那么易得性启发法也能导致我们产生偏差。下面将讨论导致我们产生偏差的因素。

片面性问题　大多数人都会在某些场合中害羞，而在另一些场合中开朗。如果被问及，我可能会很容易想到那些我害羞的例子，有时我在社交场合中会感到不适，在一个大型晚宴中保持沉默；我也能想到一些开朗的例子，我有很多朋友，有时还会在陌生人面前做自我介绍。如果只让我描述这些个性的一个方面，与该方面相关的行为就会变得更加易得，这就会影响我的自我看法。如果关注于害羞，那么就会认为自己比较内向；如果关注于开朗，就会认为自己比较外向。

Russell Fazio 等人证实了这种效应（Fazio，Effrein，& Falender，1981）。在实验的第一阶段，要求一部分参与者回答一系列片面性的问题，让他们将注意力集中在他们性格外向的一面，例如，如果你想让舞会活跃起来，应该怎样做。要求另一部分参与者关注于其性格内向的一面，例如，在嘈杂的晚会上你最讨厌什么？结果，那些注意力被引导到性格外向一面的参与者，认为自己更外向，并且相比那些注意力被引导到性格内向一面的参与者，他们在行为上也表现得更外向。显然，通过片面性问题使个体的自我知识产生偏差，这种易得的偏差信息能够影响人们的自我概念。

搜索例子的难易性　电视剧《窥探者》（*Cracker*）中有这样一幕：一个女人希望挽救她的婚姻，于是向一位治疗专家求助。开始，医生叫她想出她丈夫身上所有令她喜欢的地方。任何知道片面性问题所起作用的人，都会认为这是一个不错的技术：将这个女人的注意力集中在她丈夫的积极方面，会让她更积极地看待丈夫，这是让他们夫妻和睦的关键的第一步。不幸的是，在这个例子中事与愿违。当她意识到自己很难想起丈夫的优点时，便立刻冲出医生的办公室，并且马上向丈夫提出离婚。

搜索例子有时容易，有时困难。我们会根据这种主观经验做出判断吗？易得性启发法最初就是这样描述的，即基于收集例子的易得性做出判断。但长期以来，能够证明这种主观经验作用的证据仍然不足。一些支持人们依赖易得性启发法（做判断）的研究，很难说明到底是人们对主观经历回忆的难易程度影响了判断，还是回忆的内容影响了判断。我们认为首字母为 R 的单词比第三个字母为 R 的单词多，这一判断是因为我们更容易想起首字母为 R 的单词呢，还是因为我们试图想起两种类型的单词,但我们所想出的单词列表中包括更多的首字母为R的单词?

Norbert Schwarz 等人设计了一个非常巧妙的方法来分别考察这两种解释（Schwarz et al.，1991）。假如要求你想出自己过分自信行为的 12 个例子。你会毫不费力地回忆起前七八个。但是之后再多回忆一件，难度都会变得更大。你发现很难想起自己更多过分自信的例子，因此你可能会认为自己并不过分自信。如果真是这样的话，与要求想出 6 个过分自信例子的人相比，要求想出 12 个过分自信性例子的人会认为自己没有那么过分自信，因为想出 12 个过分自信事例的确很困难，尽管要求说出 12 个例子的参与者比要求说出 6 个例子的参与者想出的例子更多。如果与想出更少例子的参与者相比，想出很多例子的参与者仍然认为自己并非过分自信，只能说明他们的判断不仅依赖于所搜集事例的纯粹数量，还依赖于搜集这些例子的难易程度。

因此，在一次实验中，Schwarz 等人要求一部分参与者想出 12 个自己表现得很自信的场景，这很困难；要求另一部分参与者只想出 6 个这样的场景，这相对容易。让另外两组参与者想出自己表现得不够自信的 12 个场景或者 6 个场景。有趣的是，虽然要求列举 12 个例子的参与者比要求列举 6 个例子的参与者产生的自信事例多，但他们认为自己不如那些只要求想出 6 个例子的参与者自信（见表 3.1）。要求参与者回忆不自信行为时，也出现了相似的结果——与只要求想出 6 个不自信例子的参与者相比，要求想出 12 个例子的参与者认为自己更自信（见表 3.1）。

观察表 3.1 上面一行数据，还会发现只要求想出 6 个行为例子的参与者得出

表 3.1　回忆 12/6 个自信 / 不自信行为的参与者对自己自信性的评价

	行为类型	
回忆事件数量	自　信	不自信
6	6.3	5.2
12	5.2	6.2

注：数字越大代表自信越高

资料来源：Schwarz et al.(1991，表 1，p.197). Copyright © (1991) by the American Psychological Association. Reprinted with permission.

的结果与之前使用片面性问题所做的研究得出的模式一样：相对于注意力被引导到非自信行为上，那些注意力被引导到自己的自信行为上的参与者认为自己更自信。但是，由于参与者要求想出12个自己的行为例子是一项很困难的任务，这一模式就反向了：问及自信行为的参与者反而比问及不自信行为的参与者认为自己更不自信（表3.1所示）。这说明相对于回忆内容，参与者的判断更多地依赖于想出例子的难易程度。

总之，即使被引导去回忆与结果有关的例子，但如果感到回忆任务很困难，我们还是会认为结果出现的可能性不大。

类似地，人们的态度也会受到想出赞成理由的难易程度的影响。例如，要求参与者想出支持一种特定观点的论据（如公共交通是好的）。与要求想出少量论据的参与者相比，要求想出很多论据的参与者对这一观点持较少的赞同（Wanke, Bless, & Biller, 1996）。显然，当我们在想出支持一种观点的论据遇到困难时，就对该观点失去信心。

片面性问题和回忆指导让我们将注意力直接、明确地集中在知识中一个有偏差的子集上，所以使得我们的判断产生偏差。相似的偏差还会以更微妙的方式出现。下文将会讨论。

解释效应　考虑一下，为什么消防队员喜欢冒险可能是一件好事？大多数人都能够想出一个颇具说服力的解释——毕竟，消防队员必须愿意进入失火的房子，如果他们不愿意承担这个风险，就不能有效地完成他们的工作。但是，假设问你，为什么消防队员喜欢冒险可能是一件坏事？大多数人也能够想出一个具有说服力的解释——如果消防队员承担不必要的风险，在没有适当预防措施的情况下就冲进着火的房子、爬出高层窗户，他们就是将自己的生命置于与那些他们要救的人一样的危险中。这说明我们不仅能够想出一些相反的理论，还能够想出支持这些理论的论据，我们也因此逐渐相信了这些理论。

一系列研究证实了这些解释效应。在实验中让人们解释，相对于那些较差的消防队员，为什么优秀的消防队员倾向于较少冒风险；或者，为什么优秀的消防队员倾向于冒较多的风险（Anderson & Sechler, 1986）。已经解释过"愿意冒风险对消防队员来说是件好事"的参与者，要比那些做相反解释的参与者，更加相信愿意冒险对消防队员来说会更好一点。此外，当要求参与者根据别人的自我简介，评价那些申请消防队员职位的申请人时，这些理论变化影响了参与者对申请人的评价。解释过愿意冒险是好事的参与者，对爱冒险的申请人评价更高，但解释过愿意冒险是坏事的参与者得出相反的结果——他们对谨慎的申请人评价更高。

让人们解释其他的因果关系事件时，得到了相似的结果。例如，人们很容易解释，为什么外向的人比内向的人更容易在学术上获得成就（例如，外向的人可以依靠他们的社会技能从教授和朋友那里得到帮助）。人们也可以很容易地解释相反的因果关系，即为什么内向的人比外向的人更容易有学术成就（例如，内向的人会花更多的时间在学习而不是参加舞会上）。当要求人们解释两种可能因果关系中的一个时，他们都会认为自己所解释的那种因果关系更有可能（Sanitioso，Kunda，& Fong，1990）。

为什么明明知道有证据支持相反的观点，人们还是会相信那个自己曾做过解释的观点呢？最合理的解释是，解释行为使得支持这一解释的知识有了高度易得性，当评价所解释事件的可信度时，我们依赖了支持这一解释的信念的可得性。但我们没有意识到，这些易得性信念并不是我们在这一问题上所拥有知识的代表性样本。因为在试图解释一个片面的因果关系时，我们使用了有偏差的那一部分知识。

当我了解到关于人类行为的社会生物学解释，即采用进化的压力解释人类当代的社会行为后，总会想到一些这方面的研究成果。的确，对于进化力量如何导致男人喜欢漂亮的女人，而女人喜欢聪明的男人这一问题，人们很容易就能做出解释。对于进化的压力如何导致相反情形这一问题，人们要做出解释也并不困难。

坚持被驳倒的信念 假如我告诉你，你昨天参加的一次测验显示了你有不同寻常的社会洞察力。然后给你些时间思考并接受这一信息。过一会儿，我告诉你这只是一个玩笑，测试是骗人的，结果也是编造的。现在，你如何看待自己的社会洞察能力呢？

显然，关于你的社会洞察力的信息已经完全被否定了，关于洞察力你并没有什么新的了解；那么，你应该觉得自己与以前没有什么不同。但研究发现，早先的陈述对你的自我看法似乎产生了影响，即使发现早先的证据并不真实，人们还会坚持这种看法。

在一项研究中，将参与者置于一个他们曾想象过的同样情境中（Ross, Lepper，& Hubbard，1975）。首先，让参与者分辨一些自杀案例的真假，然后对参与者的反应给出错误反馈：告诉一部分参与者他们做得很好，告诉另一部分参与者他们做得很差，告诉最后一部分参与者他们做得一般。随后，告诉参与者，那些反馈信息都是错误的，他们只是随机地给予了积极、中性或消极的反馈信息。虽然实验者已经说明前面的反馈信息是不可信的，但那些反馈信息还是影响着参与者的自我看法。那些得到积极反馈的参与者，仍认为他们在区分自杀事件任务中表现得更好；并且认为在这类任务上，比那些得到中性反馈参与者的敏感性更好。得到消极反馈的参与者也始终认为，他们在此任务以及相关的感受性任务中表现得相对较差。

易得性启发法能够解释这种坚持被驳倒信念的现象。你得到的反馈信息是你有异乎寻常的敏感性，这会导致你试图将这一信息运用到对自己的认知上。你也许能回忆出，在你的邻居向你透露他们夫妻不和的信息之前，你如何觉察到他们的婚姻出现了危机；你如何预先猜测到你的朋友已经为你策划了一场惊喜的舞会；你为何总是知道什么礼物最让母亲满意。所有这些最初得到的信息，即使后来知道是虚假的，但因为它们仍然是易得的信息，所以还会继续影响人们的自我判断。现在还没有直接的证据证明，这种坚持效应是由信息易得性的增强所致。但是，正如前面讨论过的那样，已经有明确的证据显示，与自我有关的信息如果更加易得的话，就更容易影响自我认知。

人们会坚持被驳倒的信念，认识这一现象有助于我们理解，为什么诽谤会有如此大的害处。一旦某个指控使人声誉受损，即使这项指控不成立，也极难恢复被指控者的名誉。

想象　想象一下，你走在一条安静的街道上，忽然一辆警车停在你身边，两名警察跳下车，指控你是一个持械抢劫的嫌疑犯，并且将你按到警车上，搜你的身并铐上手铐，押回警察局拘留。闭上眼睛，尽可能生动地想象这一情节。然后思考以下问题：如果有一天，你因持枪抢劫而被捕，会是什么样子，不管你是无辜的还是有罪的？值得注意的是，仅仅只是想象这一行为，就会让你认为这些事情有可能发生（综述参见 Koehler，1991）。

一系列研究证实了这种想象带来的后果。让参与者想象自己因犯罪而被捕、赢得免费去夏威夷旅行的机会、享受有线电视带来的好处等情形（Gregory，Cialdini，& Carperter，1982）。后来，想象过这些事件的参与者比没有想象的参与者，更相信这些事件有可能发生。想象享受有线电视情境的参与者比那些只听说过有线电视好处的参与者更愿意订购有线电视频道。类似的结果也出现在另一项研究中，在实验中要求参与者想象自己在一项字谜任务中成功或失败，并解释他们想象的结果。那些想象成功的参与者比想象失败的参与者，对自己的表现有更高的期望；参与者的实际行为也会受到想象结果的影响：想象自己成功完成任务的参与者，其实际表现比想象失败的参与者要好（Sherman et al.，1981）。想象还可以增强人们对自身并不会参与的社会事件发生的可能性的预期，如某位特定政治候选人的竞选（Carrol，1978）。

易得性启发法可以用来说明上述研究结果。人们想象过一件事后，想象的情节历历在目，所以，这些情节更易得到。如果依赖这种想象的易得性去评价事件的发生概率，就会使我们认为这种想象的事情更有可能发生。有时，如果当前的易得性想象与我们记忆中实际发生的事情同样丰富生动时，我们还会错误地将这一想象当真（Johnson，Hoshtroudi，& Lindsay，1993，参见第 5 章）。

锚定与调整

随机挑选一个数字，比如我哥哥的年龄，34 岁。现在，你猜想联合国中非洲国家的数量是大于还是小于 34？

很明显，该年龄数字与你的估计完全无关，应该不会对判断产生影响。但事实并非如此，特韦尔斯基和卡尼曼（1974）认为这种随机、不相关的初始值会对判断产生很大的影响。在一项研究中，问参与者同样的问题，只是以通过转动一个幸运轮所产生的随机数字作为初始值。那些得到较小初始值的参与者认为联合国中的非洲国家只有 25 个，而得到较大初始值的参与者则认为有 45 个非洲国家。即使为参与者的准确性提供报酬，参与者还是会如此推断。最初的起始值，似乎成为了“锚”，即使它并非相关因素。当我们以这种锚为参照上下调整我们的判断时，通常都不会有太大的变动。所以，我们的判断会通过这种锚产生偏差。特韦尔斯基和卡尼曼把这种现象称为锚定（anchoring）。

锚定通过启动特定的相关知识，使个体对目标靶的判断产生偏差（Strack & Mussweiler，1997）。在经典的锚定现象实验中，首先要求参与者做一个比较判断，加入联合国的非洲国家数量是大于34，还是小于34？为了做出判断，他们使用与锚等价的信息，对目标（联合国中非洲国家的数量）构建一个心理模型。也就是说，他们建立的目标模型偏向于锚（的数值）。在已经建立的有偏差的目标模型基础上，参与者得出关于目标的绝对化判断（联合国中的非洲国家有多少？）。如果锚使判断产生偏差是因为它促使人们建立了有偏差的目标模型，那么锚所带来的偏差作用，就应该限定在那个特定的目标上。事实正是如此。例如，在对一个目标进行比较判断的背景下（勃兰登堡门的高度是大于150米，还是小于150米？），参与者得到一个锚，这个锚马上就会使他们对目标的判断产生偏差（勃兰登堡门的高度），而不会影响参与者对不同目标的判断（勃兰登堡门的宽度）。锚必须激活与目标相关的知识，才能影响人们对目标的判断。

锚定效应表现在大量的数字性判断中，包括房地产经纪人对房屋的评价，人们对核战争爆发可能性的评估，以及学生对地理距离的估计（Northcraft & Neale，1987；Plous，1989；Tversky & Kahneman，1974）。在上述以及其他判断中，那些能够作为锚的不相关数字，使人们的评估产生了偏差。

锚定与社会性判断

尽管关于锚定现象的早期研究都集中在数字锚对数字判断的影响上，但社会心理学家很快便意识到在对非数字情境进行判断时也会出现锚定现象。思考这样一个经典的社会心理学实验，在该实验中，一部分参与者看到的场景是实验者让一个人写一篇支持某个人的文章，另一部分参与者看到的场景则是实验者让一个人写一篇反对某个人的文章。在阅读了那个人写的支持或反对文章后，让参与者推测文章作者对某个人的真实态度。这一研究以及其他相似的实验所得到的结果如下：与阅读了反对某个人文章的参与者相比，阅读了支持某个人文章的参与者认为文章作者更支持某个人；尽管事实是，写文章的人在这种情境中别无选择，只能按实验者的要求来写文章，但参与者仍然如此判断。换句话说，人们过度地将个体的行为归因于他们潜在的态度和倾向，而较少地归因于环境的限制（Tone

& Davis，1965，见第 9 章）。这种现象被称为*对应偏差*或*基本归因误差*。

George Quattrone 认为锚定是产生基本归因错误的重要原因：人们以文章作为起始点或锚，参照这个锚上下调整他们的判断（Quattrone，1982）。他们可能会对自己说："这篇文章是支持某个人的，但我也知道约翰是被迫写的这篇文章，可能他不会像文章中那样支持某个人，因此我应该推测他实际上没有文章中那么极端。"如果参与者以这种方式将文章作为起始点或锚，但却未能充分围绕锚调整他们的判断，那么他们的判断就会因为锚产生偏差。

这种锚定现象普遍存在于社会性判断中。在对别人进行评价时，我们可能会以自己的特征和态度为锚；而在试图评价我们自己的态度时，我们会以别人对自己的看法为锚。结果，我们会认为别人与我们很相似（实际情况并非如此），就会从阿谀奉承或批评指正中得出偏离实际情况的结论。在评估一个群体成员时，我们可能以群体的刻板印象为锚；或是在评估刻板印象时，以群体中一个成员的行为为锚。结果，我们可能会认为个体与他所在的社会群体更加相像（有可能超过实际情形），也可能出现将个体行为过度概括到整个群体的错误。在评估不那么极端的行为时，我们可能以极端行为为锚；或是在判断极端行为时以一般行为为锚。结果，我们对那些让我们想起一个杰出人物的个体的评价高于其实际情况；而对那些明显胜过其同伴的个体的评价低于其实际情况（所有这些例子都基于真实现象，我们会在后面章节讨论）。

无论何时，只要注意到，由于所提供的或易得的信息使人们的判断产生偏差，我们就需要考虑，这可能是由于锚定偏差信息所致。

我们可以克服由易得性启发法和锚定带来的偏差吗

很多偏差来自于对代表性启发法的运用，因为人们没能使用更为合理的统计性启发法。在很多情况下，我们拥有做出正确推断所需的所有信息，甚至拥有正确的统计性启发法，只因为我们没有使用这些启发法，偏差就产生了。的确，当人们能够意识到这些相关信息时，如基础比率和样本大小，就会在推理中使用这些信息。此外，在某些不确定领域的学术经历及统计教育会增加人们对统计性启发法的应用。尽管最精明的统计学家也会深受偏见之害，但我们不必悲观，我们至少能够降低这种偏见的普遍性和影响程度。

当我们思考该如何克服那些由易得性启发法和锚定产生的偏差时，情况就不容乐观了。易得性启发法促使人们使用出现在脑海中的信息去评估频率或做出其他判断。即使我们已经意识到脑海中出现的信息可能是有偏差的，也不可能知道会出现多大的偏差。例如，想不起第三个字母是 R 的单词，我们又如何能够确定它的数量呢？或是，如果别人不说出讨厌我们的所作所为，我们又怎么能够知道到底有多少人不喜欢呢？如果既没有客观的信息，又不依赖于事例的易得性，我们该如何估计频率呢？

当我们试图摆脱由锚定产生的偏差时，也会出现同样的问题。我们经常注意到锚不是无关就是太极端，因此我们才会调整我们的判断，使之偏离锚。但我们如何知道究竟应该调整多少呢？我们意识到锚定会使我们产生偏差，但我们如何摆脱它的影响呢？如果我们试图校正一个锚的影响，又如何确定我们是校正不足，还是矫枉过正呢？

与代表性启发法不同，易得性启发法和锚定带来的偏差，不是因为我们不知道或没有使用更合适的启发法；相反，将它们视为一种*心理污染*也许更合适（通过易得性启发法或锚；Wilson & Brekke，1994）。即使我们不想让自己的判断被其污染，但也很难消除这种污染。

虽然我们不能消除由易得性启发法和锚定现象带来的偏差，但对这种潜在偏差的认识，至少会让我们警惕判断中可能出错，这会促使我们更谨慎，也会使我们尽可能地寻找更客观的信息。

仔细思考和使用启发法

社会认知领域的研究者们建立了一些*双加工*过程的认知模型。虽然这些模型在细节上稍有不同，但它们有同样广泛的假设：人们会在两种不同的思考模型间变化。有时我们进行的是谨慎、详细和精密的思考过程，全神贯注于当前的问题，并试图寻找最佳的解决方法。而有时，我们也会有一些更粗略、肤浅的思考过程，对问题花很少的时间和注意力，力求快速简单地解决问题，即使解决方法不够完美（Chaiken & Trope，1999；目标对加工过程模式的影响，参见第 6 章的讨论）。

面对一条有说服力的信息，我们可能仔细思考信息中论据的优点和缺点，也可能只对那些表面的线索有反应，如演讲者的身份（综述参见 Eagly & Chaiken，1993）。在解释一个人的行为时，我们可能仔细分析行为发生的情境，试图考虑所有促使个体做出该行为的原因，也可能只是快速、自动地对个体的潜在人格做出结论（综述参见 Gilbert，1989，另外参见第 7 章）。同样，在对一个人形成印象时，我们可能努力将所知道的关于这个人的一切信息整合起来形成对他连贯一致的印象，也可能仅仅只是把此人归入某一显而易见的社会范畴中（Brewer，1988；Fiske & Neuberg，1990）。总之，人们的推理过程既可以谨慎而精细，也可以快速而粗略。

由于本章所讨论的几种非统计性启发法——代表性启发法和易得性启发法——通常被认为是“快速而粗略”的方法，有些人将对它们的使用与肤浅、不经大脑仔细思考的过程等同。此观点认为，人们在肤浅、相对不需要动脑筋的思考过程中使用这种相对简单的启发法；而在谨慎、精细的思考过程中，就会更多地依赖复杂和精密的原则（Bodenhausen，1990）。为了支持这一看法，一个关于说服力的重要模型将人们的加工过程区分为“系统式加工过程”和“启发式加工过程”（Chaiken，Liberman，& Eagly，1989）。这种区分可能无意中促成了这种假设：启发式加工过程被认为是相对肤浅和不经大脑仔细思考的过程，它促使人们更多依赖于代表性启发法和易得性启发法。

事实并非如此。这些非统计性启发法并非必然比统计性启发法更简单和容易。例如，当你试图解释为什么新人在第一年的表现通常都比第二年好时，统计性答案就是“回归平均数”，得出这一答案所需要的思考和努力远不及人们得出非统计性因果解释所做的努力（“他也很想成功……第一年后，有很大的压力，要让自己保持优秀的表现……”，Nisbett et al.，p.361）。而且，仔细思考并不一定会减少人们对代表性启发法和易得性启发法的依赖。有研究表明，仔细思考有时能够减少对非统计性启发法的应用，有时会增加对它们的应用，有时则对它们的应用没有影响（综述参见 Kunda，1990）。

有时候，仔细思考会减少人们对非统计性启发法的依赖。例如，一项研究发现，清醒的个体比疲劳的个体更少犯合取谬误。合取谬误就是，相对于单一范畴，参与者会更倾向于认为一个人属于一个联合范畴，例如女权主义者和银行出纳员（Bodenhausen，1990）。人们假定，这种合取谬误来自于对代表性启发法的使用，这在之前已经讨论过了。显然，在做判断时，清醒（不是疲惫的时候）的时候人们仔细地思考，可以减少他们对代表性启发法的依赖，而更多地运用更合理的统计性原则。

但也有另外的研究得出了相反的结果。在某些情况下，仔细思考会增加非统计性启发法的应用，从而增加偏见和错误。例如，一项研究中，引导参与者进行仔细思考（他们知道随后要向调查者解释他们的答案，因此会仔细思考），这些参与者比那些草率得出结论的参与者更容易产生稀释效应，即所给予的关于此人的无关信息会影响参与者对此人的预测（Tetlock & Boettger，1989）。类似地，在另一项研究中，引导一部分参与者仔细思考（告诉参与者这是在测验他们的智力，他们就会仔细思考），相对于那些草率得出结论的参与者，仔细思考的参与者更容易在卡尼曼和特韦尔斯基的医院问题中犯错误（Pelham & Neter，1995；相关讨论见第 6 章）。稀释效应和在医院问题上被误导的直觉，都典型地依赖于代表性启发法，这在前面已经讨论过了。所以，这些研究都显示，谨慎思考会增加我们对代表性启发法的依赖。

为什么仔细思考有时会增加人们对代表性启发法的使用，有时又会减少人们对它的使用呢？作者相信，仔细思考会促使人们选择那些他们认为最适合解决当前问题的启发法。有时，这将使得人们正确地选择适当的统计性启发法而非代表性启发法。然而，正如本章所述，人们对统计原理的理解是不稳定的，仔细的思考有时会导致人们认为使用代表性启发法比统计性启发法（如先验概率或样本大小）更合理。

总之，思考的深度与启发法的选择之间并没有简单的联系。统计性和非统计性的启发法在仔细思考和简单粗略思考这两种情况下都可能被使用。仔细思考将引导我们偏向那些经过深思熟虑后认为更好的启发法。我们思考时，偏向于使用统计性启发法还是非统计性启发法，这取决于我们对问题及其所在领域的理解，以及对一些统计知识的掌握。

总　结

当人们在不确定情境中进行推理时，通常使用各种启发法，即依靠经验和直觉快速判断。毫无疑问，人们多多少少理解一些统计原理，却常常使用非统计性启发法而不是统计性启发法。

人们使用*代表性启发法*来判断一个事例属于某个特定范畴的概率，或一个事件由一个特定原因造成的概率。这种启发法作为概率判断的依据是基于事例与范畴之间的相似性，以及事件与原因的一致性。当事例的特征与某一范畴成员吻合，或事件发生的特征与其原因一致性高，而且相似性在判断时是唯一重要的信息时，这种启发法能帮助我们做出很好的判断。然而，当事物的特征并非唯一重要的信息，而我们又只依据这些事物的特征进行判断，忽略其他诸如先验概率和样本大小这些重要信息，并且不能理解重要统计原理的价值时，该启发法就会带来麻烦。结果，我们就会在试图解释他人的行为、预测自己或他人可能的行为及结果、推断某人的职业以及形成对他人的印象时，出现一系列的错误。

人们究竟会采用代表性启发法还是采用统计性启发法去判断一个特定的问题，由许多因素决定。这包括我们对概率问题在所涉及领域中的作用的认识，强调统计性或非统计性信息及相应启发法是否重要的情境线索，以及我们对统计知识的掌握。

人们常使用*易得性启发法*评估事件的频率并做出相关频率判断。采用这种启发法进行判断的基础是相关信息容易在大脑中出现，即信息的易得性。当事件的易得性与事件的真实频率高度相关时，这种启发法有助于我们做出很好的判断，这种情况经常见到。然而，想象这些事件的难易程度也受到一些与频率无关因素的影响。在这种情况下，我们就会对一些问题，诸如判断各种风险的普遍性程度、我们对共同成果所做的相对贡献、个体对一个群体的影响，以及自己的行为模式上，做出错误的判断。

人们在判断时，常常将一些无关数值作为锚，并且依据这些锚做不充分的调整。结果，这些无关数字使我们的判断产生偏差，如判断核战争爆发的概率、房地产的价值、个体的态度以及一个群体的特征。总的来说，我们很难克服由易得性启发法和锚定现象带来的偏差，因为我们无法知道自己的判断在多大程度上被这些无关因素所污染。

第 4 章

假设检验、共变关系检测和反事实思维

本章将讨论有关我们理解和体验社会世界的方式中至关重要的几个判断任务。我们的很多社会知识都是在检验关于社会世界的假设过程中积累起来的，例如，这是个值得信赖的人吗？我会喜欢这个社会活动吗？我是否受到了公平的对待？我们也通过评估属性与事件的共变关系来获取知识，例如，图书馆管理员是不是特别害羞？儿童吃完糖果后，会不会变得多动？在本章中，我回顾了一些表明人们进行推理任务的能力是有限的证据。在对自己和他人的属性作出结论时，我们所使用的检验假设和评估共变关系的策略会产生系统偏差，使我们发现事实上并不存在的共变关系，阻碍我们发现真实的共变关系。我也会讨论使假设检验和共变关系的评估产生偏差，以及影响其准确性的一些因素。我还会解释为什么人们对社会事件的判断这么容易出错。

我们理解和体验事件的方式，不仅受到我们对已发生事件信念的影响，还会受到我们对将来可能发生的事件的预期的影响。有时，我们可能会为了使事情的结果变得更好而苦恼，例如“若是……，那该多好啊！”。有时，我们会感到非常的幸运，因为事情没有变得像想象的那么糟。我还会综述在不同情境下我们持有的、让我们产生反事实想法的一些原则，同时揭示它们会影响我们对事件的评估和对事件的情绪反应。

假设检验

回想一个你熟悉的单身女士。假定我的朋友弗兰克想找一个女朋友。他喜欢性格外向的、友善的、容易相处的和大方的女士。你认为他会喜欢你的朋友吗？她的性格外向吗？

你会怎样回答这个问题？当你想判定她是不是性格外向时，你想到了哪些关于她的信息？一种策略是提取有关她的所有信息，回忆所有可能表明她性格外向的证据，如友善的行为、与陌生人讲话等等；同时回忆所有可能表明她性格不外向的证据，如害羞、回避社会交往等等。综合这些信息，你能够对她的性格是否外向做出客观的评价。但是，事实上我们通常不会平衡地搜寻两方面的证据，而是倾向于收集某一方面的证据。在判断自己的朋友是否性格外向时，大多数人只会寻找她外向表现方面的证据来判断她是否性格外向，而不会同样努力地寻找她性格内向方面的证据，证明她是内向性格的人。

证实策略

Klayman 和 Ha（1987）将这种片面的假设检验的方法称为证实策略（positioe-test strategy）。当你采用这种策略时，你会通过寻找与假设相符的事例来检验假设。当判定你的朋友是否性格外向时，你会寻找她性格外向的证据。如果你能找到这种证据，你就得出假设被证实（她确实是性格外向）的结论。如果你找不到这种证据，你会得出假设不成立的结论。当证据非常清楚时，这种策略是非常有效的。举例来说，如果你朋友的行为表现一贯外向或一贯内向，那么片面搜索证据也无关紧要，因为更平衡的搜索也将得出相同的结果。但是，如果相关的证据是混杂不清的，证实策略则可能误导你的评估。例如，你的朋友在某些场合表现得外向，在其他场合却比较害羞，仅仅查找她性格外向的行为事例，会使你误判她比实际情况更加外向。在这种情况下，证实策略会误导你，让你的假设得到证实。

人们评估自己的假设时，无论是从记忆中搜索已经存在的知识，还是从外部世界搜索与假设相关的新证据时，都是采用证实策略来验证假设。证实策略在社会领域里的应用，特别容易导致假设得到证实的错误，原因有两个：一是人们的社会行为在不同的情境下是不同的，二是我们关于他人的信息是混杂的，可以同时支持两个对立的假设。

验证关于他人的假设

有偏记忆的搜索　面对我们熟悉的人，我们常常会产生新的疑问：我的熟人会是一个好的室友吗？我的孩子在附近的学校里能够健康成长吗？我的兄弟会成为优秀的律师吗？ Marke Snyder 和 Nancy Cantor（1979）着手研究人们在检验针对熟人的假设时，是否会采用片面的搜索策略——在记忆中寻找信息，即搜寻那些符合假设的记忆信息。为此，他们首先给被试提供一些关于简的混杂信息。被试阅读简一个星期内的生活概况，其中描述她在某些场合表现出外向性格，而在另外一些场合表现得性格内向。例如，她在博士的办公室里与人热情交谈，而在工作休息的时间里却不愿意与别人一起聊天；她在慢跑时和陌生人交谈，而在超市里却表现得很害羞。两天后，被试回到实验室，要求被试完成假设检验的任务：要求一半被试判定简是否适合做房地产经纪人（尽管指导语中没有明确的说明，但人们一般认为从事此项工作的人需要具备典型的外向性格）；要求另一半被试判定简是否适合做图书管理员（一般认为从事此项工作的人需要具备内向性格）。

实验要求被试认为简适合做房地产经纪人或图书馆管理员时列出相关的事实证据。从表 4.1 上两行可以看出，被试确实采用了证实策略，那些认为简适合做房地产经纪人的被试，提取简性格中外向的事实证据（4.03）多于性格内向的事实证据（1.28）；而那些认为简适合从事图书管理员工作的被试，提取她内向性格的事实证据（2.56）多于外向性格的事实证据（1.00）。这种情况就好像被试问自己“我知道简的哪些特点适合做这份工作？”而不是问“我知道简的哪些特点与此是不一致的？”。

更为重要的是，有偏向性地提取有关简的一些事实证据必然导致假设得到验证的结果。如表 4.1 下面两行数据显示，那些要求检验简是否适合从事房地产经纪人这份工作的被试认为，相比图书管理员，她更适合成为一名房地产经纪人。与此相反，那些要求检验简是否适合从事图书管理员工作的被试认为，相比房地产经纪人，她将更适合成为一名图书管理员。当我们手头上有关于一个人的混合

表 4.1 被试回忆有关简性格外向、内向的事实数以及对她从事两种工作适宜性的评价分数

	检验假设	
	性格外向	性格内向
回忆的事实		
性格外向	4.03	1.28
性格内向	1.00	2.56
工作适宜性评价		
房地产经纪人	4.41	2.50
图书馆管理员	3.29	5.00

资料来源：Snyder & Cantor (1979，表 2，p.338). Copyright © (1979) by Academic Press. Reprinted with permission.

信息，而又热衷于关于此人的片面假设，必然导致我们对自己的假设更有信心。

有偏证据的搜索 我们经常对刚刚认识的、不熟悉的人进行片面假设检验。这可能是源于先前的预期（艾略特的老师说他很聪明，真是这样吗？）、刻板印象（律师一般都是好斗的，这个律师好斗吗？），或者我们的目标（我想雇佣一个热情、细心的保姆，我正在面试的这个人热情、细心吗？），当我们为评估关于他人的这类假设而搜集我们需要的证据时，我们会依赖证实策略，因为人们的行为在任何一个人格维度上都很少一致，通常会导致假设得到证实的错误。Mark Snyder 和 William Swann 等人的一系列研究表明，这种偏差确实存在。

在一项研究中，研究者要求被试评估等候在另一个房间内的陌生人的人格特征（Snyder & Swann，1978）。发给其中一半被试一份典型的外向性格特征清单，其中包括开朗、有信心和热情等特征，要求他们判断那个陌生人的行为和经历是否符合外向性格特征。发给另一半被试一份典型的内向性格特征清单，其中包括害羞、文静和退避等特征，要求他们判断那个陌生人的行为和经历是否符合内向性格特征。然后，发给每个被试一张包含 26 个问题的表格，要求他们从中选择 12 个问题提问，以确定此人是否具备某种性格特征。备选问题清单中包括两种片面问题：11 个问题旨在询问某人的性格是否外向的一些行为事例（例如，“如果你想活跃聚会的气氛，你会怎么做？”“如果你想认识一些新朋友，你会选择

哪些场合？”)；11 个问题旨在询问某人的性格是否内向的一些行为事例（例如，“你希望自己在哪些场合下可以更加开朗？”“有哪些原因使你难以向别人敞开心扉？”)，剩下的 4 个问题是中性的问题（例如，“你的职业目标是什么？”)。

被试喜欢选择那些与他们要检验的假设相符的问题。当被试想评估此人的性格是否外向时，选择的评估性格外向的问题比评估性格内向的问题多；而当想评估此人是否内向时，与前面所述的选择恰恰相反，他们选择评估性格内向的问题多于评估性格外向的问题。简而言之，被试对问题的选择偏好，反映出他们采用了证实策略。

如果向别人提出这些有偏向性的问题，结果会如何呢？ Snyder 和 Swann 推论，如果提出的问题中大部分是评估性格外向的问题，将会给回答者很多的机会展现其性格外向的一面，却留下很少的机会让其表现性格内向的另一面。结果，回答者可能传达了一个性格外向的自我形象。同样地，如果那些提出的问题中大部分是评估性格内向的问题，回答者会表现得更加内向。这些推论得到了后续研究的证实，后续研究与初始研究的方法相同，唯一不同的是问题选择之后，将这些问题向另一名被试（回答者）提问，研究者对提问过程进行录音，只保留回答者的回答(磁带中的问题被剔除)。对此项研究一无所知的一组评判者听这些磁带，评定每个回答者的性格外向性等级（Snyder & Swann，1978)。

与初始研究结果一致，被试偏好那些和他们要检验的假设相符的问题。此外，这些片面问题限定了回答者向别人传达的印象。与那些要评估其性格是否内向的评价者相比，那些要评估其性格是否外向的评价者，提出了更多检验性格外向的问题，使回答者表现得更为性格外向。即便是另外的一些评判者，在没有听到回答者被问的问题，只听到回答者的回答时，对回答者性格的评定也是外向。可见，评价者采用证实策略时，他们收集片面的证据，进而证实他们的假设。推而广之，当我尝试判断你是否开朗、害羞、自信时，我采用的证实策略能够限制你的反应方式，从而有利于证实我对你的假设。

上述结论受到了 Trope 和 Bassok（1982，1983）的质疑，他们指出在 Synder 和 Swann 的研究中，被试没有机会提问那些可以真正揭示某人性格是否外向的诊断性问题。他们认为，当某人被提问时，例如，“如果你想活跃聚会的气氛，你会怎么做？”。他实际上是被迫像性格外向的人那样做出反应，他展示内向的唯一方法是否定该问题的假定（我并不经常活跃聚会的气氛），然而出于礼貌，否定别人提出的问题是非常困难的。因此，这样的问题不能真正区分性格外向和性格内向。Trope 和 Bassok 认为，如果让人有机会问那些诊断性问题，人们可能采用诊断性策略，也就是说，不管他们的假设是否成立，他们都会选择最具有区分度的诊断性问题。

在一项检验这种看法的研究中，Trope 和 Bassok（1983）重复了 Snyder 和 Swann 最初的研究，但他们使用诊断性问题代替原来的问题（例如，“你喜欢热闹的聚会吗？”“你因为害羞而回避社会交往吗？”）。他们操纵了问题的诊断度，一些问题对性格内向或性格外向有很好的诊断度，例如前面列举的两个问题，也有一些问题的诊断度较差（例如，“你说话的声音大吗？”）。研究结果表明，被试十分依赖诊断性策略：比起低诊断度的问题，被试更喜欢高诊断度的问题；而且，诊断度的大小是被试选择问题的最重要的决定因素。被试宁愿选择不符合他们假设的高诊断度问题，也不选低诊断度的、符合他们假设的问题。例如，被试检验某人的性格是否外向时，喜欢选择“你因为害羞而回避社会交际吗？”这种具有高诊断度但不符合他们假设的问题；而不太喜欢“你说话的声音大吗？”这种低诊断度、符合他们假设的问题。

但是，被试在采用诊断性策略的同时，也采用证实策略：他们喜欢问与他们的假设相符的问题。其他研究也发现，被试更加偏爱诊断性问题，在一定程度上也喜欢与其假设相符的问题（Devine，Hirt，& Gehrke，1990；Skov & Sherman，1986；Trope & Bassok，1982）。如果要求被试在两个具有同等诊断度的诊断性问题之间进行选择，一个问题符合他们的假设，另外一个问题不符合他们的假设；此时问题的诊断性就不起作用，被试依靠证实策略。例如，当要求被试判断某人的性格是否外向时，他们更喜欢问那些“外向性问题”，而不是具有同等诊断度的“内向性问题”（Devine，Hirt，& Gherke，1990）。当允许被试自己构建问题时，他们同样运用证实策略：他们倾向于问别人一些符合他们假设的性格特征的问题；而不问那些与他们假设相反的性格特征的问题。被问者倾向于肯定地回答这些片面问题（可能由于他们自己也采用证实策略来构建答案），结果导致假设得到证实（Zuckerman et al.，1995）。

可见，我们不是因为依赖证实策略，从而忽略问题的诊断度这个重要信息；我们的确尝试提出各种可能的重要问题。然而，在我们收集证据来检验假设时，我们依赖证实策略，这将会导致我们的判断偏差。关于我们“自我”的判断，甚至也会受到证实策略的影响，接下来我们讨论这个问题。

验证关于自己的假设

你自信吗？友善吗？快乐吗？你赞成减税吗？提高学费呢？福利改革呢？你觉得你会喜欢独木舟漂流吗？参加高中同学聚会呢？听哲学讲座呢？日常生活中，我们经常需要回答这类关于我们自身的问题。有时，我们可能已经有了一个预先存储的大致的答案（非常自信可能是你的"自我意象"的核心）。但是，通常我们需要根据我们的行为、想法和感受马上构建答案。在这些情况下，如果我们依靠证实策略，我们就会选择性地搜索与问题相符的信息，来回答那些片面问题。当我问你是否自信时，你从头脑中提取的可能是关于你自信的证据；而当我问你是否不自信时，你从头脑中提取的可能是关于你缺乏自信的证据。这种对自我知识的片面搜索可能影响一个人的自我观念；由于受可得性启发法的影响，刚刚回忆过自己自信事件的人们，可能认为他们比实际上的自我更加自信。因此，与被问及是否"不自信"的人们相比，被问及是否"自信"的人们，认为自己更加自信。

为了确定自我观念是否只是简单地受到片面问题影响，Kunda 及其同事向学生提出了一些问题（Kunda et al.，1993）。在一项研究中，一半被试回答"你的生活是否快乐"这个问题，要求被试写出他们脑海里出现的过去的想法、情感和行为。另一半被试回答"你的生活是否不快乐"，也要求被试将他们想到的过去的想法、情感和行为写出来。被试回答问题时，采用的是证实策略：与那些被问及是否"不快乐"的被试相比，那些被问及是否"快乐"的被试写出了更多的快乐的想法和更少的不快乐的想法。而且，这一策略导致假设得到证实：与那些被问及是否"不快乐"的被试相比，那些被问及是否"快乐"的被试，认为自己的生活更加快乐。那些被问及是否"快乐"的被试中，有 4% 的人认为自己不快乐（即在评定量表中给出中等以下的消极评定）；而那些被问及是否"不快乐"的被试中，有 19% 的人认为自己不快乐。

后续研究结果表明，只有在关于自我的"知识库"是混杂的，可以同时支持两个相互对立的假设的情况下，关于自我的片面问题才会导致假设得到证实。当人们的知识库相当一致时，例如，问题是针对自我的相当一致的某个方面，或个体的社会行为相当一致，假设证实的偏差就得以消除。在这些情况下，片面问题如何提问对自我观念没有影响（Kunda et al.，1993）。片面问题引起自我观念的偏差，是由于在不一致的自我记忆信息和信念中片面检索信息造成的。

这些研究的发现，对于我们如何设计调查研究、解释研究结果都有非常重要的意义。当你看到一个采用片面问题进行的调查，例如，“你支持某项政策吗”，你应该意识到，这个调查很可能高估了这项政策的公众支持率。相反的问题“你反对某项政策吗”，很可能低估了同一政策的支持率。

人们也应该意识到，在对自己的态度、信念和特质进行评定时，可能也受到自己或他人所提出的片面问题的影响。在选择自己的某种偏好之前，最好问问自己，我是否也有相反的偏好。像这样考虑相反情形的假设，可以更加平衡地搜索相关的信念，从而做出更能代表自己真实态度的选择（Lord，Lepper，& Preston，1984）。

选择与否决

假设你在陪审团工作，陪审团的任务是审理一宗复杂的离婚案件。你需要判定孩子的监护权归父母双方的哪一方所有。你可能会问自己两个问题，父母双方中的哪一方应该获得监护权？哪一方不能获得监护权？有人可能认为这两个问题是一样的，毕竟，当你把监护权判给了某一方，同时你必须否决另一方的抚养请求。然而，问题的方向会影响你的审判结果。Eldar Shafir 推测，当父母双方中某一方的某些方面优于另一方，而在其他方面不如另一方的时候，问题的方向会影响判决的结果。例如，下面这对父母（Shafir，1993，p.549）：

父母中的一方（A）：中等的收入水平
中等的健康水平
中等的工作时间
与孩子的关系较好
社会生活相对稳定

父母中的另一方（B）：较高收入水平
与孩子的关系非常密切
社会生活极其活跃
经常出差
有点健康问题

在上述情况下，有很多理由将孩子的监护权判给 B：B 的收入比 A 高；与孩子的关系也比 A 要密切。但是，也有一些理由认为 B 不适合做监护人：B 经常出差，而且有些健康问题。

如果你采用证实策略来做出判定，那么，当你问“谁应该获得监护权”时，我们将主要关注那些让父母双方中的一方优于另一方的信息。B 在多个方面优于 A，因此我们应该将监护权判给 B。但是，当你问“谁不应该获得监护权”时，我们将主要关注那些让父母双方中的一方比另一方差的信息。B 在多个方面比 A 差，因此不能将监护权判给 B。这在 Shafir 的研究中得到证实，被问“谁应该获得监护权”的被试，多数选择 B；被问“谁不应该获得监护权”的被试，多数选择 B！

Shafir 的这项研究和其他类似的研究都表明，当我们在选择胜利者时（“谁应该获得奖金？”、“谁应该被研究生院录取？”、“谁应该当选为政府官员？”），我们喜欢选择那些复杂的、有明显的优点和弱点的人，而不是没有明显优点与缺点的普通人；因为我们有更多的理由选择那些优点与缺点都明显的复杂人物。但是，当我们淘汰失败者时（“从获奖候选人名单中删除谁？”、“研究生院拒绝录取谁？”、“从政府官员候选人名单中淘汰谁？”），我们喜欢淘汰那些有明显的优点和弱点的复杂人，而不是优点与缺点都不明显的普通人；因为我们有更多的理由否决那些复杂的人。一个选择委员会通过选择最佳的候选人而得出的候选人名单，与另一个选择委员会通过否决最差的候选人而得出的候选人名单，有很大的差异。

申请者和入选人数的比例，部分地决定了人们采用哪种策略。如果我们的任务是选择很少的申请者，录取比例非常低（如，100 个申请者竞争 1 或 2 个职位），我们注意的焦点是发现申请者的弱点和拒绝他们的理由。但是，如果我们的任务是选择与录用很多申请者，录取比例非常高（如，100 个申请者竞争 50 个职位），我们注意的焦点不再是拒绝申请者的理由，而是发现申请者的长处和选择他们的理由（Ross & Ellard，1986）。结果，在只提供少数职位这种激烈竞争的情境中，我们倾向于低估申请者的能力；而在一个竞争不太激烈的情境中，对申请人能力的评价会偏高。

与陌生人相比，对于我们非常熟悉的人，我们的认识更加复杂和详细。因此，与陌生人相比，我们有更多的理由选择熟人，也有更多的理由否决熟人。这也许可以解释，为什么在某些场合，我的儿子赞美我是世界上最好的妈妈；而在不快乐的情境下，他谴责我是世界上最坏的妈妈……

预言的原因分析

回想一个你刚认识不久、不太熟悉的人。在未来的几个月里，你觉得你至少会和他一起去看一次电影吗？或者，你会绕道而行，避开他吗？在回答这些问题之前，先花点时间思考你这样做或不这样做的原因？有人可能认为，思考会与他一起去看电影的原因，可以增加自己预言的准确性。实际上结论是否定的。

当分析预言的原因时，人们可能依靠证实策略，从而将注意集中在做出这种行为的理由上。即便你不是特别喜欢那个人，你也会想出一些和他一起去看电影的理由。结果，你会认为你确实有理由同他一起看电影。为了检验这些观点，Wilson 和 LaFleur（1995）设计了一项研究，他们要求大学女生联谊会的成员针对一个新认识的成员做出类似的预言，预测在下学期她们对待新成员的可能行为。同时，还要求其中一半的被试，在做出预言之前，列出这样做或不这样做的理由。该学期结束后，Wilson 和 LaFleur 记录了被试针对那个新成员的实际行为的报告。这可以帮助研究者分析被试预言的准确性。

要求被试分析他们预期行为的理由，使得他们高估了预期行为的可能性。这表明，采用证实策略，使他们倾向于思考做出这些行为的原因；而且，他们的预言基于这种有偏差的思考之上。然而，原因分析对他们的实际行为并没有影响。因为原因分析只会增加我们对某种行为出现可能性的预期，而不会改变某种行为实际出现的可能性；所以，原因分析的结果实际上降低了预言的准确性。在以下两种情况下，进行原因分析都会降低预言的准确性：一种情况是，没有这样的原因分析，人们能够做出较为准确的预言；另一种情况是，人们已经高估了行为产生的可能性。当然，如果人们在开始时低估了行为出现的可能性，原因分析可以增加对行为出现概率的估计，从而提高预测的准确性。

我们通常认为仔细思考可以增加我们推理的准确性。上述研究的结论与我们的直觉相反，仔细思考有时弊大于利。当我们仔细思考问题，并且采用启发法策略（如证实策略），仔细思考会增加“偏差”（参见 Tetlock & Boettger，1989；参见第 3 章的相关讨论）。

至此，我们已经讨论了如何针对单一属性进行的假设检验，如“简性格内向吗？”“我会和她一起去看电影吗？”。接下来我们将探讨，如何检验复杂的假设——涉及两个相互联系或相关的变量的假设。

共变关系的检测

电脑黑客缺乏人际交往技巧吗？优秀的科学家会是优秀的老师吗？在家里不听话的孩子，在学校也会调皮捣蛋吗？你和你最好的朋友对电影的评价一致吗？这些问题都涉及两个变量的共变关系。在我们的日常生活中，经常需要分析类似的共变关系。为了理解我们的社会环境，我们必须确定团体成员与行为之间的共变关系、两种情境下行为之间的共变关系、两个人的观点之间的共变关系等。由于我们很多的社会知识都是基于对这些共变关系的认识，因此确定共变关系的能力非常重要。在某些情境中，我们可以很准确地评估共变关系；但是在评估共变关系时，我们也会经常陷入困境，结果经常对社会环境形成误解。

利用 2×2 表格评估共变关系

假设你想探讨教授与心不在焉之间的联系或共变关系。教授是不是特别容易心不在焉？为了收集必需的信息，假设我漫步在大学校园里，观察行人，区分哪些是教授，哪些不是；同时记录他们是否心不在焉。数据见表 4.2。请你留心分析一下表中的数据，基于这些信息，是否可以认为教授特别地心不在焉吗？

表 4.2 假设的数据

	心不在焉	
	是	否
教授		
是	600（A）	400（B）
否	300（C）	200（D）

怎样来回答这个问题呢？为了判定教授与心不在焉之间是否有联系，我们必须知道心不在焉的教授与没有心不在焉的教授的比例（600:400，也就是 3:2），是否显著地高于非教授的同一比例（300:200，也就是 3:2）。然而，此例中两者的比例相同，因此教授和心不在焉之间没有关系。

然而，很多人没有注意到表格中的 4 个单元格之间的数据是相关的。相反，人们倾向于只关注这些单元格的一两个。很多人只关注“是—是”单元格的数据，即标定为 A 的单元格（在本例中代表心不在焉的教授人数；Smelsund，1963；Jenkins & Ward，1965）。仍以表 4.2 的假设数据为例，由于单元格 A 的人数最多，只关注单元格 A 的数据可能会受到误导，使人们相信教授特别容易心不在焉。另一个经常采用的策略是，比较单元格 A 和单元格 B（比较心不在焉教授的人数和没有心不在焉教授的人数），由于心不在焉的教授人数比没有心不在焉教授的人数多，因此，这个策略也会误导人们，使其看到并不存在的共变关系，以为教授特别容易心不在焉。很少有人意识到表 4.2 中的 4 个单元格的数据是相关的（综述参见 Klayman & Ha，1987）。

人们只关注“是—是”单元格数据的这种倾向，可以看做人们采用证实策略的例子。当判定教授是否心不在焉时，我们搜集支持这一假设的事例，即心不在焉的教授。比较单元格 A 和单元格 B 的这种倾向，同样可以看做采用证实策略的例子，我们搜集符合这一假设的案例——所有教授中出现心不在焉的人数（单元格 A），或者没有出现的人数（单元格 B）（Klayman & Ha，1987）。

有些人争辩说，占星术真的很灵，这就是我经常遇到的发现错误的共变关系的事例。迷信占星术的人们经常以少数几例“星位”准确预测了事件，从而相信占星术。这种只关注单元格 A 中数值的做法不够好。要准确确定这种共变关系，还需要知道占星术预言将会发生、但没有发生的事件的数量（单元格 B），即便这样还不够。还需要知道星位没有预言但发生了的事件的数量（单元格 C），以及星位没有预言过，也从未发生过的事件的数量（单元格 D）（Nisbett & Ross，1980）。

相较而言，通过列联表评定共变关系要简单得多，而通过在几个月的时间里遇到的教授与其他人群是否心不在焉，来评价教授是否特别心不在焉，这要难得多。而将数据整理到 2 × 2 表格中，可以避免根据很长一段时间内发生的许多事件评定共变关系，避免受到错误记忆和错误编码的干扰。在这种相对简单的任务中我们尚且遇到困难，这对于我们在更加复杂的自然观察中探讨共变关系不是个好兆头。人们或许会说，他们对 2 × 2 表格数据的推理没有经验，他们在其他熟悉的推理任务中会表现得很好。其实，情况并非如此。像接下来要讨论的一样，人们对更自然的共变关系的探测同样会遇到困难。结果是，我们通常会发现实际上并不存在的相关关系，却不能发现实际存在的相关关系。

虚假相关

很多医生和患者都相信，关节疼痛受天气状况的影响。然而科学研究却没有发现它们之间的联系。Redelmeier 和 Tversky（1996）认为是错误的共变关系探测导致人们产生这种观念，人们可能看到事实上并不存在的“虚假相关”（illusory correlation）。为了检验这种可能性，他们在 15 个月内，跟踪研究 18 位关节炎患者，每月两次记录病人和医生报告的疼痛和不适感的程度，同时记录对应时间段当地的天气情况，包括大气压力、气温和湿度。几乎所有的病人都深信关节疼痛程度和天气状况高度相关。然而，当研究者将病人报告的疼痛程度和当时的天气情况进行相关分析时，并没有发现显著的相关，平均相关值趋近于零。

证实策略可能导致了这种虚假相关。如果我们的先入之见使我们期待某种相关关系的出现，那么我们会特别注意那些反映这种相关关系的事例。关节炎患者会特别注意伴有关节疼痛加剧的天气变化，不太注意那些关节疼痛加剧而天气没有变化或者天气变化而关节疼痛没有加剧的事例。结果，当关节炎患者评定天气变化和关节疼痛程度之间的相关关系时，那些证实这种相关关系存在的事例较多且容易提取，这就对相关关系的估计造成不利影响。

在 Loren Chapman 和 Jean Chapman（1967，1969）的一系列研究中，对于因先入之见和期望而导致人们看到实际数据中并不存在的虚假相关的情况做了更严密的检验。他们着手研究的问题是，尽管很多研究结果表明投射测验不能有效地测量人格特征，为什么临床心理学家继续使用和相信投射测验（例如，画人测验）。Chapman 和 Chapman 认为，可能是临床医生使用投射测验的经验，使他们“看到”了病人对于测验的反应和病人的症状之间的虚假相关。他们的研究证实，这种虚假相关的知觉是由先前的期望引起的，即使数据分析结果证实这种相关关系并不存在，他们依然认为这种虚假相关的确存在。

一系列研究将注意投向非常流行的罗夏墨迹测验，这种测验向被试呈现一些由墨迹形成的图案卡片，要求被试回答在每张卡片上看到了什么？Chapman 和 Chapman 针对这种测验开展了一系列研究。他们研究人们如何评价同性恋与罗夏墨迹测验的特定反应之间的相关关系。这是一个非常有趣的研究课题，因为先前的罗夏墨迹测验研究发现两个经过证实是可靠的但是与直觉相反的相关关系：同性恋比异性恋更容易在某一张卡片上看到恐怖的怪物，也更容易在另外一张卡片上看到似人又似动物的双观图。同时，很多凭直觉看来两者应该有相关关系，实际上两者之间并不存在相关关系。与直觉相反，同性恋者与异性恋者相比，他们并没有更多地看到与肛门、女性衣服有关的内容，或者看到不男不女的人。

Chapman 和 Chapman 首先研究发现，临床医生关于投射测验的经验，使他们对这种基于高度直觉却不稳定的相关深信不疑。他们的研究也发现，缺乏有关经验的学生也持有同样的观念，因此，临床医生的这些观念可能是根植于广泛的、文化的假设，而不是基于其单纯的临床经验。Chapman 和 Chapman 开始研究人们是否在一系列数据中“看到”事实上并不存在，但是在直觉上却非常吸引人的相关关系。为此，他们向被试呈现一组罗夏墨迹测验卡片，每张卡片同时附有某人对该卡片的反应，以及描述他本人特征的两句话。对卡片的反应中，某些反应表现出真实可靠却与直觉相反的同性恋特征（例如，一个双臂缩短的巨人）；某些反应表现出与直觉相符却并不真实可靠的同性恋特征（例如，一件有花边的女式紧身内衣）；某些反应是中性的（例如，一张西班牙地图）。对个人特征的描述中，某些个人特征的描述与这些反应相关，表明此人是同性恋；某些描述则没有涉及性取向。构建这些数据的时候，反应类型和个人特征描述类型之间没有相关关系

（自述为同性恋的人对卡片的反应，与其他人的反应没有差别）。

向被试逐张快速呈现卡片，要求他们评估反应类型和个人性格描述之间的关系。被试报告发现，某些在直觉上很像是同性恋者的反应与同性恋之间有相关，但是，事实上对观测的数据分析并没有发现这种相关关系。在后续研究中，研究者故意安排这种直觉反应和同性恋倾向之间呈负相关；这就是说，人们认为同性恋者应该与某些反应相联系，实际上，异性恋者做出这类反应比同性恋者还多。即使实验这样安排，也没有降低虚假相关的数值。被试认为同性恋和某种特定反应之间应该存在相关关系的先入之见，导致他们发现观察的数据中存在这种相关，实际上，数据中并没有这种相关。更为严重的是，两者之间实际上是负相关关系，而他们却发现了正相关关系。

以上研究结果警示我们，任何基于个人经验，而非科学调查得出的相关关系都是值得怀疑的。就像临床医生和学生可以发现测验反应与诊断之间并不存在的相关关系一样，管理者可能发现员工的种族或性别与工作表现之间并不存在的相关关系；丈夫可能发现妻子的情绪与生理周期之间并不存在的相关关系；家长和老师可能发现儿童糖类摄入量与问题行为之间并不存在的相关关系；大学生可能发现伙伴的专业与其个性之间并不存在的相关关系。我们从过去的经验习得的许多知识经验，与其说是对客观现实的反映，不如说是反映了我们关于这些客观现实的先入之见。某些虚假相关导致的不良后果可能不太严重，但是某些虚假的相关，可能导致不公平的社会政策出台，或者导致个人做出一些不恰当的决定。

通过虚假相关所形成的刻板印象

媒体报道的超级明星很少，非洲裔美国人也相对较少。像比尔·科斯比（美国著名喜剧演员——译者注）或奥普拉·温弗瑞（美国“脱口秀女王”——译者注）这样的非洲裔美国超级明星更是屈指可数。David Hamilton 等人认为我们可能会额外注意那些稀少的、特别的人物。因此，与白人明星相比，黑人明星的可记忆性程度更高，而且在评定种族和明星之间的关系时，人们更容易想到黑人明星。因此，我们可能会认为美国黑人更容易成为媒体的超级明星，事实上，黑人超级明星在黑人中所占的比例与白人超级明星在白人中所占的比例没有差异。换句话说，我们“看到”了一个虚假的相关。

更一般地说，我们容易高估人群中属于少数群体成员身上发生的罕见行为的频率。当某个群体和某种行为都罕见时，它们共同出现（例如，群体中的一个成员出现了这种行为）的情况更为罕见。这种特别的群体更易被发现且更易被记住，因此，导致群体成员与那种行为之间产生虚假相关。

为了检验这种想法，Hamilton 和 Gifford（1976）把被试分成两个组，其中一个组是大组，叫 A 组；另一个组是小组，叫 B 组。被试依次阅读 39 个人的信息，这些信息包括个体所属组别和此人的所作所为（例如，布鲁斯，B 组成员，为了成为政治候选人做过义工；乔，A 组成员，他喜欢对别人冷嘲热讽，这一点让人非常不舒服）。A 组的人数是 B 组人数的两倍；积极行为出现的频率是消极行为出现频率的两倍多。组别和行为的积极性之间不存在相关关系，两组的积极行为和消极行为的比例相同。尽管实际上没有相关关系，研究者还是预测被试会发现虚假的相关。B 组的成员少，他们所做的消极行为也少，因此消极行为是少见的、特别的行为，所以研究人员预期这种少见的行为更易被记住，最终让被试形成对 B 组成员的不良印象。

研究结果证实了这一假设：被试发现了组别和行为积极性之间的虚假相关，而且高估了 B 组（人数较少组）成员做出罕见消极行为的频率（相反，他们对 A 组的消极行为的估计相对准确）。最终的结果是，他们认为 B 组比 A 组更加消极。换句话说，被试对 B 组成员形成了实验数据并不支持的相对负面的刻板印象。

后续的研究用相同的范式，证明了这种虚假相关的确是由于稀少的、特别的个体吸引了人们的注意力，让人难以忘记（参见 Hamilton & Sherman，1994）。一项研究提供了极好的证据。在这项研究中，被试花很多时间分析与检查那些描述特别事件的句子，即描述少数群体成员所做的罕见行为的句子，而在其他类型句子上所花的时间都不长。这表明他们特别关注那些特别的事件。此外，对特殊个体组和普通个体组的不同关注程度，影响到每组中出现不同类型行为的频率的估计，从而影响到对各组的喜爱程度（Stroessner，Hamilton，& Mackie，1992；不同的情绪状态导致不同的结果，这与当前探讨的问题联系不大）。人们对发生的特别事件容易额外注意，也会影响该事件的可记忆性。在另外一项研究中，被试记住特别行为的比例明显高于其他行为（Hamilton，Dugan，& Trolier，1985）。我们特别关注少数群体表现出的罕见行为，并且容易记住它们；这种现象可以解释我们为什么认为少数群体更多地表现出罕见的行为。

考虑一下对少数群体刻板印象的研究的意义。消极行为出现的频率相对较低，少数群体成员做出这种罕见的消极行为将会特别引人注目、令人难忘。因此，该群体常常被误认为特别容易做出消极行为，尽管事实上不是这样。Hamilton 及其同事的研究表明，即使不存在预先的期望，由于人们对少数群体所做的罕见行为特别关注，因此容易对少数群体形成消极的刻板印象。而预先存在的消极期望，理所当然会加剧这一现象。例如，如果我们认为某个少数群体特别容易做出犯罪行为，我们会特别注意这一群体中的罪犯，这不只是因为他们很特别，还因为他们可以证实我们的假设。结果，我们可能为我们的消极刻板印象找到实际不存在的支持。

以上我们集中探讨了消极刻板印象，因为它们尤其令人烦恼不堪。请注意，同样的过程也可以形成没有根据的积极刻板印象。罕见的积极行为就像罕见的消极行为一样，对我们的判断也能产生不当的影响（Hamilton & Gifford，1976）。

没有检测到实际上存在的相关

事先的期望和先入之见会导致人们发现实际上并不存在的虚假相关（Crocker，1981；Nisbett & Ross，1980）。但是，缺乏先入之见时，人们有时不能发现意料之外的、却真实存在的相关关系。Loren Chapman 和 Jean Chapman（1969）构建了一组数据，使同性恋倾向与一些违反直觉但确实能表明同性恋倾向的某些迹象之间存在相关关系。结果验证了上述观点，被试没能发现这种意料之外的相关关系。Jennings、Amabile 和 Ross（1982）的研究也得出了类似的结果。他们构建了几组数据，代表两组变量之间客观存在的不同的相关关系，每组数据包含 10 次观察（例如，10 个不同身高的男人拿着不同长度的拐杖；10 组配对的数据）。要求被试仔细分析每组观察数据之后，判断这两个变量之间关系的强度（例如，男人身高和拐杖的长度）。由于研究中的变量都是任意选取的，被试不可能具备变量之间有相关关系的先入为主的概念，因此本研究可以检验人们在简单的数据组中探测“意外”相关关系的能力。

被试能够发现非常强的相关关系（$r = 0.80$ 及以上），他们估计的相关值也很高。但是，他们将比较强的相关（$r = 0.70$）估计为中度相关，而且经常不能发现中度相关（$r = 0.20$~0.40），对中度相关的估计值趋近于 0。正如 Jennings 等人指出的那样，我们所处的社会环境中，很多重要的、真实事件之间的相关程度为中度相关或者低度相关。例如，人格特质和行为的相关值很少超过中度相关水平（Mischel，1968）。人们从简单而且单纯的数据中都无法发现中度相关，可以推论，人们也无法发现现实生活中那些意料之外的相关关系。

共变关系检测的准确性

尽管前文论述了我们在评定共变关系时所遇到的困难，但我们仍然有能力对某些日常相关关系做出相当准确的评定。在讨论人们的统计推理时，我谈到人们在自己熟悉的领域里，对易于编码的事件采用的是统计推理的方法（Nisbett et al.，1983；参见第 3 章）。熟悉的领域、易于编码的事件同样有助于对共变关系的探测，Richard Nisbett 和我的一系列研究发现，当数据很好编码，而我们对这些数据又非常熟悉时，我们对相关关系的估计十分准确（Kunda & Nisbett，1986）。

有几项研究将人们在几个熟悉度和可编码程度不同的领域中对相关的估计与这些领域的实际相关进行比较。第一项研究考察熟悉度不同时，人们进行评估时的一致性程度。这些评估易于编码，例如，简告诉我说，她喜欢汤姆，对象明确（一个人的评价）；这个评价非常容易计分，也容易与我对汤姆的评价进行比较。研究者假设，在这种易于编码的领域中，对该领域的熟悉度越高，人们对共变关系的评估也越准确。

人们在熟悉的领域中评估共变关系的准确性非常高；我们对别人的人格特质的评定就属于这样一个熟悉的领域。人们花费很长的时间来讨论别人，所以在评价别人的人格特质时，人们彼此非常熟悉自己的观点和别人的观点在多大程度上一致。我们要求妇女联谊会的成员相互评价彼此的一些人格特质，例如可爱、聪明、害羞等，然后计算任意两个人在每种人格特质上的平均相关值。同时要求其他被试估计这些相关值的大小。

图 4.1 描述了成员之间实际的一致性程度（用实线表示）和被试估计的一致性程度（用虚线表示）。从图中可以看出，被试对易于编码的、自己熟悉领域中

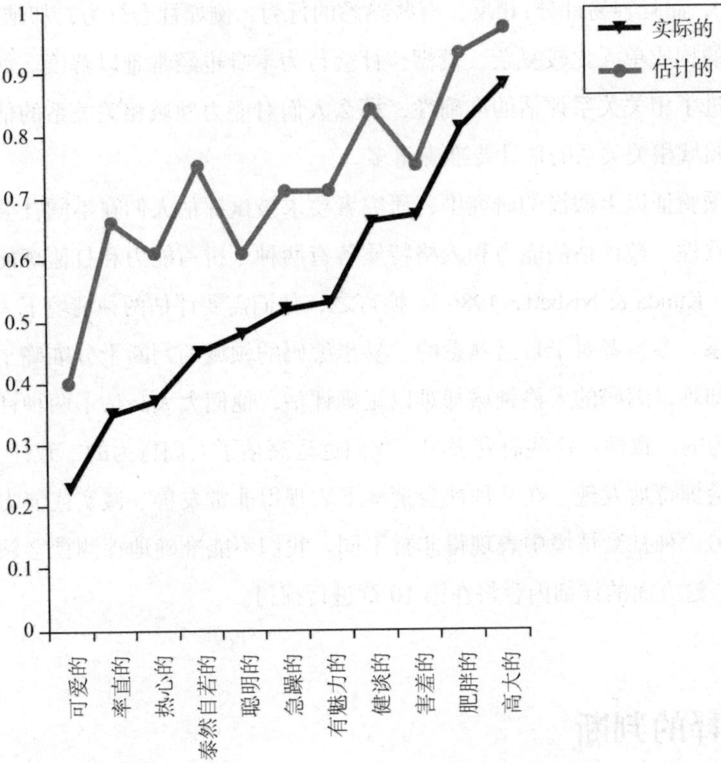

图 4.1　任意两个个体之间人格特质的实际的和估计的一致性程度

资料来源：Kunda & Nisbett (1986，图 2，p.205). Copyright © (1986) by Academic Press. Reprinted with permission.

的共变关系的评价是非常准确的。例如，在评价自己熟识的人是否健谈时，与评价其是否可爱相比，人们的一致性程度更高。

大学生对心理学家资助哪些研究项目，以及学术期刊录用哪些稿件的评估不够准确，他们对这些领域不熟悉（即使是专业的心理学家对此也不是很熟悉，其评估的准确性也并不高）。总之，这些研究结果表明，人们对不熟悉的相关关系的评估可能不够准确，而对非常熟悉的相关关系的评估可能比较准确。

然而，就像在第 3 章中讨论的那样，熟悉性这个因素只有在数据可以编码的情况下才能起作用。一些熟悉的行为较难编码，像学术水平和运动技能这些反映能力状况的行为，都是我们非常熟悉的且易于编码（编码单位可能是一次测验和一场比赛），而且容易计分；相反，有些熟悉的行为，例如社会行为，却难以编码。社会行为的构成单元比较复杂、模糊，社会行为本身也经常难以解读。如果可编码程度促进了相关关系评估的准确性，那么人们对能力领域相关关系的估计比对人格特质领域相关关系的估计要准确得多。

在一项验证以上假设的研究中，研究者要求被试评估人们在不同社会情境中行为的一致性。被评估的能力和人格特质各有两种：拼写能力和打篮球能力，诚实和友善（Kunda & Nisbett，1986）。换言之，他们需要评估两种情境下人们行为之间的关系。参与者对于自己熟悉的、易于编码的领域的判断十分准确；但是对自己熟悉却难以编码的人格领域却难以正确评估，他们大大高估了两种社会情境下社会行为的一致性。这些研究表明，我们远远高估了人们行为的一致性。结果，我们经常会惊奇地发现，在某种社会情境下表现得非常友善、诚实或能力不足的人，却在另一种社会情境中表现得非常不同。我们不能准确地探测社会领域中的相关关系，这方面的详细内容将在第 10 章进行探讨。

基于解释的判断

关于假设检验和共变探测的大多数研究都间接或直接地假定，我们是通过收集多个独立的数据，例如，内向或外向行为的事例，群体成员中发生消极行为的事例等，通过将这些事例（数据）累加或平均，通过评估其相对频率，或者应用这些事例的容易程度，得出我们的最终判断。我们的很多判断确实是按照这种方式进行的，但是也有很多判断过程需要进行更加复杂的因果推理。这些判断的实例包括：陪审员判定被告是否有罪，医学专家评估一种新的疾病理论，外交专家评估中东地区和平稳定的可能性，以及你对自己目前浪漫爱情结果的估计。类似这些判断都需要进行详细的因果分析，而且需要我们运用各种不同的证据、它们的相互关系及其可能的结果等广泛的社会知识或常识。在第 2 章讨论概念时，我就提到过很多概念中都蕴涵着因果知识（Murphy & Medin，1985）。

陪审团判决的故事模型

试想一下著名的加州审判，名人 O.J. 辛普森被指控谋杀自己的前妻。你认为辛普森是否有罪？如果你一直关注审判的进展，并且对此案形成了自己的看法，你可能就不仅仅只通过比较那些证明他有罪的证据和证明他无罪的证据的数量，来判断他是否有罪。你很可能在两种理由之间做出选择，或者说在不同的故事之间进行选择，即选择那个可以解释和赋予所有相关证据意义的故事。一个故事是由起诉方提出的，认为辛普森有罪。这个故事包含以下信息：他有杀人动机，曾经虐待过妻子，有作案的时间，在他家后院发现沾有受害人鲜血的手套。另一个故事是由辩护方提出来的，认为辛普森是无辜的，作为一名黑人，他是被种族歧视的警察陷害的。这个故事包含以下信息：某名警察有种族歧视行为的记录，警察机关是腐败的、无能的，那双沾有鲜血的手套与辛普森手掌大小不合。所有的证据在两个故事中都有着不同的含义。例如，那双沾血的手套可能是辛普森从犯罪现场回来掉在后院的，也可能是腐败的警察有意放在后院的。追踪审判过程的人们，需要判断哪个故事能够更好地解释当前证据，他们对证据的理解和组织无疑会受到先前所赞同的故事的影响。Nancy Pennington 和 Reid Hastie 开展了一系列卓有成效的研究，研究表明不同的故事模型对审判结果有重大影响（Pennington & Hastie，1986，1988，1992）。

在 Nancy Pennington 和 Reid Hastie 研究的第一阶段，让被试从陪审员的角度观看一次审判的全过程，他们会自发构建关于审判案件的一个故事（Pennington & Hastie，1986）。要求被试口头报告他们是如何做出判定的，而不要求被试列出那些不相关的证据。但是，被试详细描述了他们认为发生了什么。一个典型的故事包括事件发生的逻辑顺序（例如，被告的女友要求被害人载她一程。被告非常生气，一刀捅向被害人）。被试经常推断其心理状态（例如，被告非常嫉妒），这在审判过程中从来没有直接提到过，但它有助于人们理解发生的事件；相反，他们常常不提那些审判中提到的证据，因为它们与自己构建的故事无关。做出不同判决的被试，他们构建的故事完全不同，事件的因果关系顺序也不同（什么导致了什么，为什么）。

这些最初的研究表明，陪审员通过构建故事理解证据的意义，最终做出判决。当然，被试也有可能是通过其他认知过程先做出判决，然后再构建故事，证明其判决是正确的。以下一系列实验研究排除了这种可能性。Pennington 和 Hastie（1992）推测，如果可以操纵辩护故事和起诉故事的构建难易程度（基于同样的证据），来影响人们的判决，这样就可以说明人们的确是在构建故事的基础上作出判决的。

所有被试阅读关于谋杀案的同样的审讯材料，但是这些证据的顺序是不同的，使得构建辩护故事和起诉故事的难易程度不同。当有关证据是按照故事的顺序，即按照因果和时间顺序呈现时，故事构建起来比较容易。例如，先呈现谋杀发生之前的相关事件，然后呈现打斗、杀死对方的证据，最后呈现逮捕和尸体解剖的证据。当证据的呈现按照混乱的顺序，而不是按照事件的原始发生的顺序呈现时，故事构建起来比较困难。例如，从打斗的证据，到伤口的情况，再到打斗发生前一天的相关事件。

所有的被试按照不同的顺序阅读同样的证据材料。一种情况中，起诉的相关证据是按照“故事”顺序呈现的，因此起诉故事比较容易构建；辩护的相关证据是按照混乱的顺序呈现的，因此辩护故事的构建比较困难。另一种情况中，辩护的相关证据是按照“故事”顺序呈现的;起诉的相关证据是按照混乱的顺序呈现的。研究结果表明，证据呈现顺序的操纵，对判决结果有显著的影响。当起诉故事容易构建，而辩护故事难以构建时，78% 的被试做出被告人有罪的判决。但是，当辩护故事容易构建，而起诉故事难以构建时，只有 31% 的被试做出了被告人有罪的判决。在另外两种实验条件下，两种故事同样容易构建，或者两种故事同样难以构建，结果是大约有一半的被试做出被告人有罪的判决。这一研究结果令人感到不安，仅仅改变证据呈现的顺序，而不改变证据的内容，就会使被告人被判有罪的可能性增加到原来的两倍以上。

很明显，我们并非仅仅将独立的证据累加在一起就可以做出判决；而是通过构建故事来做出判决，所以那些影响故事构建的因素都会影响我们的判决。

解释的连贯性

故事模型的相关研究表明，当对事实有两种不同的解释时，我们会选择能将所有证据更好地联系在一起的那个解释，也就是，选择能够为所有相关证据提供连贯一致解释的那个故事。但是，我们要如何确定哪种解释具有最好的连贯性呢？科学哲学家 Paul Thagard 提出了解释的连贯性理论，清楚地说明了决定解释连贯性的原则（Thagard，1989）。

设想你要解释你的女朋友利萨为什么在吃晚餐的时候对你大喊大叫。你要在两种假设中作出选择，一种可能是利萨不再喜欢你了；另外一种可能是利萨那天工作不顺心。这两个假设都可以很好地解释利萨对你做出的行为。但是相比之下你可能会更加倾向于其中的某个假设——可以很好地解释其他关于利萨的信息。设想利萨非常疲惫，而且你听到她在电话里向她妈妈喊叫。利萨“工作不顺心”的假设比利萨“不再喜欢你”的假设能够更好地解释这两种行为。利萨“工作不顺心”的假设解释了更多的证据，似乎更加真实。一般而言，我们偏爱那些解释范围更广的假设。如果你认为利萨对你大喊大叫是因为她不再喜欢你了，你可能仍要对“利萨非常疲惫”和“利萨曾在电话里向她妈妈喊叫”做出额外的解释。利萨“工作不顺心”假设可以直接解释利萨所有相关的行为。一般来说，我们偏爱那些简明的假设，只需要很少的额外假设就可以解释所有事实。

现在假设你知道，由于利萨的几个同事被解雇了，因此她最近几周工作特别努力。这解释了利萨工作不顺心的假设，使这一假设更加真实可信。一般而言，我们偏爱那些能够被其他信息解释的假设。利萨工作不顺心的假设变得更加真实可信的同时，她不再喜欢你的假设变得更加不可信。一般来说，我们是通过比较来评估几个竞争性的假设，一种假设的可能性增加，另一种假设的可能性就会降低。

总之，我们对一种假设的信心会随着假设的解释范围、简明性，以及假设能为其他信息所解释的程度的增加而升高。我们对一种假设更有信心的同时，对其他竞争假设的信心就会丧失。

Thagard（1989）编制了一个计算机程序，程序体现了这些以及另外几个附加的解释连贯性原则，并结合运用这些原则来评估几个竞争假设的连贯性。这个程序成功模拟了一系列不同的判断过程，从科学家对几个竞争的科学理论的偏爱到陪审员对起诉或辩护故事的偏爱。研究发现计算机程序偏爱的解释与科学家和陪审员偏爱的解释一样，这表明，该理论为人类判断过程提供了一种可能的模型。

Steven Read 和 Amy Marcus-Newhall（1993）在上述研究基础上，进一步发现人们同样采用这些连贯性原则来解释社会行为。Steven Read 和 Amy Marcus-

Newhall 建构了一些包含个体许多事实的脚本，例如，他的行为、想法、愿望和社会环境，要求被试评价为这些事实所提供的几种解释。在不同的研究中，几个竞争性的解释在以下方面有所不同：可以解释的事实的数量、需要额外假设的数量和它们自身是否可以被解释。研究结果表明，被试偏爱那些更有解释力、更简明以及自身能够被解释的解释。此外，他们对竞争性假设的评估是具有比较性的：一种解释连贯性的增加，会导致另外一种解释可能性的降低。更重要的是，Thagard 编制的计算机程序模拟了根据解释连贯性做出判断的过程，其结果与参与实验的被试的选择结果一样。计算机对经验结果的成功模拟支持这种想法，即计算机程序使用的那些解释的连贯性原则，我们人类也一样使用。

人们如何解释社会行为，这个问题始终为社会心理学所关注。很多关于归因的研究将研究重点放在人们如何在行为的两个竞争解释之间做出选择的问题上，行为的产生是行为者潜在的人格因素造成的，还是环境因素造成的？（综述参见 Jones，1990，另外参见第 9 章）有关解释连贯性方面的研究，为人们在不同情境下选择哪种竞争的解释提供了指导方针（Read & Miller，1993；Thagard，1989）。解释连贯性的研究也提出了一些历来为归因学家所忽略的重要问题：我们如何在几种竞争的人格特质解释之间做出选择（乔纳森微笑是因为他很友善，还是因为他很世故）；我们又如何在几种竞争的情境性解释之间做出选择（埃莉的不良行为是由于坏朋友的影响，还是因为她的父母对她漠不关心）。

Pennington 和 Hastie（1986）所做的研究，即陪审员的判决基于故事模型及其解释的连贯性，有非常明显的应用价值。连贯性原则可以帮助陪审员确定哪个故事看起来最可信。其他的研究表明，就像我们构建一个精细的故事来解释被告的行为一样，我们同样可能在其他情境中对我们遇到的个体构建故事或个人模型（Park，Dekay，& Kraus，1994）。你可能构建一个精妙的故事，来解释一个朋友的婚姻为什么破裂了？你的一个熟人为什么不能保住其铁饭碗？为什么你五年级的老师一直不喜欢你？对于同一个人或同一件事，不同的人构建的模型是不同的，特别是在他们对社会环境的本质持有不同看法的情况下。解释的连贯性原则可以用来确定人们偏爱哪个“个人模型”。

至此，我们已经讨论了人们如何确定和判断其过去和现在的事实。接下来将探讨与真实事实相反的“反事实现象”。

反事实思维

犹太人有一种传统的祈祷仪式，在重大意外事故、严重疾病、战争和其他危及生命事件中幸存后，感恩上帝赐予他们重生。为什么那些刚刚经历不幸，或者仍然经受疾病和痛苦折磨的人们，仍然心存感激和庆幸自己免于更悲惨的命运呢？幸免于难，我们会觉得自己的运气很好，因为我们很容易想到同一事件会有更加悲惨的结果。我们必然认为，如果事情稍微有些改变，我们可能已经死了。相反，如果事情的结果的确非常悲惨，我们就会有一种想法萦绕心头，那让人备受折磨，这种想法就是，灾难本应很容易就可以避免的。很多事件使我们产生这种反事实结果，就是与实际结果相反的、可能发生的、可以发生的、本应发生而最终没有发生的结果。对某一事件产生的反应中出现了反事实，会影响我们对事件的理解和情感反应。

事件常态

某些反事实比其他反事实容易想象（Kahneman & Tversky，1982）。例如，你在一台“老虎机”上玩了半个小时，没有中奖，白白浪费了几美元。别人在你刚刚玩过的老虎机上，第一局就中了一万美元的头奖。你会比当时没有中奖的其他人更为沮丧和失望，因为你更容易想象，只要多投一个硬币自己就会中头奖……

Daniel Kahneman 和 Dale Miller（1986）将非常容易产生其他想象结果的事件定义为“异常”。他们提出，事件会激活那些反映先前期望的标准和一些反事实想法，我们期待事件如何发生、看来会怎样发生，以及它有可能怎样发生。事件偏离激活的标准越远，事件看起来就越异常。尽管事件发生的可能性相同，只要不同的事件会使人们产生不同的反事实，事件的常态就不同。在“老虎机”的例子里，你中头奖的概率和别人一样，然而没有中头奖对于你来说更为异常，因为你比别人更容易产生反事实。

事件看起来越异常，人们对它的情绪反应越大。这就是为什么你和其他人一样没有中头奖——结果虽一样，但你比他们更加失望。而且，我们意识到某些事情可能令人特别后悔，可预期的后悔可以让人避免做出那些令人后悔的事情。例如，大多数人（90%）愿意用一支钢笔交换同样一支钢笔加上一小笔钱。毕竟一支钢笔加一小笔钱比一支钢笔的价值更高。然而，如果是同样金额的彩票而不是钢笔，进行同样的交换，结果很少有人（少于 50%）愿意交换（Bar-Hillel & Neter，1996）。我们不愿意交换彩票，很可能是因为，我们交换的那张彩票如果中奖了，我们会恨不得“打自己一耳光”。只要把彩票拿在自己手里，我们就有可能中奖，这种想法使得彩票没有中奖是一件异常事件，会让人非常遗憾。

但是，是什么因素控制着对常态的判断呢？为什么人们更易想到某些反事实想法，而另一些反事实想法却难以想到呢？到目前为止，对于这些问题我们还没有完整的答案，但是研究已经揭示了一些影响反事实想法的因素，下面将讨论这些因素。

反事实结果与真实事件的接近性 假设以下情境（Kahneman & Tversky，1982）：

> 克兰先生和蒂斯先生将在同一机场、同一时间，搭乘不同的航班。他们乘坐同一辆豪华轿车从城区前往机场，路上遇到堵车，他们比航班预定起飞时间晚 30 分钟到达机场。
>
> 克兰先生被告知，他乘坐的航班准点起飞。
>
> 蒂斯先生被告知，他乘坐的航班延误，5 分钟之前刚刚起飞。
>
> 谁将会更加沮丧？是克兰先生还是蒂斯先生。

阅读了以上情境的大多数被试（96%）都有一个强烈的直觉，差 5 分钟没有赶上航班的蒂斯先生会更加沮丧。他为什么会更加沮丧呢？毕竟，克兰先生和蒂斯先生的客观情况没有差别，他们都被耽搁在机场。原因在于获取反事实结果的难易程度不同，蒂斯先生比克兰先生更容易想象，自己能赶上了航班。赶上航班这种反事实的结果似乎离蒂斯更近，结果，蒂斯先生的遭遇看起来更加异常，更加令人后悔。

哪些因素决定接近性呢？Miller、Turnbull 和 McFarland（1990）推测，我们构建事件的心理模型，其中包括不同因素如何影响可能的结果等因果信息。乘车去机场的心理模型包括的信息有：由于路遇红灯或道路建设会延迟我们到达机场的时间，可以通过提高车速弥补延迟的时间。如果我们对实际事件做一些很小的改变来实现反事实的结果，那么反事实结果与事实结果之间就更为接近。蒂斯先生非常容易想到，自己如果早 5 分钟动身（或者司机开得再快一点儿），如果航班再晚 5 分钟起飞；因为与 30 分钟的延迟时间相比，5 分钟的延迟时间只需要假定对事实做出较少的变更。为什么事件的某些方面更加容易改变——在心理上比其他方面更加容易变更，这是反事实推理研究的中心议题。

虽然这种因果推理对接近性起着重要作用，但是由于反事实的结果和事实事件非常接近，即使在因果关系上有不同，两者看起来也可能非常相似。例如，如果你的彩票号码和中奖号码只差一个数字，你可能会比那些与中奖号码完全不同的人更加失望。这种中奖的真实号码与反事实号码之间的接近性判断，不是由因果关系决定的（Turnbull，1981）。在第 2 章讨论概念问题时，我们的结论是，范畴成员之间的接近性是基于因果关系和知觉相似性形成的（参见第 2 章）；真实事件与反事实结果的接近性与此类似，也是基于因果关系和知觉相似性形成的（Roese & Olson，1995）。

错过航班的场景研究表明，那种与事实越相近的反事实结果，越令人感到失望。这也会影响旁观者对空难受害者的反应，以及对受害者赔偿金额的判断。在一项研究中，被试阅读某人在一次空难中幸存下来（空难发生在偏远地区），但是在送往救治的途中不幸身亡。要求被试判定对罹难者家庭的赔偿金额。一些被试阅读的罹难者在离安全区域 75 英里的地方死去；另一些被试阅读的罹难者在离安全地方不到 1/4 英里的地方死去。我们很容易想到，后者离安全获救多么近；所以，他的死亡看起来更为异常，因而得到了更多的同情。的确，与阅读了罹难者在“远离”安全地方死亡的被试相比，阅读了罹难者在接近安全地方死亡的被试，给予罹难者家属更高的赔偿金额（Miller & McFarland，1986）。

在这些研究中，亲身经历或旁观同样不幸结果的人们，如果他们可以更容易地想到好的反事实结果，他们就会感到更加的不幸。更令人惊讶的是，一个人如果可以更容易地想到更加美好的结果，即便他的实际结果比别人要好一些，他也会觉得自己比别人更加不幸。奥运会的银牌和铜牌得主，你认为谁更开心？在奥运会竞赛中，金牌得主和其他的获奖者有本质的区别，只有金牌是胜利者，可以赢得荣誉，能够获得巨额的商业赞助。在竞赛中，银牌得主比铜牌得主夺得金牌的可能性更大，因此，银牌得主更容易受到“我本来可以赢得比赛”这一想法的折磨。相反，铜牌得主在得到与得不到奖牌的边缘，因此他会觉得很幸运，至少自己还获得了奖牌。银牌得主因为“我本可以夺得金牌”而失望，而铜牌得主因为“至少我夺得了奖牌”而庆幸。因此，尽管银牌得主的实际结果比铜牌得主好，但是银牌得主没有铜牌得主那么开心。

Medvec、Madey 和 Gilovich（1995）开展了一系列的研究来检验上述假设。他们对 1992 年夏季奥运会电视录像进行剪辑，制作了两盘录像带。一盘录像带描绘银牌和铜牌得主得知自己获奖时的即时反应，例如，当一名游泳运动员触到游泳池墙壁的瞬间，得知他夺得第二名；当一名运动员完成自己最后一次试跳，得知自己获得铜牌。另一盘录像带描绘颁奖典礼时，运动员站在领奖台的场景。20 个学生观看这些无声的录像，评定运动员表露出来的高兴程度。被试对两盘录像带的评定都表明，铜牌得主比银牌得主更为高兴。银牌得主没有铜牌得主那么高兴，是因为受到“我差一点就夺得金牌”想法的折磨吗？很可能是这样。对奥运会奖牌得主电视采访的分析，以及运动员在某次重要的业余比赛后对自己的评定，发现银牌得主比铜牌得主更多地流露出他们本可以表现得更好的想法。

学生收到测验成绩时，也可以观察到同样的反应。正如很多教授和学生们所知，仅差 1 分就可以得到 A 等的同学会非常失望。当这种事情发生后，与那些同你一样获得 B 等但是分数比你低的同学相比，你会感到自己没有他们开心（Medvec & Savitsky，1997）。显然，由于受到“我差一点就成功了”想法的折磨，尽管他们的实际结果比别人好，但是，他们的感受却比别人差。

例外与常规 媒体广泛宣传发生在以色列境内的某次恐怖袭击，一个朋友因此取消了期待已久的以色列之旅。尽管那个朋友知道走在纽约的大街上比走在特拉维夫的大街上还要危险，然而他现在正飞往纽约。他解释说，纽约旅行对他来说像他的日常行为一样，再正常不过了，虽然跟平常一样也需要承担风险。相反，如果在以色列遭到恐怖份子的杀害，他确信他的妻子永远也不会原谅他。去以色列旅行对他来说属于极为特殊的事件，因此，也很容易避免。所以，他知道如果自己在那里遭遇不测，他必须承担主要责任。研究表明，他对妻子可能做出的反应的直觉判断是正确的。与那些由常规行为导致的不良后果相比，那些由例外行为所导致的同样的不良后果，会让人们更加沮丧。

Kahneman 和 Tversky（1982）为了验证这一假设，创设了几种情境来描述琼斯先生在下班回家的途中因交通事故身亡。一种情境是，琼斯先生离开工作单位的时间和平常一样，为了欣赏海滨风光，不从他平常走的那条路线回家。另一种情境是，他比平时早离开单位，去处理一些私事，然后从他平常走的那条路线回家。要求被试想象琼斯先生的家人如何完成句子："如果……该多好"。被试在反事实的想象中倾向于改变那些例外的事件（"如果他离开单位的时间和平时一样就好了"，"如果他走平常的那条路线回家该多好"）。被试很少尝试改变常规事件的想象（"如果那天他早点儿下班该多好"）。另外一个研究情境的结果表明，相对于走平常的那条路线回家遭遇交通事故的情境，不走平常的那条路线回家而遭遇交通事故的情境，让人觉得更沮丧（Kahneman & Miller，1986）。当某个事件导致意外后果时，人们强烈地倾向于"改变"例外行为，而不是"改变"常规行为（Gavanski & Wells，1989）。

由例外事件导致的不幸更让人扼腕唏嘘；因此，人们觉得意外事故的受害者应得到更多的赔偿金。在一项研究中，被试阅读关于某人遭到抢劫而受伤的情境描述。一种情境是，他在常去的商店里遭到抢劫；另一种情境是，他在不常去的商店里遭到抢劫；导致此人受伤的其他环境因素完全相同。与在常去的地方受伤相比，如果受害者在不常去的地方受伤，被试建议的赔偿金要高出 10 万美元之多（Miller & MaFarland，1986）。人们似乎认为例外事件比较容易"改变"，因此，由例外事件引起的不良后果让人更加遗憾。

研究也发现，人们更容易想象那些特别人物的行为出现"改变"，而不是想象那些一般人的行为出现"改变"。性别差异在过去几届美国总统选举中表现得淋漓尽致：女性更倾向于支持民主党候选人，而男性更倾向于支持共和党候选人。Miller、Taylor 和 Buck（1991）认为媒体在评论性别差异时，倾向于尝试解释和改变女性的选举倾向。评论者想知道，为什么民主党候选人对女性有如此大的吸引力，为什么共和党候选人对女性没有吸引力，或者认为如果女性和男性一样支持共和党，民主党就不会有和共和党一样强大的领袖。这种反事实思维明显缺乏对性别差异的另一半——男性的行为进行解释和改变。发言人没有考虑：为什么民主党候选人对男性没有吸引力，或者对男性不能像女性一样支持民主党候选人而感到遗憾。

Miller 等人认为差异产生的原因是，与女性相比，男性是更加"典型"的选民。因为在这种背景下，女性是更加"非典型"的，她们的行为更加容易改变。一系列研究支持这些观点。在男性比女性更为典型的范畴，如选民、大学教授等，人们倾向于改变女性的行为来消除性别差异。例如，关于选举的性别差异，人们更多尝试从女性的角度来解释（例如，女性们认为民主党更加关心女性问题），而不是从男性的角度来解释（例如，男性认为共和党会增加国防支出）。但是，人们并不总是围绕女性来解释性别差异。在女性比男性更为典型的范畴（如小学老师）中遇到这类性别差异问题时，人们倾向于围绕非典型的男性来解释性别差异，也倾向于改变男性的行为以消除差异。可见，就像例外事件一样，例外个体比常规、典型的个体更加容易改变。在这两种情况下，我们都试图用常规事件导致的结果取代例外事件导致的结果。

可控性 前文描述过琼斯先生在车祸中丧生的那个情境，其中包含这一信息：车祸是由另一个司机，一个十几岁的男孩，在使用毒品后酿成了这场灾难。尽管那个使用毒品的男孩应该承担责任，但是当被试想象琼斯先生的亲戚如何完成“如果……”句子时，很少有被试想象如果没有这个孩子驾驶或不使用毒品会怎样。相反，他们的想象主要集中在，琼斯先生本来可以做出不同的行为，以避免悲剧的发生（Kahneman & Tversky，1982）。在酒后驾驶导致车祸的实际案例中，失去亲人的家属会出现同样的反事实思维模式。绝大多数失去亲人的家属声称，他们沉浸在改变悲惨结果的想法之中。然而，没有人试着想“如果不醉酒，悲剧就不会发生”，而是想“如果他做点别的事，就可以避免悲剧的发生了”（Davis et al.，1995）。

这些研究结果表明，人们试图改变的是那些个体可以控制的行为。当我们的注意力集中在受害者身上时，我们倾向于将罪犯的行为看做是不可变的背景因素，因此我们尝试改变受害者的行为（Kahneman & Miller，1986）。这可能就是受害者常常因其不幸而受到谴责的原因（Lerner & Miller，1978）。当要求人们将注意力集中在罪犯身上时，他们产生了完全不同的反事实想法。当要求阅读过琼斯先生场景描述的被试，从那个吸食毒品的男孩亲戚的角度，来完成句子“如果……”，大多数被试的反应是通过改变那个男孩的行为，而不是琼斯先生的行为，以避免车祸的发生（Kahneman & Tversky，1982）。这些研究结果暗示一个令人不安的结论：受害者受到的关注越多，人们越容易产生受害者本来可以做点别的行为以避免悲剧发生的想法，因此，受害者常常受到谴责（Kahneman & Miller，1986）。

实验室的进一步研究表明，行为的可控性越高，该行为的可变性就越大。当要求想象改变游戏的结果时，人们选择改变游戏中那些可控性高的方面（Marman et al., 1995)。由于很容易想象某个人可以选择做出不同的行为，因此，可控性高的行为特别容易在想象中被改变。

“有所作为”与“不作为” 假设有以下情境（Kahneman & Miller，1986）：

> 保罗先生持有 A 公司的股票。去年，他想出售 A 公司的股票，购买 B 公司的股票，但是最终没有那么做。他现在发现如果去年出售 A 公司的股票，购买 B 公司的股票，可以多赚 1200 美元。
>
> 乔治先生持有 B 公司的股票。去年，他出售了 B 公司的股票，购买了 A 公司的股票。他现在发现，如果一直持有 B 公司的股票，可以多赚 1200 美元。
>
> 保罗先生和乔治先生，谁心里会更烦？

几乎所有阅读过这一情境的被试（92%）一致认为，与没有采取行动而导致损失的保罗先生相比，因为自己的错误行动而导致损失的乔治先生会更为后悔。乔治先生可能正经受以下想法的折磨：“我本可以避免这次损失的”和“如果我采取别的行动……”。Kahneman 和 Miller 认为，“有所作为”之所以比“不作为”更让人后悔，是因为在头脑中改变已采取的行为、去除已发生的行为，比改变未采取的行为、增加没有发生过的行为要容易（Gleicher et al.，1990；Landman，1987）。可见，“不作为”是标准或默认的行为，“有所作为”是异常行为，因此“有所作为”更加容易改变，使人更后悔。

直觉告诉我们，与我们“不作为”导致不幸的结果相比，因为“有所作为”导致同样不幸的结果，在自责的时候，我们恨不得“打自己一耳光”。有时我们选择不采取冒险行为，以免导致让人后悔的结果。Miller 和 Taylor（1995）的研究清楚地表明，可预期的后悔对行为的选择有指导作用。他们使用“二十一点”游戏作为实验材料。在游戏中，发给你和庄家一些牌，牌的面值是累加的。如果你比庄家更加接近 21 点，你就赢了。需要注意的是，如果超过 21 点，你就会“爆牌”而输掉游戏。游戏开局时，会发给你两张牌，然后你需要决定是否再要一张牌。当你的前两张牌累加起来不低于 18 点时，很明显你要停止叫牌，即不再要牌，以免“爆牌”。当你的前两张牌加起来低于 10 点时，很明显你需要再叫一张牌。但是当你的前两张牌加起来是 16 点时，很难做出是否要牌的决定，庄家很可能比你更加接近 21 点，如果你再叫一张牌，很可能“爆牌”。在这种情况下，“预期后悔”将发挥作用。Miller 和 Taylor 推测，在这种情况下（即使实际情况是再叫一张牌，就可以取胜），被试不愿意再叫一张牌，因为他们知道，如果再叫一张牌，结果“爆牌”了，他们会恨不得“打自己一耳光”。与“不再要牌”而输掉游戏相比，因为“再要一张牌”而输掉游戏，更加令人痛苦。

如果将“再要一张牌”作为标准的、默认的行为，当人们不想要牌的时候，需要直接提出不要牌的请求，结果会如何呢？Miller 和 Taylor 推测，在这种情况下，与“不作为”输掉游戏相比，因为“有所作为”输掉游戏更加令人后悔，但是这次后悔的行为是“不再要牌”，也就是说“停牌”。为了验证这一假设，他们编制了两个“二十一点”游戏的计算机程序，“要牌”或者是“有所作为”行为，或者是“不作为”行为。在“有所作为”版本中，每一局都会问被试是否“要牌”，如果被试想要牌，就必须回答“是”。在“不作为”版本中，每一局都会问被试是否“停牌”，如果被试想要牌，就必须回答“否”。研究者预测，与“不作为”而“爆牌”相比，由于“有所作为”而“爆牌”更令被试后悔。因此，当前两张牌加起来等于 16 点时，在“有所作为”的要牌方式下，被试要牌的可能性较小，在“不作为”的要牌方式下，被试要牌的可能性更大。实验结果与他们的预测完全一致。

这些类似的研究都表明，与“不作为”相比，人们在“有所作为”情况下后悔和预期后悔的程度更高。然而，Gilovich 和 Medvec（1994，1995）要求人们回忆人生，结果观察到完全相反的结果。当问及我们一生中最遗憾的事情时，我们更有可能想起自己没有做到的事情，例如，“我真后悔，大学的时候没有努力学习”；“我真后悔，自己没有用更多的时间来陪孩子”；“我真后悔，没有大胆追求我爱的那个姑娘”。事实上，要求成年人回忆自己一生中最大的憾事时，报告“不作为”而感到遗憾的事情（63%）几乎是报告“有所作为”而感到遗憾的事情（37%）的两倍。比较普遍的、由于“不作为”而感到遗憾的事情有：错失了受教育机会、没能抓住机遇、与家人和朋友在一起的时间太少。有些人后悔没能做自己感兴趣的事情，如打高尔夫、集邮等。但没有人因为这些爱好浪费了时间而后悔。由此可见，人们在回忆人生的时候，令人遗憾的是没有做某些事情，而不是自己做过某些事情。

怎样才能将这两类研究的结果统一起来呢？Gilovich 和 Medvec 认为，我们经历这两类后悔模式中的哪一种依赖于时间背景；在短期内，令人我们懊悔不已的主要是我们的“有所作为”；从长期来看，让我们遗憾终生的主要是我们的“不作为”。很多研究证实了以上分析（Gilovich & Medvec，1994）。其中一项研究，要求人们回忆他们最近一周时间和一生中让他们最后悔的“有所作为”与“不作为”。然后他们指出，在最近一周内，是他们的所作所为让他们更后悔，还是“不作为”令他们更后悔？同样，要求被试指出，在他们的一生中，是他们的所作所为让他们更后悔,还是“不作为”令他们更后悔？提到一生中令他们后悔的事情时，84% 的被试认为“不作为”比“有所作为”更让他们后悔；而在过去一周内，只有 47% 的人认为“不作为”比“有所作为”更令其后悔。简言之，在短期内，“有所作为”更令人后悔；从长期来看，“不作为”更令人后悔。

人们好像能够意识到这个后悔的时间模式。在另外一项研究中，被试阅读关于两个不开心的学生的描述，两个学生都想转学。最后，其中一个学生决定转学；另一个学生决定不转学。他们的决定似乎都糟糕，两个人与以前一样都不开心。多数被试（76%）认为，转学的那个学生，因为自己转学的决定导致不幸，在短期内会感到更加后悔。然而，多数被试（63%）认为，最终没有转学的那个学生，经过较长时间以后，会更加后悔。简而言之，即使思考同样性质的“有所作为”与“不作为”时，在短期内，“有所作为”更加令人后悔；从长期来看，“不作为”令人更加后悔。

为什么我们对于“有所作为”与“不作为”的后悔模式会随着时间的延长而变化呢？ Gilovich 和 Medvec（1995）提出几种可能的原因，当我们回忆过去的时候，经常会发现“不作为”特别令人懊恼，是因为在回忆的过程中，我们很难理解当时为什么没有采取行动。当我们回忆过去的时候，对于我们来说，过去显得特别大的障碍，现在看来似乎微不足道。一项有关康奈尔大学学生的研究表明，障碍会随着时间的流逝而减退。康奈尔大学在读的学生，认为在教学计划中增加一门有挑战性的课程，会对他们的生活造成很多负面影响，会降低他们的成绩等级，会减少他们的睡眠时间，会降低社会生活的质量。而要求康奈尔大学的毕业校友评定在某个学期增加同样一门课程对他们的影响，他们却认为增加课程对其可能产生的影响是微不足道的（Gilovich, Kerr, & Medvec, 1993）。在回忆过程中，我们认为自己应该可以很容易地完成在当时看来是完全不可能完成的任务。随着时间的流逝，我们对自己的“不作为”越来越后悔，原因在于我们无法解释当时为什么没有采取行动。今天我们无法理解当时为什么没有追求那个极具魅力的人，是什么阻止我们获得更好的教育。

相对于“有所作为”，随着时间的流逝，我们对自己的“不作为”更后悔；这其中的另外一个原因是：“有所作为”的结果更容易确定和处理（Gilovich & Medvec，1995）。我们知道自己选择的道路通向何方，当我们的所作所为带来不好的结果时，我们通常会纠正行为（例如，辞去不顺心的工作）或改变想法（例如，事情总不会都像这么糟糕吧）。但是我们没有走过的路，一切都是那么神秘。我们永远也不会知道我们错过的浪漫会有多么美好，或者错过的就职机会有多么令人满意。已错过的机会只能出现在我们的想象中了，因此，它会时常萦绕在我们的心头。

心理上容易重复的事件 到现在为止我已论述了，如果事件发生的方式容易在头脑中改变，那么它会变得不那么平常。当然，如果事件发生的方式很容易在心理上重复，即能够想象出同样的事件以其他方式发生，那么它可以变得更加平常（Miller，Turnbull，& McFarland，1989）。为了说明这一观点，我举一个例子。假设你有一个爱吃巧克力曲奇饼的孩子。你给孩子买的巧克力曲奇饼是和燕麦曲奇饼混装在一起的。你的孩子通常只吃巧克力曲奇饼，剩下的燕麦曲奇饼会变质。为了避免这种情况的发生，你要求孩子闭上眼睛，将手伸到曲奇罐里，抓到哪种曲奇饼就吃哪种。不一会儿，你的孩子高兴地告诉你，他按照你的要求，刚好抓到了巧克力曲奇饼。你是否怀疑你的孩子伸手抓曲奇饼前，偷看过曲奇罐里的曲奇饼呢？如果怀疑的话，你的怀疑程度有多大呢？

你的怀疑程度主要受到孩子一贯行为的影响，还可能受到曲奇罐里巧克力曲奇饼所占比例的影响。曲奇罐里巧克力曲奇饼所占比例越小，你的怀疑程度就越高。Miller 等人认为，你的怀疑程度还会受其他因素的影响。思考以下两种不同的情境，第一种情境，曲奇罐中有 1 块巧克力曲奇饼和 19 块燕麦曲奇饼；第二种情境，曲奇罐中有 10 块巧克力曲奇饼和 190 块燕麦曲奇饼。两种情境下，你的怀疑程度各有多大？以上两种情境中，人们都知道曲奇罐中巧克力曲奇饼所占比例均为 5%。然而，阅读“只装有 1 块巧克力曲奇饼（曲奇罐中共有 20 块曲奇饼）”的被试的怀疑程度较高，阅读“装有 10 块巧克力曲奇饼（曲奇罐中共有 200 块曲奇饼）”的被试的怀疑程度较低。

这项研究的结果表明，我们的怀疑程度不仅受到巧克力曲奇饼被选中的概率的影响，还会受其“常态性”的影响。当曲奇罐中有 10 块巧克力曲奇饼时，有 10 种选中巧克力曲奇饼的可能，因此，选择显得更“常态”。但是当曲奇罐中只有 1 块巧克力曲奇饼时，只有 1 种选中巧克力曲奇饼的可能，因此这种选择更为“异常”。

心理上容易重复的事件，也会影响公平性的判断，以及非随机情境中是否存在舞弊行为的判断。Miller 等人在另一项研究中，让被试阅读关于“一名被指控有歧视女性行为的主管”的实验材料（Miller et al.，1989）。该主管为准备晋升的候选人安排了一次考试，他负责命题和评分，结果一位男士获得了最高分。两组被试分别阅读两组实验材料，这两组实验材料的唯一差别在于参加考试的男士和女士的绝对人数不同。在第一组实验材料中，参加考试的有 1 位男士，9 位女士；在第二组实验材料中，参加考试的有 10 位男士，90 位女士。实验结果表明，阅读第一组实验材料的被试，对主管是否公平地评分的怀疑程度较高。研究再次显示，怀疑程度不仅受（选中男士）先验概率的影响（因为在两种情况下选中男士的概率相同），还受选择“常态性”的影响。在第二组中有 10 位男士，男士获得最高分就有 10 种可能；在第一组中只有 1 位男士，只有 1 种男士获得最高分的可能。因此仅有的 1 位男士获得最高分的事实，更加“异常”，引起的怀疑程度更高。

“反事实想法”的作用

我已经描述了许多“反事实想法”引起后悔和自我谴责的事例。“本该出现更好的结果”的想法（本可以避免那场致命的车祸，本可以抓住已经失去的机会）经常萦绕心头，使我们备受折磨。人们为什么会产生这些令自己痛苦的想法呢？对于这个问题我们没有完整的答案。但是部分原因可能是，这些令人痛苦的想法对于我们的生活也有积极作用。通过思考如何避免不幸的发生，我们可以确认产生不幸的原因和环境因素，为以后更好地应对类似的情境做准备（Wells & Gavansky，1989）。诸如“如果我早点出门，就可以赶上航班”这种令人悲伤的想法，强调了以后我们如何才能避免类似不幸的发生，不再陷入类似的困境。当我们身处逆境，更容易产生“反事实想法”；这些想法会激发我们采取行动，改善消极影响，防止不幸的再次发生（Gleicher et al.，1995；Roese，1997；Roese & Olson，1995，1997）。

一些研究表明，产生“如何避免出现不好的结果”的想法，有助于避免以后出现类似不好的结果（Roese，1994）。在一项研究中，要求学生回忆最近一次成绩不理想的考试。要求其中一部分学生产生“反事实想法”，描述“那次考试如何才能取得好成绩”；另一部分学生则不要求产生“反事实想法”。产生“反事实想法”让学生“看到”他们自己更有可能做一些提高学习成绩的事情，如经常复习自己的课堂笔记、从不旷课等。想象如何避免过去出现的失败，可以激发我们做一些正确的行为，来避免今后出现类似的失败。在短期内，“反事实想法”使我们不快乐；然而从长期来看，它是有积极作用的。

其他的“反事实想法”可以使我们在逆境中感觉更舒服一些。例如，当我们想象事情本可能会更加糟糕时，我们会感到更加幸运（例如，Roese，1994）。这也是一种积极的作用。

不幸的是，并不是所有的“反事实想法”都有这些积极作用（Sherman & McConnell，1995）。一个年老的人，后悔年轻的时候没有用更多的时间来陪伴自己的孩子是无益处的。或者一个已经退休的人，后悔没有选择从事一个更好的职业亦无益处（尽管这种想法可能对其他人有借鉴作用）。还有更无益处的想法：“只要我的彩票号码改变一位数，我就中大奖了！”。这种想法既没有涉及任何因果因素，也没有增加以后彩票中奖的概率。然而，这些“反事实想法”将如影随形，影响我们的生活。

总　结

在进行假设检验时，我们采用证实策略，这种策略促使人们搜索那些与假设相符的事例。人们在对记忆中预先存储的知识，以及在外部世界搜索支持假设证据的过程中，都采用了证实策略。当证据库既包含证实假设的信息又包含否定假设的信息时，使用片面的证实策略会误导人们证实其假设。由于人们拥有的社会环境的知识通常是混杂和不一致的，我们检验任何关于自己或他人属性的假设时，经常会一厢情愿地证实假设。

在评估共变关系时，我们也采用证实策略。我们会特别注意那些符合“××与××相关”的事例，因此高估了它们的相关数值。如果我们强烈地假设一个变量与另一个变量相关，我们非常容易注意和记住那些能够体现假设的有关事例，看到事实上并不存在的虚假相关。其他因素，如特殊性，即增强那些特殊的、共同发生的事件的突出性与可记忆性，也会导致这种虚假相关。少数群体成员做出的罕见行为特别显眼，因而人们会形成少数群体成员与那些罕见行为的虚假相关。在另一些场合下，我们可能没有检测到实际上存在却出乎意料的相关。尽管存在这些缺点，人们还是可以非常准确地检测很多日常生活中的相关关系。我们特别容易在非常熟悉且易于编码的领域中做出正确的判断，例如，运动领域。不幸的是，尽管我们对社会行为非常熟悉，但是它难以编码。因此我们更有可能看到社会领域中的虚假相关，而不能发现实际上存在的相关关系。

当我们考察更加复杂的关于个体的假设时，诸如一个被告是否有罪，我们构建关于事件的详细“故事”，选择那个看起来最为一致的“故事”。一般而言，对“故事”的一致性评估，我们遵循合理性原则。我们喜欢那些可以解释更多证据、需要更少“额外假设”和可以被其他信息解释的“故事”。然而，不相关的因素（如我们获得信息的顺序）对构建“故事”的难易程度有影响，并进而影响我们的判断。

很多事件使我们产生反事实结果，从而影响我们对事件的理解和对事件的情绪反应。特别容易产生反事实想法的事件就属于异常事件；事件越异常，我们对它的情绪反应就越强烈。如果某事件的模式和另外一个事件（反事实事件）的模式非常接近，该事件就会更加异常；即便事情稍有不同，事件的结果也会非常不同。当反事实结果比实际的结果更积极时，我们会因为自己没有成功达成目标而沮丧；当反事实结果比实际结果更加消极时，我们会因为自己刚刚能够避开它而感到特别庆幸。当我们相信某（些）人可以成功地控制事件的发展，但是例外的行为或个体偏偏出现了；此时，我们更加容易产生反事实想法而感到后悔。当我们思考有所作为与不作为的结果时，我们的情绪反应依赖于时间因素。在短期内，“有所作为”更加令人后悔；从长远来看，“不作为”更加令人后悔。我们对事件产生的反事实想法，影响我们对此事件的情绪反应，并进而影响我们对此事件诸多方面的判断。例如，对于谁该受到谴责、对遭遇不幸的个体应该给多少赔偿金，以及事件中不公平因素有多少，这些都会受到反事实想法的影响。

第5章

记忆：重构过去

1986年奥斯卡最佳外语片《攻击》中讲述了患有创伤性失忆症的安东的故事，主人公是一名出生在荷兰的物理学家，他失忆的原因是因为在童年期，他亲眼目睹自己的父母、哥哥在二战后期被纳粹杀害。剧情主要围绕成年后的安东努力寻找记忆展开，他从噩梦中逐渐找回记忆——邻居的悲惨命运、哥哥和父母间的争吵、在黑暗监狱里和一名妇女的对话。曾经发生的一幕幕再现于安东的脑海里，异常清晰。在这一章中，我将论述，我们的记忆并不像影片中描述的那样，可以准确无误地回放过去发生的每件事情、每个场景，实际上我们重构记忆的过程受到很多因素影响，例如事件发生的环境、个体加工事件的方式、此时对事件的理解以及此时的目标、心情等等，是一个受现在与过去的多重因素影响的重构过程，而不是单纯的重放。

事件编码时的认知状态

我们对曾经发生的事件进行观察、编码、存储时的认知状态，会影响随后的提取过程。不管出于什么样的原因，我们往往会回忆起那些引起我们特别关注的事件；而我们回忆这些事件的方式受当初对这些事件的认识的影响。

期望和解释

我们经常会带着某种期望去认识别人或一些事情，这种期望可能源于刻板印象之类的效应。例如，你认为劳拉是一个非常热情、积极向上的人，可能是因为你知道她是个社会工作者。上述期望的产生也可能源于其他信息，例如，曾经有人说过她是一个热情、积极向上的女孩，或者你曾经接受过她热情的招待。而不管原因是什么，你与劳拉见面时所抱的期望一定会影响到你对这次见面的记忆。

当劳拉的行为不够明确，从而可以有一种以上的解释时，个体的期望就起到了决定性的作用。同一个微笑，当你预期劳拉是一个热情的人时，就意味着热情；当你预期她是一个冷漠的人时，就意味着孤芳自赏（Kelley，1950）。大量的研究发现，期望能够引导对行为的解释。例如，葬礼上的哭泣被理解为悲伤，婚礼上的哭泣被理解为喜悦（Trope，1986）；对于家庭条件优越的学生来说，某个分数可能被认为是优秀的成绩，而家庭条件一般的学生如果得到这个成绩，则被认为是很一般的成绩（Darley & Gross，1983）。关于这一点，在第 1 章概念的功能中已经提到（参见第 1 章），还会在讨论刻板印象的后果（参见第 8 章）和我们关于别人的知识（参见第 9 章）中再次论述到。

上面论述归结为一个重要的观点，我们对事件最初的理解决定了我们对这些事件的记忆。透过劳拉的一系列行为，一旦我们推断她是个热情的女孩，那么对她的回忆就可以直接提取出她的特点——热情、独立，而不再需要这些人格特点背后的具体行为（Sherman & Klein，1994）。而且，随着时间的流逝，我们会忘记某些行为的细节，只能回忆起特定行为的主旨，即我们所赋予的含义（Schul，1983）。我们可能只记得劳拉热情、开朗，而不会记得她笑容灿烂地走过来拥抱我们等具体行为。这种现象一旦发生，回首往事时，我们就很难提取那些可能产生不同理解的记忆的细节。

期望和注意

即使事件有明确的意义，不会产生不同的解释，我们的期望仍然会对记忆产生影响，因为我们的期望引导我们对事件的不同方面分配不同的注意力，也会影响新旧知识间建立的联系。

与期望一致的信息 与期望一致的信息特别容易被注意到。如果你事先认为劳拉是个热情的人，就会特别关注她充满热情的行为；结果，这些被特别关注的信息更加容易回忆起来，这种现象在应激或唤醒状态下体现得尤为明显（Jamieson & Zanna，1989）。由于采用证实策略，人们倾向于关注与假设和期望一致的事件，从而提高了对该事件的回忆的可能性。反过来，回忆某事件的可能性提高，会导致个体高估其观察到的事情更能够支持其假设（Klayman & Ha，1987；参见第 4 章）。通过上面的论述可以得出一个结论：期望会导致个体对事物间的联系形成错误认识，因为人们对自己期望看到的联系给予了更多的关注。例如，如果你认为亚裔美国人的数学都很棒，你就会特别留意你所遇到的亚裔数学名人，久而久之，那些与假设一致的人给你留下的印象很深刻，数学很棒的亚裔美国人的出现概率也被高估（Garcia-Marques & Hamilton，1996；Chapman & Chapman，1967，1969；参见第 4 章）。

大量的研究明确地表明，期望能使与其一致的信息更可能被回忆起（参见 Higgins & Bargh，1987；Olson，Roese，& Zanna，1996；Stangor & McMillan，1992）。例如，在一项研究中（Cohen，1981），要求被试观看一位妇女和她丈夫交流的场景。看录像之前，研究者告诉其中一半被试，那个妇女的职业是图书管理员，而告诉另外一半被试，她是个服务员。录像中展现了那个妇女的一系列行为和品质，其中有些与图书管理员的特征一致，但与服务员特征不一致（例如，戴眼镜，听古典音乐）。另一些行为和品质与服务员的特征一致，但与图书管理员特征不一致（例如，喝啤酒，与丈夫恩爱）。随后，测验被试对录像中妇女的记忆，发现他们更容易回忆起那些与告知的职业一致的信息，换言之，被试回忆的是那位妇女与某职业有关的行为和品质，而并非那位妇女的实际情况。

与期望一致的信息较易回忆，一方面是因为人们对这些信息更加关注，另一方面是因为它们与已有的观念有较强的联系（Hastie，1980）。人们已有的知识构建了一个意义丰富的框架，通过这个框架，各种不同类型的新信息之间、新信息与已有信息之间可以建立起多种联系；这些复杂的联系可以提高新知识回忆的可能性。当概念间存在部分联系时，我们更易回忆它们；当概念间没有联系时，我们难以回忆它们。例如，当别人对你说，约翰是位具有创造性、情绪多变、不墨守成规、敏感且个人主义的人。当你得知约翰是一个艺术家后，前面有关他特点的描述就很容易回忆起来，因为这些特点与艺术家形象一致。有一项研究验证了这一观点。在研究中，给实验组被试提供一个描述某类人物的典型概念，以及一个人的一系列与这类人物特征相符的品质；而控制组被试只是看到这个人这些同样的品质，结果发现，实验组被试对这些品质（词）的回忆率为控制组的两倍（Macrae，Milne，& Bodenhausen，1994）。重要的是，提供典型概念作为标签，并不能提高那些与典型概念无关品质的记忆，这似乎表明，与典型概念有关的品质易于记忆，是因为这些品质与典型概念有着丰富的、有意义的联系。更一般地说，期望为这些一致事件提供了一个连贯的概念系统，从而提高了回忆这些事件的可能性。

与期望不一致的信息　与期望不一致的信息也容易引起注意，回忆率也高。如果你预期劳拉是个热情的人，你对她的冷漠行为也会记忆深刻。个体总会给予那些出乎意料的事件以特别的关注，这就提高了此类事件回忆的可能性；所以，与期望不一致的信息也会误导个体得出不符合实际情况的推论。由于少数人的行为有时与众不同，因而容易引起人们的注意，结果，那些与众不同的行为出现的频率会被高估，最终让人形成错误认识——那一小部分人喜欢特立独行，与众不同（Hamilton，Dugan，& Troiller，1985；Stroessner，Hamilton，& Mackie，1992；参见第 4 章）。

很多研究发现，与期望不一致的信息容易提取。例如，在一项研究中，首先引导被试对所描述的人形成某种认识（例如，聪明）（Hastie & Kumar，1979），然后让他们阅读一系列描述此人行为的词语，在这些词语中，有些与被试的预期一致（例如，他赢得了象棋比赛），有些与预期不一致（例如，他连续三次犯同样的错误），还有一些与预期无关的词语（例如，他乘坐电梯到达三楼）。随后，让他们回忆刚才读过的描述此人行为的所有词语。结果如图 5.1 所示，与期望不一致行为（词语）的回忆率最高，其次才是与期望一致的行为（词语），而且前两种行为（词语）的回忆率都高于无关事件的回忆率。

与期望不一致的信息记忆效果好，可能有三个方面的原因：第一，不一致信息容易引起注意；第二，加工这些与预期不一致的事件时，需要努力将它们与已有的期望统一起来（Hastie，1984；Hastie & Kumar，1979）。例如，我们试图寻

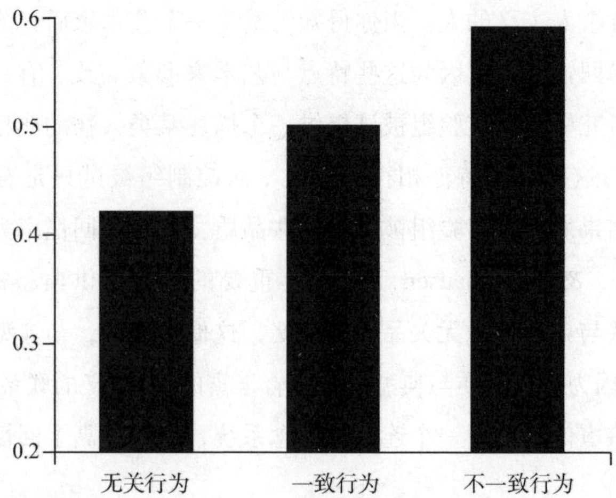

图 5.1 被试对无关行为、一致行为及不一致行为的回忆比例

资料来源：Hastie & Kumar (1979，表 2，p.29). Copyright © (1979) by the American Psychological Association. Adapted with permission.

找一贯热情的 Laura 在今天待人冷漠的原因：或许是她与父母闹别扭了。通过把她的冷漠行为与其他信息联系起来，从而增强了对该事件回忆的可能性。事实确实如此，如果进行认知加工时的信息量过大，没有足够的认知资源将不一致信息与我们的期望统一起来，对那些不一致信息回忆的优势就会消失（例如，Srull，Lichtenstein，& Rothbart，1985；综述参见 Olson，Roese，& Zanna，1996；Stangor & McMillan，1992）。第三，已有的认知结构不仅统一整合那些与期望一致的信息，也会对那些与期望不一致的行为进行分组，并赋予这些行为以意义，从而提高这类信息的可记忆性。

大量研究着力于考察我们对哪类信息的回忆成绩更好，是与期望一致的信息、还是与期望不一致的信息呢？关于这个问题，还存在争议。有些研究发现与期望一致的信息更容易回忆，有些研究则认为与期望不一致的信息更容易回忆。在对大量研究进行分析后，Stangor 和 McMillan（1992）得出了他们的结论。结论认为，如果鼓励被试考虑所有的信息，并形成有关人物的准确印象时，与期望不一致的信息回忆率高。这是因为，被试需要努力将这些与期望不一致的信息与其期望整合起来，因而与期望不一致的信息回忆率高。相反，如果不鼓励被试花费很多精力形成有关人物的准确印象，或者人们并不在意印象是否准确，或者当人们将有限的认知资源用于他途，而无暇顾及那些与预期不一致的信息时，那些与期望一致的信息回忆的正确率就比较高。他们的这一观点得到了其他研究的支持。一些研究发现，记忆的目标会影响起初的信息加工过程和随后的回忆，下面将会详细讨论这个问题。上述一系列研究得出最重要的一个结论是：与预期一致的事件和与预期不一致的事件的回忆率均高于无关信息的回忆率。我们对他人的期望影响我们对此人品质、行为的加工，从而影响有关此人的记忆。人的记忆系统会产生系统的偏差，因为它不是简单地存储我们观察到的客观事实，而是同时存储我们对客观事实的加工方式和加工程度。所以，记忆的结果不仅受我们的信念、期望的影响，也受我们的目标和愿望的影响。

目　标

假设你贴出一则广告征求合租者，艾伦想与你合租，你们在一起吃饭并决定是否要合租一套公寓房。在同艾伦会面时，你会非常留心观察他是一个什么样的人，努力地了解他的人品，留意有关他的所有评论，并且会将艾伦的各种信息同你寻找室友的标准（友好、诚实、体贴）进行对照，以确定他是否适合做你的合租者。假设换了一种场景，如果你在候机的时候与艾伦会面，这种场合下的聊天只是为了打发时间，你并不期望再与他见面，也不会关心他是一个什么样的人。假设你们的谈话内容基本相同，也是谈合租房子的事情。你对于在候机厅里谈话内容的记忆会很少，而且谈话的内容在记忆中缺乏有效的组织。推而广之，当你想形成有关别人的印象时，你对此人的有关信息会更加关注，并努力理解有关此人的一些信息。这会有利于你有效地组织信息，并将各种信息有机地联系起来。注意力的增加和对信息的有效组织，提高了对信息的回忆率。

很多研究发现，当要求被试对别人形成印象时，比只要求被试尽量多地记忆那个人的信息，有更多的回忆量，而且会将与此人有关的信息组织得更有条理性。（Hamilton，Katz，& Leirer，1980；Srull，1981；Wyer & Gordon，1982）。那么，如果并没有要求你对某人形成印象，而这个人是你今后需要交往的对象，你会自动形成对此人的印象吗？答案似乎是肯定的。在一项研究中，研究者要求被试阅读五个人的信息（Devine，Sedikides，& Furhman，1989）。实验中将被试分为三组，并指导被试特别注意其中的某个人。告诉一组被试，他们接下来要与此人协作解决一个问题；告诉另一组被试形成对此人的印象；要求剩下的被试尽量记住有关此人的信息。随后，要求被试回忆这五个人的信息，回忆的内容越多越好。实验主要考察被试对这五个人信息的回忆量以及对信息的组织程度。研究者的推论是：如果被试对指定对象的信息进行了组织，并且在各种信息间建立了联系，那么，在回忆过程中，就会一个接一个、连续不断地回忆出此人的一些品质。因此，研究者通过考察被试回忆出此人的一个品质后，紧跟着回忆出同一个人的另一个品质的概率，来确定被试的记忆中对信息的组织程度的高低。

研究显示，当告诉一组被试，他们将会与某人（靶人物）互动与协作时，被试对靶人物的信息记忆得更多而且信息的组织性高。这个结果正如明确地要求另一组被试对靶人物形成印象一样；结果如表 5.1 所示。上述两组被试对靶人物信息的记忆（回忆量和记忆信息的组织程度）好于只要求尽量记忆靶人物信息的那组被试。另外，上述两组被试对靶人物信息的记忆好于对非靶人物信息的记忆。"交流互动组"被试对靶人物信息的组织程度高于"印象形成组"被试。这可能是因为，当需要对一个人形成印象时，如果这种需要源于被试内部动机，这种动机对记忆的作用效果优于研究者的要求（外部动机）。这项研究和其他研究都发现，我们与某人交流互动的认知目标，会影响我们与此人交流的方式，以及影响我们怎样加工此人的有关信息，从而影响我们对交流过程的记忆。我们对一个事

表 5.1 三种条件下被试对靶人物和非靶人物描述语的回忆数量及条件概率的平均值

	指导语		
	期待交流互动组	形成印象组	记忆信息组
回忆数量			
靶人物	4.38	4.00	3.00
非靶人物	1.80	2.33	2.23
条件概率[1]			
靶人物	0.844	0.578	0.281
非靶人物	0.328	0.438	0.297

资料来源：Devine et al. (1989，表 2，p.686). Copyright © (1989) by the American Psychological Association. Reprinted with permission.

[1] 条件概率指回忆出某人的一项信息有赖于先回忆出此人的另一项信息。

件的加工方式及对该事件的记忆程度，也受该事件对我们的重要程度的影响。下面将围绕这一点展开讨论。

事件的意义

大约是 1991 年 1 月 18 日晚上八点，第一次海湾危机刚刚爆发，在那之前的一天，美国领导的反击伊拉克的战争开始，我在新泽西家中楼上的浴室里为年幼的儿子洗澡，能模模糊糊地听到楼下电视里的声音；丈夫开门走了进来，他面色苍白，用颤抖的声音告诉我，伊拉克向以色列发射了一枚导弹。我立刻想到了在特拉维夫的父母，他们可能戴着防毒面具瑟缩在防空洞里，我立刻奔向电话。

虽然这件事情已经过去七年多了，但是它仍能清晰地浮现在我的脑海里，仿佛就发生在昨天。这种对重大事件的清楚记忆被称为闪光灯记忆，意指在众多朦胧记忆中特别清晰的一段记忆（Brown & Kulik，1977）。这种记忆的重点内容是首次遇到某个（重要）事件时的环境——某人是如何发现这件事情的，还有哪些人在场，当事人的穿着等等，而不是事件本身的细节。许多美国人对 1989 年加利福尼亚大地震、1986 年“挑战者号”航天飞机爆炸以及肯尼迪总统被暗杀的事件，都有这种闪光灯记忆。

最初人们认为闪光灯记忆的准确性很高，人们通过某种特殊的加工机制，将那些重要事件的信息“封存”在记忆里（Brown & Kulik，1977；综述参见 Schacter，1996）。当然，经历过那些重大事件的人，对自己记忆的准确性都非常有信心（Neisser & Harsch，1992）。一个人对那些重大事件发生情境的记忆确实与他们最初对事件的描述非常一致，对重大事件记忆的准确性高于同一时间发生的普通事件（Christianson，1989；Conway et al.，1994）。一项研究通过比较美国人和英国人对撒切尔夫人辞掉英国首相职务这件令人震惊的事件的记忆，揭示了某事件对个人的重要性影响到个人对该事件记忆的准确性。撒切尔夫人辞职一年后，调查发现，英国人对这件事记忆的准确性远远高于美国人。在英国人中，认为撒切尔夫人辞职令人震惊的这部分人，对这件事记忆的准确性要高于其他英国人（Conway et al.，1994）。应该注意到，也有可能是英国人接收到更多有关该事件的报道，而不是该事件对个人的重要程度，影响人们对此事件的记忆。

对个体有意义的事件在回忆上表现出的优势，可能是因为该事件引发了较强的情绪反应（Brown & Kulik，1977）。关于这一观点的直接研究证据很少，但是有相关研究发现，当被试观看那些引起强烈情绪反应的电视画面时，激素分泌会发生变化，例如人们对于血迹斑斑的撞车场面记忆深刻（Cahill et al.，1994；综述参见 Schacter，1996）。闪光灯记忆的产生，也可能有其他原因：人们需要努力弄清楚突发事件及其情境，进而提高了该事件的可记忆性。人们也会不断同别人谈论所发生的重要事件，比较各种有关该事情的报道；他们在回忆该事件时，头脑中不断重放事件发生时的情境。无论是一些公开报道，还是个人的回忆，都可以提高该事件的可记忆性。到目前为止，人们还不清楚这种对一般事件记忆的机制在多大程度上能够说明"闪光灯记忆效应"。也许，强烈情绪的记忆与多种一般记忆机制共同作用，提高了重大事件的可记忆性（Brewer，1992）。

虽然闪光灯记忆比普通事件的记忆更准确，但是闪光灯记忆远远没有达到准确无误的程度。Ulric Neisser 和 Nicole Harsch 研究了这个问题。在"挑战者号"爆炸 24 小时内，他们对 100 多名学生进行调查，要求学生写出他们最早是通过什么渠道得知该事件的（Neisser & Harsch，1992）。两年半后，研究者找到了当初接受调查的 44 名被试，请他们再次回答同样的问题；结果发现，被试并不能准确回忆当时的事情，在他们前后两次的回忆中，有许多内容甚至毫不相干。例如，其中一名被试第一次回答说，她是在上宗教课时，从其他学生那里得知"挑战者号"爆炸消息的；但是在两年半后，她回忆说是在寝室通过电视了解到的，而且确信她的记忆准确无误。大部分被试能正确回忆某些方面的信息，却不能正确回忆另外一些信息。大多数人坚信他们回忆的正确性，其实，其自信程度与回忆的准确性之间并不存在相关。高度自信的被试，其回忆的正确率不一定高，甚至其中一些人回忆的错误率很高。这些研究结果提醒我们，即使我们认为自己的记忆非常生动清晰和准确无误，但是，我们必须认识到我们的记忆多多少少总会有误。

综上所述，当事件发生时，我们对事件所抱的期望，完成记忆任务的目标，以及事件对于个人的意义，会通过注意的指向和分配，以及生理反应，影响对该事件的认知加工，进而影响我们随后对该事件的记忆。所有这些因素都与事件发生时我们的心理状态有关，从而影响对该事件的回忆。其实，我们在回忆一个事件时的期望、目标和情绪，也会影响对该事件的记忆，下面将围绕这一点展开讨论。

提取事件时的认知状态

期望与信息的提取

即使在信息编码时比较符合事实，信息提取时我们所抱的期望，也会使回忆的内容偏离实际情况。前面章节已讨论过，当要求被试接受有关他人或自己的片面假设时，被试会采用证实策略，并回忆出那些与假设相符合的有关信息。例如，为了确定某人是否外向，人们倾向于回忆此人的外向性行为，并且夸大这类行为出现的频率（Kunda et al.，1993；Snyder & Cantor，1979；参见第 4 章）。期望会引起回忆的偏差，使人只回忆出某些片面的信息，其可能的原因是期望让人们产生了片面假设。如果我预期某人外向性格，我就会不由自主地检验我的期望是否正确;结果，在回忆时我就会有选择地进行信息提取，回忆那些与假设一致的信息，以证实自己的期望。

考察信息提取时的期望效应，应该将编码时的期望效应排除在外。很多研究都考虑到了这一点，在被试完成信息编码后，再指导他们形成某种期望。前面探讨信息编码的期望效应时，介绍了一项实验，被试根据一段录像，形成对该女子（她的职业是图书管理员或服务员）的期望（Cohen，1981）。这个研究还有另外两种实验条件，即被试看完录像后才得知这个女子的职业；在这两种实验条件下，被试的期望不会影响到对该女子行为信息的编码。研究结果发现，回忆时依然存在期望效应，被试能够更多地回忆出那些与该女子职业一致的信息。这个研究说明，在事件发生后产生的期望，也会影响对事件的回忆。

源于一个人自身行为的期望，同样能影响对此人的记忆。在一项研究中，首先让被试收听关于一个人的正反两方面信息的描述，然后阅读此人的一份自我评价，她的自我评价有两种，高傲无礼或是谦逊有礼（Pyszczynski，LaPrelle，& Greenberg，1987）。结果发现，此人的自我描述，引发了被试对她的期望，进而影响到被试对她的行为的回忆。当要求被试写出他们记得的有关此人的所有行为时，他们更多地回忆出那些与他们的期望一致的行为。期望不仅让我们选择性地回忆一些片面的信息，也会扭曲我们的记忆，改变我们对一个人行为的回忆。一些其他的研究发现，人们通常会将与现有期望不一致的信息，回忆成与现有期望一致的信息（Hirt，Erickson，& McDonald，1993）。

当前的期望除了影响信息的提取过程外，还能影响人们对所提取信息的解释（综述参见 Ross，1989）。如果一个女人认定她的丈夫在欺骗她，就会认为最近丈夫给她送花是一种欺骗行为，而不是爱她。当我们不能很好地回忆一个人时，现在的期望也会帮助我们填补那片记忆的空白，而且填补的内容与现在的期望一致。如果我们现在了解到贝蒂是个女同性恋者，但是想不起来高中的时候她是什么样子，我们会猜测，那时的她从不跟男生约会（Bellezza & Bower，1981）。

在不知不觉中传递给人们的期望，也可能影响人们对曾经见过的事件的重构过程。Elizabeth Loftus 和 John Palmer 在一项研究中给被试呈现一段撞车的电影场面，然后询问他们，发生撞车事故时车辆的行驶速度（Loftus & Palmer，1974）。向被试提问时所使用词语上的细微差别，影响了被试对车速的估计。比如，当询问被试两辆车猛撞在一起，它们的速度大概是多少时，他们的回答是每小时 41 千米。但是，当问被试两辆车子相擦时的车速，被试的答案是每小时 32 千米。这个研究说明，问题本身暗含的期望传递给了被试，从而影响了他们对事件的回忆。由此可知，目击证词会受到询问时有意或无意传递给他们的微妙信息的影响。

上面提到的各种记忆信息偏差的出现，都可以归结为期望效应，即我们对他人过去行为的回忆，与我们当前的期望一致，而偏离了真实的情况。我们的记忆不仅反映我们曾经看到了什么，也反映我们期望看到些什么。到这里为止，我们讨论了由个人行为或个人所在的群体关系引发的期望。接下来讨论由人格引发的期望对记忆产生的影响。

稳定和变化理论

如果让你回想一个与你相识至少一年以上的人，回忆你们第一次见面的情景，并说出当时你对她或他的印象，你会怎样回答？在通常情况下，对初次与别人见面的情景，我们记忆深刻；有可能看某人第一眼后，就对此人产生好感，也有可能见一面后，再也不想与此人交往。但是，在许多情况下，我们不能很好地提取过去的信息，Michael Ross 认为，我们会根据现在的态度、信念以及行为去重构过去（Ross,1989）。我们可能开始问自己，“我现在喜欢这个人吗？”,接下来会问，

“有什么理由让我相信，我对此人的看法与一年前有什么不同？”对第二个问题的回答，需要考虑我们关于自己性格与行为稳定性的*内隐理论*。

我们倾向于认为，自己在许多方面保持稳定，相信现在的自己跟一年前一样：喜欢同样的人物、同样的体育项目、同一些政治家、同样的食物等等。运用这种内隐的稳定观，你会得出这样的结论：因为你现在喜欢（厌恶）某人，所以你肯定一直喜欢（厌恶）此人。但是，我们也认为自己的某些方面随着时间而发生变化。这是因为在我们的文化里，我们认为事物总在变化、个人一直在成长。例如，从青春期到大学毕业、结婚、为人父母、伤病、治疗、退休。Ross 引用一句贺卡上的祝福语，说明我们的文化中所持有的这种变化的信念：“从我们第一次约会开始，你就不再打嗝、放屁、挖鼻孔……婚姻改变了这一切，结婚纪念日快乐！”。如果你持有这种变化的内隐观，你就会得出这样的结论，你会认为对某人的最初态度与现在的态度很不一样。即使你现在非常喜欢某人，但由于假定自己婚后的人生观发生了很大的变化，因此推断结婚前第一次见到那人时，对那人的印象可能并不好。

如果我们关于这种稳定和变化的内隐观是准确的，利用它可以帮助我们准确地重构过去的自我。遗憾的是，有些时候，我们的内隐理论是错误的。我们的喜好常常在我们没有意识到的情况下发生了变化，或者，我们以为某个事件改变了我们，但实际上我们并没有改变。如果我们采用这种错误的内隐理论，去重构我们过去的心理状态，必然导致系统的偏差。如果我们的内隐理论夸大了稳定性，基于这一观点，我们就会认为我们过去的喜好与现在的喜好非常一致。反之，就会夸大过去与现在的区别。下面将介绍出现这两种偏差的研究证据。

夸大过去与现在的一致性 在被试觉察不到的情况下，引导他们改变对某件事的态度，然后让他们回忆实验之前对该事件的看法。一些研究发现，被试对他们过去态度的回忆不符合过去的实际情况，反倒与实验引导他们所形成的新态度更加一致（综述参见 Ross，1989）。有时候非常有必要改变人们对某些重要的争议性事件的态度，例如，学生乘公共汽车上学有助于消除种族隔离。实验通过巧妙的手段，在被试没有意识到的情况下，改变学生对乘公共汽车的看法。实验后，让被试回忆他以前对此事的态度。被试会说：“我一直都认为乘公共汽车是一个非常好的主意，我（一个星期）以前也是这么看的。”也就是说，人们会错误地认为，

一个星期以前的态度与现在一样（Goethals & Reckman，1973）。

现在的态度也会影响对过去行为的回忆（Ross，McFarland & Fletcher，1981）。在一项研究中，研究者首先让被试听一个专家关于牙齿保健的讲座（已经证明这种方法能够有效改变被试对刷牙的态度），被试分为两组，一组被试听到的内容是多次刷牙对牙齿保健有益；另外一组被试听到的内容是，刷牙次数多对牙齿保健不利。随后，在一个看似与前面研究工作没有任何关系的实验中，要求被试对过去两周里自己一些行为发生的频率（包括刷牙的频率）进行描述。结果发现，听到刷牙次数多对牙齿有害这种讲座的被试，所报告的刷牙频率显著低于另外一组被试。如果我们不知道自己对刷牙这件事情的态度已经发生了改变，就会认为我们一直保持着现在这种态度。

上面所述的现象，并不是必须通过巧妙而隐蔽的实验方法才能显现。随着时间的流逝，随着我们的成长与成熟，我们态度也会慢慢发生改变，但是我们经常会夸大过去态度及行为与现在的相似程度。例如，在一项政治调查中，要求被试回答九年前对同样的调查是如何作答的，被试所回忆出的九年前的态度与现在的态度更相近（G. Markus，1986），他们一定没有意识到自己的态度会随着时间而发生改变。

人们对自己浪漫情侣的回忆也存在同样的偏差。在一项研究中，要求大学生被试对他们恋人的某些品质进行等级评定，例如诚实、友善、智慧等（McFarland & Ross，1987）。两个月后，让他们再次对恋人做同样的评定，并且要他们回想两个月前的评定。为提高被试回忆的准确性，研究者告诉被试，实验中会将他们的回忆结果与两个月前的评定结果进行对照。然而，这些学生回忆出来的结果还是发生了系统的偏差，即回忆的结果受当前态度的影响。相对于两个月前，有些学生对自己恋人持更加负面的看法，他们的回忆结果比两个月前评定的结果更消极；有些学生对自己恋人持更加正面的观点，他们的回忆结果则比两个月前的态度更加积极。这个结果说明，在没有意识到自身看法随着时间发生改变时，人们会夸大过去看法与现在看法的一致性。

上述现象有助于我们解释“**面试错觉**”。“面试错觉”是指人们错误地相信，根据自己与别人进行一次短暂的谈话，就可以预测将来会如何评价对方（Kunda & Nisbett，1986；参见第 9 章）。即使随着我们对某人有更多的了解，我们对此人的看法逐渐发生一些变化，面试错觉仍然会发生。我们可能认为，经过短暂的面试，对某人的反应能够很好地预测我们今后对此人的感受。这是因为，我们并没有意识到，我们现在对某人的感受与面试时并不一样，我们错误地相信我们对某人的感受一直像现在这样。当我们回忆对某人最初的反应时，我们回忆的结果与现在的感受更类似，经过几次这样的错误回忆后，我们就开始认为，我们最初与某人相见时对此人的反应能够很好地预测我们今后对此人的感受。

这种夸大过去的自我与现在的自我之间相似程度的倾向，有助于解释很多生活中常见的现象。为什么老师们总是在抱怨现在的学生远不及他们那一代学生；为什么从古至今，每一位父母都认为，他们年轻时比现在的孩子们听话（Ross，1989）；为什么老人们会夸大年轻时与现在的相似性。用 Vailant（1997）的一句话更容易理解这些现象，"从毛毛虫变为蝴蝶后，它们总认为自己幼小时是小蝴蝶，成熟过程使我们忽视了很多变化"（p. 197）。

行为的稳定观使我们夸大过去的自我与现在的自我之间的一致性，然而行为变化观使我们夸大过去的自我与现在的自我之间的差异性。

夸大过去与现在的差异性　婚前艾米一直认为，一旦结婚，她就会变得自信，并且拥有安全感。现在已经结婚几年了，她依然经常受到自我怀疑和不安全感的困扰，但是婚姻是一把保护伞的观点仍然没有改变。怎么解释这一现象呢？虽然艾米现在仍然有不安全感，但是她感觉比单身时的情况好很多。当内隐的变化观导致我们期望自身已经发生了很大变化时，即使实际上并没有多大变化，我们也倾向于认为过去的自我与现在的自我之间存在很大差别。这也可能是人们对一些并没有多大效果的自我提升训练感到满意的原因之一。即使我们意识到继续进行某种治疗并不会使我们有太大的改观，但是，我们会夸大治疗前的病情，进而相信这种治疗方法的效果（Ross，1989）。

Conway 和 Ross 的研究结果支持了上面的说法。他们在研究中制定了一套学习技能训练程序，实际上这套学习技能训练程序与许多其他类似的训练程序一样，并没有多少效果（Conway & Ross，1984）。研究者先请自愿参加学习技能训练的大学生评价一下他们现在的学习技能，然后将他们随机分为两组，一组是实验组，接受学习技能训练，另外一组不接受任何训练，作为控制组。这项学习技能训练课程在当地的一个大学持续进行了三周，训练内容包括：如何定义任务、如何高效地做笔记和阅读。训练结束后，要求两组被试评价自己的学习技能提高了多少，从而预测自己的期末成绩，并且回忆三周前对自己学习技能的评价。结果发现，与控制组相比，实验组被试认为他们的学习技能有了更多的提高，而且相信期末会有更好的成绩。但是，实验组学生在期末考试中并未出现所预期的好成绩。实际上，这种学习技能训练对专业课程的学习并无助益，实验组与控制组学生的期末成绩没有显著差异。记忆的扭曲让被试错误地相信训练有效，也就是说，实验组被试所回忆的以前学习技能的评价分数比他们原来的实际评价分数低，控制组被试并没有发生这种偏差。人们可能通过贬低自己训练前的水平，来维持训练有效的信念。

总而言之，我们的内隐稳定观或内隐变化观可能让我们戴上有色眼镜来回忆过去的自我。当我们期望自己保持稳定时，就会夸大过去的我与现在的我之间的一致性；当我们期望自己改变时，就会夸大过去的我与现在的我之间的差异。我们拥有的这种内隐理论会影响我们重构以前自我的态度、行为、特质和幸福感。因此，如果我们打算以这种重构的过去的自我为基础做某些重要判断和决定，我们必须意识到这种潜在的偏差。当一个政府官员候选人询问你现在的生活水平是否比四年前高，当一个医生问你的身体机能是否有所恢复，当你自己问自己与恋人在一起是否比以前幸福时，你应该意识到你所回忆的幸福感不仅受到你现在状况的影响，还受到你的内隐稳定观和内隐变化观的影响。

我们对过去信念和期望的回忆，也会受到这期间所发生的一系列事件的影响，下面我们来讨论这一点。

后视偏见

回想一下你所在国家的最近一次选举，如果在选举前六个月有人让你预测选举结果的话，你想想你当时的预测是什么？你能够完全不受当前知识的影响，回忆你当时的真实想法吗？你现在已经知道选举的结果了，你能准确地重构你尚未知道结果前的知识和信念吗？实际上，很难做到这一点。我们一旦知道某事的结果后，我们就会认为事情当然应该是这样；而且，一旦知道了结局，我们就会深信“我早就知道会是这样”。

Baruch Fischhoff 的一系列研究发现，当我们尝试重构过去的知识状态时，我们倾向于夸大对已发生事件结果的预知程度，这种现象叫做“后视偏见”（hindisight bias）。Fischhoff（1975）向被试描述可能有多种结果的一次战争或者医疗事件，让不同组被试了解不同的结果，然后要求他们回答在不知道结果之前自己会怎样预测结局。例如，其中一个实验向被试描述一场发生在孟加拉北部边界，英国军队和尼泊尔的廓尔喀人之间的战争。将被试分为五组，告诉第一组被试英国取得战争的胜利，告诉第二组被试廓尔喀人取胜，告诉第三组被试战争陷入僵持状态，告诉第四组被试战争双方不分胜负，战争得到了和平解决，第五组被试为控制组，不知道战争的结局。研究结果发现，前四组被试对战争进行预测时，更倾向于选择自己知晓的结局，结果如表 5.2 所示。例如，第二组被试预测廓尔喀人胜的概率高于控制组，也高于其他各种结局的概率。相反，第一组被试认为英国人取得胜利的概率显著高于控制组。总之，几个实验组被试对战争结局的预测中，与他们所知晓的结局相同时的概率显著高于控制组，而且，各个实验组的被试都认为他们所掌握的资料更支持他们的观点。

“后视偏见”的产生，并不是因为被试不知道实验要求他们重构在了解事件结局前的知识状态。Fischhoff 在其后续的研究中得到类似的结果模式：实验中明确要求被试在回答时就只当他们不知道事情的结局，或者要求被试猜测那些不知道事情结局的其他被试会给出什么样的回答（Fischhoff，1975），然而“后视偏见”还是发生了。总之，了解事情的结局，可以无意识地影响我们对事情结局的判断，

表 5.2　各组被试对各种结局出现的概率预测

	结局评估			
	英国人胜	廓尔喀族人胜	陷入僵局	和平解决
控制组	33.8	21.3	32.3	12.3
第一组	**57.2**	14.3	15.3	13.4
第二组	30.3	**38.4**	20.4	10.5
第三组	25.7	17.0	**48.0**	9.9
第四组	33.0	15.8	24.3	**27.0**

资料来源：Fischhoff (1975，表 1，p.291). Copyright © (1975) by the American Psychological Association. Reprinted with permission.

注意：表中的数据是各种结果出现的预测概率，标黑的数据是各组被试被告知的战争结局。

导致我们预测此种结局更可能出现。我们深信自己早就知道会如此，种种迹象预示着这种结局将会出现，人人都能看得出来。我们并没有认识到，只有在我们了解事情的结局后，这些迹象才清晰起来。

上述一系列研究发现，了解事情的结局，导致我们对事情结局的预测带有系统的偏差，同样会导致我们回忆的结果出现系统的偏差（Fischhoff & Beyth，1975）。在 1972 年，尼克松总统准备历史性的访华前夕，实验要求学生评估各种结果出现的概率，例如："尼克松总统至少与毛主席进行一次会面"，"尼克松总统将会宣布其访华成功"。在尼克松总统访华两周多之后，要求被试回忆他们曾经评估的各种概率。实验者强调实验研究的目的是为了考察他们回忆的准确性。但是结果表明，学生的回忆受他们当前所知道的事实影响，产生了系统的偏差。具体地说，对那些已发生的事件，学生回忆的结果显示，他们现在给出的概率高于过去评估该事件可能发生的概率；对那些没有发生的事件，他们现在给出的概率低于过去评估该事件可能发生的概率。简而言之，他们夸大了对事件预测的准确性，而且相信他们一直都认为访问的结果将会如此。

在社会生活的各个领域中都存在后视偏见，包括历史事件、科学实验、体育运动、政治选举、医药卫生、法律、精神病案例、车祸（综述参见 Hawkins & Hastie，1990）。出现这种现象的原因很多，首先，我们会赋予（结果出现前）一些事件以新的意义和重要性，使其与结果保持一致。当我们知道自己的朋友离婚后，他们先前很多模棱两可的行为，我们都可以重新解释为他们之间关系紧张的先兆，他们之间任何不一致的观点都预示着婚姻会出现破裂，而他们之间一些恩爱的事情则被忽略不计，这种对已发生事件的重新释义是产生后视偏见最常见的原因（综述参见 Hawkins & Hastie，1990）。其次，我们会根据现在了解的情况，调整对过去信息的理解，所以，我们不太可能想到事件还会按照其他方式发生。在做概率判断时，我们经常采用"可得性策略"，越是我们难以想到的结果，看起来越是不可能发生（Kahneman & Tversky，1973；参见第 3 章）。所以，如果我们想不出会有其他可能的结果，我们就会更加相信事情必然会按现在的情况发生。

我们不能准确地重构过去的知识状态，这会导致我们严厉指责别人（或自己）的错误决定。错误一旦酿成，我们在事后会难以理解，为什么会有人做出如此愚蠢的决定；事情不是明摆着吗？明眼人应该都能看出那是个荒谬的决定。其实，我们并没有认识到，在结果出现以前，事态的发展并不明朗。因为我们经常在事件发生后成为事后诸葛亮，所以我们会错误地相信每个人都应该有先见之明。

我们对过去的记忆除了受当前知识和内隐理论的影响外，还会受到当前目标和愿望的影响，下面将详细讨论。

目　标

请花点时间想一想，你感觉到你过去的所作所为在多大程度上反映了你的善良或冷酷的本性。如果你像大多数人一样，希望看到你是一个善良的人，你对自己过去有关记忆的搜索会受到这种愿望的影响，产生系统的偏差。你回忆出来的自己过去的有关行为，与你希望自己是一个什么样的人相符。与期望引起的偏差一样，我们的目标也会导致我们提出片面问题，使我们的回忆出现偏差（Kunda，1990）。如果我希望看到我是一个善良的人，我就会问我自己：我是不是一个善良的人？证实策略就会引导我们有选择地提取我们行善的记忆（Klayman & Ha，1987；参见第 4 章）。

在一系列研究中，我与我的同事发现，自传体记忆受动机影响的方式与上面所述的方式相同（Saniioso，Kunda，& Fong，1990）。在实验中，告诉被试某种性格特征，如外向或者内向与其学术成就和职业成功紧密相关，然后让他们解释为什么学术上的成就和职业上的成功与这一特质相关；这是为了让被试坚信，该性格特征与其成功有关（Anderson & Sechler，1986：参见第 3 章）。研究者推断：如果被试相信某一性格特质与成功紧密相关，这就会激发被试，促使他们相信自己身上也有这种特质；进而导致被试选择性地回忆自己身上的这种性格特质。实验发现确实如此。当要求被试回忆过去行为中与内向或外向有关的行为时，被告知内向性格与成功紧密相关的那组被试，往往会首先列出与内向性格有关的行为，并且列出的与内向性格有关的行为显著地多于被告知外向性格与成功有关的那组被试。反之亦然。在另外一项研究中，通过一定的方法先让被试相信他们是外向性格或内向性格的人。接着要求被试回忆能够足以说明其性格外向的一件特别的事情（例如，主动与陌生人讲话），或者能够足以说明其性格内向的一件特别的事情（例如，远离社交场合）。那些相信自己具有外向性的被试，对那些外向性格相关行为的提取速度快于另外一组被试；但是对内向性格相关行为的提取速度慢于另外一组被试。这些研究结果都显示，我们希望自己具有的那些性格特质信息在记忆中更容易通达，所以说，我们对过去行为的记忆受到自己愿望的影响。

前面已经讨论过，期望会使我们夸大过去行为与现在期望的一致性，但是夸大的程度可能取决于我们当前证实或者反驳动机的强弱。McDonald 和 Hirt（1997）的研究发现，在两种情况下，我们对别人的期望导致对此人记忆的扭曲，其一个体没有特别的动机，其二个体拥有证实自己期望的动机。但是，当个体想要反驳这种期望时，我们对别人的回忆不会发生这种扭曲。当我们回忆一个很聪明，但是自己不喜欢的人时，我们更希望他是一个失败者，而非成功者，因此我们对他那些能够展示其才华的行为的回忆要比实际情况少得多。所以，动机不仅影响到我们提取哪些事件，也会影响我们记忆中如何对该事件进行重构和扭曲。

我们当前的认知状态不仅包括信念、期望、目标，还包括心境和情感，心境和情感对提取过去事件也有影响。

情 绪

情绪一致性记忆 请你试着回忆一件与钢琴有关的事情，你想到的是愉快的事情吗？你的答案在很大程度上取决于你现在的心情。人们回忆的内容往往与其当时的心情一致：如果当时心情很好，你可能想起与朋友一起演奏音乐的那个愉快夜晚；如果心情不好，你可能会想起一次因为没有做好准备，而在钢琴演奏课上的尴尬表现。大量的研究都证实了这种情绪一致性记忆（综述参见 Blaney，1986；Isen，1987；Singer & Salovey，1988）。

为了研究情绪对记忆的影响，研究者必须先让被试产生正性或者负性情绪，然后测量记忆。在 Eric Eich 与其同事的一系列研究中，他们让被试一边听愉快的音乐，一边想象愉快的事情；或者让被试一边听悲伤的音乐，一边想象令其悲伤的事情（Eric，Macaulay，& Ryan，1994）。被试一旦唤起了某种情绪，以听觉方式向他们呈现一系列不带情感色彩的中性词，例如蜡烛、厨房，要求被试在听到每一个单词时回忆以前的事情，并对每件事情进行详细的描述；继而评估过去经历此件事情时其情绪的正性或负性程度。结果发现，实验所诱发的情绪状态影响参与者回忆的事件的情绪色彩：体验到正性情绪的个体所回忆出的大多是令其开心的事情，体验到负性情绪的个体所回忆出的大多是伤感的事。其他的研究也发现，被试倾向于回忆与回忆时情绪一致的事件。

上面提到的一系列研究中，记忆事件的情绪色彩是否真正受到情绪的影响，这个问题尚存争议。因为在这类研究中，被试意识到他们所参与的研究与情绪有关，在研究中他们的情绪受到监控，这可能使他们猜到研究者的目的在于探索与情绪一致的记忆；另外，被试意识到研究者鼓励他们在实验中回忆那些与即将体验的情绪相一致的念头和想法。这些念头和想法可能会启动相关的信息，最后提高了某种情绪一致性信息的回忆率。因此，上面的研究结果，也可以解释为需求特征的影响，或者认知启动效应。然而，其实我们有理由相信，情绪对记忆有影响；因为在一些采用更加巧妙的设计诱导被试产生某种情绪的研究中（在很大程度上可以排除任务要求或认知启动的影响）也发现了情绪一致性记忆（综述参见 Blaney，1986）。例如，在一项研究中，通过令人愉快的或令人厌恶的气味来诱发相应的情绪（Ehrlichman & Halpern，1988）。另一组研究中，研究者让被试控制面部肌肉，微笑或皱眉，以诱发某种情绪（Laird，et al.，1982）。在这些研究中，研究者的意图比较隐蔽，实验中诱发被试情绪的程序也不可能启动相关的认知结构。采用这两种情绪诱导方法，都发现了情绪一致性记忆现象。基于这些研究，该研究领域的一些文献综述得出结论，认为情绪确实有助于与之一致的相关材料的回忆（Blaney，1986；Fiske & Taylor，1991）。

在关于自然情绪对记忆影响的实验中也发现了情绪一致性回忆现象。与非抑郁者相比，抑郁者在实验中回忆出较多的负性情绪事件，较少的正性情绪事件，换言之，抑郁者表现出了情绪一致性记忆（综述参见 Blaney，1986）。另外，抑郁者与非抑郁者相比，在回忆中倾向于回忆出更多令人沮丧的个人生活经历（综述参见 Lewinsohn & Rosenbaum，1987）。当然，抑郁者可能比其他人经历了更多负性情绪事件，所以其回忆中有更多负性情绪事件。但是，有一项研究发现，抑郁的心理状态确实使他们回忆出更多负性情绪事件（Lewinsohn & Rosenbaum，1987）。在实验中，抑郁者回忆出更多有关父母情感拒绝的内容。相反，那些曾患过抑郁症而在实验时情绪正常的被试，他们的回忆中并没有出现过多遭受父母拒绝的内容，其回忆内容与从未患抑郁症者的回忆内容没有差别。这一研究表明，抑郁症患者回忆的沮丧事件取决于其抑郁情绪，而不是其他因素——一些当他们不再抑郁时仍在起作用的持久因素。

虽然情绪会导致情绪一致性记忆，但是这一效应并不是绝对的。有时候，当我们情绪恶劣时，我们会尝试想一些愉快的事情让自己高兴起来；这种对情绪的调节会导致情绪不一致性效应，而不是情绪一致性效应。许多研究确实发现了情绪不一致性回忆（例如，Parrot & Sabini，1990）。也许是因为这个原因，正性情绪引起的情绪一致性记忆效应，大于负性情绪引起的情绪一致性记忆效应（Blaney，1986）。一般情况下，我们从不会破坏自己的好心情，但是会积极调节自己的负性情绪，这种调节效果可能会超过情绪一致性回忆。

情绪依存性记忆 情绪也能通过其他方式影响人的记忆，在某种情绪下进行编码的事件，容易在同样的情绪状态下提取出来；这种记忆就是情绪依存性记忆，它强调信息提取和编码时情绪的一致性。当两种情况下的情绪一致时，不管事件本身的情感色彩如何，事件的回忆率都会提高。例如，当你开心的时候，容易回忆以前拥有同样心情时发生的事情，这些事件可能是正面的，也可能是负面的。情绪依存性记忆与情绪一致性记忆的区别在于，后者促进对与情绪一致的事件的记忆，而不管获得该事件时的情绪如何（Blaney，1986）。

情绪依存性记忆理论的发展历史非常曲折（Eich，1995）。在一些临床研究和实验研究为情绪依存性记忆提供了丰富的证据后，我们似乎有理由相信这一现象的真实性（Bower，1981）。但是，情绪依存性记忆的研究难以重复，以至于有学者质疑之前的研究结果可能只是偶然事件（Bower & Mayer，1989）。Eich 及其同事考察了一些获得情绪依存性记忆的重要情境，并且验证了确实存在这种记忆。在对有关研究文献进行分析后，他们确定了一系列重要的获得情绪依存性记忆的情境或实验条件（Eich，1995）：第一，信息提取时不使用外显的提示语；第二，信息编码和提取时的情感体验都很强烈；第三，信息属于人的内部心理活动（思想、感受、想象）而非外部事件。

一系列符合上述要求的研究都获得了情绪依存性记忆效应（Eich，Macaulay，& Ryan，1994）。这些研究的第一步与情绪一致性记忆研究相同：诱导被试产生积极情绪或消极情绪，当他们的情感体验达到一定强度后，让他们根据中性提示语，产生一些自传体记忆。两天后，再次诱导被试产生某种情绪，其中一半被试产生与第一次相同的情绪体验，一半被试产生与第一次相反的情绪体验，然后让他们尽可能多地回忆两天前有关自传体记忆的主要内容。通过对被试回忆内容的分析，发现了情绪依存性记忆：无论被试回忆事件本身的情感色彩如何，前后两次情感体验相同的被试，其回忆量高于前后两次情绪体验不同的被试。例如，第一次产生愉快情绪、第二次产生悲伤情绪的被试组，与两次都产生愉快情绪的被试组相比，无论是对正性事件的回忆，还是对负性事件的回忆，后一组的成绩都优于前一组。

综上所述，当我们心情愉悦时，倾向于回忆那些令人情绪愉快的事情（情绪一致性记忆），以及以前在令人愉快的情境下发生的事情（情绪依存性记忆）。其他情绪，如悲伤、焦虑也会对记忆产生同样的影响。在我们的实际生活中，上述两种与情绪有关的记忆现象是并存的。当我们心情愉快时，一般会经历令人愉快的事件；在未来某一天，当我们心情愉快时，我们曾经历过的愉快事件就容易回忆出来。两方面的原因都有助于提高愉快事件的回忆率，其一，该事件的情感色彩与当前情绪色彩一致；其二，提取该事件时的情绪与经历该事件时的情绪相似。

情绪是如何对记忆产生影响的呢？很多学者认为，我们记忆中储存的知识像一个网状结构，通过概念结点相连，概念的激活可以从一个结点向另一个与之相连的结点扩散（例如，Anderson，1983；Collins & Loftus，1975；参见第 2 章）。Bower（1981）提出，情绪在记忆中也可能表征为类似的网状结构，令人愉快的事件与愉快的结点相连，令人悲伤的事件与悲伤的结点相连，即人们经历某种情绪色彩事件，该事件与相应的情绪结点联系在一起。当你心情愉快时，它就会通过愉快情绪结点激活与愉快情绪体验有关的事件，而这些事件激活程度的提高，增加了对这些事件提取的成功率。图 5.2 描述了记忆中表征情绪的网状结构。值

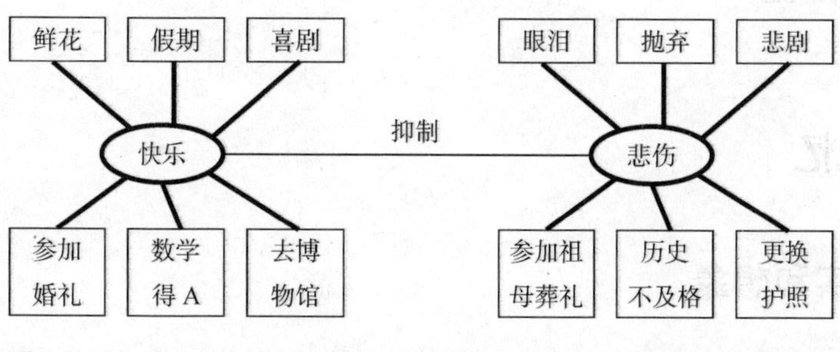

图 5.2 以快乐和悲伤为例描述回忆时的情绪与所回忆事件的情绪色彩间的网状联系，以及回忆时的情绪与所回忆事件发生情境的情绪色彩间的联系；图中第一行还描述了与某种情绪有语义联结的事物。两种情绪相互抑制，其他联系则是相互激活的。

得说明的是，愉快与悲伤情绪不仅与相关的事件存在联系，它们本身也存在许多语义联结。例如，快乐与鲜花、假期有语义联结；悲伤与眼泪、抛弃有语义联结；情绪也会激活与之相联的语义网络结点（参见第 6 章和第 7 章）。

情感网络结构理论一直是解释情绪影响记忆的主要理论（Blaney，1986；Singer & Salovey，1988），也有些人质疑这种解释的合理性，尤其是用来解释情绪依存性记忆（Bower & Mayer，1989）。但是，到目前为止，情感网络结构理论仍是最合适的解释。有学者提出，如果将动机对回忆产生的影响加入到情感网络结构理论中去，该理论就可以更加完善，能够解释更多的心理现象（Blaney，1986；Singer & Salovey，1988）。根据表征的并行加工理论，也可以推测情绪不但可以激活与情绪一致事件的记忆，还可以抑制与情绪不一致事件和不一致情绪的记忆（例如，Kunda & Thagard，1996；Rumelhart & McClelland，1986；参见第 2 章）。

虽然情绪对记忆产生影响的原因尚不十分明确，但情绪对记忆存在影响是确定无疑的。人们对自己伴侣的回忆，既不像刚经过一个浪漫之夜后那么浪漫，也不像刚打架后那么糟糕。尽量不要在自己情绪激动时依据当时的记忆做出重要的决定；人们在情绪相对平静时回忆的真实性会更高一些。

总之，在对过去事情进行提取时，要经历一个重构的过程，这个过程受到很多因素的影响：期望、信念、目标以及事件发生时的情绪和提取信息时的情绪，这些因素会使我们的回忆产生某种系统的偏差。另外，我们记忆内容源自何处，这种信念也是重构的过程，也会导致记忆的偏差。所以，当我们想到某个知识或信息时，我们可能会弄不清，它是我们经历过的，还只是我们想象出来的，下面将讨论这个问题。

来源记忆

区分现实和想象

请你花点时间回忆一下，某次比较特别的图书馆之行。如果让你回答你怎么知道你所回忆的事情确实发生过，而不是想象的事情，你可能觉得这个问题有点莫名其妙。因为我们回忆的事件非常明确，我们从不会怀疑其真实性，也从没有考虑过自己所回忆的事件源自何处。但是，正如记忆的其他方面一样，对回忆事件真实性的信念也是一个建构的过程，并不十分可靠。要区分回忆中的现实成分与想象成分，我们必须诉诸于我们记忆中的知觉成分、有关事件可能性的广阔理论和背景知识（综述参见 Johnson，Hashtrodi & Lindsay，1993）。与凭空想象的事件相比，在对真实事件的记忆中，有更多的时间、空间特征（到图书馆的时间，到哪一楼层）、感觉特征（你当时所穿衣服的颜色）、细节信息（你借阅了哪几本书，当时还有哪些人在场，图书管理员说了些什么）、情绪信息（排着长队借书时的烦躁和无奈情绪）。另外，你有一些证据支持你的记忆（那天借来的书还在你手里），并且，其他人可以证明事件确实发生过（你的一个朋友记得那天与你一同去了图书馆）。我们根据这些线索，将回忆中真实的事件与想象的事件区分开来。我们也可以依靠我们的推理能力进行判断：如果回忆中包含一些不合乎逻辑的事件（书架上的书主动与你打招呼），你就可以断定该事件只是凭空想象的结果，而不是实际发生过的事件；相反，如果事件前后连贯、合乎逻辑，你可以认为回忆是准确的（Ross，Buehler，& Karr，1988）。

由于我们需要根据上面所述的那些线索建构关于（回忆）事件的真实性，如果有些线索误导了我们，我们就会混淆真实事件与想象事件。那些想象事件的内容越丰富，细节越完善，我们就越有可能产生混淆。Marcia Johnson 及其同事对（回忆）真实性监控进行了一系列研究，他们的研究支持上述观点。例如，在其中一项研究中，让被试看几次普通物体的照片（Johnson et al.，1979），或者让他们想象其中一个物体的图片（实验中并未呈现该物体）。研究者操纵呈现图片的次数和被试想象图片的次数，出乎意料的是，不要求被试回忆图片内容，而让他们回忆每张图片呈现的次数。尽管实验中要求被试忽略想象图片的次数，实验结果却发现，对某物体想象的次数越多，被试越倾向于认为看到过此物体。很明显，被试将一些想象中出现的事物错误地判断为真实出现过的事物。另外，被试的视觉想象能力越好，就越有可能将想象中出现过的事物错误地判断为真实出现过的事物；这可能是因为，被试视觉想象能力越好，其想象物体的细节就越多、图像就越丰富，也就越接近于真实呈现的物体画面。

回忆时，混淆现实事件与想象事件，是日常生活中真实性监控失败的一个主要原因。如果你曾经想象过向你心爱的人讲述一桩离奇事件，一段时间后，你很难确定自己是否向他说过那件事。你可能发现自己有时候重复讲述同样一件事情；而有时却从未向他讲起过那件事。如果你想象与陌生人交谈，回忆时的情况就不同了，你不太可能将想象的事件与真实事件混淆起来，因为这种想象的真实性受到了限制（你很清楚地知道你从未与美国总统会晤过）。

一些关于真实性监控的研究，可以用来解释人们为什么在尚未获得客观证据的情况下仍然存在某些刻板印象。我们可能会想象某类人存在一些刻板行为，然后把这些想象的事情当做真实的事情。假如一个白人男子在漆黑的夜晚穿过黑人街区，他可能会胡思乱想，那些在此居住的黑人会袭击偶然经过此地的白人，想象着向他走来的每个人都可能抢劫他；一段时间过后，他会误将那些想象的事情当做现实。即使白人安全地走过黑人街区，这一事件本来应该减弱黑人都是罪犯这种刻板印象，事实上，反而会强化他的这种刻板印象。

Morgan Slusher 和 Craig Anderson 的研究发现，刻板印象确实能引导我们想象出一些刻板行为，随后将这些想象的行为当做事实（Slusher & Anderson，1987）。在研究中，给被试呈现一系列描述不同职业的人从事某种活动的句子，其中有些句子的描述带有明显的刻板色彩，例如："亚瑟是一个富有的律师，他正在自家的游泳池里游泳。"这句话印证了律师都很有钱的刻板印象。其他被试阅读另一些句子，在这些话里并未直接出现某些刻板印象的特点，但是被试可以想象出这些刻板印象的特点。例如，"律师约翰站在他家房门前"，当人们读到这句话时，可能会想象那是一栋位于富人区的豪宅。研究发现，被试想象出来的有关富有的信息，被其错误地认为在句子中真正提到过。读过律师站在他家门前这一句子的被试，会更加相信句子中提到律师很富有。重要的是，这种错误记忆的现象只发生于那些具有刻板印象的特性。如果让被试阅读牧师站在他家门前这一句子，并不会提高将牧师判断为富翁的可能性，因为这个句子并不会使被试想到牧师很富有，然后误认为句子中提到了一位富有的牧师。

大量研究发现，如果我们经历的事件与我们想象的事件相似，而且这些事件与我们个人生活关系不大时，我们经常会在现实和想象之间发生混淆。那么，这些发现对我们日常生活的记忆有什么启示呢？在我们的生活中，我们能够将想象中可能发生的那些复杂、详细的事件，当做真正发生过的事件吗？关于暗示的研究提示我们，这种错误的记忆确实会发生，下面将讨论这个问题。

暗示和虚假记忆　著名的发展心理学家皮亚杰曾生动地回忆过他两岁时差点被绑架的事件（Piaget，1962），他能够清楚地回忆奶妈是如何勇敢地拦住绑架者，以及留在奶妈脸上的伤痕。但是，在他 15 岁的那年，奶妈承认那件事情完全是她编造出来的。尽管他能够栩栩如生地回忆那件事，但是，那件事情根本没有发生过，他的回忆一定是虚构的。我们不难发现，像这样的轶事中存在一些虚假的记忆。此外，那些所谓被外星人绑架的回忆、自己出生后第一个月所经历事情的回忆以及对前世的回忆等等，也许是人们所持有的虚假记忆，值得怀疑（综述参见 Schacter，1996）。Elizabeth Loftus 及其同事探讨了是否可以给普通人的头脑中植入一些虚假记忆（Loftus，Feldman，& Dashiell，1995）。

在一项研究中，研究者招募了一些为人可靠的人，使其想办法让自己家庭中的某位成员（被试）相信，在他们 5 岁的时候曾经走失过一段时间（Loftus & Coan，in press）；其中有 4 名被试报告他们记得这件虚构的事情。例如，一名 14 岁的被试叫克里丝，他的哥哥让他相信他在 5 岁时曾在商场走失，被一个老爷爷找到了。克里丝后来报告说，他记得那个老爷爷的长相、穿着以及他们全家团聚后妈妈说的话。但是，由于这个实验的被试人数太少，只能说明人们可能会被误导，将一些未发生的事情当做事实。此外，这个实验中的被试也可能是将曾经经历过的一些事件的片断拼凑起来，从而与实验中所虚构的事情发生混淆。例如，克里丝在童年时很可能曾经走失过。但是，其他研究者的研究可以说明，确实存在这种虚假的记忆。

在一项研究中，请大学生的父母提供他们的孩子在小时候经历过的一些事件（Hyman，Husband & Billings，1995）；然后，针对大学生父母提供的一些真实事件的回忆，以及一些虚构事件的回忆（例如，5 岁时的前一天晚上住院），让大学生询问其父母。当大学生第一次询问那些编造的事件时，他们的父母都答不上来。但是，过了 1~7 天后，当大学生再次就那些虚构的事件询问其父母时，20% 的父母能够回忆出一些虚构事件的情节。之所以出现这种结果，可能是因为他们的父母将第一次被问到的那些虚构事件的想法和感受当成真正发生过的事件。总之，尽管此实验中的大多数被试未产生虚假的记忆，但是，还是有少数被试产生了虚假的记忆。后续研究发现，如果要求被试通过想象去虚构一些事件，他们就更容易产生虚假的记忆，尤其是那些想象力丰富的被试，更易产生虚假的记忆（综述参见 Schacter，1996）。这项研究结果，与我们前面提到的记忆真实性监控研究结果一致；也就是说，当想象事件的细节越丰富，与真实事件越相像，记忆就越易产生混淆（Johnson，Hashtroudi，& Lindsay，1993）。

对于人们是否具有虚假记忆，心理学界存在着激烈的争论；能否将虚假的记忆植入他人的头脑中，更是涉及心理学研究在社会公共领域中具有争议的一个热点问题。例如，一些人是否可能拥有童年期受虐待的虚假记忆，这是一个存在争议的问题。在过去的十多年时间里，许多成年妇女在心理治疗过程中，就像得流行病一样，都回忆起她们在幼年时受到父亲或某个近亲的性虐待。但是，那些所谓的虐待者却坚决否认这种指控。这些成千上万的性虐待案例都是事实吗？或者，是否有可能其中的一部分回忆只是虚假的记忆？

对此问题的争论因双方的情绪化而愈加激烈。受到童年虐待的一些人抗议和围堵记忆研究者 Elizabeth Loftus 参加的科学团体（Schacter，1995）。他们认为，Loftus 发现的少数虚假记忆，可能会导致别人视其痛苦经历为虚构；同时他们非常担心，这会增加虐待犯罪者辩护的砝码，减少受害者控告的砝码。同样，受到控告的父母，因为感到被错误地控告而痛苦万分。这种控告能让家庭关系完全破裂，使受控告者的名誉彻底毁坏。1992 年，为了反击那些受虐待的虚假记忆，一些受到控告的父母，联合一些记忆专家，成立了虚假记忆综合症基金会，专门负责收集和宣传有关虚假记忆方面的科学信息，并且帮助那些自认为无辜的受指控的父母，很多著名的心理学家是这个基金会的顾问（Freyd，1998）。

那些认为童年期性虐待可能源于虚假记忆的心理学家，同时也谨慎地强调，儿童受虐待确实是一个切实存在、并且日趋普遍的问题。许多曾被遗忘，后来又被恢复的记忆证明是准确的；人们似乎找不出太多理由怀疑这类关于童年受虐待的回忆。我认为，任何严肃的学者都应该希望将这种虐待事件的发生次数、严重程度及灾难性后果降低到最低程度。但是，这种受虐待的回忆可能是虚假的记忆，这又令许多人不知所措；那么这类虚假记忆的证据何在呢？

从一些相关研究中可以得出一些结论（Schacter，1996；Bowers & Farvolden，1996；Brandon et al.，1998）。虽然有一些令人吃惊的案例研究，但是，并没有直接的严格的实验证据可以证明，这类受到性虐待的虚假记忆，能够通过心理治疗或者其他方式植入被试头脑中。受研究伦理的限制，也不可能有这样的直接证据。但是，有理由相信，某些咨询师可能引发了来访者产生虚假的记忆。许多研究证据支持上述观点。有关记忆研究发现，一些创伤性较小的虚假记忆可以植入被试头脑中。这提示，人们也有可能拥有受性虐待的虚假记忆。在心理治疗过程中恢复的记忆尤其值得怀疑，因为许多心理治疗师采用那些容易引起虚假记忆的治疗技术。其中，心理治疗师经常使用的一种叫指导性想象的技术，即心理治疗师指导来访者想象他可能受到的某种虐待事件，以及事件的细节。前面有关记忆的真实性监控部分已经提到，在被试进行生动想象后，很难将想象和事实区分开。事实上，这种技术确实引发过来访者产生某些在现实生活中不太可能发生的关于过去生活的奇怪的记忆，以及遭遇外星人绑架的记忆。另外，许多曾经回忆其遭受过虐待的人，已经撤销了对虐待嫌疑人的控告；转而开始相信心理治疗师误导他们，致使其产生了虚假的记忆。当一个人先前回忆受到过虐待，其后又回忆没有受过虐待,人们很难分辨哪种回忆反映了真实的情况。但是,此类撤诉事件的增加,至少可以说明，当人们先前回忆说受到虐待，后来又收回这种回忆时，其受到虐待的记忆为虚假记忆的可能性提高了。

如果一个人相信某些恢复的记忆是真实的，而另一些恢复的记忆是虚构的，那么我们不禁要问：根据什么标准能够区分出真实的记忆与虚假记忆呢？令人沮丧的是，现在还没有一个好的答案，人们还没有找到辨别记忆真实性的"石蕊试纸"。我们确实可以依赖一些标准区分真实记忆与虚假记忆，比如：回忆内容的丰富性、事件细节、事件发生的可能性以及与他人回忆间的一致性。但是，这些标准并不能确保我们成功地辨别回忆内容的真实性（Ross，1997）。如果一个女子坚持说她想起了她父亲虐待她的事情，而她的父亲却坚决否认这项指控。面对这种情况，我们很难断定在这个痛苦的家庭里究竟发生了什么事情。

对于是否相信这种恢复出来的记忆是真实的，北美的法律体制经历了一次转变。当 20 世纪 80 年代第一次出现由虚假记忆引发的案件时，虚假记忆内容被当做判刑的充足证据。1994 年，一个加拿大男子被判入狱 6 年，因为他的女儿在心理治疗过程中，回忆起从她 18 个月大起，她的父亲就对她进行性虐待、并毒打她（《环球邮报》，1997 年 11 月 6 日）。当法官们逐渐认识到，恢复出来的记忆可能是虚假记忆后，法院在没有掌握其他证据的情况下，难以仅凭恢复出来的记忆判定某人有罪。在加拿大，刑法律师协会主席曾经要求司法部长重新审查根据恢复出来的记忆判定某人有罪的所有案件（迄今为止，司法部长拒绝做此事；《环球邮报》，1998 年 5 月 9 日）。

法庭也开始接受这样的观点：从事心理健康工作的专业人员，如果诱导其病人恢复记忆，则被视为职业行为不当，可判定其有罪。1997 年，一个女子控告她的治疗师向她灌输谋杀、恶魔崇拜及自相残杀等记忆，并因此获赔 580 万美元（《环球邮报》，1997 年 11 月 6 日）。有几起控诉心理治疗师的案件都在庭外和解了。到目前为止，庭外和解涉及的最高赔偿金额是 1060 万美元，上述诉讼案于 1997 年宣判，原告指控芝加哥某医院给她进行精神治疗的医生在对她进行精神治疗的过程中，诱导她产生虚假记忆，这些虚假记忆的内容包括：她是一个恶魔崇拜者，曾经受到几个男人的性侵害，并且虐待过她自己的两个儿子。另一个虚假记忆案件发生在密苏里州，被告方是一个教堂的顾问，一个受害的妇女指控，在他的指导下，她产生了虚假的记忆，恢复出来的记忆内容涉及该妇女曾经被她的父亲强奸，并致其怀孕，之后其父强行让她堕胎。在这个案件中，所谓恢复出来的记忆可以完全被否定。事实上，那个妇女仍然是一个处女，而且她的父亲早已进行了输精管结扎。最后，原告获赔 100 万美元（详情及类似的案件报道可参见《纽约时报》，1997 年 11 月 6 日）。法律上的这种进步，反映了认知心理学家和临床心理咨询师对虚假记忆的认识越来越一致，尤其是那种在治疗过程中产生的记忆，极有可能是虚假的（例如 Brandon et al.，1998）。

在这一部分，我主要讨论了人们如何监控自己记忆的真实性，以及这个监控过程是如何出错的。下面将主要讨论对外部信息源的监控，对外部信息源的监控如同记忆真实性监控一样，也不完善，就像闪光灯记忆一样，我们有时会忘记首次获取信息时的环境。

外部信息源监控

1980 年，Ronald Reagan 在总统竞选过程中，曾在 CBS 的节目《60 分钟》里讲述了一个发生于二战期间的美国飞行英雄的动人故事。虽然 Reagan 把那件事当做真实事件来讲述，但是其中的很多内容与 20 世纪 40 年代上映的一部影片很相似（Johnson et al.，1993）。看上去，他对此次事件的记忆很准确，但实际上他弄错了记忆信息的来源。这种记忆信息来源的混淆现象，在年老人中较普遍，但年轻人也会出现类似的错误（综述参见 Johnson et al.，1993）。在我们的日常生活中，你可能认为曾经从爸爸那里听到了某条新闻，其实，你是从妈妈那里听到的；

你可能把从权威报纸上看到的消息，误记为从杂货店小报上看到的；你也有可能认为自己想到了一条很妙的主意，其实，这个主意是你从别人那里听来的。如同记忆的真实性监控一样，当两个信息源之间越来越相似时，对外部信息源的监控就越有可能发生故障。

1997 年美国最高法庭上坐着九名法官，其中有两名女法官——Ruth Bader Ginsburg 和 Sandra Day O'Conner。法官 Ginsburg 在那年两次开玩笑地指出，一些著名的律师，在法庭上回答她的提问时，都说："嗯，O'Conner 法官……"（《纽约时报》，1997 年 10 月 5 日）。可以肯定地说，出现这种混淆的原因是这两位法官都为女性，另外一个可能的原因是，在回忆法庭上法官们的提问记录时，会将其中一名法官的陈述与其他法官的陈述混淆。Shelley Taylor 和同事首创了一种巧妙的实验技术，他们采用这种实验技术之后发现，如果两个人属于同一个社会群体，别人就很容易将其中一个人陈述的观点，当做另外一个人的观点（Taylor et al.，1978）。

实验是这样进行的：让被试听三个白人与三个黑人之间进行的辩论，在听某个人的辩论发言时，他的照片也会投影到屏幕上。但是其声音和照片之间的配对是变化的，即在不同的实验条件下，同一个声音可能与不同的照片进行配对。随后，给被试一页纸，上面贴有所有辩论者的照片，以及那些辩论者在辩论中提出的一系列建议。要求被试回忆每个建议是由哪位辩论者提出来的。结果发现，被试会将一个人的陈述当做另一个的陈述，这种错误的判断，发生在同一种族辩论者内的概率大于发生在不同种族辩论者之间的概率。这一结果清楚地说明，当两个人看起来很相似时，我们会将一个人所说的话，错误地当做另一个人所说的话。

究竟是什么原因让我们觉得两个人相似，并导致我们出现这种记忆的错误呢？回忆前面提到的，我们对世界的基本看法，决定着我们对事物的分类（Murphy & Medin，1985；参见第 2 章），因此，记忆中信息来源的混淆，不仅可以由来源间的客观相似性所引起，这种相似性对我们来说具有多大意义和多大价值，也是一个引起记忆信息来源混淆的重要因素。Charles Stangor 与她的同事，采用 Taylor 等人的实验方法，发现了这种记忆信息来源的混淆现象（Stangor et al.，1992）。同前面的研究结果相同，被试倾向于将一个人的观点误认为是另外一个同种族人的观点；人们很少将一个白人的观点误记成黑人的观点。被试发生记忆信息来源的混淆，不太可能由被试所穿衣服的颜色所引起；穿同样颜色衣服的人之间发生回忆混淆的可能性,不会高于穿不同颜色衣服的人。很显然,在我们的社会生活中,根据其肤色将人进行分类比根据衣服的颜色对其进行分类更有意义。一旦我们将一些人归为同一类，进行回忆时，就容易将他们所说的话混淆。

事物的某些维度在平时不会成为事物分类的标准，但在某种情况下却会对事物的分类具有意义，因而造成记忆信息来源的混淆。Stangor 及其同事们（1992）发现，在正常情况下，我们不会将某个人的陈述错误地当做与其穿着相同的另一个人的陈述。但是，如果要求人们选择哪个人能成为媒体代言人，着装风格就会成为一个非常有意义的选择标准。在这种情况下，人们很容易在两个穿着相同的人之间发生记忆的混淆。

事物的不同维度对不同的个体具有不同的意义，所以，不同的个体也因为事物的不同维度产生记忆信息来源的混淆。如果一个人认为根据种族对人类进行分类更具意义，那么他就更容易在同种族内发生记忆信息来源的混淆。在另一项研究中，Stangor 和她的同事发现，具有高种族偏见的人，更可能在同种族的个体间发生信息的混淆；但是，基本上不抱种族偏见的人，在两个黑人个体之间发生的信息混淆，不会多于在两个不同肤色个体之间发生的信息混淆。具有高种族偏见的人，在其记忆里，通常将某个黑人表征为“黑人”，而不会表征为某个具体的人。他们特别容易在黑人个体间发生信息的混淆，其原因是，相对于把白人和黑人弄混，他们更可能把一个黑人认作另一个黑人。

忘记了谁说了一些什么，这是一种对外部信息来源监控失败的形式。另外一种形式的记忆监控障碍，是我们忘记了信息来自于何处，而这将影响我们最初对该信息做出的反应。例如，我们可能忘记了我们最初曾怀疑某信息的可信性，下面将讨论这个问题。

睡眠者效应 想象有一家烟草公司的代言人宣称：大量证据表明，抽烟既不会损害身体，也不会让人成瘾。假设你对这个代言人的观点有兴趣，但你觉得这个观点的可信度很低，你对抽烟的态度就不会改变。几周后，当跟朋友谈论抽烟时，你可能回忆不起在哪里听到过这个观点。如果你完全不记得这个代言人的观点不值得相信，在这种情况下，你可能会受到代言人所说观点的影响。与你完全没有听过此观点相比，你现在对抽烟持更加肯定的态度。像这种不能让人相信的信息，在开始不能改变人们的态度，但过了一段时间后，能够改变人们的态度的现象，

社会心理学家称之为睡眠者效应（sleeper effect）。大部分学者认为这种现象的出现，是由于信息内容本身与使得此信息不值得信任的信息之间发生了脱节的缘故，这也是一种信息源监控失败的表现（例如，Hovland，Janis，& Kelley，1953；综述参见 Eagly & Chaiken，1993）。

关于睡眠者效应的研究也经历了一个曲折的过程（Eagly & Chaiken，1993）。20世纪50年代提出睡眠者效应后，这一效应得到了普遍的认同。然而，这一现象的实验证据并不充分。由于连续七个研究都未发现这一现象，Gillig 和 Greenwald（1974）提出，是到了让睡眠者效应“沉睡”的时候了（p.132）。但是，Gruder 及其同事对其观点提出了挑战。Gruder 等人认为，睡眠者效应的获得需要满足一些重要的实验条件，然而，Gillig 和 Greenwald 的实验研究并未满足这些条件（Gruder et al.，1978）。获得睡眠者效应的主要实验条件包括，第一，信息的交流要有效，这样才能保证被试在忘记了原先的信息不值得相信之后，此次信息交流的内容对自己的态度或行为产生影响；第二，证明原先信息不值得相信的新信息也需要有说服力；最后，在获得该信息的一段恰当时间后，对态度进行测量，这段间隔时间足以让信息的内容本身与不值得相信这一信息的信息出现分离，但是又不能太长，以免信息内容本身被遗忘。Gruder 等人的研究发现，在满足上述条件的基础上，可以获得睡眠者效应；如果不能满足上述条件，则得不到此效应。

Gruder 等人的一项研究满足产生睡眠者效应的实验条件。实验要求被试阅读一篇一千字左右的文章，该文章反对每周四天工作制（Gruder et al.，1978）。编辑在文章末尾附有评论，其中包括该文不值得相信的有关信息。评论说，虽然这篇文章即将发表，但是，最近大量研究表明该文章的结论是错误的。研究结果发现，该文章中讨论的内容在被试刚读完文章时，几乎没有引起被试的态度改变；此时，编辑提供的反对信息成功地削弱了原文的影响力。但是，五六周之后，阅读过该文章的被试对文章中所述观点的认同度高于未读该文章的人。实验中发现的是真正的睡眠者效应：即文章在经过一段时间后，其影响力大于当时的影响力。

Pratkanis 等人十年后在同样条件下进行实验，也发现了睡眠者效应（Pratkanis et al.，1988）。但是，在另一种实验条件下，那些指出该文不值得相信的信息先于文章内容本身呈现给被试时，研究中没有获得睡眠者效应。在这种实验条件下，由于一开始我们就不相信该信息，这就减少了出现睡眠者效应的可能性。Pratkanis 等人综合这项研究以及其他 16 项采用其他方法的研究结果后认为，睡眠者效应产生的机制，可能并不是因为信息内容本身与使得该信息不值得相信的信息之间出现了分离，而是使得该信息不值得相信的信息遗忘得更快。但是，有学者对 Pratkanis 等人的观点提出质疑，他们指出，这 16 项研究中，适当的延迟时间这项基本要求并没有得到满足。在这些研究中，在提供不值得相信的信息后一个短暂的时间内，就进行了睡眠者效应的检验（Eagly & Chaiken，1993）。

现在，我们仍然不清楚睡眠者效应产生的真正机制，但是，无论是由于信息内容本身与使得该信息不值得相信的信息之间出现了分离，还是由于不可信信息的快速遗忘，都是信息源监控的失败。我们记得信息本身，此时却忘记了该信息不值得相信（我们最初并不相信该信息），由于这种信息源监控的失败，原先被认为毫无价值的信息，经过一段时间后，能够误导我们的判断。

总之，虽然我们的有些记忆能够比较准确地描述现实事件，但是有些记忆却并不准确。有时候，我们可能记错以前事件的一些细节，可能错误地回忆对过去事件的期望，可能在回忆自己及他人的行为及态度时出现系统的偏差，或者可能错误地回忆了信息的来源。不幸的是，并没有简单有效的线索来保证进入记忆的信息和从记忆中提取的信息是准确的。因此，无论我们的记忆看起来多么的真实，我们都不要轻易下结论说我们和别人的记忆准确无误。当我们需要根据我们记忆的信息做出重要决定时，最好收集一些旁证，以确定回忆信息的准确性。

总 结

事件发生时，我们的心理状态会影响我们对信息的编码方式，从而影响其后对该信息的记忆方式。我们对他人的期望能够影响我们对他人的行为和品质的加工方式，从而决定了我们今后对其行为和品质的回忆。在回忆时，那些与我们的期望一致和不一致的事件都有较高的回忆率，而与我们的期望无关的事件，回忆率则较低。我们与他人交往时所持的目标影响我们对他人信息的注意和加工方式，进而影响我们对此次交往的记忆。如果我们具有对他人形成一个印象的动机，我们就能较好地回忆与此人交往的事情。对我们的个人生活具有重要意义的事件，我们常常能更好地记住它们。

我们提取事件信息时的心理状态同样会影响我们对事件的记忆方式。在对别人的行为进行回忆时，我们可能回忆出（相对于实际情况）更多的、与我们当前期望一致的行为。对我们过去的行为反应进行回忆时，会受到我们关于反应稳定性内隐观的影响；如果这种内隐观有误，我们的记忆就会受其影响从而产生系统的偏差。如果我们高估了自己的稳定性，就会导致我们的记忆夸大自己过去的偏好与现在偏好的相似程度。反之，如果我们高估了自己的变化性，就会导致我们的记忆夸大自己过去的偏好与现在偏好的差异程度。当我们已经了解事件发生的经过后，我们当前的这些知识就会影响我们从前对该事件期望的记忆；这就会导致*后视偏见*：一旦我们知道某件事情已经发生了，我们就会认为此事必然会发生，而且我们早就知道这一点。我们当前的目标也会影响我们的记忆，我们倾向于回忆出那些支持我们结论的一些事件。我们当前的情绪也会影响我们能回忆出什么样的事件。例如，如果我们高兴，我们更有可能回忆那些高兴的事件（*情绪一致性记忆*），也更有可能回忆我们过去高兴时经历过的一些事件（*情绪依存性记忆*）。

我们对记忆信息来源的信念也会导致偏差。我们依靠回忆的生动性、细节和可能性等线索来判断我们记忆的事件是真实的，还是想象出来的。如果这些线索出现了误差，我们就会在真实事件与想象事件之间出现混淆。有时我们也会忘记我们当前的知识来自于何处，所以我们会将一个人所说的话当作另一个人所说的话。这两个人越相似，这种混淆就越有可能发生。我们也会开始赞成那些我们最初并不相信的观点，这种情况发生在我们记住了那些观点本身，却忘记了我们曾经有充足的理由不相信那些观点。

第6章

暖认知：动机和情感对判断的影响

前面几章的许多讨论都涉及我们表征、推理和提取社会知识的方式。这些相对较为理智的、信息驱动的加工有时被称为“冷”认知，主要是为了把它们同那些更具动机性、更具情感色彩的“暖”认知加工区分开来。暖认知是指那些受我们愿望和情感驱动的心理加工——在这种情况下，我们的目标和情绪会使我们的判断出现偏差。直到20世纪80年代后期，很多人仍然怀疑暖认知的存在，更偏向于根据信息加工的冷机制来解释那些看似暖的现象。最近大量的证据已经消除了这种疑虑，对于动机和情感能够而且确实影响人的判断的问题，正在形成一致的意见（Dunning，in press；Gollwitzer & Moskowitz，1996；Forgas，1995；Kruglanski，1996；Kunda，1990）。

在这一章，我将提供暖认知存在的证据，表明我们的判断是如何受到目标和情绪影响的，并将讨论这些影响的机制。我认为，动机和情感对判断的影响，是通过影响形成判断过程中的认知加工来实现的。动机和情感可能影响运用于一个判断的概念、信念和规则；我们特别喜欢运用那些与目标和情绪一致的概念、信念和规则。动机和情感也影响我们信息加工的方式，决定是运用快速、容易的推理捷径，还是运用那些精细、系统的推理方式。

动　机

指向性目标

我母亲在其成年生活的大部分时间里，都是个烟瘾很大的人。作为一个年轻的女性，即使在三次怀孕期间，她仍然大量地吸烟（那时人们通常不知道吸烟对胎儿是有害的）。多年以后，在阅读一篇有关怀孕期间吸烟对胎儿影响的文章时，她大声地说："这篇文章简直是胡说八道。它说如果在怀孕期间吸烟，你的孩子会个子矮小。看看我的这些'矮小的'孩子们！"（我的两个兄弟身高大约都有 1 米 9）。我也读过这篇文章，忍不住指出道："它也说在怀孕期间吸烟会引起孩子的肺部问题"。我提醒她，我的两个兄弟在童年时一直患有支气管炎，说明这篇文章讲的是有一定道理的。"唉，算啦，"她反驳道，"这只不过是两个人的样本。"

在我的研究生涯中，我用大量的精力去证实这种动机性推理并不只出现在我母亲身上；有时，我们所有人都只相信那些自己想相信的东西，因为想要相信它（Kunda，1987，1990）。指向性目标（directional goal）是指达到某个特定结论的目标，它会使我们的判断出现偏差。你可能认为这种观点是不证自明的。确实，你可能已经在你自己母亲或朋友的身上（尽管最不可能是在你自己身上）观察到这些偏差。我们所有的人都知道"情人眼里出西施"，孩子在母亲眼里是完美的。争论过程中的每一方，都真切地相信对方是错误的，我们对此丝毫不感到奇怪。我们不相信那些"雇佣枪手"的判断，他们得出某种结论时会带来一些既得利益。然而，尽管愿望会使判断出现偏差这个观点在我们的文化中是有牢固基础的，但这个问题在社会心理学中却有相当大的争议。

偏差的动机与认知解释

设想下面的研究：先对一所著名大学的大学生进行一次简单的智力测验，随后向其提供关于其测验成绩的虚假反馈：告诉其中一半的学生他们表现优秀，告诉另一半学生他们表现不好。然后，要求所有的学生评价这个测验的效度，也就是评价它作为一个智力测量工具的好坏程度。果然不出意料，那些被告知表现优秀的学生认为，这个测验是很好的，而那些被告知表现不好的学生则认为，这个测验存在很多问题。我们能否把对这个测验的不同评价归因于两个群体的不同动机呢？答案是肯定的。那些被告知表现优秀的学生更倾向于相信测验是有效度的，因为如果这个测验是有效度的，那么优秀的测验结果就证明他们真的是聪明的，这是一个令人非常喜欢的结果。反之，那些被告知表现不好的学生更愿意相信这个测验是没有效度的，因为如果测验没有效度，那么他们不好的表现就并不必然意味着自己是智力低下的。这种维持和提高个人自尊的动机，导致在个个测验中表现好的人相信这个测验，而那些失败的人则不相信这个测验。这些愿望导致两个组对这个测验的评价很不相同。

但是，我们能否把那些表现优异的人与那些表现不好的人在评价这个测验时表现出的差异归因于其他非动机性因素呢？答案当然也是肯定的。一般来说，那些在一流大学就读的学生，都有优异学业表现的历史。每个学生都经历了不计其数的考试，考虑到优异的学业记录，所有的学生都有强有力的理由预期他们在智力测验中会有好的表现。即使与这件事没有利益关系的人，比如你和我，也可能对他们有着同样的预期。当一部分学生得知自己表现优异时，这只是更加证实了他们对自己的看法而已。这次测验提供了合理的结果，因此它看来是有效的。而那些被告知在测验中表现不好的学生，这一结果显然与他们心目中的预期相违背。他们无疑会认为这次简单的智力测验不可能比那些多年来表明他们学业表现优秀的测验能提供更好的智力测量。因此，对于这部分学生来说，得出这个测验是没有效度的结论似乎也是合理的。在运用这种方式时，我们用纯粹的认知术语解释了两个小组对测验的不同评价，完全没有引入动机的因素。这两个小组对测验的不同评价，不是因为他们有动机去证实他们成功的合理性和失败的无效性，而是因为考虑到他们的预期，成功似乎是合理的，而失败似乎是不合理的。

在20世纪70年代中期和80年代早期，几个理论家对那些试图证明动机性推理的文献做了评论，得到了相同的结论：所有相关的实验结果都可以用纯认知的术语加以解释，而不必引入动机（Miller & M.Ross，1975；Nisbett & L.Ross，1980；Tetlock & Levi，1982）。例如，一系列研究表明，人们对他们的成功负责，把成功归因于他们自己，而否认对失败负责，把失败归因于外在因素，如运气不好或任务太难。尽管这些结果可解释为人们会倾向于从最好的角度看自己，但评论者们指出，它们也可以归因于其他的认知因素——个人成功的预期，或个人在任务中已经投入了大量精力。一些评论家认为，人们不可能获得无可争辩的证据来证明动机对判断的影响，因为总能用纯认知的机制重新解释任何一个研究结果（Tetlock & Levi，1982）。

如果你能用动机机制或认知机制去解释同一个研究结果，你会偏爱哪种解释呢？一些人认为，你应该偏爱认知的解释，因为它们提供了更简洁的理论，也就是只需要很少概念的、更简单的理论（Dawes，1976；Miller & M.Ross，1975；Nisbett & L.Ross，1980）。在那时，已有许多运用认知机制解释这些争议性研究结果的独立证据。例如，期望会使判断出现偏差这一结论已经得到很好的证明（Olson，Roese，& Zanna，1996）。相反，没有独立的证据表明动机对于判断的影响；所有从研究中得到的证据也都能用纯认知的术语来加以解释。那么，既然没有它我们也能很好地解释相关的结果，我们为什么还要引入另一个没有独立证据的概念——动机呢？

在一段时间里，这个论点好像是有说服力的。不过，现在不再如此了。到 1990 年，研究者们已经成功地获得了动机影响判断的独立证据，已经开始探索这种加工背后的机制，下面我将对此加以描述（Kunda，1990）。

结果依赖

许多有关自我服务判断的研究一直受到评论家的质疑，但这些研究对于用纯认知的术语加以重新解释保持着开放的态度，因为这种重新解释与自我有关。可以肯定，详尽的自我知识会引起我们对自我表现的预期；当成功的预期和成功的动机两者都使我们预先倾向于得出相同的结论时，就很难说明我们得出这个结论是因为预期还是因为动机。不过，如果我们检验对一个陌生人的动机性判断，我们对这个人就没有任何先前的知识或预期，这个问题就不会出现。你会有动机对一个陌生人持某种信念吗？创造这种动机的一个方法是使你在一些重要的目标方面依赖这个人。如果你要去赴一个男女间的初次约会，你会有强烈的动机相信对方是可爱的。如果你认识到，你们团队的成功取决于新成员的能力，你会有强烈的动机去相信他是有能力的。几个研究已经表明，这种结果依赖确实使判断出现了偏差。

在一个研究中，一些参与者被招募来参与一个关于约会的研究（Berscheid et al.，1976）。在这些参与者与他们的约会对象见面之前，先看一盘有三个人在讨论的录像带，这三个人中有一个人是参与者即将约会的对象。参与者分为三组，每组预期会与这三个人中的一个约会，另外还有一个控制组，他们没有预期中的约会对象。可以预料到，参与者会有动机从最好的角度看待他们将要约会的对象。事实上也确实如此，参与者评价他们即将约会的那个对象比另外两个讨论者显得更可爱，性格更为积极。其他一些有关结果依赖的研究也得到了类似的结果。当需要依赖于一个陌生人时，那些得到有关这个陌生人若干信息的参与者会更积极地评价这个人，因为他们预期这个人会是亲密的关系讨论中的一个同伴，预期自己获得的酬赏会依赖于这个人的表现；或因为他们预期这个人是团队竞争中的伙伴而不是对手（Darley & Berscheid，1967；Klein & Kunda，1992；Neuberg & Fiske，1987）。

对于这些研究很难形成一种非动机性的解释。在所有这些研究中，参与者对目标对象没有任何先前的预期。而且，对这个人持积极观点的动机是以这样的方式操纵的：不提供任何有关目标对象的额外信息，因此也不会引起任何有关这个人的预期。然而，这些研究中的参与者积极地评价目标对象是令人喜欢和更有能力的事实，为动机在判断中的作用提供了强有力的证据。另外两个研究也表明在有关自我的判断中隐含着动机，下面将加以讨论。

唤醒的关键性作用

不协调理论为动机影响的支持者和认知机制的支持者之间的辩论提供了舞台。在典型的不协调研究中，诱导参与者支持一种与自己的态度相反的观点。例如，要求学生写一篇赞成警察使用暴力、或赞成提高学费的文章，以上都是这些研究中一般的参与者所讨厌的事。如果诱导他们相信，这是根据他们自己的意愿写的这篇文章，那么他们的态度则改变为有利于自己已经表达的观点——变得更加支持警察的暴行或高学费。最初，这些研究结果都是用动机来加以解释，尽管随着理论的演化，关于这些潜在动机的准确性质的观点还在不断改变（Festinger，1957；综述参见 Cooper & Fazio，1984）。

不协调理论的创立者 Leon Festinger 相信，在这些实验中态度的改变源于努力减少两种观点冲突而产生的不愉快、紧张感或不协调：我反对 X，我刚刚写了一篇赞成 X 的文章。如果我变得相信我实际上支持 X，这种不协调就会被消除（Festinger，1957）。后来有理论家提出，不协调的唤醒威胁到对自己的认知。根据这种观点，相冲突的观点是：我做了一件不好的或愚蠢的事情，以及我是一个正派的、聪明的人（Aronson，1968；Greenwald & Ronis，1978）。如果我们相信自己所做的事情不是愚蠢的，并且我能确信自己实际上是支持自己表达的观点时，那么，不协调感就会消除。值得注意的是，最初和后来修正的观点都认为，人们有动机去采取自己已经表达的态度，正是这种动机导致了态度的改变。

这种观点受到了 Daryl Bem 的挑战，他对这些研究结果提出了一种非动机的解释（Bem，1972）。Bem 认为，通常人们并没有任何直接的方法去确定自己的态度是什么。作为替代，他们会通过观察自己的行为，推断自己的态度必然与行为一致来确定自己的态度。如果我完全自愿地写了一篇支持高学费的文章，那么，我必然是支持高学费的。这种自我觉知理论用纯认知的术语解释了反态度行为的态度改变，而没有运用动机。不协调研究关于动机的结论与自我觉知理论的解释之间的僵局最终被 Mark Zanna 和 Joel Cooper 等人所进行的一系列巧妙的研究打破。他们的研究表明，自我知觉不能充分地解释这种态度的改变（Zanna & Cooper，1974；综述参见 Cooper & Fazio，1984）。

Bem 运用自我觉知对不协调进行解释的假定是：态度的改变产生于头脑冷静的推理；公正的观察者预期都会作出相同的推理。与此相反，运用动机的解释则假定：个人对自己的行为感到心烦和苦恼，正是这种烦恼引起了态度的改变；个人有动机去消除这种烦恼。烦恼这类情绪经常会伴随着生理上的唤醒——感到满脸通红、心跳加速、手心出汗。这种唤醒一般都是非特异性的，因此，对它的解释依赖于个人对情境的理解。相同的唤醒可能被认为反映了情绪愉快、恐惧或烦恼，这依赖于周围是爱逗笑的人、老虎还是正在哭泣的婴儿。个人运用情境中得到的线索来弄清个人唤醒的意义（Schachter & Singer，1962）。在我们对自己情绪状态的看法中，唤醒起着十分重要的作用。唤醒的程度越强，我们越可能认为自己正在经历强烈的情绪，假如有理由认为这种情绪是消极的，我们就越可能采取一些措施来消除它。神经科学家最近的研究已经证实，人们依赖于唤醒去对他们正担心的威胁作出推论。那些有脑损伤而不能体验到这种唤醒的病人，即使意识到危险，也不能回避这种危险的情境（综述参见 Damasio，1994；参见第 7 章）。

Zanna 和 Cooper（1974）认识到有关我们如何推断自己的情绪的这些观点对于不协调理论的意义。他们认为，人们在不协调实验中感到烦恼需要有两个论点来支持：唤醒和导致个人在行动中把这种唤醒归因于烦恼。如果正是这种努力消除烦恼的动机导致人们态度的改变，那么，这两个部分对于态度改变来说是十分重要的——消除唤醒；人们不认为自己感到烦恼，或者为这种唤醒提供其他的解释，不把他们行动过程中的唤醒归因于烦恼。确实，在一系列的实验中，Zanna、Cooper 及其同事的研究表明，唤醒的出现以及它是由个人反态度行为所引起的看法在导致态度改变方面起着关键作用。首先，他们预测，假如那些被诱导完成一个反态度行为的人，能够被哄骗地、错误地把产生的不舒服的和令人不愉快的唤醒归因于不同的来源，从而不对自己的行为感到烦恼，就不会改变自己的态度。

为了证实这一点，他们进行了一个典型的不协调实验。在这个实验中，要求参与者完成一个反态度行为，但他们增加了一个新的条件：要求参与者服下一粒药丸（Zanna & Cooper，1974）。事实上，这种药丸只是一种安慰剂，没有任何副作用。控制组的参与者被告知，这个药丸实际上对他们没有任何影响。这些参与者表现出典型不协调研究中出现的态度改变——他们变得更加支持被诱导表达出来的态度。另一组参与者则被告知，药丸会使他们感到唤醒和紧张。这些参与者预期会感受到与控制组参与者所经历的相同的不舒服和唤醒，由于同样的原因——他们会因自己的行为而感到烦恼。但与控制组不同，这些参与者对他们的唤醒给出了另一种解释——药丸。假如错误地把唤醒归因于药丸，他们则可能未必认为烦恼是由于他们的行为所引起的，因此，将很少有动机去改变他们的态度。事实也确实如此，那些相信药丸将引起唤醒的参与者没有表现出任何的态度改变。但另外一组被告知药丸会使他们感到放松的参与者，却表现出比控制组更大的态度改变。由于预期会放松，他们必然从令人吃惊的唤醒和不舒服中得出这样的结论：他们是由于自己的行为而感到极度烦恼，因此，他们就有特别强的动机去改变态度。

这个研究表明，不协调实验中的态度改变需要对由个人反态度行为引起的唤醒进行正确归因。后续的研究进一步表明了唤醒的关键作用。这些研究表明，当给予没有怀疑的参与者们一颗减少唤醒的镇静剂时，态度的改变是可以消除的；当给予他们一粒增加唤醒的安非他命时，态度改变的强度会增大（Cooper，

Zanna，& Taves，1978）。请注意，如果参与者只是像 Bem 自我觉知理论所提出的那样推断自己的态度，实际唤醒水平及其有关来源的看法应该对态度没有任何影响。在这些实验中，只有唤醒被归因为与个人行为有关的时候，才会出现态度改变。这一结果表明，态度的改变是因为人们想处理这种唤醒来源。简言之，它是由动机驱动的。

其他的研究者很快运用这种实验逻辑证实有关成功和失败的自我服务归因也需要唤醒，表明动机在这些过程中也起作用（综述参见 Pyszczynski & Greenberg，1987）。不协调范式也引发了另外一些研究，为动机在促进态度改变过程中的重要作用提供了强有力的证据，表明态度的改变是由自我肯定的需求所驱动的，下面我将对此加以讨论（Steele，1988）。

自我肯定

设想一下，你刚才震惊地发现：你公开支持了一个自认为其政策有点令人讨厌的政党（大量的不协调研究表明人们很容易使自己处于这种境地）。自然地，这种行为会引起强烈的自责：我究竟是怎么样的人？我怎么会如此愚蠢？我的道德品质出了什么问题？在你有机会细想这些对自我形象的挑战之前，一个朋友打电话告诉你，在本地的美术馆有个新的展览。这使你想到自己是个艺术爱好者，是一个高雅的、有高尚价值观的、有修养的人。这足以让你驱散由于上述行为而引起的对自我价值的怀疑吗？ Claude Steele 及其同事的研究表明，这是可能的（综述参见 Steele，1988）。

Steele 及其同事认为，在不协调研究中产生的反态度行为导致态度的改变，是因为它对自我形象构成了威胁。这些行为对于个人来说，对自认为自己是个聪明的、有修养的人这种自我感形成挑战，因此产生了重新肯定自我价值的需要。个人可能通过改变自己的态度来获得这种*自我肯定*——假如我支持的观点不是个糟糕的观点，那么，我也不是个糟糕的人。但这并不是自我肯定的唯一路径。任何让自己觉知到有价值的自我概念的思想和行动都能起作用，重建个人有价值的自我感，即使这些思想和行动完全与反态度行为无关。对于科学家来说，阅读科学杂志可重建自我肯定；对于一个信徒来说，通过祈祷可重建自我肯定；对于一个艺术爱好者来说，则可通过参加艺术展览来增强自我肯定。如果在反态度行为之后，个人能想起自我这些有价值的方面，他就能够重新肯定个人的总体自我价值，就用不着为自我肯定而改变态度。

Steele 及其同事的一系列研究都表明，由反态度行为引起的态度改变确实由于肯定个人自我其他方面的价值而被削弱。一个研究证明了这一点。在这个研究中包括两类参与者：关心政治和经济的学生与不关心政治和经济的学生（Stelle & Liu，1983）。研究中先要求这些强烈反对提高学费的学生写一篇支持提高学费的文章。可以预期，这种传统的强迫服从的操纵方法，会引起那些认为自己是在自主选择之下写这种文章的参与者发生态度改变。在控制条件下这两类参与者的确产生了这种态度改变。这个研究还包括另外一个条件：在询问参与者的态度之前，让参与者完成一份关于政治和经济方面的问卷。对于那些关心政治和经济的学生来说，这个问卷调查起到的作用是提醒自己是有价值的，就其本身而论提供了一个自我肯定的机会。假如对自我肯定的需要驱动自我肯定，那么这些参与者由于已经通过这种替代的途径获得了自我肯定，应该不再需要改变自己的态度。相反，那些不关心政治和经济的学生，不能从这次问卷调查中获得自我肯定，因此应该仍然需要改变态度来重新肯定自我。研究结果确实如此。关心政治和经济问题的学生在完成调查问卷后，减少了态度改变，但那些不关心政治和经济问题的学生，则并没有减少态度改变。

这个研究及其他一些类似研究表明，重新肯定自我的动机能够在反态度行为之后驱使态度改变。当这种动机通过其他途径获得满足时，态度并不发生改变。值得注意的是，Bem 的自我觉知理论不能解释这些结果。如果人们只是通过个人的行为来推断他的态度，那么这种推断就不应该受到回答其他领域中有助于肯定个人自我价值的调查问卷的影响。

同样的逻辑也可以用于证明其他类型判断的动机基础。例如，在一个研究中，参与者评价一个看起来像犹太人的妇女比看起来像意大利人的妇女显得没有能力（Fein & Spencer，1997；第 8 章）。但在参与者有其他机会肯定自己的价值时，这种贬低犹太女性的倾向被消除了。这就意味着这一偏见至少部分是由于肯定自我价值的需要而产生的；贬低犹太人、非洲裔美国人或同性恋者可以起到凸显个人自我优越感的作用。当这种自我肯定的需要通过其他的方法得到满足时，个人贬低消极刻板印象群体成员的倾向就降低了。

总之，两个系列的研究工作都强调动机在强迫服从的实验中导致态度改变的重要作用。第一个系列的工作是通过研究表明，态度改变只有在人们经历了唤醒，并且把这种唤醒归因于自己的行为时才会出现，以此来说明动机的意义。第二个系列的工作是通过研究表明，当人们通过其他途径满足了自我价值肯定的需要，态度的改变就可以消除，以此来说明动机的意义。两种逻辑都被广泛地接受为作为动机作用的证据，两者也被用于表明动机能促进其他类型的判断。当把这些研究与那些证明动机性推理不能简单地用纯认知术语重新解释的研究放在一起来加以考虑，会发现动机性推理事实上是很强有力的。许多研究者现在已经接受了这一结论，并且已经开始着手解决动机如何影响判断的问题，下面我将讨论。

动机性推理的机制

Randy Shilts 在他 1987 年出版的《继续演奏》（*And the Band Played On*）一书中，描述了当时各种团体对一种未知的致命疾病表现出来越来越多恐怖的反应，这种疾病最早出现在同性恋男性人群中，现在被称之为“艾滋病”（AIDS）。同性恋团体、科学界、美国政界和血库，所有的团体最初都拒绝相信那些导致灾难性结论的迹象，即这种疾病具有传染性，能够通过性行为传播。所有的人都清楚，如果真的如此的话，这个疾病会在同性恋群体内外夺去无数人的生命。另外，同性恋群体也不得不放弃许多他们独特的生活方式；血库也不得不认识到它们的血液存在不安全的隐患，必须不惜一切代价去修订采血的程序；而政界也会忙于应付因此而产生的经济和社会问题。认为这种可怕情境不可能是真实的动机是非常强烈的。确实，所有团体在开始的时候都相信那些否认这种可怕传染疾病的理论是合理的。接着，科学家们用极大的精力去寻找其他的解释，例如，关注环境的因素，如同性恋群体使用的特殊药物。而在同性恋团体内，提出了一种流行的理论，认为它是一种右翼的阴谋，目的在于破坏同性恋的生活方式。正如 Shilts 所指出的，在“继续演奏”的同时，艾滋病也在猖獗泛滥。不过，这种拒绝接受的努力最终被事实所打败，越来越多的证据表明，艾滋病确实是由一种由病毒引起的、可通过性接触和血液传播的疾病。这时，血库马上修改了它们的采血程序，同性恋组织也开始宣传安全性行为。

这一简短的历史说明了个人动机如何影响判断的解释（Kunda，1990；同样的观点也可以参见 Kruglanski，1980；Pysczynski & Greenberg，1987）。动机可以使我们的判断出现偏差，但并不是简单地因为需要就可随心所欲地得出想要的结论。当我们具有动机去得出某种结论的同时，也存在使自己的判断具有理性的动机，对自己期望的结论进行论证，说服那些冷静的观察者。只有找到大量的支持证据时，我们才会得出自己期望的结论。然而，尽管我们尽最大的努力去保持客观性和理性，动机仍然会使我们的判断出现偏差，因为论证形成过程本身由于目标的影响而具有倾向性。为了形成对期望结论的论证，我们从记忆中直接搜索那些支持这些结论的观点和规则，运用现有的知识去建构新的观点和理论，从中推论出我们期望的结论。就像第 4 章中所讨论的，当我们试图确定一个假设是否正确时，对相关记忆和观点的搜索可能是片面的，倾向于去寻找那些支持它的记忆与观点（Klayman & Ha，1987）。当我们有动机相信假设时，这种情况更可能出现。

当试图确定你可能的学业表现时，你最可能有动机把自己看做是高度成功的。当你在记忆中搜索相关信息时，你更可能去回忆过去的成功（得到 A+ 的历史），较少可能去回忆过去的失败。你还可能形成一套有关你的个人背景如何导致你成功的理论。假如你是你们家中第一个上大学的人，你可能推论这给了你特别强烈的成功内驱力。由于这些心理的信念，你会认为得出你将取得成功的结论是合理的。你没有认识到的是，你还具有一些知识能用于支持相反的结论。你也经历过一些失败（还记得那次难堪的物理考试吗？）。就像那些在你的背景中对你有利的理论一样，它也很容易证明相反结论的合理性。如果你来自一个有许多大学毕业生的家庭，你可能产生另外的推论，认为你的家庭文化和伦理对你的学业成功具有重要的影响。正因为如此，我们认为自己是理性的，会仔细地权衡证据，运用推理的规则进行评价。我们并没有意识到搜集的证据和用于评价它的规则两者都由于动机的影响而带有了倾向性。如果目标不同，我们就可能搜集不同的证据，运用不同的规则。不过，应该注意的是，尽管动机会使我们的判断出现偏差，但它并不会使我们对现实视而不见。因为我们感到人必须是理性的，只有能够证实它的合理性时，才会得出期望的结论。

目前已有大量的证据表明存在*动机性记忆搜索*和*信念形成*，以及由现实导致的对动机性推理的*限定性因素*。在讨论目标对记忆的影响时，我描述的一些研究表明，具有不同动机的人会在心理上产生不同的记忆（见第 5 章）。例如，那些具有把自己看做是外向或内向动机的人更可能回忆起那些与期望的自我观一致的行为。这将导致他们认为自己在期望的特质方面得分更高（Sanitioso，Kunda，& Fong，1990）。后续的研究表明，人们形成这种期望自我形象的能力是受到先前的自我知识因素限定的。

在这个研究中选择了两种类型的参与者：极端外向型的学生和极端内向型的学生（Sanitioso et al.，1990）。像早期的一些研究一样，这个研究引导参与者们相信，外向或内向对于学业成功是有利的。最可能的情况是，参与者因此想把自己看做是外向或内向的。然后，在一个看似不相关的研究中，要求参与者评价他们自己的外向性或内向性程度。图 6.1 描绘了参与者自我评估的情况。从图中可以看出，当参与者把自己看做是外向者的动机比内向者的动机更强时，无论是外向的参与者还是内向的参与者，都评估自己更加外向。他们的自我观是受动机影响的。当然，你也可能看到，自我概念的这种转变明显受到参与者先前有关自我知识的限制。在两种条件下，外向者都比内向者评价自己更外向。确实，那些想把自己看做内向的外向者，仍然认为自己比那些想把自己看做外向的内向者更加

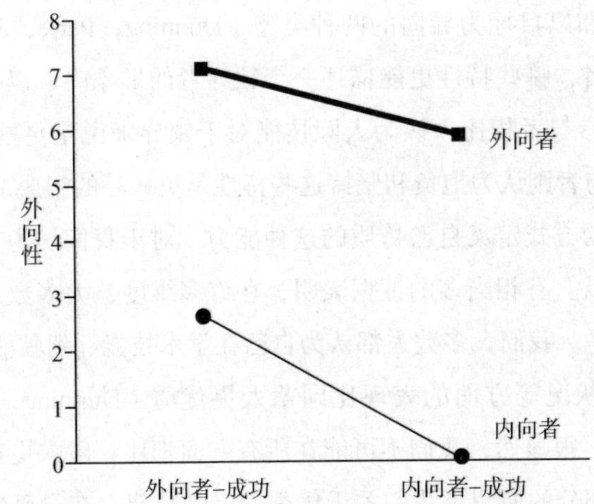

图 6.1　那些有动机把自己看做是外向（外向者 – 成功）或内向的（内向者 – 成功）外向者和内向者的自我评估。

资料来源：Sanitioso et al. (1990，图 2，p.238). Copyright © (1990) by the American Psychological Association. Reprinted with permission.

外向。即使是在有动机的情况下，考虑到现有的事实，我们仍然只能得出那些看起来更加合理的结论。

我们选择性提取那些最能支持我们目标的看法，也能使我们形成支持自己的因果关系理论。例如，我们可能相信，自己的特性和背景对于期望的结果是特别有利的。研究确实表明，人们认为自己的特性比他人的特性更有利于在学校取得成功或获得幸福的婚姻（Kunda，1987）。例如，那些年幼时母亲在外面工作的参与者与那些年幼时母亲待在家里的参与者相比，对其婚姻成功的原因形成了完全不同的理论。两个组的参与者都相信，自己那种类型的母亲比其他类型的母亲更容易使她的孩子们获得幸福的婚姻。简言之，那些具有相反特性的人，对于这些特性与成功的关系形成了相反的理论。另外一些研究表明，这种自我服务理论的形成至少部分是由于人们从最好的角度看自己的动机所驱动的。在参与者经历失败的情况下，形成这种自我服务理论的倾向特别强烈，提高自尊的需要会增强，表明了动机的意义（Dunning，Leuenberger，& Sherman，1995）。

我们自己的特性也可能影响我们对能力的定义。如果我更喜欢数学而不喜欢语文，我可能相信数学技能是智力的最核心部分。但是，如果我的语言技能比数学技能更强，我可能相信语言技能是智力最核心的部分。一个研究将参与者区分为以人为导向的和以目标为导向的两种类型（Dunning，Perie，& Story，1991）。当询问这些参与者，哪些特性更能描述一个领导者的形象时，以人为导向的参与者与目标取向的参与者相比，认为人际技能对于领导来说是更核心的组成部分，而目标取向的参与者则认为抱负和坚持这些特性是更核心的组成部分。

我们以不同的方式定义自己特质的这种能力，对于我们认为自己比他人更好的信念作出了贡献。有相当多的证据表明，在许多维度，大多数人都认为自己的表现高于平均水平。我们大多数人都认为自己在学术技能、驾驶能力、领导能力、婚姻前景、健康状况等方面的表现比同辈人更优秀（Dunning，Meyerowitz，& Holzberg，1989）。很显然，我们不可能在所有方面都比一般人更好。我们之所以如此看待自己，部分的原因是我们关于优秀的定义是建立在自己独特优势的基础之上的。一个具有高度创造性但算术不好的人，如果认为创造性是智力最核心的特征的话，就会相信自己是特别聪明的。如果这种自我服务特质的定义在形成“我在一般人之上”的效应中起了作用，那么，当人们特异性地定义特质的能力受到限制时，人们应该较少认为自己在一般人之上。David Dunning 及其同事进行的一系列研究表明，事实确实如此。人们在对那些模棱两可、能从许多不同方面进行理解的特质如“敏感的”或“理想主义的”进行评价时，与“有学问”和“守时”等这些清楚定义的特质相比，其评价更为极端。而且，即使对于那些模棱两可的特质，当要求参与者对特质的评价建立在由研究者提供的少数几个标准基础上时，人们认为自己高于一般水平的倾向也会减少（Dunning et al.，1989）。这表明，只有在我们的自我知识和理解特质的基础能够证实时，我们才会认为我们在某特质方面高于一般的人。尽管我们没有认识到自我知识会影响自己对特质的理解，我们定义特质时会从最好的角度去描绘自己。

动机也会影响到人们对推理规则的选择和运用。回想一下前面的例子，在我母亲抱怨，以两个儿子的样本证明怀孕期间吸烟有害的结论时，她却很高兴地从相同的样本获得证据去证明吸烟是无害的。在更严格的研究中，小样本充分性规则的动机性运用也得到了证实。在一个研究中，给予一个小组的参与者一些令人喜欢的信息，即他们的小组比另一个小组更具有亲社会性，给予另一个小组一些令人不喜欢的信息，即他们的小组比另一个小组更少亲社会性（Doosje，Spears，& Koomen，1995）。这些信息有的建立在大样本基础上，有的建立在小样本基础上。当建立在大样本基础上时，很难不加考虑就拒绝得出的结论的，即使这些结论是令人不喜欢的，人们也会接受它；他们不得不接受这样的结论：外群体比内群体更好。这再一次表明，人们获得期望结论的能力是受到对现实的理解和可行性限制的。相反，当样本太小时，人们只接受那些令人喜欢的结论，并得出他们的内群体更优秀的结论。当结论不令人喜欢时，他们不会从中概括得出自己的群体不如别的群体的结论。换句话说，当小样本得出一个令人不喜欢的结论时，他们会以样本太小而加以拒绝，但当结论是令人喜欢的时，却不会这么做。

动机同样也会导致其他推理规则的选择性运用。设想一下，向你提供某个公司所有管理人员和办公室工作人员的领导技能方面的资料。简单的统计表明，在好领导中男性比女性更多。从表面上看，这些数据意味着男性比女性更有可能成为好的领导者。然而对这些数据深入检验后发现，性别与领导技能之间的相关是具有欺骗性的——在两个专业群体（管理人员与办公室工作人员）中，女性像男性一样都可能成为好的领导者。性别与领导技能的相关是因为管理人员比办公室工作人员更可能成为好的领导者，男性比女性更可能成为管理人员。这种相关是由于在两个专业群体内的性别分布不平等造成的，而不是因为在某个专业群体中男性比女性更优秀。

Schaller（1992）预测，这些资料中的男性会从表面意义上去接受这种带有欺骗性的相关。相反，女性会有动机去揭穿任何一种认为女性不如男性的观点，这种动机将导致她们提取需要的推理规则去识破性别与领导能力之间带有欺骗性的相关。确实，这些资料中的女性比男性更多地注意到：性别与领导之间的相关是具有欺骗性的，这是由于两个专业范畴内男性和女性的分布不平等造成的。这并不表明女性比男性更擅长此类推理。在随后的研究中，向参与者呈现一些人为创造的有关内群体和外群体可比较的数据，在男性和女性中都出现了类似的结果。这些结果表明，当我们有动机怀疑某个相关时，就更可能注意到它的欺骗性。

有关推理规则的研究表明，我们具有一系列启发式策略，许多因素影响这些策略在各个场合的运用；我们在一个场合可能运用代表性启发法去解决某个问题，但在另一个场合却运用统计启发法去解决同样的问题（Ginossar & Trope，1987；Nisbett et al.，1983；参见第 3 章）。刚刚描述的这些研究表明，动机只是影响选择启发法的一个因素。我们特别喜欢那些能够获得自己期望结论的那些启发法。

动机不仅影响我们通达哪些记忆、观点和规则，而且影响人们第一次搜索相关观点和规则时投入精力的大小（Ditto & Lopez，1992；Kruglanski，1980）。当我们遇到那些正好支持期望结论的证据时，就会从表面意义上去接受它。但是，当碰到那些挑战期望结论的证据时，我们会更具批判性地去评价它，努力去驳斥它。在 Charles Lord 等进行的研究中，死刑的赞成者和反对者阅读关于死刑威慑作用的两个研究，一个研究认为死刑是有效的威慑因素，另一个研究认为死刑的威慑作用是微不足道的（Lord，Ross，& Lepper，1979）。这两个研究涉及不同的方法论，材料是平衡了的，以至于每种方法中有一半的参与者赞成死刑惩罚作用，另一半的参与者反对死刑惩罚作用。死刑惩罚作用的支持者和反对者都认为，那些否定自己观点的研究存在着更多的问题。换句话说，当一种方法支持了自己的观点时，这个方法被认为是可以接受的，但是当它对自己的观点形成挑战时，就会认为它是不可接受的。最终的结果是，在看了相同的、既有支持性又有否定性的证据以后，每个组都变得更相信自己最初的观点。

还不清楚的是，上面这个研究中参与者的偏差是因为他们有动机去相信那些证实自己观点的研究，还是因为他们认为自己的观点更加合理，下面这一研究则提供了证据证明动机在这类偏差产生中在重要作用。在这个研究中，让参与者接触一些赞成或反对他们关于死刑观点的论证。研究结果发现：同样的论证在赞成参与者观点时比挑战参与者观点时被认为是更强有力的。而且，这种偏差在那些对这个问题有高情绪卷入的参与者身上特别容易出现，这表明动机对于偏差的产生起了作用（Edwards & Smith，1996）。这个研究也通过更严格的证据表明，人们对不合意证据投入的精力比合意证据更多，他们的精力直接用来驳斥不合意的证据。当要求参与者说出他们在考虑那些结论过程中心里出现的想法时，比起论证支持他们的观点，论证挑战他们的观点时总体上参与者产生了更多的想法和更多的驳斥。这表明人们花在评价证据方面的时间和精力的多寡，部分决定于我们在多大程度上相信它。当论证不合意时，我们会特别努力地削弱它。

总之，判断会由于动机出现偏差，因为我们选择性地获得那些支持期望结论的观点和规则，特别努力地去驳斥那些不合意的结论。不过，我们只有在成功地证实了它的合理性之后，才会得出期望的结论。我们证实期望结论的合理性的能力是受自己对现实理解限制的。

重新探讨动机与认知的争论

回想一下，在对动机性推理缺乏独立证据的情况下，对于认知机制的偏爱甚于动机机制，主要论据在于它的简洁性。认知解释更简单，它只需要很少的结构。不过，现在已经有了动机作用的独立证据，它可能为前面提到的简洁性论据带来转变。现在看来，一个单独的结构——动机，可以解释许多不同的现象，其范围从自我服务归因、有关他人的动机性观点，到对科学证据评价的偏差。在这些现象中许多都不能用严格的认知术语来加以解释。对于其他一些现象，可以形成认知解释，但需要许多猜测性的假设。例如，要解释不同家庭背景的人为什么会形成不同预测学业成功的理论，你提出可能是因为不经意地接触到有关这类成功先兆的不同信息，但没有任何这类不同接触的证据，只有证据表明人们有动机相信他们会取得成功。在目前的知识状况下，动机的解释需要很少辅助的假设，显得更为简洁。

谈到这个问题，我还想多说一点，随着对动机性推理的机制的深入了解，动机性加工与认知加工之间的区别开始变得模糊起来（Sorrentino & Higgins，

1986）。我相信你可能已经注意到，解释动机性推理的机制是认知的：记忆搜索、规则运用、观点形成。动机是通过利用认知系统为它服务来发挥作用的。在它的基本机制中，证实我们期望结论过程的“暖认知”是很难同证实期望过程的“冷认知”区别开来的。如果一个人认识到看似冷的期望本身是深受动机影响的，目标和期望之间的平行作用会变得更强。不得不抛弃一个已经确立的观点，就像在“暖认知”的规则下进行的调查得到的一些不合意的结论一样，是令人不愉快的。正是这种深刻的领悟导致动机不协调理论的创始人 Festinger 推测，假如你发现自己站在雨中而没有被打湿，会体验到强烈的不协调感（Festinger，1957）。

标准的考虑

哲学家大卫·休谟曾经说过，“理智是也应该是情感的奴隶。”你同意吗?你认为我们的判断受动机和愿望的影响是件好事吗?在一篇有影响的文章中，Shelley Taylor 和 Jonathon Brown 认为，动机性推理和它引起的乐观错觉可能是高度适应性的（Taylor & Brown，1988）。这些作者评论了大多数人持有的一系列积极错觉：自我知觉过度突出优点，夸大自己控制生活事件的程度，对将来的期望不切实际地乐观。只有一种人不会表现出这些错觉：抑郁的人。而且，这些不切实际的积极观点有利于产生普遍的愉快感和幸福感；没有它们，日常生活中的威胁和困难注定会使我们感到痛苦和抑郁。而且，对于自我、前景持积极观点和夸大的控制感可能不只是使我们感觉良好。它们也会增加我们的动机能量，让自己即使在面临最初的失败时也能在困难的任务上坚持下去。结果，这些积极的预期变成自我实现的预言。如果你相信自己，你通常会做些事情使这些信念变成现实（综述参见 Armor & Taylor，1998）。

对他人产生积极的错觉也是适应性的。在一个有关亲密关系的研究中，要求 180 对已婚和正在约会的情侣就一系列积极和消极的特性对自己和自己的伴侣进行评价，并评价自己对关系的满意度（Murray，Holmes，& Griffin，1996；参见第 10 章的讨论）。总体来说，亲密关系的人倾向于把自己的伴侣理想化；他们对伴侣的评价比伴侣对自己的评价更积极。这种理想化促进了满意度——个体对自己的伴侣越理想化，在他们的关系中就感到越愉快。在这个研究中，很难知道哪个测量最好地反映了现实。它可能是人们的自我观反映了现实，伴侣对他们的积极看法反映了一种积极的错觉。不过，人们在自我评估中过度地谦虚，以及他们的伴侣更真实地看待他们，这种情况也是可能的。尽管如此，这些数据确实表明，在亲密关系中，你对自己伴侣的评价越积极，你对这种关系就越感到满意。当你从最好的角度看待自己的伴侣时，就会对关系感到越愉快和越安全，你和你的伴侣会更宽宏大量，而宽宏大量的行为对于克服不可避免的日常冲突是需要的。从长远来看，有关亲密伴侣的积极错觉可能是自我实现的。

尽管积极的错觉有这些好处，但认识到动机性错觉有时会使你陷入严重的困境也是重要的。当动机性推理导致你不重视现实威胁的重要性，阻碍你采取那些能够避免危险的行为时，这一点就显得特别重要。导致你忽视像皮肤癌这类严重疾病的早期症状，或者不相信吸烟危险证据的动机性推理，确实会使你在生活中付出代价。对自己和他人不现实的乐观也可能付出代价。如果你追求不能达到的目标，你就不得不应付失败。如果你寻求与不合适的人建立浪漫关系，你就不得不应付虐待或离婚。不过，应该指出的是，很少有人从经验上去证明这种积极错觉的后果；大多数研究者一直关注于鉴别这些错觉而不是探究它的后果（Armor & Taylor，1998）。

当积极错觉关注的综合性判断不是用来指导直接行动时，它可能是特别有益的。对你的可爱和仁慈持一种夸张的观点，或相信你的婚姻比大多数人更恩爱和更稳定是没有任何害处的。但动机性推理也可能付出代价并带来危险，当它用于指导重要的行为和决策，特别是在更客观的推理能导致更恰当行为的情境中更是如此。人们可能对这些考虑只有一些模糊的看法。他们在这样一些情境最可能产生积极错觉：个体不现实的积极期望在现实中不可能加以检验，因为它们只与总的而不是特定的成果有关，因为它们与模棱两可的或主观的成果有关，因为它们是适合于遥远将来的成果，或由于其他一些原因，不可能立即地、清楚地加以否定的成果（Armor & Taylor，1998）。

迄今为止，我一直关注推动人们得出某个结论的指向性目标。下面要把讨论的主题转向一个不同类型的目标，即那些尽可能获得最准确结论的目标。

准确性目标

艾莉森是一个大公司人事部门的高级职员，正在审查应聘该公司职位的两个工程师的文件。她知道，在她作出选择后，必须向自己的老板对这个选择做出充分的解释，说明自己偏好的理由。同样两个工程师也申请了盖尔所在公司的一个职位。但盖尔对雇佣决策有完全控制权，她不必向任何人解释她决策的理由。在上述两种情境下，你猜想她在哪种情境下会花费更多的时间去阅读文件和思考决策呢？哪种情境下会作出更好的决策呢？在这两个问题中，第一个比第二个更容易回答。艾莉森需要向老板说明她决策合理性的情况下，而盖尔不需要向任何人作出解释的情况相比，因此艾莉森会花更长时间和更多的精力去思考决策。但这种更广泛和精细的思维是否会实际导致更好的决策还依赖于一系列因素。在一些条件下，努力的思维会改善判断，但在另一些条件下却会使判断更糟（参见第3章）。

我们可能认为，艾莉森与盖尔相比，有更强的动机作出正确的决策。准确性目标与前面部分讨论的指向性目标有许多不同之处。当你具有指向性目标时，会有动机去获得某个结论。相反，当你具有准确性目标（accuracy goal）时，会有动机尽最大可能去获得最准确的结论（Kruglanski，1980；Kunda，1990；Pyszxzynski & Greenberg，1987）。准确性目标是由不同的原因产生的。你可能像Allison一样有准确性动机，因为你知道你要向别人作出解释。你可能也有保持准确的动机，因为你知道在你的决策中有许多难关。当你预期一个错误的决策会使你付出巨大的经济代价、破坏你的名声、对你非常关心的一个项目造成损害，或引起你不公正对待其他人，你会有强烈的准确性目标。

有相当多的证据表明，这种准确性目标导致人们投入更大精力到判断任务中，去努力搜寻最好的推理策略。人们总是在不同的思维方式之间转换。有时我们进行仔细的、系统的和精细的加工，以尽可能获得最好的判断。在另外一些场合，我们进行粗略的、表面的、快速的、启发式的加工，目的在于获得一个尽管不完美但足够好的判断（Chaiken & Trope，1999；参见第3章）。准确性目标导致人们偏好精细的加工。换句话说，那些具有准确性动机的人不是获得一个类似的答案就“冻结”判断的过程，而是还会继续思考他们的推理，直到对已经获得的结论感到满意为止（Kruglanski，1980）。当人们通过反思转向那些确实更好的策略时，增加精力会导致更大的准确性。不过，有时反思会导致人们提取那些被错误地认为是更好而实际上更糟的策略。在这种情况下，准确性目标反而会减少准确性（Kunda，1990；参见第 3 章）。

准确性目标能够增加思维复杂性最清楚的证据来自 Philip Tetlock 和 Jae Kim 进行的一个研究。他们通过让参与者预期在他们作出判断后，必须向研究者解释自己的思维方式来产生准确性动机（Tetlock & Kim，1987）。告诉其他的参与者，他们的判断是保密的，即使是实验者也不会知道他们是如何作出反应的。然后向参与者呈现三个人对有关他们人格的 16 个问题所做出的反应。读完这些反应后，他们写下对每个参与者人格的描述，然后预测每个参与者会如何对其他 16 个与人格有关的问题作出反应。有准确性动机的参与者写下更多关于认知方面的复杂描述：运用更多的特性去描述每个人，更多地指出每个人性格中的矛盾之处，更多地在不同特性之间作出精细的联系，提出有关这个人更整合的观点。这种思维复杂性的增加也取得了成功——具有准确性动机的参与者事实上确实能更精确地预测他人会如何回答第二个系列的问题，这部分是由于他们印象的复杂性增加造成的。

许多研究已经表明，准确性目标能改善判断，因为它导致人们运用更好的推断策略。例如，在一系列的研究中，Arie Kruglanski 及其同事进行的研究表明，那些具有准确性动机的人，是因为他们预期会受到评价，预期不得不向他人证实自己判断的合理性，预期自己的判断会公开，或因为预期自己的判断会对其他人的生活产生真正的影响。这些人表现出较少的认知偏差：在印象形成中较少表现出首因效应，也就是不会过度地受到早期所观察到的信息的影响；对文章的评价较少受文章作者种族的影响；在作出概率判断时较少以不相关的数字作为支撑点。那些准确性目标强烈的参与者表现出较少的偏差，因为他们从事更谨慎和精细的思维。确实，当进行长时间思考的能力由于快速反应的要求而减弱时，这些偏差就会增大（Freund，Kruglanski，& Shpitzajzen1985；Kruglanski & Freund，1983）。

就像我前面所指出的，准确性目标并不能保证准确性的增加。在几个研究中，金钱刺激或保持准确性的警告都没有成功地消除偏差。以这种方式产生的准确性目标并不能减少启发式策略的应用，并没有增加对统计学规则的运用，也没有减少后视偏见（Fischhoff，1977；Kahneman & Tversky，1973）。当我们并不具备较好的推理策略时，或者不能识别它的相关性和优越性时，即使大量的思维也不能改善判断。更糟的是，当仔细思考导致有缺陷的规则时，准确性目标会增加失误和偏差。例如，有研究表明，当要求人们仔细反思他们偏好的理由时，会导致其关注错误的标准，因而降低了判断的质量（Wilson & Schooer，1991）。几个研究表明，准确性目标和它们引起的复杂推理会产生类似的不适宜的效果。

在一个研究中，有准确性动机（因为预期要说明自己判断的合理性）的参与者比其他人更可能表现出稀释效应，也就是，在考虑到这个人的不相关信息时，较少作出有关另一个人的极端判断（Tetlock & Boettger，1989）。在另一个研究中，有准确性动机（因为他们被告知表现反映了智力）的参与者比其他参与者对困难的问题（如卡尼曼和特韦尔斯基的医院问题；参见第 3 章）更可能作出错误的反应。这种错误率的增加是由于增加了对启发式策略的错误运用。有趣的是，同样的准确性目标改善了在相同问题的容易版本方面的表现，在这种版本中，与问题有关的正确规则更显而易见（Pelhman & Neter，1995）。总之，并不总是更精细和复杂的思维就导致判断的改善。在一些情境中，我们越努力地思考，越可能采取错误的推理策略。在这些情境中，准确性目标反而会增加失误和偏差。

总之，指向性目标和准确性目标都通过影响选择的观点和规则来影响判断。不过，指向性目标导致我们喜欢那些支持期望结论的观点和规则，而准确性目标导致我们喜欢那些看起来对任务最恰当的观点和规则。下面，我们将讨论产生准确性目标和指向性目标的情境。

审慎心态和工具心态

当打算买房子时，你会认真思考以确保作出正确的决策。记住看过的每个房子的优点和缺点，用仔细和客观的方式思考它们的意义。你的目的是尽可能买到最好的房子，你不想在成交之后再碰到一些没有想到的令人讨厌的问题。但是，你一旦确定要买某个房子，你就会把自己的注意力转移到与房子交易有关的事情上：让房主接受你的报价，抵押贷款，安排重新装修房子的包工头。这个时候不是你疑虑和犹豫不决的时候，而是要采取行动的时候。

Peter Gollwitzer 及其同事的研究表明，那些正在作出决策的人会形成一种审慎心态，用仔细而平衡的方式思考有关的信息。换句话说，审慎心态产生准确性目标。相反，那些已经作出了决策的人会产生一种工具心态，关注追求目标时所必需的思维和行动。确定一些过程性和指向性目标，以提高个人实现这些期望结果的能力。一旦它们被诱发出来，这些心态会带到不相关的任务中。当你正以一种审慎心态思考买房的问题时，也会以一种审慎心态思考自己的优点和不足，但一旦作出了买房的决定，关注尽可能最好地处理交易方面的问题时，你也会从最好的角度来看待自己（Gollwitzer & Kinner，1989；Taylor & Gollwitzer，1995；Gollwitzer & Moskowitz，1996）。

在一系列研究中，Gollwitzer 及其同事通过要求参与者关注自己的人生任务，从而引发他们的审慎心态和工具心态。在研究中，引发参与者的审慎心态是通过指导语让他们思考一个未解决的个人问题，反思采取某些行动可能带来的积极与消极后果。而引发参与者的工具心态，则是通过指导语让他们思考一个已经决定实施的项目，列出完成这个项目必需的步骤，描述如何执行这些步骤。控制组的参与者不进行任何心态操纵。在一个研究中，当以这种方式操纵参与者的心态以后，让他们随后转向一个看似不相关的任务上：让他们估计自己对一个红灯的控制量，他们企图努力通过压或不压一个按钮去控制这个红灯。事实上，他们完全不能控制这个灯——因为不管他们做什么，它都会频繁地打开（Gollwitzer & Kinney，1989）。

结果表明，审慎心态会有一种倾向，不会对自己控制不可控事件的能力过度夸大。就像图 6.2 所表明的那样，在审慎心态下的参与者对这个灯较少实施控制。在工具心态下的参与者比控制组的参与者稍多一点控制，但这种差异没有达到显著性水平。这个研究表明，当通过深思自己生活中未解决的问题而产生审慎心态时，会使我们中止我们在生活中常见的、认为自己具有控制其他不相关事件能力的错觉。

另外一系列以同样方式操纵心态的研究发现，心态也能影响自我知觉和个人风险程度的看法（Taylor & Gollwitzer，1995）。工具心态使个体相信自己在一些令人喜欢的技能和特性方面比同伴更好，而审慎心态减少了这种倾向。工具心态也减少了参与者认为会受离婚和疾病之类风险伤害的看法。它表明由审慎心态诱发的心态会减少正常情况下对自己持有的积极错觉，而由工具心态引发的心态则会促进指向性目标，夸大这种错觉。

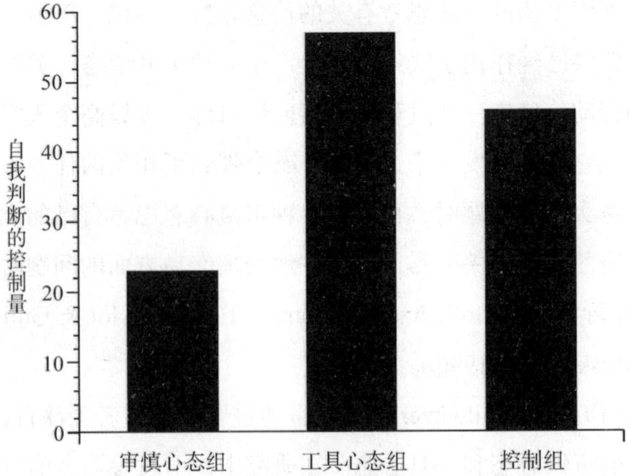

图 6.2 审慎心态组、工具心态组和控制组的参与者认为自己对灯的控制量。

资料来源：Gollwitzer & Kinney (1989, 图 2, p.539). Copyright © (1989) by the American Psychological Association. Reprinted with permission.

闭合性目标

杜鲁门总统曾经恼怒地嘲讽说，他希望他能找一个“单方面的”经济顾问，这个人不要每次提出建议时都说“但在另一方面……”。在行动过程中必须作出决策的人会对含糊其辞很难容忍。Arie Kruglanski 及其同事提出，有时完成闭合，即得到一个清晰的结论，本身也变成一个目标（kruglnski，1980；Kruglanski & Webster，1996）。如果在时间紧迫的情况下工作，发现决策任务是如此令人厌倦想马上结束它，或者如果我们知道完成了正在进行的工作之后，可以马上转入下一个更有趣的工作时，我们会有动机去实现快速的闭合。有些人具有一种持续的闭合需要，认为任何闭合的缺乏都是令人心烦的。当有动机去完成闭合时，只要找到一个看似足够好的解决办法，我们就会及早地“冻结”自己的思考过程。我们也可能运用那些最方便、最容易得到和容易运用的规则和观点。通常情况下，这种“快速而粗糙的”的思维会增加错误和偏差。确实，Arie Kruglanski 及其同事的研究表明，时间压力会加剧不同程度的偏见（Freund et al.，1985；Kruglanski & Freund，1983）。

有时候，我们有动机去避免闭合。为了达到这一目的，努力延长判断的过程，尽可能延迟得出明确的结论。准确性目标可能激发避免闭合的动机。如果害怕犯错误，认识到在作出某个结论时犯错将会面临批评和惩罚，我们就会希望推迟真相出现的时间。我们也可能希望延长判断的过程，因为发现它能带来内在的乐趣，或者至少比转向下一个任务更有乐趣。当有避免闭合的动机时，就会像具有准确性动机时一样，花更多的精力在判断的过程上。因此，对避免闭合的后果预期与准确性目标的后果是相同的——当把更多的精力放在利用更好的推理策略而不是其他方面时，会更准确和更少偏差。

Donna Webster 的一系列研究表明，闭合性目标能影响对另一个人的判断（Webster，1993）。在一个研究中，参与者观看一个录像，在录像中一个妇女正在读一篇对学生交换计划持消极态度的发言稿。告诉一半的参与者，这个妇女是自己选择读这个发言稿的，而告诉另一半参与者，她在做这件事情时没有任何选择权。在这种情形下，人们典型的看法是，发言者真正的观点与她表达的观点是一致的，即使他们知道她不能自由地选择想要表达的观点。换句话说，他们夸大了她的态度与行为一致性的程度（Jones，1990；参见第 9 章）。当人们缺少认知资源去仔细考虑情境中限定因素的意义，也就是这个人是被要求读这篇文章的事实时，人们特别可能表现出这种偏差（Gilbertt，Pelham，& Krull，1988；参见第 7 章）。因此，实现快速的闭合，会导致人们投入更少的精力于判断之中，增加一致性偏差；避免闭合的目标，导致人们投入额外的精力于判断之中，减少偏差。Webster 试图对这种可能性进行研究。一些参与者具有快速闭合的动机，因为他们期望只要把现在事情做完，就可以转向另一个更有吸引力的任务，去观看一部喜剧片。另外一些参与者具有避免快速闭合的动机，因为他们预期自己将不得不转向另一个任务，上一堂统计学课程，他们认为非常没有吸引力的事情。控制组的参与者预期会转向任务的吸引力与第一个任务相同。

那些有快速闭合动机的参与者花在这个任务上的时间确实比控制组更少，而有避免闭合动机的参与者会花更多的时间在这个任务上。这种努力的不同水平对于被试者的判断产生了可预测的作用，见表 6.1。具有快速闭合动机的参与者表现出过大的一致性偏差。即使告诉他们，这个妇女对谈话内容没有任何选择权，他们相比控制组更可能认为这个妇女就像她在讲话中表达的一样，是反对交流计划的。这些参与者通常都是根据她讲话的内容来作出判断的，而没有更深入地去

表 6.1 具有不同闭合性目标的参与者对自由选择发表一个演说或没有选择发表一个演说的目标对象的真实态度的评价，在演讲中演说者反对学生交换计划。

	参与者的目标		
限制条件	快速闭合（下个任务更有趣）	中立的（下个任务同样有趣）	避免闭合（下个任务更没趣）
无选择权	2.31	3.76	7.08
自由选择	1.69	2.27	2.13

注意：评分越低表明对交换计划的支持更少，也就是与发言稿中表达的态度更加一致。

资料来源：Webster (1993, 表 2, p.265). Copyright © (1993) by the American Psycholigical Association. Reprinted with permission.

反思讲话者所处环境中的条件制约。相反，具有避免闭合动机的参与者，当知道这名妇女对行动没有选择权时，表现出一致性偏差减少。这些参与者会花足够的时间和精力去评价这名妇女，认识到她的谈话并不是表达她自己的观点，因为她受到情境中的因素限定。这种解释由于这样的结果而得到加强：当参与者认识到，这名妇女能够自由地选择她所读讲话稿的内容时，他们的目标对于他们对她的态度评价没有任何影响，就像在表 6.1 中所表示的一样。在这种情境中，推论这个妇女赞成她正在表达的态度是如此简单和明确，随着精力的增加或减少而改变是不可能的。

在后续的一个研究中，检验了人们之间的持续差异产生的闭合性目标，得到了相同的结果（Webster，1993）。参与者完成一个闭合需要的测量，要求他们对反映闭合需要的陈述（例如，“我宁愿知道坏消息也不愿意处于一种不确定的状态”和“当我对一个重要问题感到困惑时，就会感到心烦意乱”），以及一些反映避免闭合的陈述（例如，“我倾向于推迟作出重要的决策到最后时刻”和“我喜欢有一些不可预测的朋友”）的同意程度作出评价。在这个测量中，得分最高的 25% 或得分最低的 25% 的参与者被分到高闭合需要组和高避免闭合需要组，而那些处于中间 50% 的参与者被分到中立控制组。就像早期研究一样，那些高闭合需要的参与者一致性偏差特别强，而那些高避免闭合需要的参与者一致性偏差被消除。中间控制组则表现出中等水平的一致性偏差。它表现为闭合性目标影响用于判断任务的时间和精力的多少，因此影响到判断的质量。当精细的思维导致更恰当的推理时，就像上面引发一致性偏差的情境一样，由避免闭合需要而引发的更精细的审视可以消除偏差。

总之，指向性目标、准确性目标和闭合性目标都通过影响相关信息的认知加工来影响判断。目标会影响哪些观点和规则将运用于即将到来的判断，也会影响人们投入判断的时间和精力的多少。结果，由于具有不同目标的人会作出不同的判断，随着目标的改变，相同的个体会从相同的信息中能得出不同的结论。

目标和愿望对于判断的影响构成了“暖”认知的一面。我们的认知在其他方面也可能是“暖”的；它们可能由于我们的心境或情感而赋予一定的色彩。接下来我将转向情感状态对判断的影响。

情　感

情绪一致的判断

先花点时间去想象一个让你真正感到愉快的情景。尽可能生动地想象这种情景，像身临其境一样真实地去感受它。现在，考虑下面的问题：从各方面考虑，此时此刻你对自己的生活有多满意或多不满意？你的童年时代快乐或不快乐程度如何？你是否很喜欢逛杂货店？你的恋爱对象如何？你的国家的领导人如何？你患上高血压的可能性如何？大量的研究表明，你对这些问题的回答都会受到刚开始时对你的情绪的简单操纵的影响（Forgas，1995；Isen，1987；Schwarz & Clore，1996）。当我们情绪好的时候，倾向于对这些问题给出更积极的答案，而在情绪不好的时候，则倾向于给出更消极的答案。换句话说，我们的判断与自己的情绪是一致的。

在 Alice Isen 及其同事进行的一个经典研究中，通过出其不意给予礼物的方法引发人的愉快感（Isen et al.，1978）。一个研究者的同伙来到购物中心，走近人们，给他们一些小的礼物以“向他们介绍公司的产品”。女性收到一个记录簿，男性收到一个指甲剪，每样物品的价值是 29 美分。控制组的参与者是没有得到东西的购物者。研究者站在约 40 多米的地方，他并不知道某个人是否收到礼物，然后要求这个人参与一个简单的消费调查。要求参与者评价他们的小汽车和电视机的性能，收到礼物的参与者比没有收到礼物的参与者对这些产品的评价更高。这个研究表明，即使那些看上去价值不大的礼物也足以使我们产生一种好情绪，因此从一种更积极的角度去看待相关的事物。

许多后续的研究运用多种操纵情绪的方法和不同的判断任务，也获得了情绪一致判断的证据。我们在这里只描述少数的几种方法，以让大家理解不同的引导情绪技巧，还会介绍一些受情绪影响的判断。在一个研究中，当人们看完一部愉快的电影如《比佛利山警探》或《回到未来》,或令人悲伤的电影如《鸟人》或《战火屠城》后，走出影院来到街上时，有人走近他们问一些问题（Forgas，1994）。为了排除看两种影片的人判断之间的差异是由于不同类型人之间的内在差异造成的，即不同的人选择看不同的电影（愉快的人可能特别喜欢看愉快的电影）的这种可能性，控制组的参与者在正准备去看相同的愉快和悲伤电影时也被问及同样的问题。这些影片确实对情绪产生了预期的效果：那些看完愉快电影的人确实比控制组的人更愉快，而观看了悲伤电影的人比控制组的人看上去更不愉快。参与者对自己正在经历的亲密关系冲突的判断与情绪也是一致的：与控制组相比，看过愉快电影的参与者更少因为这些冲突责备自己，而那些看过悲伤电影的参与者更可能因为这些冲突而责备自己。因此，我们的情绪能影响自己如何理解和解释生活中的重要事件。

在另一个研究中，那些患普通感冒或流感的人听到磁带录制的指导语，去想象一种使他们感到愉快、悲伤或中性的情景，从而引发不同的情绪（Salovey & Birnbaum，1989）。参与者对自己情绪的评估表明，这种程序成功地在三组参与者中引发了想要的情绪。而且，参与者对他们自己症状的评估与这些情绪是一致的：相对于中性情绪的参与者而言，悲伤的参与者报告了更多疼痛和不舒适，愉快的参与者报告了更少这样的症状。如果你感到自己生病了，建议你最好去看一个喜剧片；它不仅可以提高你的精神状态，而且能减轻你的症状。但要远离悲剧，它会使你感到病得更厉害。

在另一个研究中，情绪是通过音乐产生的（Esses & Zanna，1995）。要求参与者在听完愉快的音乐如亨德尔的《席巴女王进场》、悲伤的音乐如柴可夫斯基的《悲怆》或情绪中性的音乐如肖邦《第 27 号夜曲》后，描述心里出现的任何意象。参与者对自己情绪的评价表明，这种程序在三种情况下都成功地引发了想要的情绪。这些情绪影响了参与者对那些在加拿大具有消极刻板印象的种族（阿拉伯人、巴基斯坦人、本土印度人）的描述。那些处于消极情绪的参与者与中性或积极情绪的参与者相比，用更不令人喜欢的术语描述这些群体。不过，令人遗憾的是，积极的情绪并没有使参与者以一种更积极的方式看待这些群体。但不好的情绪增加了我们对这些具有消极刻板印象群体的偏见，使我们以更消极的方式看待他们。

类似的情绪操纵被证明影响了一系列其他的判断，包括对个人能力的评估、个人总体生活满意度的评估、个人将遭遇不幸和疾病可能性的估计、对政治领导人品质的评价、每年由于不同原因引发的灾难数的估计、对某些信息是否有说服力的评价，及许多其他的判断（Forgas，1995）。在这些研究中所运用的操纵情绪的方法中值得注意的方面是：它们显得如此微不足道，在我们日常生活中是如此的普遍——一个小的礼物、带着情绪的幻想、一段古典音乐、一部电影。在我们日常生活仍然有如此多的对人、物和事件的判断都受到这些操纵所引发的情绪的影响。为什么我们的判断倾向于与情绪一致呢？下面我们讨论已经提出的解释情绪一致判断的一些主要理论。

情绪作为启动的来源　在回忆往事的时候，我们的情绪导致自己提取与情绪一致的记忆；在愉快的时候，更可能提取愉快的记忆；在悲伤的时候，更可能出现悲伤的记忆（Blane，1986；参见第 5 章）。Gordon Bower 提出，情绪一致的判断产生于情绪一致的记忆。在 Bower 的网络模型中，当表征情感状态如愉快情绪的结点被激活时，激活扩散到那些与表征这种情感状态有联系的其他的人、物或事件的结点中（见图 5.2）。很多事物既有积极的联想，也有消极的联想；我可能对电视机的图像质量感到满意，但对于声音质量感到不满意；我可能对自己昨晚争吵行为的一些方面感到骄傲，但对自己所说的一些话感到羞愧。在高兴的时候，我可能提取复杂事物和事件中令人高兴的一面，在悲伤的时候，则更多提取令人不高兴的一面。在评价这些物体时，我们倾向于利用启发式策略，把判断建立在那些很快在心里出现的相关信息基础上（Kahneman & Tversky，1973；参见第 3 章）。因为提取的记忆倾向于与我们的情绪一致，判断也是如此。

通过这一过程，情绪会改变一系列特性的真正意义。例如，想象一个你认为骄傲的人群。骄傲既有积极的内涵，也有消极的内涵。你可以用它来评价那些对自己成就感到高兴的人，也可以用来鄙视那些自认为高人一等的人。当你悲伤时，你很可能在心里出现骄傲的消极意义。因此，你会对这个特质产生消极的看法，消极地看待具有这一特质的那些群体（Esses & Zanna，1995）。

情绪驱动的启动观对许多情绪一致判断提供了合理的解释。情绪一致记忆的证据是强有力的（见第 5 章；综述参见 Blaney，1986）。还有证据表明，带有情感的概念能够增加隐含相同情感的其他概念的可通达性，使它们在其他方面很少具共同性；*离婚*可能增加对*牙疼*的通达性，*阳光*会增加对*巧克力*的通达性（Bargh et al.，1992；Fazio et al.，1986；参见第 7 章）。因此，有充足的理由相信，情绪通常会影响判断，因为它启动了与判断有关的情绪一致的内容。不过，并不是所有情绪一致的判断都可以用这种方式加以解释，就像我们下面所讨论的一样。

情绪作为信息 想象一下，有人询问你对你的领导斯科特的喜欢程度如何。你可能会停下来想想所知道的有关斯科特的每件事情，考虑有关他的许多积极和消极的行为和特质，对它们加以整合形成一个完整的判断。但你也可能运用其他的路径，因为询问的是你的感受，你可以直接对此加以评价，就像回答“你对斯科特的感觉如何？”所采取的策略那样。这个策略通常能够给你一个好的答案；你对斯科特的喜欢确实反映了你对他的感受。不过，这种策略也会使你容易犯错误，因为有时要告诉你的感受从何而来并不是件容易的事情。如果当你正在思考自己对斯科特先生的感受时，收音机里正在播放着让你精神振奋的音乐。由于没有意识到此时的愉快情绪来自于音乐，你可能错误地把它们归因于斯科特，得出你很喜欢他的结论。常见的情况是，我们会把情绪作为判断的*直接信息来源*。当我们没有意识到一种情绪的直接来源时，可能错误地把它归因于某个判断的对象。结果，我们的判断将与自己的情绪一致。

Norbert Schwarz、Gerald Clore 及其同事认为，情绪作为信息源起作用的观点可推测出许多情绪一致性判断，这些判断用情绪一致回忆的理论难以解释（Schwarz & Clore，1983；1996；Schwarz，1990）。有关这方面的一个预测是，*情绪的影响作用依赖于对该信息的价值判断*。如果你认识到，好的情感来自于你碰巧听到的愉快音乐，你就不再把它看做有关斯科特的有价值信息源。因此，它将不会影响你对他的评价。值得注意的是，如果情绪只是通过情绪一致的回忆影响判断，那么，情绪的信息价值不会决定它的作用。即使你意识到你的好情绪与你对斯科特的评价无关，来自这种情绪激活的传播也会使你特别激活和提取 Scott 的积极信息，因此，你对他的评价出现偏差。

Schwarz 和 Clore（1983）对通过天气诱发情绪的巧妙研究检验了这种观点。一般来说，人们在有阳光的日子比阴雨的日子更愉快，研究人员因此推论如果人们对自己生活的幸福感和满意度的判断受情绪的影响，那么，人们在晴天会报告更高的生活满意度。为了确定情况是否如此，研究人员在晴天和雨天的周末，通过电话对伊利诺伊州立大学的大学生进行访谈。访谈者解释说，她是从芝加哥给你打电话，进行一个关于学生生活满意度的调查，问几个与一般幸福感有关的问题（如，"总体来说，你觉得生活是否幸福？"），最后还询问了参与者在此时此刻的幸福感如何。在晴天接受访谈的大学生与在雨天接受访谈的大学生相比，在访谈时确实感到更幸福。而且，他们对生活总体满意度的评价也与情绪一致：学生在晴天比雨天报告了更高的总体生活满意度，如表 6.2 所示。

在另外一些更严格的条件下，那些在晴天或雨天接受电话访谈的学生在开始访谈时，被访谈者不经意地问到天气："顺便问一下，你们那里天气如何？"。那些在晴天接受访谈的学生比在雨天接受访谈的学生情绪更好。但是，这些学生只是刚被提醒了情绪的原因——天气。这种提醒应该削弱情绪的信息价值——如果不好的情绪是由于坏天气引起的，它可能不会成为评价个人总体幸福感的基础。结果发现，对于那些提醒了天气的学生来说，天气及其引起的情绪没有对总体幸福感的判断产生任何影响。晴天接受采访的学生和雨天接受采访的学生报告了几乎一样的幸福水平，见表 6.2 下面一行。这个研究和几个其他研究表明，我们运

表 6.2　那些在晴天或雨天接受访谈的学生在提到或没有提到天气时对他们总体生活满意度的评价

	晴天	雨天
未提醒天气情况	7.43	5.00
被提醒天气情况	7.29	7.00

资料来源：Schwarz & Clore (1983, 表 3).

注意：得分越高表明越愉快。

用自己的情绪作为总体生活满意度的一个粗略指标，除非我们被提醒自己的情绪可能是由于像天气这类短暂因素引起的。

应该指出的是，这些结果不能归结为情绪一致的记忆。询问人们有关天气的问题不应该对情绪增加情绪一致内容的激活产生任何影响。因此，这些研究结果表明，情绪对判断的影响至少在一些场合下是由于它的信息价值。另一个从情绪作为信息的观点得出的预测也不能用情绪一致的回忆加以解释。这个预测是：情绪对判断的作用不应该依赖于用来引发情绪的内容与判断任务的相关程度。如果因为你刚刚读完一个儿童死于癌症的故事而感到悲伤，然后，运用这种坏情绪作为你对其他问题的情感指标。这种悲伤应该对与你所读故事有密切关系的判断（例如，癌症或其他疾病）和不相关的判断（例如，你的生活满意度，你的电视机的质量）具有同样的影响。

相反，建立在对情绪一致记忆解释基础上的网络模型认为，情绪只是激活的几个来源之一。语义联系也增加了记忆和观点的激活。因此，当情绪是由与判断有关的思维引起时，情绪的作用应该更强，因为在这种情况下，诱发情绪的内容及情绪本身增加了相关内容的通达性。如果你读完一个关于患病儿童的故事，那么与其他疾病有关的内容会通过与疾病有关的语义联系以及它与消极情感的联系而被激活。这些内容应该比那些与你的电视机有关的消极内容被激活得更强烈，因为后者只能通过与消极情感的联系来得到激活。因此，如果情绪一致的判断只是产生于情绪相关内容的启动，诱发情绪的内容与判断的对象之间的语义联系越强，情绪对判断的作用就应该更大。但情况并非如此。

在一个研究中，三组参与者由于阅读了一个学生因白血病、凶杀或火灾意外死亡的故事而产生了坏情绪。第四组为控制组，阅读一篇与死亡无关的故事（Johnson & Tversky，1983）。然后，让参与者评估自己对 18 种死亡原因的担心和忧虑程度，其中包括了上面操纵情绪的三种死因，以及与这三种原因类似的其他原因（例如，肺癌、交通事故、龙卷风）。还要求他们估计美国每年由于以上每种原因死亡的人数。所有三个故事都成功引发了坏的情绪，并且这些消极的情绪也引发了情绪一致的判断：阅读了悲伤故事的参与者与没有阅读悲伤故事的控制组相比，对提到的死亡原因报告了更大的担忧，对于死于每种原因的人数的估计也更多。而对目前讨论更为重要的是，它们提高了对所有风险因素的担忧的知觉，完全与参与者阅读的故事主题以及评价风险因素之间的相似性无关。例如，阅读了死于火灾故事的参与者与阅读了死于白血病故事的参与者相比，在对于白血病死亡频率的估计的增加是一样的。很难根据情绪一致的记忆去解释这种与内容无关的情绪对判断的普遍影响。不过，这些研究及相关的研究结果与这个观点是一致的：情绪为判断提供信息（Schwarz，1990）。

总之，情绪可以通过激活与情绪有关的内容和作为与判断有关信息的一种来源来影响判断。那么，这些作用在什么时候起作用呢？下面我们转向解决这个问题的一个理论。

情感注入模型 Joseph Forgas 提出了情感注入模型来预测什么时候情感会影响判断，以及它是通过何种机制来影响判断的（Forgas，1995）。这个模型认为，情感的影响依赖于个人运用的推理策略类型。对于那些能够通过*直接提取*以前储存结论来进行的判断，情感对判断产生的影响很小。如果我知道自己喜欢吃巧克力冰淇淋，我会告诉你我爱它，不管我的情绪如何。那些很少受情感影响的判断通常是受满足*指向性目标*的强烈动机所指导的，可能无视情感的影响。那些充满情感色彩的判断——即情绪一致的判断，产生于其他的两种推理策略。为了弄清这些问题，Forgas 对社会认知领域中运用快速、容易的启发策略、走推理捷径、花费最小精力的*启发式加工*，与需要对记忆进行广泛搜索、更精细地分析和系统推理、花费更多精力的*实质性加工*进行了区分。你可以回忆一下，在讨论目标对判断的影响中也有类似的重要区分：追求快速闭合的目标导致快速和容易的推理，也就是启发式加工，而追求准确的目标则会引起精细的推理，也就是实质性加工。

Forgas 提出，情感影响判断的机制将取决于个人运用这两个策略中的哪一个。当人们运用启发式加工时，他们运用情绪为判断提供信息。不对判断的目标进行精细分析，只是运用更简单的询问自己的策略："我对它的感觉如何？"。相反，当人们进行实质性加工时，他们会通过记忆精细搜索相关的信息。由于启动的原因，他们提取的东西不可避免地会受到情绪的影响而出现偏差。因此，由实质性加工而引起的判断会受到情绪的影响，因为它们依赖情绪一致的记忆。

不过，对于两种情绪一致判断的机制何时起作用，这种分析仍然存在争论（Schwarz & Clore，1996）。因为它并没有弄清楚为什么所有利用情绪作为信息的判断都被认为是建立在启发式策略的基础上。这些判断任务中的一些，例如对生活满意度的评价或对一个人生命中不同风险因素的担忧看起来是很复杂的。要获得对情感注入模型明确无误的证据，引导人们对相同的判断任务用不同的推理策略是必不可少的（可通过操纵准确性目标），表明情绪在每种策略情况下通过不同机制影响判断。据我所知，目前还不存这类数据。

我也对这个假定存在疑问：情绪一致的判断要么产生于情绪一致的记忆，要么是产生于把情绪作为信息，从不产生于这两者的共同作用。利用广泛记忆搜索的复杂判断并不排除情绪作为信息的价值；个人情感可以是许多要考虑的因素之一（例如，“他是聪明的，他是英俊的，我为他感到骄傲”）。如果情况真是如此，情绪的信息价值和它启动的情绪一致的记忆两者会共同地影响同一个判断。总之，有理由相信，两种机制都能引起情绪一致的判断。

情绪作为认知策略的一个决定因素

除影响判断的内容之外，情感也会影响我们运用于判断中的*认知策略*（Taylor，1991）。当情绪不好时，我们可能特别希望运用精细的、系统的加工策略，这至少有两方面的原因。首先，不好的情绪可能告诉我们遇到一个需要去处理的问题。然后动员认知资源去解决这个问题，这种强化的加工过程也可能推广到其他的判断任务中去（Schwarz，1990；Schwarz & Clore，1996）。其次，不好的情绪基本上是不愉快的。为了摆脱这种不愉快的状态，我们会让自己投入到一些分心的任务中去 (Isen，1987)。另一方面，由于同样的原因，当情绪好的时候，我们更有理由运用启发式的、简单的加工策略。好的情绪使我们觉得世界上的一切都是好的，不需要仔细评价自己的环境。这种“我有什么好担心的”心态会带到其他判断任务中去（Schwarz，1990；Schwarz & Clore，1996）。第二，因为好情绪是令人愉快的，我们希望延续它们，因此会尽可能避免那些破坏好情绪的任务。艰苦的思维就被看做是这样一种任务，因此会尽可能加以避免（Isen，1987）。愉快的情绪也可能在心里产生许多整合很好的愉快想法；停留在这些想法上只留下很少的认知能力用于其他判断的任务，从而引发粗略的、启发策略的加工（Isen，1987）。

尽管对情绪为什么影响认知策略的选择还存在一些争论，但几方面的研究支持这一结论：愉快的情绪通常有利于启发策略的加工，不好的情绪更利于系统的加工。下面讨论这个问题。

情绪与说服　目前的说服理论认为，当人们接收到说服信息时，会对它进行系统地加工，仔细地分析论证它，以决定是否自己应该被说服，或者运用启发式策略进行加工，利用快速和容易的线索，如果这个人提出的信息是令人喜欢的或可信的，就不仔细分析它的内容（见第3章）。许多研究已经表明，当人们以系统的方式加工信息时，更可能被强论证，而不是被弱论证所说服（综述参见 Eagly & Chaiken，1993；Petty & Cacioppo，1986）。例如，当要求学生支持在他们大学高年级进行综合考试的制度时，他们更容易被强论证所说服（例如，这个考试会提高学业方面的水平，改善大学的全国排名），而不会被弱的论证（例如，家长们写信支持这个考试，这个考试将消除对其他测验的需要而削减成本）所说服（Petty，Harkins，& Williams，1980）。不过，人们发现只有进行系统加工时，强论证比弱论证才更具有说服力。不管什么原因，如果人们分配很少的认知资源给予某种信息，以一种"快速和粗略的"启发策略的方式去加工它，他们不再能发现强论证比弱论证更具有说服力；他们不再把反应建立在论证质量的基础上，而是利用那个人传递信息的一些线索，如吸引力、令人喜欢或传递这个信息的人的专业知识。

这种坚实的研究结果为下面的假设提供了极好的检验基础：人们在悲伤时比愉快时应该更可能采用系统的加工。如果真是这样的话，在悲伤时，人们会对于说服信息中的论证的强度会比愉快时更敏感。几个研究表明，通常的情况确实如此（Bless，Mackie，& Schwarz，1992；Mackie & Worth 1991；综述参见 Eagly & Chaiken，1993；Schwarz & Clore，1996），检验情绪对反态度信息影响效应的典型结果是，悲伤的参与者表现出相对多的态度改变，以作为对强论证的反应，但对弱论证却不产生态度改变。相反，愉快的参与者表现出合适的、中度的态度改变作为对两类论证的反应。他们对论证的强度不敏感，对两种论证都表现出态度的改变。这表现为，人们在悲伤时比在愉快时，更可能仔细注意说服信息的内容；悲伤产生系统加工，愉快产生启发策略加工。

不过，在有些情况下，愉快的情绪也能够增加而不是减少对说服信息的系统加工。Duane Wagener 及其同事推论，在前面的研究中愉快减少对说服信息的系统加工，是因为在那个研究中信息总是反态度的，因此深思是令人不愉快的

（Wegener，Petty，& Smith，1995）。愉快的人为了保持愉快，会特别仔细地检查所有的潜在活动，以避免那些会削弱自己好情绪的任何活动。他们避免仔细考虑反态度的信息，因为这种活动可能是令人愉快的。因此，如果最初仔细的检查表明，活动是令人愉快的，会带来好情绪，愉快的人会特别可能从事这些活动。确实，Wegener及其同事发现，愉快增加了对如何改善寄养和增加其福利这类信息——既不是反态度的也不破坏情绪的积极信息——论证强度的敏感程度。

随后的一个研究表明，愉快的人对信息影响情绪的可能后果方面的信息也是特别敏感的（“你正在阅读文章的主要性质是它使人感到愉快 / 悲伤”）。当预期信息令人感到振奋而不是压抑时，愉快的参与者更容易被强论证而不是弱论证所说服。那么，当预期信息是令人高兴的和改善人的情绪时，愉快会增加系统的加工，而当预期信息是令人讨厌的时，会减少系统加工。而对情绪不好的人来说，会表现出不同的模式。Wegener和他的同事推论，当个体悲伤时，几乎任何活动都会比思考个体的悲伤更愉快（Wegener et al.，1995）。因此，很少有需要去对活动进行检验，以确定它们对他的感受影响如何。悲伤的人因此会全身心地投入到出现的任何活动中去，希望这能为他们驱走心中的不快。确实，悲伤的人表现出对信息的系统加工，不管这些信息是令人振奋还是令人压抑的。在两种条件下，他们都被强论证而不是弱论证所说服。

总之，有关情绪和说服的文献已经一致地表明，当我们悲伤时，特别可能从事系统的加工。当我们愉快时，倾向于避免使自己好情绪变得不愉快的系统加工，但是当预期信息会使自己情绪振奋时，会特别可能从事系统加工。

情绪和刻板印象 在对他人进行评价时，情绪可能影响我们在多大程度上利用刻板印象。一些理论家已经提出，刻板印象可能提供一个快速、容易的评价他人的方式。在评价某个女性时，有时更容易依靠对女性的一般预期而不是考虑和整合我们对这个女性的所有了解，特别是当她的行为很难解释时更是如此（综述参见Brewer，1988；Bodenhausen，1993；Fiske & Neuberg，1990）。因此，产生快速、容易的启发式加工条件也会引起刻板印象一致的判断。这种预测的另一个理由是，我们通常试图抑制刻板印象以避免偏见。这种抑制是需要资源和精力的，假如在这方面投入了足够的资源和精力，我们通常能够获得成功（Devine，1989；Kunda & Sinclair，1999）。但是，当分配到判断任务的认知资源太少，我们试图

运用花费精力少的心理捷径时，抑制刻板印象的努力就会失败，当这种情况发生时，我们的判断中就会表现出更多的对刻板印象的利用。

如果愉快使我们更可能从事快速和容易的启发式加工，它因此也会使我们在判断中更可能利用刻板印象。一些证据表明，情况正是如此（综述参见 Bodenhausen，1993；Schwartz & Clore，1996）。在一系列的研究中，Galen Bodenhausen 及其同事调查了愉快对利用刻板印象的影响（Bodenhausen，Kramer，& Susser，1994）。在一个研究中，通过指导语让一半参与者回忆一件让他们感到特别愉快的事，产生一种情绪愉快的状态。而控制组的参与者回忆一些日常的、情绪中性的事件。然后，在一个看似无关的有关法律思考的研究中，参与者先阅读有关一个行为不端学生的惩戒听证会的总结，然后要求他评价这个学生的罪责。这个学生的身份是变化的，有时他的刻板印象是从事犯罪活动群体的成员，有时不是。例如，一个案件中的情景是一个学生攻击他的同学。告诉一半的参与者，这个学生的名字是 Hispanic（意指西班牙裔美国人——译者注），这个名字容易与在校园可能从事攻击行为刻板印象的群体联系起来，告诉另一半参与者，这个学生的名字没有种族方面的独特之处。

在那些中性情绪的参与者中，学生的成员身份对于参与者评价他们的犯罪没有任何影响，在作出判断时，参与者并没有运用刻板印象。相反，愉快情绪参与者利用了刻板印象；当这个学生属于一个可能从事犯罪活动刻板印象群体的成员时，参与者认为学生更可能有罪。随后的一个研究表明，愉快的学生们倾向于把判断建立在个体所属群体的刻板印象的基础上，这是由于他们运用了花费精力少的启发式加工（Bodenhausen et al.，1994）。当愉快的参与者被引导从事更花费精力的加工时（告诉他们应像一个真正的陪审团成员一样，必须为自己的判断负责），刻板印象不再对他们评价罪犯产生影响。

在这些研究中，还不清楚愉快情绪增加了对刻板印象的利用，是因为它减少了对其他有关信息的利用，还是因为它使我们放弃了压抑消极的刻板印象的努力。不过，在任何情况下，这一点是很清楚的：愉快的情绪导致运用花费精力较少的加工，因此在评价他人时，增加了对刻板印象的利用。令人欣慰的一面是，并不是在任何愉快的场合我们都是注定有偏见的。当具有准确性动机时，我们会投入更多的精力，这样做会停止作出刻板印象的判断。应该指出的是，这里的判断任务是对犯罪行为定罪，是一种破坏我们好情绪的事情。这可能是为什么愉快的人运用启发式加工处理它的原因。前面描述的情绪对说服影响的研究表明，当要求一个人想象一些更积极的后果时，例如谁会赢得令人喜欢的奖赏时，会表现出一种不同的模式（Wegener at al.，1995）。在这种情况下，如果预期判断是令人高兴的和令人振奋的，愉快情绪的人比那些处于平常情绪的人会花更多而不是更少的精力到判断中，更少利用刻板印象。情况是否如此，还有待进一步证明。

悲伤的情绪同样会影响刻板印象的利用。如果悲伤的情绪使我们更可能运用花费精力的、系统的加工，它应该能减少对刻板印象的利用。与这种预期一致，一些研究表明悲伤的人更多运用花费精力的加工，因此在评价他人时更少利用群体刻板印象（Schwarz & Clore，1996）。但这只限于消极的刻板印象。一系列的研究表明，悲伤减少了对消极刻板印象的利用，但并不影响对积极刻板印象的利用（Lambert et al.，1997）。这种由悲伤情绪引起的精细思维会使人们认识到，运用消极刻板印象是不恰当的，因此减少了对它的运用。相反，积极的刻板印象并不注定是不恰当的，因此对它们的利用不会减少，即便由于悲伤引起了仔细的反思。

几方面的研究表明，情绪可能影响加工的方式。在很大程度上，悲伤引起更精细的、系统的加工。愉快通常引起更粗略的、启发式的加工。如果愉快的人预期精细的推理是令人愉快的，或如果他们有其他的原因去从事精细的推理如准确的期望，这种倾向是可以克服的。

总之，“暖认知”这一术语被证明是相当贴切的。它不但生动说明了判断和决策会被愿望和情绪“温暖起来”的事实，而且说明了“暖”对认知过程的作用，以及通过认知所起的作用。动机和情绪对运用哪种认知策略和哪些认知结构产生影响。这些反过来会使我们的判断出现偏差。

总 结

指向性目标即得出某种结论的动机，会使判断出现偏差。它们通过有偏向地选择个人在推理过程中通达的观点和规则而产生影响：我们特别可能通达那些支持自己期望结论的观点与规则。指向性目标也影响投入到判断中的精力的多少；当遇到不合意的证据时，我们会特别努力地去驳斥它。尽管动机会使判断出现偏差，但它并不会使我们对现实视而不见。只有当能证实它的合理性时才会得出期望的结论，但我们这样做的能力受到现实和合理性的限制。

由指向性目标驱动的推理会导致积极错觉。在这些方面它是有利的：它能增加我们的动机、精力和面对困难任务时的毅力，最终达到自我实现。然而，当积极错觉导致我们不重视现实中威胁的严重性，阻止我们采取必要的保护措施时，则会使我们遇到严重的问题。

准确性目标也就是找到最好的解决方案的动机，它导致人们投入更大的精力到判断任务中，进行更复杂和精细的推理，努力搜索最可能的推理策略。当一个喜欢反思的策略确实更好时，会改善判断。不过，当它们导致人们提取那些自认为更好而实际更糟的策略时，准确性目标也会降低判断的质量。

我们具有的目标种类会受到心态的影响。在作出决策的过程中，我们会处于一种审慎心态，要求仔细考虑所有的选择，导致准确性目标。不过，一旦我们作出决策，会转向一种工具心态，关注已经作出的选择，产生指向性目标。

我们的判断受到自己情绪的影响。在愉快时比悲伤时用更积极的方式看待自己的财产、领导、幸福及其他许多问题。情绪通常影响判断，因为它在心里产生与判断有关的情绪一致的内容。当情绪起信息源的作用时，情绪也会影响判断；当确定对一个客体的喜欢程度时，我们可能问自己在思考那个客体时的感受如何。有时，当前的情感也会受其他因素如音乐或天气的影响。如果我们没有意识到情绪的实际来源，可能错误地把它归因为所判断的客体。不过，当我们认为自己的情绪不是一个客体的情感指标时，就像把情绪归因于不同来源一样，它们不再影响对那个客体的判断。情绪也可能影响对认知策略的选择：在悲伤时，我们喜欢系统的加工。相反，在高兴时，通常喜欢启发式加工；假如我们预期自己喜欢系统加工，我们则会转向系统加工。

第7章

自动化加工：缺乏意识、目的、控制或努力的判断和行为

20世纪70年代中期，许多社会心理学研究都或明或隐地认为，人能够意识到形成判断和行为的认知加工，能够监督和控制这些加工。这种观点现在已经发生改变。当认知心理学家对这些假设开始提出质疑时，社会心理学家很快就紧随其后。到20世纪80年代后期，人们已经很清楚，许多心理过程是在几乎没有意识或目的的情况下进行的（综述参见 Uleman & Bargh，1989；Wegner & Bargh，1998）。在这一章，我会对一些证据加以综述。这些证据表明我们能对各种物体、人和情境作出自动化的反应，但这种自动化反应会歪曲我们的判断、影响我们的行为，尽管我们对正在发生的这些毫无所知。

本章讨论的许多观点是有高度争议的。因此，我会把相当的篇幅放在讨论导致这些观点的研究和方法方面，我会努力去回答这样一些问题：我们为什么会说人们没有意识到他们的判断受到某种因素的影响？为什么那些只能由潜意识觉察到的刺激会使判断出现偏差？如何才能确定人们自动化地、不费力地以及经过很少思考和分析就能很快得出关于他人的结论的？如何才能检验人们控制自身思想的能力？

自动化加工与控制性加工

你为什么如此粗鲁地打断你朋友的讲话？为什么你决定雇佣安妮而不是菲利浦？为什么加里让你感到很不舒服？我们经常充满自信地回答这些关于行为、思

想和感觉原因方面的问题。我们非常确定地相信，自己能幸运地获得许多相关的信息——我们知道此时此刻自己的头脑在想什么，知道自己喜欢的东西和不喜欢的东西，知道自己通常是如何思考和行事的。然而，我们的行为、想法和情感也受一些自己没有意识到的因素影响。你没有意识到你打断了你朋友的讲话是因为你刚才阅读的文章中都是些强有力的、充满自信的人，你没有意识到自己想雇佣一位女性的愿望导致自己以赞赏的方式看待安妮的背景，你没有意识到加里让你感到不舒服是因为他长得像一位你憎恨的高中老师。

弗洛伊德及其追随者使这种观念变得通俗化：心理生活的许多方面都是在意识之外进行的。在弗洛伊德的理论中，具有威胁性的内容通常会被压抑到意识以下以免受到关注。而有关无意识加工的现代观点却不需要这种主动的压抑。现代的观点认为，认知和情感系统结构中的许多活动是不能通过简单的内省就可通达的，我们通常不能控制和监控它们的执行过程（Kihlstrom，1987）。

对这种无意识的、自动化加工经验的研究始于 20 世纪 70 年代。在这个时期，理论家们对自动化的加工和可控制的加工进行了区分（Shiffrin & Schneider，1977）。**自动化加工**是指那些在**意识**之外进行的加工；是在没有**目的**的情况下完成的；是**不可控制**的，一旦开始就不能阻止它们；是**高效率**的，只需要很少的认知资源，能够与其它加工同时进行。知觉的许多方面都是以这种自动化的方式来进行的。例如，我们用于确定物体大小和距离的心算过程完全是自动化的——它们不需要任何的精力和目的，不受意识监视或控制的影响。另一方面，**控制性加工**则可以用一些相反的特征来加以描述——它们是在有目的、有意识的情况下完成的；是可控制和可监视的；需要相当多的精力，当认知资源受到限制时，它们就会受到干扰。

最初，自动化加工和控制性加工被认为是绝对分开、相互排斥的。每种加工或者被认为是完全自动化的，即具有自动化加工的所有四个特征；或者被认为是完全可控制的，即具有控制性加工所有四个特征。然而，后来的研究证据表明，很少有高层次的认知加工能满足这些苛刻的标准（Bargh，1989，1994，1996；Zbrodoff & Logan，1986）。实际的情况是，许多加工在一些方面是自动化的，而在其他方面又是可控制的。例如，如果你是一个有经验的司机，你可以行驶很长距离而没有意识到自己正在驾驶汽车，你驾驶时毫不费力，还可以边听音乐边和别人谈话。在这些方面，你的驾驶是自动化的。然而，你的驾驶缺少自动化其他方面的特征。它不能被认为是无目的的，你已经做了有意识的决定让这辆车行驶。你的驾驶也不是不可控制的，在任何时候都可以选择停止它或监控它。社会判断的许多过程都是自动化和可控制特征的混合。例如，当美国白人遇到一位亚裔美国人时，对亚裔美国人的刻板印象会自发地出现在他们的心里，对他们而言，这是没有任何目的的。但这种情况只是在具有充足的认知资源时才会发生（Gilbert & Hixon，1991）。换句话说，刻板印象的激活是没有目的的（自动化过程的一个特征），但它是需要花费精力的（可控制过程的一个特征）。

我们的许多判断、情感和行为是自动化完成的，是受一些没有意识到的因素影响的，是不能控制的，这种观点历来存有高度争议。这方面的研究表明，实际情况确实如此。现在这种观点已经被广泛接受，对于什么是自动化加工的证据已经形成了相当一致的意见。目前研究的精力主要集中在运用这些方法去探索以下问题：我们的哪些反应是自动化的？我们会自动化地激活和运用刻板印象吗？我们会自动化地从人的行为来推断他的性格吗？哪些物体和事件能引起自动化的情感反应呢？

旨在证明自动化加工的大多数社会心理学的研究一直关注自动化的两个标准：缺乏意识和高效率（尽管缺乏意识通常也被认为意味着缺乏目的和控制——假如我没有意识到影响我的判断的一个因素，我也就很可能没有让这种情况发生的打算；假如我没有意识到正在出现的加工，就不能控制它的执行）。如何才能证明人们没有意识到哪些因素决定他们的判断、情感和行为呢？如何才能证明一个加工的完成是高效率的呢？下面有关自动化加工的讨论主要是围绕研究方法来加以组织的，这些研究和方法可以回答上述问题。

缺乏意识

内省的失败

在一篇具有高度影响的文章中，Richard Nisbett 和 Timothy Wilson 认为，我们通常很少能通过内省进入高层次的认知过程；我们可能完全没有意识到各种因素在影响自己判断和偏好中的作用（Nisbett & Wilson，1977）。我们可能没有意识到自己政治态度的转变是一位朋友评论的结果，对一个问题精明的解决方法实际上是由于一位老师的微妙暗示而产生的，或者选择某个品牌的牙膏是由于它在超市货架上的位置。在这些例子中，我们通常对自己如何形成判断能提供自信的报告，但是这些报告是不可信的，因为它们不是建立在直接内省的基础上。相反，它们是建立在关于哪些因素可能影响哪类判断的因果关系理论的基础上的。

为了说明这类内省的失败，Nisbett 和 Wilson 进行了一系列的研究。这些研究都采取了相同的形式：一项实验显示，某个特定的因素影响了判断，实验者对此进行了评论；那些听过这个评论的人与那些没有听过这个评论的人相比，做出了不同的判断。然而，当参与者接受访问时，他们否认这个因素对自己的判断产生过任何影响，通常会坚持自己的判断是由不同的因素造成的。当有证据证明某个因素实际产生了影响，而参与者又否认这个因素的影响时，就可以看做这是内省的失败。

Nisbett 和 Wilson 指出，许多经典社会心理学实验中的参与者似乎都没有意识到其实在他们判断中起关键作用的是哪些因素。不协调理论最重要的研究者证实，在不协调研究中这种情况是常见的；参与者通常都否认引发不协调的操作影响了他们的态度。例如，一个经典的研究表明，那些为加入一个群体而经受了痛苦仪式的人会更加喜欢这个群体（Aronson & Mills，1959）。不协调理论认为，人们对这个群体更加喜爱，只是为了证明他们经受这个痛苦仪式是合理的，否则，这种行动看起来就是愚蠢的。然而，在这个研究中的参与者都否认这一点，就像 Aronson 所指出的："当我向被试解释这个理论时，他们一般都会说它似乎是很有道理的，别的被试可能就是像我说的那样进行推理的，但他们自己不是这样的。"（Nisbett & Wilson，1977，p.238）。另外一些经典的研究也表明，周围的其他目击者和旁观者越多，人们去帮助一位处于困境中的人的可能性越小（Latane & Darley，1970）。然而，这些研究中的参与者通常都坚持认为，他们的行为并没有受到他人在场的影响。

Nisbett 和 Wilson 进行了一系列研究以证明这种现象广泛存在。在这些研究中，他们创设一些情境，认为人们在这些情境中对影响自己判断的关键因素会产生错误的观点。他们推论，如果人们对影响他们判断的解释是建立在先前的因果关系理论的基础上，而不是通过直接的内省获得的，那么，当人们判断受到那些高度反直觉的因素影响时，人们就会提供不准确的解释。在某购物中心进行的一项研究中，先询问那些路过的人，柜台上四双袜子中哪一双的质量是最好的，在他们做出选择以后，要求他们说明理由。实际上，这四双袜子是完全一样的。然而，参与者都表现出强烈偏爱最靠右手边的那一双的倾向。但没有任何一位参与者在他们说明的理由中自发地提到袜子摆放的位置对其选择的影响。当直接询问他们这一点时，所有的人都对此予以强烈的否认。

在 Nisbett 和 Wilson 的另一个研究中，参与者观看对一个带有浓重欧洲口音的教授进行访谈的录像带。在一盘录像带中，这个教授看上去是个热情、和蔼可亲的人，而在另一盘录像带中，这个教授看上是个很冷漠、令人不愉快的人。那些看到热情教授的参与者认为他的口音具有独特的风格，外貌看上去很有吸引力，而那些看到冷漠教授的参与者却认为同样的特征是令人不愉快的。很明显，教授的热情、和蔼可亲影响了参与者对教授个人特质的评价，但参与者都强烈地否认这一点。而那些看到冷漠教授的参与者认为因果关系的方向是相反的；他们认为对这位教授的喜欢水平下降是因为他令人讨厌的口音、风格和外貌。

这些类似的研究表明，我们的判断通常是自动化的，以至于我们没有意识到判断背后的认知过程。最近，Bargh 及其同事运用类似的策略进行的研究表明，复杂的社会行为有时也可能是自动化的（Bargh，Chen，& Burrows，1996）。在一个研究中，研究者首先启动“粗鲁”和“礼貌”的概念，然后在一个看似无关的背景中检查这种启动是否导致人们以一种粗鲁或礼貌的方式行事。实验中告诉参与者他们将参与关于语言的两个不同的研究。参与者的第一个任务是整理一系列混乱的句子。每个句子包含五个打乱顺序的单词如“he it hides finds instantly”，要求参与者尽快构造一个有四个单词的正确句子。这个任务是用来启动想要的概念。参与者只参与这个任务三种形式中的一种。在第一种形式中，启动特质“粗鲁”，任务中一半的句子包括了与“粗鲁”有关的单词，如鲁莽、粗鲁、打扰。在第二种形式中，启动特质“礼貌”，任务中一半的句子都包括了与“礼貌”有关的单词，如礼貌、谦虚和体贴。第三种形式是控制组，句子中包含的只是与“粗鲁”或“礼貌”无关的单词。实验者并不知道参与者完成的是哪种形式的任务。

每个参与者单独完成这项任务。当他们完成这项任务后，发现实验者正与另一位对这个实验的指导语理解有困难的参与者（实际上是实验者的同伙）进行一段冗长的对话。实验者完全没有与这名参与者打招呼，也没有与其进行眼神接触，只是在不断地回答他提出的各种各样的问题。这种交谈一直持续 10 分钟，或直

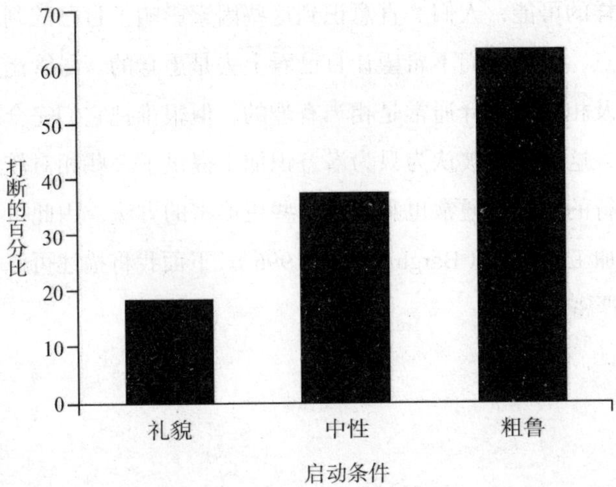

图 7.1　在特质启动的条件下，在 10 分钟内打断实验者的参与者的百分比

资料来源：Bargh et al. (1996, 图 1, p.235). Copyright © (1996) by the American Psychological Association. Reprinted with permission.

到这位参与者试图用某种方式如“请原谅”或“对不起”来打断它。就像在图 7.1 中所看到的，启动的操作对于参与者是否打断实验者的谈话具有重要影响。与那些被中性词启动的参与者相比，那些被“粗鲁”启动的参与者更可能去打断实验者的对话，而那些被“礼貌”启动的参与者更少去打断实验者的谈话。但是，当被问到这一点时，没有一位参与者报告启动的操作影响了自己的行为。看来情况好像是，我们完全没有意识到情境中的细微因素可能决定着我们的社会行为。

从这个范式中可以得出这样的结论，人们没有意识到自己判断和行为的原因，因为他们否认那些因素影响了他们的反应。这个范式提供了强有力的证据，它表明人们在正确地报告影响他们反应的各种因素方面是不可信的。这个结论及其对心理学方法的意义已被广泛地接受。目前对此已达成共识：我们不能因为参与者说了什么就认为我们的实验操纵已经成功地获得（或没有成功地获得）预期的效果。

但这个范式能证明人们完全没有意识到哪些因素决定他们的反应吗？对此存在很多的争议。批评者们提出了各种理由说明为什么这个范式不能提供无意识加工的结论性证据（Ericsson & Simon，1980；Smith & Miller，1978）。情况可能是，参与者在作出判断和行为时其实是意识到实际原因方面的因素的，但后来忘记了它们；还有这样的可能，人们一直意识到这些因素影响了自己的判断，但选择性地不报告这一点，因为他们不希望让自己看上去是愚蠢的。尽管运用于某个具体实验时，这些及相关的解释通常是相当有趣的，但很难把它们完全排除在这个范式之外。因此，这个范式被认为只为潜意识加工提供了一些相对较弱的证据。运用这种方法进行的研究，通常也利用了一些更严密的方法，因此可以排除那些运用有意识策略加工的解释（Bargh et al.，1996）。下面我将描述可以证明潜意识会影响判断的更严密的方法。

内隐记忆

大脑某些区域的损害会引起健忘症。健忘症病人具有正常的知觉、语言和智力功能，但不能有意识地回忆近期的经历。如果你教这样的病人一项新的技能、新的信息或一组新的单词，这位病人在随后的场合里几乎不能有意识地回忆起所学的东西。确实，这位病人甚至对发生过的教学过程也不记得。然而，神经科学家却发现了一个值得注意的现象：尽管健忘症病人对过去的经历不能有意识地回忆，但他们随后的判断和行为仍然受到这些经历痕迹的影响。尽管这个病人不能回忆起这个技能的练习过程，但病人练习过的运动技能方面的表现会得到改善。一位病人尽管不能够回忆起新学过的事实，但能够叙述它们。一个病人不能够说出包含在单词系列中先前见过的某个单词，当给出这个单词的前三个字母时，他却能够完成这个单词（综述参见 Schacter，1987；1996）。

关于大脑受损病人的研究对理解正常大脑是如何工作的提供了一些新的启示。把所有这些放在一起考虑会发现，健忘症病人的记忆的失败和成功可能意味着不止一种记忆。把外显记忆即早期经历的有意识的回忆，和内隐记忆即过去经历对目前的判断、情感或行为的无意识影响二者之间作出区分可能是有益的；健忘症病人明显缺乏外显记忆，但他们的内隐记忆却没有受到损害。在正常人中是否也可以找到这种分离呢？我们的反应会受到不能回忆起的经历的影响吗？大量研究表明，答案是肯定的（综述参见 Schacter，1987）。

如果你学习了一组包括“octopus”的单词串，并随后要求完成这个单词填空“O _ T _ _ U S”，你会比那些先前没有在单词表上看过这个单词的人更容易地正确完成它。这是一个标准的、并不特别令人吃惊的启动效应。然而，令人感到吃惊的是，即使你不能有意识地回忆起看过单词“octopus”，但你在这方面仍具有优势。在一项证明外显记忆和内隐记忆分离的研究中，先让人们学习一组单词，然后在一天或一个星期后让他们完成两种不同的记忆测验（Tulving，Schacter，& Stark，1982）。一个测验采用外显的、有意识的记忆，检查参与者是否能够再认曾经出现在单词组中的单词。给予参与者一组单词，它们由先前看过的 24 个单词与新增的 24 个单词混合而成，要求他们指出每个单词是否在先前学过的单词组中出现过。毫不奇怪，参与者一个星期后准确识别他们先前学过单词的能力要比一个小时后差很多。但在第二种测验中却出现了不同的情况，这种测验通过检测参与者是否正确地完成先前学过单词的完形补缺来评估启动情况。那些在单词组中曾经出现过的单词确实被启动，并且这种启动效应在一个星期后与一个小时之后一样强。确实，被启动单词的有意再认经过一个星期的延迟后已有实质性下降。而参与者不能回忆起的单词与他们所能记住的单词具有同样强度的启动效应。换句话说，内隐记忆在外显记忆下降的时候仍然保持一样的强度。其他一些研究也得出了类似的结果（Jacoby & Dallas，1981）。它们都表明，即使不能再回忆起某些经历，过去的这些经历却仍然能影响我们的判断。

这种不能明确回忆的先前经历有可能造成一个不幸后果，即造成一种非故意的剽窃（Brown & Murphy，1989）。当你上一堂课、阅读一篇文章或与一位朋友交谈时得到一种观点，它可能在随后的日子里突然出现在你的头脑中。如果那个时候你不再能回忆起你第一次是在哪里得到这个观点的，那么你可能就会误认为它是你自己的观点。这也是为什么科学家和艺术家对于观点的来源常常出现争论的原因之一。例如，弗洛伊德就描述过这个问题，当他提出一种新的理论时，一位以前的同事指出在他提出那个理论的前几年，他就给弗洛伊德提过这个观点。当时弗洛伊德否认了那个人说法的真实性，但令他难堪的是，他后来确实回忆起先前发生过这样的事情。另一个著名的例子是，披头士合唱队的乔治·哈里森在一次诉讼中被控告其歌曲《我亲爱的上帝》（*My Sweet Lord*）的乐曲抄袭了 Chiffons 早期创作的一首歌曲《他非常棒》（*He's so fine*）。哈里森承认自己在创作这首歌之前听过那首歌，但是他否认是有意去抄袭它。法庭最终虽然认可这种抄袭可能是非故意的，但是从法律角度说，哈里森要为侵犯他人著作权而负责（Brown & Murphy，1989）。控制的实验也表明，人们可能误将他人创作的东西当做是自己的（Brown & Murphy，1989）。

一个人甚至可能不知不觉地抄袭自己的观点（Brown & Murphy，1989）。一位著名的社会心理学家时常喜欢自嘲地叙述自己是如何提出一个看似重要的新观点的。由于感到非常兴奋，他坐在书桌前伏案研究这个新观点的影响及其意义，设计证明其真实性的实验。一天中午的时候，他突然意识到自己正在重新设计的实验来自于几十年前他做过的博士论文……这种对别人或自己的非故意剽窃可看做是回忆记忆来源失败的一个例子；一个人能回忆起以前遇到的信息，但却回忆不起它的来源（Johnson et al.，1993；参见第 5 章）。

对内隐记忆的讨论经常避免使用“无意识”影响这个术语以避免争论。批评者们指出，要证明在内隐测量中揭示的效应完全是无意识的，或者通过看似没有任何意识回忆的外显测量来揭示所有的意识经历是很困难的（Jacoby，Lindsay，& Toth，1992）。例如，当人们用先前看过的单词完成单词补缺时，要证明他们完全没有意识到自己以前看过这个单词是很困难的。即使他们不能成功地识别出某个单词在以前的单词组中出现过，但仍然在某种程度上能意识到以前见过它。下面所要讨论的是，当让有意识的加工与无意识的加工竞争时，这些担心就可能减轻。

有意识加工与无意识加工的竞争

当你给一位朋友讲一个笑话时，这个笑话在你的记忆中会变得更具有通达性，你很可能会再次讲同样的笑话。为了阻止自己变成一个喜欢重复、令人厌烦的人，你可以有意识地回忆你已经给某个朋友讲过这个笑话。在这个例子中，过去经历的无意识影响和对那个经历的有意识回忆将把你推向相反的方向。如果你只是受这个笑话无意识启动的影响，你会不断重复它。但是，如果你记得曾讲过这个笑话，你就会避免这种重复。Larry Jacoby 和他的同事认识到，这种将有意识加工和无意识加工进行对立的范式能为无意识加工提供强有力的证据（Jacoby et al.，1989）。

在内隐记忆的许多研究中，有意识记忆和无意识记忆能在相同的方向上影响参与者。例如，对以前看过的某个单词的有意识回忆和被那个单词无意识启动的经历，两者都会导致你正确地完成单词补缺。在这种情况下，看起来无意识的启动效应实际上应归因于实验者没有成功觉察到的意识的作用。但是，当两种过程在对立的方向起作用时，就不必有这种担心。很明显，除非有意识记忆失败，你才会重复一个笑话。因此，任何重复都可以被看做是无意识影响的证据。就像下面所描述的那样，运用这种逻辑，Jacoby 及其同事获得了无意识会影响判断的强有力证据。

一夜成名　Sebastian Weisdorf 很出名吗？这个时候，你可能会说：不。你会非常自信地认为你以前从未见过这个名字。但是如果我明天再问你这个问题，会怎样呢？这时，你已经在这里短暂地见过这个名字，只是把它作为一个不出名人物的例子。如果你能确切地记得你在哪里和为什么看到 Sebastian Weisdorf，你会很自信地说他是不出名的。但是如果你不记得在哪里看过这个名字，会怎么样呢？你会觉得这个名字看上去好像有点熟悉，毕竟你以前已经看过它。如果你把对名声的判断建立在熟悉感的基础上，你就会错误地认为这个名字是很出名的。通过这种方式，Sebastian Weisdorf 就可能会变得一夜成名。

注意，在这个例子中有意识记忆和无意识记忆以一种对立的方向在影响着你。读到这个名字时产生的无意识启动会导致你认为它是出名的。但它是作为一个不出名的人的例子给出的，有意识记忆应该使你认为它是不出名的。因此，如果你错误地认为它是出名的，那么就是因为无意识启动的影响。为了证明这种无意识影响，Jacoby 及其同事检验了人们是否会错误地将先前看到的不出名的名字当做出名的（Jacoby et al.,1989）。实验的第一阶段是一个有关发音准确性的研究。在电脑屏幕上一次给参与者呈现 40 个不出名的人名，要求他们大声地读出它们。在第二阶段，参与者进行名声判断，有的是立即进行，有的是在 24 小时之后进行。实验时提醒参与者，他们在实验第一阶段看到的名字都是不出名的，现在将向他们呈现一个名单，在这个名单中，既包含那些不出名的名字，也包含新的不出名和出名的人名。而且告诉他们，这些出名的人并不非常有名，他们也不必描述这个人是做什么才变得有名的。然后，呈现给参与者一个名单，其中包括那 40 个前面实验中见过的不出名的名字，20 个新的不出名的名字，以及 60 个较有名的人的名字，要求参与者判断每个名字是否出名。

当参与者立即进行测试时，与那些新的不出名的名字相比，参与者更少错误地把先前看过的不出名的名字看做是出名的。这表明，在他们看过这些名字的实验之后立即测试，参与者仍然能够有意识地回忆起在哪里看过它们，因此能够避免错误地把它们认为是出名的。而在延迟 24 小时以后，则出现了另一种情况。可以预料的是，这个时候他们在回忆前一阶段实验中看过的那些名字时会有一些困难，但这些先前看过的名字仍然会被启动。确实，在延迟 24 小时之后，与那些新的不出名的名字相比，那些先前已经看过的不出名的名字被误认为是出名的情况更常出现。对于先前看过的不出名的这些名字，错误率的提高必然是由于无意识启动；如果参与者仍然能够有意识地记得在先前的名单中看过哪些名字，他们就不会认为它们是有名的。在这类研究中，无意识加工与有意识加工是竞争性的，为判断的无意识影响提供了强有力的证据。

错误的名声判断可以被看做是来源监控失败的另一个例子（Johnson et al., 1993；见第 5 章）。人们能正确地辨认出一个名字是熟悉的，但却不能正确地识别这种熟悉性的来源。他们错误地把对这个名字的熟悉感归因于它的名声，而不是由于它们在先前的名单中出现过。这种现象也提供了一个例子说明人们习惯利用他们的主观经历作出判断（Schwarz & Clore，1996）。就像我们根据自己的心情来判断自己对他人的态度（见第 6 章），我们也会根据提取事例的容易程度来判断它们出现的频率（见第 3 章），根据被唤醒的程度来判断自己烦恼的程度（见第 6 章），根据对名字的熟悉程度来判断它的声望。如同前面的探讨所指出的，以这种方式依赖个人主观经历会产生的问题是，我们很容易弄错经历的来源。当这种情况发生时，我们可能做出错误的判断。为什么我们对自己经历的来源出现如此错误，一个原因就是我们通常没有意识到引起这些经历的因素。

总之，有相当多的证据表明我们没有意识到各种经历对自己的判断、思想、行为所产生的影响，即使不能回忆起这些最初的经历，这些影响仍会持续存在。迄今为止所讨论的研究都涉及这样的情境：人们最初意识到一种经历，但没有意识到这种经历对他们后来的反应的影响。我们也会受自己从未意识到的经历影响吗？潜意识觉察的信息也能对我们的思维、情感和行为产生影响吗？人们越来越一致地认为这种情况确实能够发生，就像下面所讨论的一样（Greenwald，1992；Kihlstrom，1987；Merikle，1992）。

阈下知觉

这种情况是可能的：在你面前闪过一些单词或图片，速度是如此之快以至于你对闪过的东西没有任何意识，无法报告你看到了什么。尽管你对闪过的刺激缺乏有意识的经历，但这些刺激仍然影响你随后的反应，那么就可以认为你已经阈下或潜意识地知觉到这些刺激。许多研究者根据这个逻辑来证明阈下知觉。现在已经有大量研究成功地获得了证据，说明人们能够被不能报告出的见过的刺激启动：短暂闪过的刺激能够影响那些在无意识启动任务方面的表现，如完成单词补缺，尽管像单词再认这样的外显测量表明参与者没有意识到曾经看过这些单词（综述参见 Kihlstrom，1987；Merikle，1992）。

因为这些研究是建立在对阈下刺激的内隐和外显记忆的测量进行分离的基础上的，那些反对运用这种分离方法去证明内隐记忆的批评对于这些研究是同样适用的。刺激的无意识知觉的假设依赖于这样的研究成果：外显的测量没有表现出任何有意识知觉的证据。但是我们如何能够确认这些测量包括了全部有意识的经历呢？很难排除这种可能性：参与者是意识到刺激的，但由于外显测量不够敏感而没有测量到它们。就像在内隐记忆中所做的那样，通过让有意识的加工与无意识的加工相互竞争来排除这种担心是可能的（Debner & Jacoby，1994；Merikle，Joordens，& Stolz，1995）。

在运用这种方法进行的一个研究中，启动词（如 spice）在每次实验中短暂地呈现（Debner & Jacoby，1994）。随后给参与者一个词干（如 spi___），要求他们可用除刚刚见过的单词以外的任何一个单词来完成它。如果参与者知道他们已经看过单词 spice，就会避免使用它来完成这个单词补缺。确实，当启动词出现的时间足够长到允许有意识知觉时（500 毫秒），那些被它启动过的参与者与那些没有被它启动过的参与者相比，更少运用这个单词去完成补缺。这表明有意识知觉可以成功地将这个启动词排除在外。反之，如果这个启动词出现的时间太短不足以引起有意知觉时（50 毫秒），那些被这个单词启动过的参与者与那些没有被它启动过的参与者相比，更多地运用这个单词去完成补缺。这些参与者不能排除这个启动词，因为他们没有意识到刚才见过它。但它影响了他们的反应，表明那是在意识之外知觉到的。

运用这种让有意识加工与无意识加工相互竞争的方法进行的研究所提供的强

有力的证据表明，我们能够无意识地知觉，并会受那些从未意识到的刺激的影响。而且，这些研究的结果表明，运用不太严密的方法研究获得的下意识知觉的事实是可信的。例如，现在可以确定，只呈现短暂的 50 毫秒的刺激只能够阈下知觉到。那么，可以合理地假定，在其他研究中呈现同样短暂的刺激也涉及阈下知觉，即使那些研究并没有使用把无意识加工与有意识加工竞争的方法。大多数探索阈下知觉影响的社会认知研究没有使用这种对立加工的方法，而是根据不太严密的方法在缺乏外显再认的情况下证实内隐影响。不过，考虑到用更严密的方法进行的研究获得的这类影响的证据，认为他们已经证明了无意识影响的假设看来是合理的。

社会心理学家感兴趣的是，更复杂的社会判断是否也受到阈下呈现刺激的影响。许多研究表明，当一个人被某个人格特质启动时，会影响这个人在该特质方面对他人的评价。例如，要求参与者整理一些隐含敌意的句子（如“他踢她几下”）的任务从而启动参与者的敌意，结果发现，这些参与者评价那些在随后不相关的情境中遇到的人时更具有敌意（Scrull & Wyer，1979）。John Bargh 和 Paula Pietromonaco 研究了这些特质在意识之外的阈下启动时，相同的结果是否也会出现。这些特质仍然会影响参与者的社会判断吗？在他们的研究中，参与者首先完成一项“警觉任务”，要求他们每次看到面前屏幕上出现一个闪光时，就按一下按钮（Bargh & Pietromonaco，1982）。事实上，每次闪光都代表一个单词，只是呈现的时间很短（100 毫秒），接着是一连串的 Xs 以有效地掩盖它。在这种条件下，要有意识地觉察到用这种方式呈现的单词是很困难的。在以这种方式呈现的 100 个单词中，一定比例的单词与敌意有关（例如，敌意、咒骂、猛击）。在不同的条件下，敌意单词出现的比例是 0%、20% 或 80%，分别代表对敌意没有任何启动、弱启动或强启动。

为了确定参与者没有意识到启动的单词，另一组的参与者经历了在强启动条件下所运用的相同程序。与实验组的参与者不同的是，他们被告知一个单词会在每次实验验中一闪而过，要求他们猜测这个单词。他们正确猜中敌意单词的概率低于 1%，表明他们不能有意识地觉察这些单词。那么，这些不可觉察的单词是否也会影响随后的判断呢？其他一些参与者（他们没有被要求猜测单词）接着完成另一个任务，在这个任务中要求他们阅读一段对一个叫唐纳德的男人的描述，他参与了一些稍带敌意的行为。在这段描述中不清楚他这样的行为是因为他真的有敌意，还是因为情境所迫（例如，“他拒绝付租金，直到房东重新粉刷这间公寓为止”）。尽管参与者没有意识到见过这些敌意的单词，但是这些单词影响了他们对唐纳德的评价。他们见过的单词越具有敌意性，对唐纳德的评价就越消极。这是证明对他人的判断受到意识之外觉察到信息的影响的第一个研究。

自此之后，其他许多研究已经证明了阈下呈现的信息能够影响我们的判断、情感和行为。许多这类研究一直关注刻板印象的自动激活，在第 8 章会更详细地进行讨论。这里用一个简单的例子就够了。在美国文化中盛行的对黑人的刻板印象包含敌意的特征（Devine，1989）。已有研究表明，这种刻板印象能被阈下呈现的与刻板印象有关的内容激活，会影响随后的判断和行为。那些在阈下接触了与刻板印象其他方面有关单词的美国白人，对上面描述的具有模棱两可敌意的唐纳德的评价会更为消极（Devine，1989）。同样，那些阈下接触了非裔美国人的相片的非非裔的美国学生，对实验者表现出更多敌意行为（Bargh et al.，1996）。这些及相关的研究表明，与刻板印象有关的信息能影响我们的判断和行为，即使我们从没有意识到见过这些信息。另一个研究调查了无意识觉察到的内容对情感的影响，下面对此进行讨论。

曝光效应　你可能听人说过熟悉导致轻视。但许多证据表明情况并非如此。我们对于人、面孔、颜色、几何图形、气味、食物以及许多其他东西越熟悉，就会越喜欢它们（Bornstein，1989）。Robert Zajonc 称这种现象为爆光效应，表明仅仅重复接触一个事物就足以增加一个人对它的喜欢程度（Zajonc，1968）。现在看来，当人们没有意识到这种接触时，仅仅接触一个事物特别可能增加对这个事物的喜欢程度（Bornstein，1989；Bornstein & D’Agostino，1992）。

一个由 Kunst-Wilson 和 Zajonc（1980）进行的经典研究表明，人们会变得喜爱先前看过的事物，即使他们从没有意识到自己看过它们。在这个研究的第一阶段，参与者与 10 个不规则的八角形中的每一个接触 5 次。这些曝光是如此的短暂（1 毫秒），以至于有意识地知觉它们几乎是不可能的。然后，在第二阶段，每个旧的八角形与参与者之前没见过的一个新的八角形配对。呈现每个配对时，要求参与者猜出哪个八角形是他们之前见过的。他们的回答表明，他们不能认出之前见过的八角形，其正确率一点也不比随机猜测的概率好（48%）。不过，尽管没有能力识别出已经接触过的事物，参与者对这些事物的喜欢程度却受到接触的影响：在大多数配对（60%）中，他们更喜欢旧八角形而不是新的八角形。

随后的许多研究重复了这种曝光效应。Robert Bornstein 对 200 多个实验进行了元分析研究，探讨了曝光对喜欢的影响（Bornstein，1989）。在一个元分析中，检验相同现象的许多实验的结果能够加以整合，提供对这种现象强度的总体估计，确定影响结果的因素。曝光研究的元分析表明，有关先前接触对于喜欢的影响，在研究中运用阈下接触时比运用有意识接触时的实际影响会更大。受这个结论的启发，Bornstein 和 D'Agostino 设计了一系列实验对其进行直接检验（Bornstein & D'Agostino，1992）。他们的研究确实证明，当刺激在阈下呈现（例如只有 5 毫秒）时，与刺激用意识知觉方式呈现（例如，500 毫秒）时相比，对相同刺激（女性的相片或几何图形）的重复接触更能提高对这些刺激的喜欢程度。

这些研究结果表明，曝光效应产生的机制可能类似于导致名字变得“一夜成名”的机制（Jacoby et al.，1989）。情况可能是，对一个刺激物的重复接触创造了一种模糊的熟悉感，有时也称之为知觉流畅性。熟悉感的温暖之光被误认为是喜欢。当人们认识到这个刺激物看起来熟悉是因为刚刚见过它，就不会把这种熟悉感作为判断喜欢的基础。

自动化反应中的个体差异

曾一度是美国最有权力的人物之一的基辛格指出，“权力是最强的催欲剂”。权力会自动地把性带入我们的意识吗？当一个男人的权力凌驾于一个女人之上时，他更可能从性的方面来看待这个女性吗？Bargh 及其同事的研究表明，在权力与性之间的确存在一种自动化的联系，但并不是所有的男人都是如此。那些对女性有性侵犯倾向的男性更可能具有这种自动化的联系。

在有关权力–性联系的第一个研究中，Bargh 和他的同事检验了阈下接触与权力有关的词是否会导致男性自动激活与性有关的内容，是否阈下接触与性有关的词会导致他们自动激活与权力有关的内容（Bargh et al.，1995）。为了达到这个目的，他们构建了一组单词，它包括与权力有关的词（例如，管理人员、老板、强有力的、坚强的），与性有关的词（例如，床、约会、紧紧地、弄湿），以及中性的词（例如，粉笔、房子）。在每一次试验中，这组词中的一个目标词呈现在计

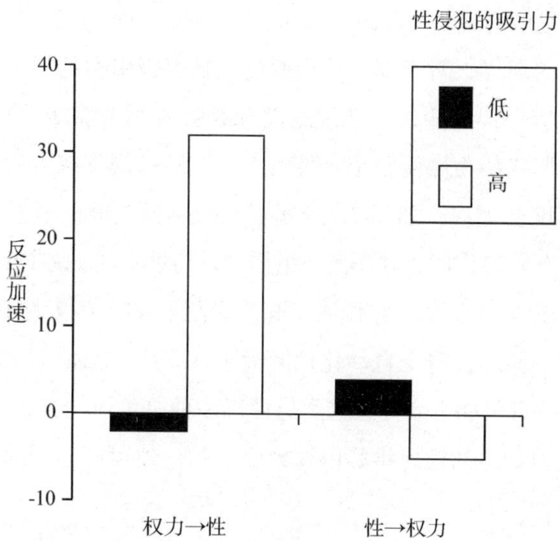

图 7.2　在性侵犯吸引力量表上得分低和高的参与者反应的平均加速（ms）。"权力→性"描述的是，当与权力有关的单词启动时对与性有关单词的加速反应，而"性→权力"描述的是，当与性有关的单词启动时对与权力有关单词的加速反应。

资料来源：Bargh et al. (1995, 图 1, p.235). Copyright © (1995) by the American Psychological Association. Reprinted with permission.

算机屏幕上，要求参与者尽可能快地读出它的发音。不为参与者所知的是，每个目标词语呈现之前都会有来自那组词中的另一个单词在阈下呈现，即启动（只要在计算机屏幕上一闪而过，参与者就经历了启动）。在不同的试验中，每个与权力或性有关的词都被一个权力或性有关的词或中性词所启动。根据这种程序，如果目标词能够被启动词所激活，参与者就应该能更快地对它进行发音。例如，如果权力激活了性欲，那么当被一个权力有关的词如"老板"启动时，与用一个中性词如"粉笔"启动相比，与性有关的单词如"约会"将会被更快地发音。

Bargh 及其同事感兴趣的还有，是否能够识别出哪些男性特别可能出现这种自动化启动。因此，在启动一段时间后，在两个任务之间，要求参与者完成一份调查问卷，测量他们认为性侵犯具有吸引力的程度。这份问卷包括一些项目，如评估强奸和强迫一个妇女做她们不愿做的事情的吸引力，以及其他一些与性有关的项目。那些性侵犯吸引力评分最高的 25% 的男性和最低的 25% 的男性（也就是那些认为性侵犯最有吸引力和最少吸引力的男性）都包括在这个分析中。

就像所预期的那样，对于那些认为性侵犯是有吸引力的男性，权力线索激活了与性有关的内容，但那些认为性侵犯没有吸引力的男性却没有出现这种表现。换句话说，只有那些认为性侵犯是有吸引力的男性被阈下权力启动时，对与性有关单词的反应速度会加快，如图 7.2 所示。权力–性之间的联系是单向性的。启动并没有在相反方向起作用：对任何一组男性，与性有关的单词都没有激活权力。这些研究结果具有重要意义，它说明了权力可能影响一些男性看待女性的方式。如果权力线索在一些男性身上自动化地激活了性思维，而他们又没有认识到这一点，那么，权力线索可能也会导致这类男性以一种更色情的方式来看待任何女性。如果男性没有认识到他的性思维是由权力引发的，他可能错误地认为它是被女人的挑逗所引起的。

Bargh 及其同事在随后的研究中检验了这种可能性（Bargh et al.，1995）。这一次，他们要求一些参与者完成一组包括 6 个与权力有关词语的填空（如 BO_S）以启动这些参与者的权力，而其他一些参与者则用其他的中性词来加以启动。然后要求参与者评价另一位女性参与者的吸引力，这位女性参与者是由实验者的助手扮演的。在一项干扰任务之后，参与者完成在前面研究中运用的评估性侵犯吸引力的调查问卷。同样，只对那些在测量中得分最高的 25% 的参与者和得分最低的 25% 的参与者进行了分析。

那些认为性侵犯是有吸引力的男性在被权力启动时，与没被权力启动相比，评价实验者的女性助手更具有吸引力。而在那些认为性侵犯没有吸引力的男性中，没有发现这种启动效应；无论启动的内容是什么，他们对这个女性吸引力的评价都是相同的。对那些性思维是由权力线索自动化引发的男性来说，在出现权力线索的情况下女性会更具有吸引力。在这些研究中，权力线索是研究者构建的一系列单词，但是我们可以想象，那些来自真实权力差异的线索会产生同样的效果。如果一个自动化地把权力与性联系起来的男性发现自己处在一种权力和威信高于女性的情境，会导致他认为这个女性特别具有吸引力。因为权力在这个男性没有意识到的情况下自动激活了性思维，他也没有意识到自己认为这个女性具有吸引力是因为她是他的下属。如果他在另一种情境以同等地位和她见面，可能会发现这个女性更少具有吸引力。

这些研究结果也可以形成更概括性的观点，即不同的个体对同样的情境可能具有不同的自动化反应，这依赖于他们总的认知和情感结构。其他一些研究也发现对相同刺激的自动化反应方面存在个体差异。例如，非裔美国人的相片会导致一些美国白人消极情感的自动激活。但其他一些不带偏见的美国白人和非裔美国人却没有出现这种自动化的消极反应，一些人甚至表现出自动化的积极反应（Fazio et al.，1995；见第 9 章）。对不同情境线索自动化反应的独特模式可能存在于我们人格的最核心部分（Mischel & Shoda，1995；见第 10 章）。

总之，大量的证据表明，我们的判断、情感和行为受到那些自己从未意识到的因素的影响，受到那些有时意识到但不能回忆起来的因素的影响，和那些能够回忆起来但其影响没有被意识到的因素的影响。在这些方面，许多社会认知是自动化的；我们的许多判断可能受过去经历的影响，但不能内省地通达到（Greenwald & Banaji, 1995）。例如，我们对他人的评价可能受我们对其喜欢程度、我们的目的、心情、对其所属群体的刻板印象，以及情境中的许多方面及一些近期经历的影响。在某种程度上，我们没有意识到这些影响，也不能报告出它们，它们被认为是内隐的。而且，我们应该认识到，人们的判断受先前的经历、态度或信仰的影响，即使他们强烈地否认这一点（“我对他的讨厌与他的种族没有任何关系！”“尽管她不是我的孩子，我也为她的成就感到自豪！”“我评价学生的文章，完全是根据它们的优点；我从来不允许我的期望或情感影响我的评分。”）。这些声明可能都是非常真诚的。尽管如此，它们可能是错误的，因为人们只不过是没有意识到对他们判断的一些微妙影响。

效　率

自动化加工的另一个特点是其高效性，也就是说，它们的执行只需要花很少的时间和精力。甚至在严格的时间压力和认知资源稀少的情况下，自动化加工也能完成。相反，控制的加工需要充足的时间和资源。因此，那些希望识别和研究自动化加工的研究者们通常通过限制参与者可利用的时间量，或用其他需要认知资源的任务使他们负担过重，来抢占控制的加工。任何在这种严格的条件下能够完成的加工都被认为是自动化的，是具有高效率的（Bargh，1994，1996）。

稀缺的时间

如果你刚刚看过单词“鸟”（bird），特殊种类的鸟如知更鸟（robin），会在你的心里被高度地激活。如果随后要求你尽快地确定知更鸟是否是一个单词时，你做这件事的速度会比你没被鸟启动时更快。许多研究证明了这类语义启动（Ratcliff & Mckoon，1988；见第 2 章）。由 James Neely 进行的一项重要研究表明，如果人们有足够的时间，就不会出现这类启动效应（Neely，1977）。当人们被告知，启动鸟之后会接着出现一个表征身体部分的目标词，如果启动词和目标词出现之间的时间超过了 500 毫秒，用鸟进行启动不会激活知更鸟。这表明在这些条件下，参与者会试图避免激活与启动词在语义方面有关的词，而且这种努力是成功的。不过，如果启动词与目标词出现之间的时间少于 500 毫秒，参与者确实会激活与启动词语义有关的词，即使他们试着不这么做也会如此。

人们对发生得如此之快的加工不能实施控制，这一事实表明，这些加工在几个方面是自动化的。除高效率以外（因为他们需要如此少的时间），这种在很有限的时间内出现的加工也被认为是不可控制的,是在没有目的的情况下出现的（因为它们即使在其目的的情况下也会出现）。这些结论已经被广泛地接受，大多数研究者都认为，任何在少于 500 毫秒内出现的启动都是自动化的（Blair & Banaji，1996）。这个假设一直指导有关情感自动化激活的研究。下面将讨论这个问题。

情感的自动化激活 几乎对任何一个物体都会有情感的联系——不论你是喜欢它，还是不喜欢它。你可能喜欢阳光、糖果和假期，可能不喜欢战争、杂草和呕吐。在没有任何目的的情况下，当你遇到一个喜欢或不喜欢的事物时，这种情感是否会自动地产生呢？当你听到单词“假期”时，你会体验到一种自动化的愉快反应吗？当你听到单词“呕吐”时，你会体验到一种自动化的厌恶反应吗？如果情感能自动地被这些单词激活，被激活的情感就会延续到其他判断的任务中去。Russell Fazio 及其同事认为，通过检验对随后判断的影响来探究自动引发的情感是可能的（Fazio et al.，1996）。

为了理解他们实验的逻辑，设想一下你被要求尽可能快地判断“有吸引力”这个单词是好还是坏。对你而言，要做出这个判断，好或坏的表征必须达到临界以上的激活水平。一旦达到这种水平，你就会作出反应。现在，如果你正在思考自己真正喜欢的东西如阳光，并且阳光已激活了你的积极情感，那么，“好”就已经得到了一些激活；达到临界阈限并不需要太多激活，你就能更快地做出反应。总之，接触阳光会加快你作出“有吸引力”是好的判断。同时，它会放慢你作出“令人厌恶”是坏的判断。这是因为坏的激活会由于阳光引发的积极情感而受到抑制和削弱，因此“坏”激活要达到临界水平会需要更多的激活和时间。同样，接触“呕吐”会加快你作出“令人厌恶”是坏的判断，减慢你作出“有吸引力”是好的判断。

Fazio 及其同事认为，情感最可能被那些人们具有强烈感受的事物自动地引发（Fazio et al.，1986）。因此，在他们每个实验中的第一步，都是让每个参与者去识别一系列带有强烈情感反应的事物和只引起弱情感反应的事物。为了达到这个目的，他们要求参与者尽可能快地通过按键去表明每组 70 个事物中的每一个是好还是坏。在参与者反应速度的基础上，构建对每个参与者一系列的强启动。这个系列中包括参与者对“好”反应最快的四个单词（常见的例子是礼物、音乐、宴会和蛋糕）以及对“坏”反应最快的四个单词（常见的例子是死亡、地狱、枪和犯罪）。对于每个参与者构建另一系列的弱启动。这个系列中包括参与者反应最慢的四个好的和四个坏的单词（通常好的例子包括交叉路口、共和党，坏的例子包括迷宫、放射物）。运用这个系列的启动，实验者能够用那些对每个参与者来说具有强的或弱的事物（对应的是积极或消极情感）来启动每个参与者。

在这个实验的第二阶段，每次向参与者呈现一个目标词，有的是积极的（例如，吸引人的、令人愉快的），有的是消极的（例如，受排斥的、糟糕的），要求他们尽快地判断它是好还是坏。每个目标词之前都有一个积极的或消极的启动，这些启动或者是来自于独特的启动系列词，或者是一个字母串（例如，BBB），它们作为基线，据此对启动的反应进行评价。启动呈现的时间非常短（200 毫秒），目标词在很短的间隔（100 毫秒）之后再呈现。在参与者表明目标词是好还是坏之后，要求他们背诵启动词。这样做是为了确保他们读过它。应注意的是，从启动到目标词出现之间的间隔只有 300 毫秒，远低于自动化加工分界点的 500 毫秒。而且，因为没有要求参与者注意启动的情感词的含义，或运用这些于他们判断中，他们就不可能有意识地打算这么做，因此，用充满感情色彩的词进行的启动被认为是自动化的。

对目标词的反应确实受到启动的影响。当参与者被非常积极的词如“礼物”

启动时，他们会更快地判断像“有吸引力”之类的词是好的，而相对慢地判断像“令人厌恶”这类词是坏的（与基线的反应相比较）。同样，当他们被一个非常消极的词如“死亡”启动时，会更快地判断像“令人厌恶”这类词是坏的，而相对慢地判断像“有吸引力”这类词是好的。总之，强启动的自动化情感反应加快了对具有一致情感词的反应，减慢了对不一致情感词的反应。

由强启动所引发的情感反应的影响是自动化的。进一步的证据是由一个后续的研究提供的，这个研究中启动开始和目标对象呈现之间的间隔是变化的（Fazio et al.，1986）。当间隔非常短暂时（300 毫秒），上面描述的启动效应就能够出现，但当间隔长到足够允许可控制加工时（1000 毫秒），启动效应则不会出现。在长时间间隔的情况下，情感启动的消失可能有几方面的原因。它可能只是由于启动的情感快速消失了。它也可能是由于参与者试图主动去压抑它，因为它看起来与任务无关，但只有在时间足够长的情况下才能这么做。无论是哪一种情况，这个研究结果都强化了这样的解释，即获得的启动影响是自动化的，正如上面所讨论的，任何在非常有限时间内出现的加工尤其可能是自动化的。

在这两个研究中，弱启动并没导致类似的启动效应，这表明并不是所有的事物都会引起情感的自动激活。尽管如此，这种自动化的激活是非常普遍的。由 Fazio 和他的同事进行的第三个研究发现，即使是在弱启动的情况下，也获得了情感启动（Fazio et al.，1986）。而且，由 Bargh 和他的同事进行的一系列研究表明，能够引发自动情感反应的事物范围是很广的（Bargh et al.，1992）。这类自动化的反应并不限定于带有极端感情色彩的词汇，如“礼物”和“死亡”。Bargh 及其同事运用与 Fazio 及其同事所使用相同的程序的研究表明，那些不极端的、很平常的词语如“杂志”、“衣服”、“垃圾”和“遗留物”也能引起自动化的情感启动。

在上面描述的研究中，参与者都参与了一个评价任务（“有吸引力”是好的吗？），这个任务也可能导致他们关注启动词的情感涵义。这是为什么与启动有关的情感被激活的主要原因吗？显然不是。另外一些研究表明，即使在缺乏任何评价目的的情况下，情感也能通过适度的积极单词和消极单词自动化地被激活（Bargh et al.，1996）。在这些研究中，只是要求参与者读出那些先前用于正启动或负启动的积极或消极的单词。同样，启动词和目标词出现之间的间隔要足够短，以确保启动是自动产生的（300 毫秒）。当目标词被一致情感词启动时，与被不一致情感词启动时相比，参与者读出这些目标词的速度会更快。即使当启动和目标词两者都只是适度令人愉快的或令人不愉快的，在语义完全无关的情况下，也出现了同样的结果。例如，用“牙医”启动加快了对“考试”的反应，用“馅饼”启动加快了对“牧师”的反应。我们似乎对日常生活中偶然遇到的一些事物，也可能是大多数的事物都具有自动化的情感反应，这些反应会影响我们思考这些事物的方式。如果我们对某个事物的态度越具有通达性，对它的自发情感反应就会越强烈（Fazio，1993）。

因为由喜欢和不喜欢的事物所引发的情感影响是自动化的，所以情感启动可以作为人们对各种事物、问题或个体感受的微妙而不可控制的指标。我们不能对这个加工进行控制也表明，情感启动不会受到任何隐藏我们的情感、以从最好的角度表现自己的愿望所干扰。例如，顽固的美国白人可能不愿意告诉你他讨厌非裔美国人，但他们的反应时会揭示出他们的真实感受（Fazio et al.，1995；见第 8 章）。

至此我已指出，一种认知加工要表明它是有效率的，只要证明它即使在高度有限的时间内也能快速产生就可以了。一种认知加工也可以被认为是有效率的，只要证明它在认知资源非常有限的情况下也能完成，就像下面将讨论的一样。

稀缺的资源

我们的认知和注意资源是有限的。在从事一项认知要求高的任务时，我们可能只会剩下很少的资源分配给其他的任务。当你在驾驶时，遇到一段很差的路段，你不得不把你的注意力集中到路面上。结果你就不能继续一段正在进行的谈话——你只有很少的资源分配给它。同样，当你在晚会上和一位朋友正进行一段愉快的谈话时，你可能就无法听到周围其他人的谈话；你不会注意或记住他们说了些什么。但你仍然可以完成一些其他的活动——在整个谈话中，你可以继续喝你的饮料。而且，尽管你没有听到其他人的谈话，但当某个人突然提到你的名字时，你会很快注意到。当你从事一项认知要求高的任务时，那些能够继续进行没有受到干扰的活动被认为是相当自动化的，因为它们是高度有效率的；也就是说，它们只需要很少的认知资源。

控制的加工需要大量的认知资源，因此，当认知资源受到限制时就会中断。

相反，自动化的加工是高效率的，在只有最小限度认知资源的情况下加工过程也不会中断，可以继续下去。这种观点导致了一个重要的启示：通过增加认知负荷，观察加工过程是否会中断，以确定一个加工过程是控制的还是自动化的，这是可能的。当增加一个需要认知资源的其他任务时，如果这个加工过程能够继续而没有中断，它就被认为是自动化的。但如果加工过程由于认知负荷而中断的话，它就被认为是控制的加工。这个启示已导致了许多实验去检验高认知负荷（例如，通过要求参与者记一长串的数字）对于各种任务的影响（Bargh，1994，Wegner & Bargh，1998）。一个有影响力的研究探究了人是如何对他人的行为进行归因的，下面对此加以讨论。

归因中自动化和控制的加工 设想一下，你正在观察下列的事件：拉里嘲弄和取笑贾斯廷，贾斯廷感到生气并且殴打了拉里。你怎样解释贾斯廷的行为呢？你怎样看待贾斯廷呢？Daniel Gilbert 及其同事的研究表明，在这种情境中，对人的知觉包括三个部分：行为的*归类*（殴打是一种攻击性行为），行动者的*性格描绘*（贾斯廷是个具有攻击性的人），以及考虑情境因素对性格描述加以*矫正*（贾斯廷是被拉里惹怒的，所以他可能根本不是一个具有攻击性的人）。Gilbert 及其同事认为，归类和性格描绘的过程是相对自动化的，而矫正过程则是需要更多认知资源的、控制的过程（Gilbert，Pelham，& Krull，1988）。归因的发生有两个阶段：人们首先以一种相对自动化的方式对行为进行归类和描绘行动者的特征。这导致他们认为这个人具有某种特质，该特质隐含在他或她的行动中（贾斯廷是有攻击性的人）。然后，他们会通过考虑情境中的限定因素来矫正这种归因，但只在具有充足认知资源的情况下才会这么做。

如果特质推理是自动完成的，而根据情境限定因素进行矫正的过程需要花费精力的观点是正确的，那么，矫正过程就会由于认知负荷而中断。当你全神贯注时，你能不费力就得出结论：贾斯廷是个有攻击性的人。但你不会考虑到他受到的挑衅；你不会拥有这种矫正过程中进行仔细思维所必需的资源。这种分析的一个意义是，当人们认知负荷很高时，他们更容易犯*基本归因错误*（也称为*一致性偏差*）。回想一下，这个错误涉及过高估计行为产生时特质的作用和贬低情境的作用（综述参见 Jones，1990；见第 9 章）。如果人们只在具有充足的资源时才考虑情境中的限定性因素，那么当资源大大减少时，他们低估情境作用的倾向将会大大增加。

表 7.1　参与者对目标对象有关流产态度的知觉是他们只有一个认知任务（听对象的演讲）还是有额外任务（在心里演练自己随后的演讲）的函数

目标对象的文章	一个任务（低负荷）	两个任务（高负荷）
赞成流产	8.7	10.6
反对流产	5.4	4.2
差异	3.3	6.4

资料来源：Gilbert (1998, 表 4, p.737).
注意：数值越高表明越赞成流产的态度。

Gilbert 及其同事在一系列研究中对这些预测进行了探究。

回想一个关于一致性偏差的经典研究。在这项研究中，要求参与者在阅读一篇由一位学生所写的支持或反对某个人的文章，然后，要求参与者评价这个学生对这个人的态度（Jones & Harris，1967；相关讨论见第 3、6、9 章）。一个有趣的结果是，与反对这个人观点的文章相比，当文章的观点是支持这个人时，参与者认为文章作者的真实态度是更支持这个人的，即使他们知道这个学生只是按照要求写这篇有争议的文章时也是如此。换句话说，他们对这个人的归因与他表达出的态度是对应的，并没有充分考虑他所处情境中的限定因素，即事实上他是按要求表达出这种态度的。

Gilbert 及其同事重复了这项经典研究，只是增加了一半的参与者，让他们处于高认知负荷的情况下（Gilbert et al.，1988）。参与者听一个学生阅读一篇按要求写的支持或反对流产的讲话稿。其中一半参与者只是听一下这个讲话。而另一半参与者则是带着期望在听，因为他们自己在随后的阶段中也要写和读一篇讲话稿。可以假设，这种期望会导致他们在听这个学生读他的讲话时，在心里计划和演练自己的讲话稿；这些很需要认知资源的活动将大大消耗参与者能够用于思考这个学生的资源。如果人们根据情境限定因素矫正自己归因的能力依赖于充足的认知资源，那么，那些在心里演练自己随后的讲话稿这一额外任务的参与者，应该在考虑这个目标对象的情境限定因素方面存在更大的困难；他们对这个学生真实态度的知觉应该更接近于他讲话的内容。

如表 7.1 所示，情况确实如此。在相对较低负荷的情况下，参与者确实表现出一致性偏差：与阅读反对流产讲话稿的学生相比，当学生阅读的是支持流产的讲话稿时，参与者会认为这个学生更赞成流产。而那些在高负荷情况下的参与者，这种偏差实际表现得更大；他们更少考虑到这个学生是按照要求写这个讲话稿的，更多地把对这个学生真实态度的评价建立在他讲话的内容上。

在一系列相关的研究中，Gilbert及其同事通过运用多种认知负荷的操纵重复了这些研究结果。这些研究包括要求参与者记住一长串的数字或单词，要求他们对屏幕上一闪而过的字母进行监视并且做出反应，以及要求他们努力引别人发笑（综述参见 Gilbert，1989）。就像上面研究所描述的一样，普遍的研究结果是，高认知负荷并不会干扰人们推论与行动者行为对应人格的能力，但高负荷确实妨碍了他们根据情境的可能作用来矫正推理的能力。

这些研究结果表明，当我们看到另一个人表现出攻击行为、讲笑话或向他人伸出援助之手时，我们会自动地认为这个人的基本人格是与我们观察到的行为是一致的。即使当时全神贯注于其他认知任务，我们仍然“看到”这个人是有攻击性的、爱开玩笑的或乐于助人的（Trope & Alfieri，1997；Winter，Uleman，& Cunniff，1985；见第9章）。这些人格特征的描绘是以相对自动化的方式完成的，考虑情境的限定因素需要控制的费力的加工，当人们全神贯注于其他任务时，这种加工就可能中断。那么，我们经常犯基本归因错误的一个原因似乎是，我们太专注而没有考虑到情境对他人行为的影响，尽管这种专注并不是基本归因错误的唯一原因。要矫正情境作用的影响，我们首先必须认识和了解这种影响。社会心理学研究的核心教训之一是，人们常常不能成功地理解和意识到情境的力量（综述参见 Ross & Nisbett，1991）。当我们不理解人们的行为受所处的环境影响时，仍然会犯基本归因错误，不论认知资源多么丰富。

认知负荷的操纵一直被用于检验社会认知其他各种方面的自动化。例如，它表明刻板印象的激活并不是完全自动化的；当资源稀缺时，它就会中断（Gilbert & Hixon，1991；见第8章）。它也表明，人们以一种相对自动化的方式把自己与他人进行比较（不！她确实做得比我好！），但只有他们有充足的资源时，才会考虑自己和他人的环境差异（啊，她得到了更多的指导；Gilbert，Giesler，& Morris，1995）。而且它也表明，抑郁的个体比非抑郁的个体更多地加工有关自我的负面信息；非抑郁的个体在处于高认知负荷的情况下，加工有关自己的负面信息时会有困难，而那些抑郁的个体即使在认知负荷过重情况下仍然能够迅速地加工这些负面信息（Bargh & Tota，1988）。在这些研究中，一种加工如果没有由于认知负荷而中断，就会被认为是相对自动化的；如果它被中断，就会认为是控制的。这个逻辑也被用于探究努力控制和压抑不想要的思想过程，就像下面要讨论的一样。

思想控制中的反向过程　当你阅读下面这一节的时候，请试着不要去想你的母亲。我们通常很擅长于控制自己的注意力、思想和感受。我们能够成功地将注意力集中在重要的任务上，同时忽视无关的干扰物，能够在要求严肃的场合中避免引人发笑的思想，在自己想放松睡觉的时候就放松去睡觉。但无疑你也会注意到，你不是总能成功地控制你的思想和感受。确实，我们常常会受到自己试图抑制的思想的折磨。当你在节食时，你会发现自己想的只有食物。当试图忘记一段不愉快的经历时，你却会不断地回想起这段经历。当你决心避免根据消极的种族刻板印象去看待某个人时，你会发现当你遇到某个人时，这种刻板印象会自动出现在你的心里。而且，我怀疑你刚才一直在想你的母亲，尽管你一直试图按要求的那样不要去想。

Daniel Wegner 指出，我们心理控制的努力通常产生的不只是失败，更糟的是我们试图抑制的某种思想反而得到加强。换句话说，当我们努力控制自己的思想时，常常经历一种*反向的逆转*：我们越试图抑制一种思想，它就越折磨我们（Wegner，1994）。为什么我们在一些场合心理控制的努力能够成功，但在另外一些场合却戏剧性地失败了呢？ Wegner 认为，问题的关键在于心理能量的可利用性。当我们有充足的认知资源时，心理控制是成功的。但当我们的资源因为分心、疲劳、全神贯注或其他原因而耗尽时，控制的努力不仅会失败，而且会导致反向的逆转。

心理能量对于心理控制来说是非常重要的，因为成功的心理控制需要两个步骤：我们需要抑制不想要的思想，以及需要记住什么是我们要努力抑制的。实现这些目标需要两个过程：（1）*有目的地搜索分心物*。当我们努力不想食物的时候，必须寻找其他事情来想——运动、政治、工作、朋友，除了食物以外的任何东西。这种搜索过程是控制的和需要花费精力的，当认知资源被耗尽时，就会中断。（2）*对目标对象的自动化搜索*。为了努力不去想食物，我们需要监视任何与食物有关的思想，这样才能压抑它。这种监控是在意识之外完成的，需要很少的精力。

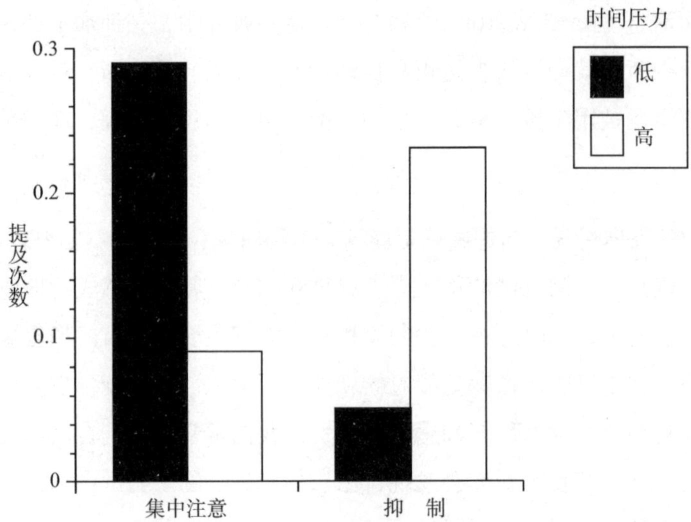

图 7.3 在高强度或低强度的时间压力下，对与目标相关的线索作出反应时，目标词（参与者尝试抑制或是集中注意的单词）被提及的平均次数。

资料来源：Wegner & Erber (1992, 图 1, p.906). Copyright © (1992) by the American Psychological Association. Reprinted with permission.

当我们具有充足的认知资源时，这两个过程会联合起作用，产生成功的心理控制。对分心物的有目的搜索代替了希望抑制的想法，占据了我们的心理。同时，对不想要的思想信号的自动化搜索仍在私下进行着，当这种思想的任何痕迹被觉察到时，对分心物的重新搜索又开始了。但是当认知资源稀缺时，心理控制就会失败。由于资源的减少，我们不能对分心物进行有效地搜索，但是对抑制内容的自动化搜索却仍在继续，没有中断。换句话说，我们搜索那些自己希望避免的思想，但当我们找到它们时，不能保证自己会免受这些思想的影响。最终的结果是出现了反向的逆转——我们变得对自己希望抑制的思想非常敏感。

为了阐明被抑制思想高通达性研究的特色，我希望你尽力不要去想“房子”这个单词。然后，你会看到一组单词。当你读到每个词时，你要完成的任务是提出一个与它有关的联想，并大声地说出来。你完成这个任务必须非常地快，每个单词只有 3 秒钟。而且要记住，你应该仍然努力不去想“房子”这个词。现在请你提出与下列每个词有关的联想：山、家、公共汽车、小孩、屋顶、驾驶、小、砖。

假如你发现自己说出“房子”作为对这些词中某些词的反应时，你并不是唯一这么做的人。在一个运用这个任务的研究中，要求参与者集中精力在一个目标词上（如“房子”），或者尽力不要去想它（Wegner & Erber，1992）。然后，要求他们回答对一系列提示词（如“家”、“屋顶”）的联想，它们中的一些与目标词有关（例如，“家”、“屋顶”），一些与目标词无关（如“山”、“公共汽车”）。他们对一半提示词的反应是在高时间压力（3 秒之内）的情况下进行的，对另一半提示词的反应是在低时间压力（10 秒之内）的情况下进行的。在高时间压力的情况下，心理能量是受到严格限制的，这是容易产生反向逆转的环境；当操纵是在缺少认知资源的情况下进行时，那些试图抑制单词“房子”的人更可能把这个词作为对相关线索的反应。就像在图 7.3 中所看到的，情况就是如此。

在低时间压力的情况下，参与者抑制目标词的努力是成功的：那些试图抑制这个词的人与那些集中注意力于这个词的人相比，把它作为对相关线索的一个联想物的可能性要小得多。但心理控制在高时间压力的情况下，会中止并产生事与愿违的效果：那些努力抑制这个单词的参与者比把注意力放在这个词上的参与者报告它的机会更多。换句话说，当心理能量受到高时间压力限制时，人们努力抑制的思想反而会变得具有高的可通达性。

Wegner 及其同事在一系列的研究中获得了相似的反向逆转，这些研究主要检验了对心理能量进行不同限制的情况下心理控制的不同尝试（Wegner，1994）。这些研究的结果是非常一致的：在正常的认知负荷情况下，人们表现出有效的心理控制。例如，只要人们努力，他们能够阻止自己出现性别歧视联想，或者快速进入睡眠，或者使自己感到快乐或悲伤。但是，当要求人们记住一系列的数字，处于严峻的时间压力之下，或者用吵闹和烦人的音乐轰炸他们，使得他们的认知资源稀缺时，对心理控制的所有努力就会导致反向的逆转。在这样的环境下，试图使自己悲伤的人反而会变得快乐，尽力避免性别歧视的人会变得更倾向于性别歧视的反应，试图快速入眠的人相反会保持更长时间的清醒状态（Wegner，1994）。

当人们在认知资源稀缺时，努力控制他们的思想特别可能导致反向逆转的研究结果对 Wegner 的观点提供了支持：当心理资源稀缺时，心理控制的努力会引发破坏性的控制加工；同时伴随着对不想要的思想的自动搜索，这种搜索即使在资源受到限制的情况下也会继续而不会停止，导致努力避免的思想反而具有高度的可通达性。

总之，由于研究者们认识到可通过在认知资源稀缺时加工过程仍能继续而不被中断来证明高效的自动化加工，已经成功地促进了对许多加工过程的自动化的检验。这些研究对于像基本归因错误和刻板印象这类的老问题提出了一些新的观点，而且开辟了对心理控制这类新领域的探究。这些研究已经表明，我们的许多认知过程是可以自动地开始和完成的。下面我来讨论心理加工是如何变成自动化的。

形成自动化反应

到现在为止，我们已经很清楚地知道，大量的思想、感受和行为都会由于某些线索的结构而自动化地被引发，没有任何的目的或意识。我们从人的行为中自动地去推论他们的性格，自动地体验对各种事物的情感反应，我们的行为自动地与最近经历暗含的特质保持一致，也自动地参与其他各种各样的心理加工。在我们的自动化反应中也存在着差异。例如，一些人在用权力作为线索时会自动地想到性，但其他一些人却不会。

是什么产生了这些自动化反应呢？为什么我们对不同线索的自动化反应不同呢？Bargh 在他提出的解释自动化思想、感受和行为的自动化动机模型中指出，自动化反应是从经验中习得的（Bargh，1997）。如果我们在每次遇到一个事物时都对它有相同的反应，那么，我们将在这个事物和对它的反应之间建立一种很强的联系；一旦产生这种联系，这种反应在我们遇到这个事物时就会自动地产生。例如，如果每次我们看到一个人在打别人时，都会认为这个行为和这个人是具有攻击性的，最终无论什么时候观察到这样的行为，就会自动地想到“攻击性”。同样，如果每次我们遇到呕吐物都会感到厌恶，最后只要想到呕吐就产生厌恶感。一些自动化的联想如一见到呕吐物就产生厌恶感是普遍存在的。但是由于我们经验的很多方面都是独特的，我们会形成自己所特有对不同线索结构的自动化反应。

对这种模型的一些支持来自于由神经科学家 Joseph LeDoux 及其同事进行的动物研究（LeDoux，1996）。在探究动物学习对一种声音感到恐惧（因为这种声音的出现伴随着电击）的神经通路时，LeDoux 及其同事们得到了一个有趣的发现：像所预期的一样，动物在表征这些声音感觉特征的大脑区域（感觉丘脑）以及对这类感觉信息进行加工的高级区域（感觉皮层）之间建立了一种联系，转而它又与情感反应的大脑区域（杏仁核）建立了联系。LeDoux 称这种通路为高路，它表示这样一个过程：在知觉到刺激物之后，动物会识别它，分析它的意义，然后以恰当情绪作出反应。但除了这种高路以外，动物还建立了一个低路，即在感觉丘脑和杏仁核之间建立了一种直接联系，感觉丘脑表征这些声音的感觉特征，而杏仁核负责情绪反应，完全绕过了分析刺激物意义的感觉皮层。这个直接通路常允许一个人在充分了解自己对什么作出反应之前就有了快速的情绪反应。这样，它为 Zajonc 提出的具有争议的观点“喜好不需要任何推理”提供了有说服力的证据（Zajonc，1980）。而且，这个直接的通路指出了自动化情感反应获得和产生的机制。

神经科学家安东尼奥·达马西奥及其同事指出，这种获得的自动化情绪反应在人类决策过程中起关键作用（A.Damasio，1994）。这种观点是通过对大脑受损个体的行为检查而产生的。这些人的受损部位集中在前额皮层，这是一个控制情绪反应的区域。他们的认知能力看起来是完整的：他们看起来聪明、知识渊博，在智力测验方面的表现与正常人相当，能理解和认识各种行为的后果，并且能够区分恰当的和不恰当的社会行为。然而，他们在日常决策方面却是灾难性的，他们会犯一些付出极高代价的人际关系和专业方面的错误，很难在他们受伤害前已经成功的工作岗位上再继续坚持下去，在一些误导性的商业风险投资方面浪费金钱，倾向于在个人关系中经历很大的不协调。为什么这些个体会如此呢？他们看起来完全认识了到不恰当行为的严重后果，可为何又不顾后果从事这些行为呢？

达马西奥及其同事推论，这可能是由于病人体验情绪的能力受损。他们认为，情绪在警告我们哪些事实是值得担心的方面起关键的作用；它们所起的作用就像红灯一样，提醒我们正经历危险的信号（或者在积极情况下，信号表示一切正常）。你可能想起社会心理学家已经描述过唤醒的重要作用，它向我们发生信号，我们在担心正在做的或观察到的某些事情；只有当体验到的唤醒可归因于某个威胁时，我们才会进行动机性推理以减少这种威胁（Zanna & Cooper，1974；见第 6 章）。社会心理学家也指出，当我们试图确定自己的态度和信仰时，可能会利用这类情绪反应（Schwarz & Clore，1996；见第 6 章）。达马西奥及其同事已经扩展了这种观点，将它应用到更广泛的行为或决策中；他们认为，只有当我们的情绪告诉自己在关心什么时，才会有压力去作出正确的选择。而且，由于经验的作用，恰当的情绪将会自动地产生，指导我们的决策，尽管我们不能完全弄清楚自己为什么作出某种选择。

一个创造性的研究为这些观点提供了支持（Bechera et al.，1997）。让正常的个体和前额受损的病人完成一项赌博的任务：给予每个参与者复印的2000美元，告诉他们在纸牌游戏中要尽可能使自己的利益最大化，使自己的损失最小化。这个游戏进行100次，每一次他们都要从四副纸牌挑出一张牌。在每副牌中的大多数纸牌都是有奖金的（当这张牌被翻开时，奖金就清楚了），但不可预测的是，每副牌中有一些牌是带有罚金的。事先并没有告诉参与者这一点，只是告知有两类牌：A和B牌不但有高奖金（100美元），也有高罚金；从长远来看，玩这种牌总的来说会导致金钱损失。相反，C和D牌只有低奖金（50美元）和低罚金；玩这种牌通常总体来说在金钱方面是有所收益的。参与者与一个仪器连接着，可记录参与者在挑选每张牌之前的皮肤电反应；这可提供对他们生理唤醒情况的测量。另外，在他们完成第20次试验时和随后每完成10次试验时，要求他们报告自己是如何对这个游戏加以概念化的，他们正在运用什么策略。

结果很令人吃惊。正常人在遇到一点损失以后（通常是在10张牌时），当他们拿到的是“差”的那副牌时，开始出现皮肤电反应升高。换句话说，他们会经历预期的唤醒，就像他们预期会出现惩罚一样。他们开始彻底改变他们的偏好，对好牌的喜爱超过了差牌。但即使到第20张牌时，正常人报告他们并不知道会发生什么。换句话说，在他们意识到一副牌比其他副牌更好之前，这些个体正在通过自动的情感反应指导作出有利的选择。一旦他们意识到几副牌之间的差异（通常是在第50次试验和第80次试验之间），他们会表现出对那副好牌的极端偏好。

而大脑受损病人表现出一种很不同的模式。这些病人从没有经历预期的唤醒；当他们拿到的是差的那副牌时，他们的皮肤电反应并没有任何升高。而且，即使他们认识到哪副牌被证明是更有优势的，这些病人还会继续做出不利的选择，偏好“差的”那副牌，尽管他们知道它会产生短期的收益但总体来说却会导致损失。这些病人似乎缺少表明危险的情绪“红灯”；因此，即使他们意识到危险，但仍会忽视它。自动的情绪反应看来能够快速习得并指导我们的决策，即使在缺乏有意识的知识的情况下也是如此。但若没有这些情绪反应，即使我们认识得再好，也可能做出愚蠢的行为。

迄今为止，对于形成复杂判断和行为自动化反应的研究很少。不过，尽管还不能准确地了解这些自动化的反应是如何建立的，但如我们所看到的，大量的证据表明这些自动反应的存在——许多不同类型的思想和行为已经表明它们是自动化产生的对情境线索的反应。我们每个人都有一种独特的自动化反应结构，当我们遇到各种个体和社会情境时，就会经历自动化的反应。我们可能意识到了其中的一些，了解到了一些例子，如呕吐不可避免地会产生厌恶感，但也可能完全没有意识到其他的一些，例如，熟悉滋生喜欢。而且，一些复杂的社会判断包括自动化的、无目的的反应与需要更多控制和精力的思维之间的相互作用。通常我们很难说明，仔细推理的尝试是否及在多大程度上被无目的、不想要的自动化联想所污染。例如，一位男性经理很难确定他对女秘书的喜欢在多大程度上是受她的行为、外貌、自己对她的权力、自己在工作中的心情，或自己对女性和女秘书刻板印象的影响。虽然，由于自动化反应的本质特点，我们通常没有意识到自己的自动化反应，但我们应该意识到自己和他人可能经历过这种反应。而且，人们没有认识到自己的判断受到了某一特殊因素的影响，这并不能作为他们事实上没有受这种因素摆布的无可争议的证据。

总　结

我们的许多心理过程都是自动进行的。与控制性加工不同，自动化加工出现在意识觉知之外，无需目的就能实现，是不可控制的（即个人不能阻止它们），或高效率的（即需要很少的认知资源）。

我们的判断、感受和行为能够受到自己从未意识到而只是阈下接触的因素、在某个时刻意识到但不能回忆起来的因素，能够回忆但没有意识到它的影响的因素所影响。因此，我们对其他人的评价，不可避免地受到我们对他人的喜爱、我们的目标、我们的心情、我们对他人所属群体的刻板印象、情境中的许多方面及近期一些经历的影响，我们没有认识到这些因素的影响。因此，人们报告他们判断和行为的理由可能并不总是真实的；人们可能只是没有意识到自己被各种因素左右的程度。

我们对自己日常生活过程中遇到的许多或可能是大多数的事物也会产生自动

化的情感反应；一些引发积极情感，一些引发消极情感。自动化的情感反应能够快速地习得，能够指导我们的决策和判断，能够影响我们对其他事物的思考，我们没有有意地觉察到这些反应。人们对相同事物的自动化反应可能是有差异的。

一些认知过程是非常高效的，即使我们在非常有限的时间压力下、在被其他任务完全占据时，也能够完成它们。在这种意义上，一种加工如果在时间非常短暂或认知资源非常稀缺时，仍然没有中断，就可以认为它是自动化的。这种启示所推动的研究对一些老的问题，如基本归因错误和刻板印象提出了新的见解，开辟了像心理控制这样一些新的研究领域。例如，现在已经明白，当我们观察一个人的行为时，会自动地得出关于这个人潜在特质的结论，但在有充足的认知资源的情况下，我们会考虑情境中的限定因素来矫正这个判断；这也是基本归因错误产生的一个原因。它也表明，对于不想要的思想的成功抑制需要对分心物有目的的、可控制的搜索和对不想要的思想自动化的搜索（以便于一旦发觉就抑制它们）共同起作用。当认知资源稀缺时，对分心物的可控制搜索就会受到干扰，但是对不想要的思想的自动化搜索却仍在继续进行，导致对不想要的思想具有了高度的可通达性。

第二编

基本主题

第 8 章

刻板印象

1998 年夏，胡图族人在卢旺达屠杀图西族人，三个白人在美国活生生地拖死了一个非洲裔美国人，新教徒和天主教徒在北爱尔兰火并，加拿大女军人普遍遭受男军人虐待的新闻被曝光。以上仅列举当年夏季期间，不同国籍、种族、性别、宗教信仰的人群之间接连发生的几个暴力和侮辱性事件。为了寻找不同群体间产生仇恨和暴力的原因，有关刻板印象的社会心理学研究和理论逐渐受到关注，尤其是二战后，此类研究的重要性进一步凸显出来。随着美国社会的进步和民主自由运动的发展，人们越来越难以接受种族歧视和性别歧视，研究者也开始关注于更加细微的，有时甚至是无意中表现出来的刻板印象。这类研究集中探讨了刻板印象如何影响人们对群体成员的看法和行为。虽然这些刻板印象相对而言不易觉察，但仍然会产生消极影响，导致学校、工厂、法庭等各种不同场合出现歧视现象和不平等的对待。即使不是公然的歧视，仅仅是社会中存在负面偏见这一事实，就会造成一种不良的社会氛围，从而影响到消极刻板印象对象群体中的个人表现。本章将重点讨论刻板印象如何潜在地影响人们的思想、情感与行为。

有关刻板印象的许多理论都试图先着手探讨刻板印象是如何产生的。研究结果主要集中在三个方面：第一，刻板印象是主流文化的产物，儿童从他们的父母、朋友和媒体那里学到刻板印象。第二，刻板印象产生于个人的深层需要，最明显的是一个人归属于某一团体的需要，与他人相比有一定优越感的需要，以及证明现有社会秩序合理性的需要。第三，刻板印象源自于人们对分类与共变关系评估的一般认知过程（综述参见 Hamilton & Sherman，1994；认知过程的讨论见本书第 2、

3 章）。尽管有关刻板印象起源的问题备受争议，但大多数研究都默认了刻板印象的既有定义和事实，并且着重探究刻板印象何时产生、怎样产生及其影响。这也将是本章讨论的重点。

本章首先对刻板印象的本质做简要讨论，然后我将从刻板印象感知者的角度，讨论人们在何种情形下激活（或不激活）刻板印象，以及如何利用这些信息对刻板印象群体中的成员形成某种印象。接下来，我将从刻板印象受众的角度，探讨属于某个消极刻板印象的对象群体会给人的心理带来什么样的影响。最后，本章将回顾那些曾试图改变人们刻板印象的研究，并讨论为何刻板印象的改变如此之难。

什么是刻板印象

非洲裔美国人、律师、家庭主妇、同性恋者、年轻人，每一个标签都会使人产生一些联想。你可能会对每种群体的特征、行为和所处环境有着某种强烈的预期，还会对他们有着特定的情感反应。换句话说，你对上述所有群体都有刻板印象。刻板印象（stereotype）这个术语已经有很长的历史了。1922 年，Walter Lippman 将刻板印象一词引入社会心理学，他把刻板印象简单地描述为“头脑中的图像”。1954 年，Gordon Allport 在他的《偏见的本质》（*The Nature of Prejudice*）一书中，将刻板印象定义为：“与某一范畴相联系的夸大的信念”。尽管现在对刻板印象的定义不再强调这种信念的准确程度或夸张程度，但“刻板印象是与范畴相关的信念”这一观点仍然是对刻板印象的主流看法。从社会认知的角度来看，刻板印象是一种认知结构，其中包括我们对某一社会群体的了解、信念和期望（例如，Hamilton & Sherman，1994）；也有一种观点认为刻板印象是群体标签所带来的心理感受和思维方式（例如，Esses，Haddock，& Zanna，1993；Fazio，1995）。

将刻板印象作为“一种对社会范畴的心理表征”的观点，突出了刻板印象与其他社会性及非社会性概念之间的相似性。自从人们意识到刻板印象也可被看做是一个概念以后，许多在其他概念研究和理论中出现的观点和争论，也被应用到刻板印象的研究当中。事实上，本书第 2 章中关于概念的结构、功能和组织的讨论和结论，完全可以运用到刻板印象的研究中。故本章中不再对刻板印象的这方面问题进行详细讨论。

简要地说，大多数观点认为，刻板印象是由对某一群体的抽象认识（例如，律师能言善辩、有攻击性）和具体例证（譬如，与我为邻的那位律师，我最喜欢的电视剧中的律师；综述参见 Hamilton & Sherman，1994）混合而成。尽管人们逐渐认识到刻板印象包含推测性的、因果性知识（比如，非洲裔美国人体验到的歧视以及不断恶化的经济条件，一定程度上制约了他们受教育的机会，从而导致了贫穷和犯罪；Wittenbrink，Gist，& Hilton，1997），但典型情况下，还是会把刻板印象当做原型来评述，即说出对象的一系列具有不同代表性的无关属性（比如，非洲裔美国人的刻板印象就是贫穷、没有受过教育、有犯罪倾向）。与其他范畴一样，刻板印象也有等级层次，因此上一级范畴（非洲裔美国人）包含了下一级，即子集（非洲裔美国商人，非洲裔美国运动员，非洲裔美国贫民区居民；Devine & Baker，1991）。

刻板印象还包含有关变异的认识（综述参见 Hamilton & Sherman，1994）。这一点很重要，因为当我们越是认为一个群体具有不变性，我们就越倾向于将群体中一小部分成员所具有的特征推广到该群体的其他成员身上，进而推广到整个群体；反过来我们又会将对群体的刻板印象运用到该群体的成员身上（Park & Hastie，1987；Park，Judd，& Ryan，1991；Park & Rothbart，1982；Quattrone & Jones，1980）。例如，如果你认为女权主义者都很漂亮，就可能会认为“如果你看到过其中一个，就等于看到了所有的女权主义者”；反之，如果你认为每个女性都有很大不同，那么就不会将对某个女性的认识推广至其他女性，也不会认为对女性的一般认识能帮你准确估计你遇到的每一个女性的特征。

群体刻板印象能够引导我们对群体成员的预期，使我们带上有色眼镜解释其行为与人格特征（综述参见 Kunda & Thagard，1996）。和其他所有的概念一样，刻板印象能把一些不易理解的属性结合在一起，并赋予这些属性以意义和结构。如果你认识一位亚洲裔美国人，就更容易理解什么样的人聪明、害羞、工作努力且身材矮小，因为这一群体具备上述所有特征。由于刻板印象有助于我们了解一个人，因而在印象形成的过程中节省的精力就可以运用于其他任务中（Macrae，Milne，& Bodenhausen，1994）。

虽然通过非社会性概念的研究和理论可以了解刻板印象，但是刻板印象也有其独特之处。当你看到一个苹果，你通常会将它归类为苹果，并预期它具有苹果的相关特征。尽管当我们看见苹果时会自动激活苹果的概念，但是，当我们看到非洲裔美国人时，并不会明显地自动激活头脑中对非洲裔美国人的刻板印象，对他们的刻板印象也不会明显地影响我们对某个非洲裔美国人的看法。这是因为我们对任何一个非洲裔美国人的看法还可以通过许多其他的概念来获得。比如：比尔·科斯比不仅是个非洲裔美国人，同时他是一个男人、一个演员、一个百万富翁、一个丧子的父亲，等等，一系列适用于他的社会身份可继续罗列下去。我们可以通过任何一种身份去认识比尔 · 科斯比，同时我们也可以通过观察他的行为去了解他，从中发现他很有趣，很热情。正是由于这些原因，大量的理论和研究都试图探讨观察者何时激活刻板印象，何时将刻板印象运用到相应的对象群体来理解其行为。下面我们将具体讨论这两个问题。

观察者的角度

刻板印象的激活

当你遇到一个非洲裔美国人时，是否会马上联想到犯罪和暴力？是否感到害怕或生气？是否认为他特别具有攻击性？你自己的行为是否会变得很有敌意呢？如果是这样，你能控制并消除这些反应吗？或者你是否注意到了这些变化？是否意识到自己的种族身份会影响你对非洲裔美国人的自然反应？如果你是非洲裔美国人，你是否认为你对另一个非洲裔美国人的自然反应不同于白人或者亚洲裔美国人？如果你不是非洲裔美国人，是否会认为你对这个群体成员的反应取决于你的偏见程度呢？这些问题或类似这样的问题，引发了人们在近十年来的大量研究。

到 20 世纪 80 年代中期，人们注意到很多想法和情感可以被自动激活，并在没有意识到的情况下影响自己的判断（Kihlstrom，1987;参见第 7 章）。之后不久，社会心理学家开始探讨人的刻板印象能否被自动激活和运用。如果能被自动激活，这将为偏见与歧视的内在动力的研究带来新的启发：人们在无意识的情况下对他人的判断是否会受到种族刻板印象的影响？自认为没有消极刻板印象的人们，是否仍会无意识地受到刻板印象的影响呢？我们能否减少那些我们不希望的刻板印象的激活呢？

也许是因为上述各种可能情况的社会意义非常重要，并影响到人们的生活，所以自从这些问题被提出来之后，就引起了很多研究者的兴趣，并且针对刻板印象激活的自动化和必然性展开了激烈并富有成效的讨论。大量的研究关注下列问题：人们与一个刻板印象对象群体中的成员接触，或与任何让我们联想到此群体的事物接触，是否会自动产生与刻板印象有关的想法、情感和行为；对盛行于文化中的刻板印象的自动激活程度，是否存在个体差异；人们是否能够按照自己的意愿控制刻板印象的激活和使用。到目前为止，其中的一些问题已经有了明确的答案，下面将对此进行详细讨论。

刻板印象可以自动激活

无论你的个人信念是什么，你可能都会注意到美国普遍存在对非洲裔美国人的消极刻板印象。当 Patricia Devine 请威斯康辛大学的白人学生叙述这一文化刻板印象时，他们所述的内容非常一致，其中被大多数人提及的特征之一就是：他们均具有*攻击性*（Devine，1989）。当美国白人遇到非洲裔美国人或与之相关的任何事物时，他们是否会自动激活这一刻板印象？当他们听到*黑人*这个词时，是否会自动联想到*攻击性*？为探讨这个问题，Devine 给白人被试阈下呈现一些与非洲裔美国人相关的词语，但这些词语与攻击性没有直接关系。她认为如果这些词语能够激活对非洲裔美国人的刻板印象，它们应该也能激活与之密切相关的特征，例如*攻击性*。如果*攻击性*一词未被明确提出，但仍被一些与刻板印象相关的线索激活，则表明这些线索能自动激活对非洲裔美国人的刻板印象。

Devine 在她的早期研究中构建了其研究程序的模型，研究结果发现，当人们无意识地接触与敌意相关的词语时，倾向于对那些具有模糊敌意行为的人产生更加消极的看法（Bargh & Pietromonaco，1982；见第 7 章）。但是，Devine 并不使用与敌意相关的词，而是使用与非洲裔美国人相关的词来激活被试的刻板印象（例如，黑种人，懒惰，黑人，蓝调，节奏，非洲，刻板印象，贫民区，福利，篮球，失业，种植园）。被试在无意识的情况下接触到 100 个词，其中 20% 或 80% 的词与对非洲裔美国人的刻板印象相关（其他的词是一些中性词，例如然后，将会，关于)。每个词呈现的时间很短(80毫秒),随后呈现一串掩蔽字母。在这种情况下,人们无法看清楚这些词语,只看到一道闪光。告诉一组被试每一次闪光代表一个词语,要求他们猜出这些词,结果被试只猜对了不到2%的词语。另外一组被试不能从一系列单词中有效地辨认出之前呈现过的词语,这些单词中除呈现过的那些单词外,还包括相同数量的、与呈现过的单词相似的词语。简言之,被试不能意识到他们已经接触过哪些词语,也没有意识到他们已经启动了与非洲裔美国人有关的刻板印象。但是,他们的判断确实受到了启动效应的影响。

未被告知所呈现刺激为词语的实验组被试还要完成另一项任务,即说出对一个有一系列模糊敌意行为的人的印象(他们阅读关于Donald的描述,这段描述用于考察无意识敌意词语的启动效应;Bargh & Pietromonaco,1982。由于文中没有说明Donald的种族,他可能被当做白人。)结果发现:接触大量非洲裔美国人刻板印象启动词(例如,80%的词与刻板印象有关)的被试,与那些仅接触少量启动词(如仅20%的词与刻板印象有关)的被试相比,更多地认为Donald具有敌意性。换句话说,即使这些启动词与敌意没有直接关系,且被试没有意识到他们接触过其中的任何词语,与刻板印象有关的强启动词语仍激活了敌意情绪。这表明美国白人会自动地、无意识地激活对非洲裔美国人的刻板印象,并且在没有意识到的情况下影响他们的判断。这个发现最令人苦恼的是,如果一个人完全没有意识到刻板印象的激活过程,就不可能对这一过程加以控制。

根据这项研究我们是否能得出这样一个结论:仅与一个非洲裔美国人,或与其相关的中性事物接触(如非洲裔美国人、黑人这些词,或者一个非洲裔美国人的照片),就足以自动激活人们对于非洲裔美国人所持有的消极刻板印象?有人可能会认为这个研究并没有完全证实上述观点。毕竟,用来启动刻板印象的词几乎不可能是中性词,它们大部分是负性词语(例如懒惰、福利、贫民窟等)。有趣的是,一些消极的刻板印象能够令人想到一些其他未被提及的消极刻板印象(比如攻击性),这表明消极刻板印象是作为一个整体被激活的。但是也有可能直接启动了消极刻板印象才出现这种情况,上述研究就是一个例子。可能在一个中性的环境中与非洲裔美国人接触,或与一些中性的刻板印象词语接触,不会导致消极刻板印象的自动激活。但是,下面的研究排除了这种可能性。

对其他美国人而言,即使短暂地接触非洲裔美国人的照片,也足以激活他们对这一群体的消极刻板印象。一项研究表明,在无意识情况下呈现非洲裔美国人的照片，会激活其他美国人的敌意情绪，并使他们表现得更加不友善（Bargh，Chen，& Burrows，1996）。那些不是非洲裔美国人的被试需要完成一个极其单调枯燥的任务：在实验中计算机屏幕上会呈现一张画有很多个圆圈的图片，被试需要指出圆圈的数量是奇数还是偶数。每张图片呈现后都紧接着呈现一个年轻男子的照片，这一点并未告知被试。向一半被试呈现的是非洲裔美国人，向另外一半被试呈现的是白种人。每张图片都快速闪过（不会多于 26 毫秒），后面紧接一张快速呈现的掩蔽图片，这样被试就不会意识到所呈现的面孔。

这种单调的奇偶辨别任务持续进行，直到第 130 次，出现一个错误信息提示：计算机数据保存失败，请重新开始。一个隐蔽的摄像机记录下被试对这一坏消息的反应。然后请不了解实验目的的人对录像材料中被试所做反应的敌意性作出等级评定。研究者在不知道实验条件的情况下，也对被试的敌意情绪进行等级评定。两种评定结果说明了同一问题：以非洲裔美国人的面孔为启动刺激的一组被试，比以白人面孔为启动刺激的被试表现出更强的敌视情绪。

这一研究结果表明，似乎仅仅只是看到非洲裔美国人的面孔，就足以激活美国人的敌意情绪，从而使他们的行为更加充满敌意，并且这一切都是自动发生的，他们本身并没有意识到曾经呈现过非洲裔美国人的面孔，也没有意识到对非洲裔美国人面孔的感知会对他们产生任何影响。还有研究发现，其他美国人头脑中对非洲裔美国人的消极刻板印象，可以由一些属于该群体的中性事物自动激活。与非洲裔美国人照片的短暂接触，会使美国白人自动激活其消极刻板印象（Fazio et al.，1995）。无意识中接触“黑”这个词就会启动其他美国人头脑中关于非洲裔美国人的消极刻板印象，如贫穷、懒惰、暴力（Wittenbrink，Judd，& Park，1997）。在英国，英国白人无意识地接触与黑人刻板印象相关的中性词（例如，黑人，西印度人）后，倾向于将一个描述模糊的人认定为具有攻击性和不可靠。总之，关于黑人的一些中性词会在无意识中自动地引发对其他人的消极想法、感受和行为。

大多数关于刻板印象自动激活的研究都聚焦于对非洲裔美国人的刻板印象，因为美国目前最亟须解决的种族关系问题集中反映在对待非洲裔美国人的问题上。但上述研究结果不仅适用于这一特定的刻板印象，也适用于其他群体刻板印象。比如，有研究表明对老年人、年轻人和性别的刻板印象也能自动激活（Blair & Banaji，1996；Purdue & Curtman，1990）。

以上所有讨论的刻板印象激活都是在不受意识控制条件下进行的，即阈下呈现线索，或启动词与目标词间的间隔很短（参见第 7 章）。本章主要借助这些研究来说明刻板印象可以被自动激活。应注意的是，刻板印象也能够通过控制性加工得以激活和运用，控制性加工也就是完全意识到与刻板印象相关的材料，并有足够的时间进行加工。有大量研究验证了种族刻板印象可通过控制性加工得到激活（例如，Dovidio，Evans，& Tyler，1986；Gilbert & Hixon，1991；Macrae，Bodenhausen，& Milne，1995）。另外还有大量研究表明，通过控制性加工激活的群体刻板印象，也会影响人们关于某些群体成员的判断（Kunda & Thagard，1996；参见本章中关于刻板印象的部分）。

刻板印象的自动激活所带来的最令人不安的后果就是，它会使消极反应愈演愈烈，形成恶性循环。如果一个非洲裔美国人激活了我的攻击性想法，我对他的态度就会更具攻击性，从而使这个被误解的人以同样的态度回应我。结果，我可能会认为非洲裔美国人的确比美国白人更具有攻击性，从而强化了我对非洲裔美国人的消极刻板印象。问题在于，我不会意识到非洲裔美国人对我的敌意情绪可能完全源自于我对他的消极态度，而这种消极态度也正是由我没有意识到的刻板印象自动激活引起的。一般来说，被激活的刻板印象会影响我们对某些个体所采取的行为，从而也会影响他们对我们的反应。对一个群体存在消极刻板印象，会使人们很恶劣地对待该群体的成员，从而导致该群体成员表现出消极态度，这恰恰会反过来验证这种刻板印象。

下面的例子能很好地说明这种恶性循环。研究者让每个白人被试去面试一个白人和一个黑人应聘者（Word, Zanna, & Copper, 1974）。事实上，这些“应聘者”是实验者的同谋，在接受面试前已统一接受训练形成了标准化的反应。但白人被试还是对白人和黑人采取了完全不同的态度：面试过程中，他们与黑人应聘者保持较远的身体距离，产生更多的言语错误，并迅速结束面试。接下来的研究发现，黑人应聘者受到的这种无礼的、非言语的、疏远的待遇会影响他们的表现。在另外一项研究中，普林斯顿大学的学生接受经过训练的白人同谋者的面试（Word et al.，1974）。有一半的应聘者受到了与前面研究中白人应聘者同样的较好待遇，而另一半则受到黑人应聘者般的待遇（面试中面试者与应聘者保持更远的距离，产生更多言语错误，并且面试时间更短）。另有两个评判员在不知道研究目的的情况下，观看每次面试的录像（只显示应聘者），并对应聘者的表现进行等级评定。

结果发现，面试官的行为对应聘者有显著的影响：那些受到“黑人待遇”的应聘者不如那些受到“白人待遇”的应聘者表现得好。综合上述研究发现，非洲裔美国人在受到白人不好态度的影响情况下，表现出能力不足，这正是由于他们所受的待遇影响了他们充分发挥其能力。

最近一项研究表明，即使是无意识激活的刻板印象也会影响到我们对他人的行为，并因此影响他人对我们的态度（Chen & Bargh，1997）。在该研究的过程中，先让白人被试在没有意识到的情况下看非洲裔美国人或白人的照片。然后每个被试与一个未接触过任何照片的人配对成组，两人进行猜词游戏。研究者分别对每个人进行录音（一个只录接受启动刺激的被试的声音,另一个只录其同伴的声音），两个不知道研究假设的人作为评分者，根据录音对每个人的敌意情绪进行等级评定。与先前关于刻板印象自动激活的研究结果一致的是，无意识状态下受到非洲裔美国人面孔启动的被试，比受美国白人面孔启动的被试表现出更多的敌意。换句话说，它们自动激活了对黑人的刻板印象，并且这影响了他们的行为。而且被试同伴的行为也受到启动效应的影响：受非洲裔美国人面孔启动的被试的同伴比受美国白人面孔启动的被试的同伴也表现出更多的敌意。这些同伴并未受到任何面孔的启动，但在互动过程中，受被试被启动的敌意情绪影响，其同伴也作出了相同的回应。

以上两项研究都发现，与非洲裔美国人消极刻板印象有关的类似能力欠佳及敌意的行为表现，并非是非洲裔美国人自发产生的，而是由美国白人引发的。这有助于我们了解人们受刻板印象驱使的行为对对方所作回应的影响。这些研究表明，人们关于非洲裔美国人的刻板印象与黑人的行为无关，而是完全源于这些人所受到的不公平待遇，而这些待遇的实施者对非洲裔美国人有偏见或有意模仿美国白人对非洲裔美国人的行为。这些研究表明，自动激活了对非洲裔美国人消极刻板印象的人，在遇到一个非洲裔美国人时，会通过他们自己的行为使对方表现出符合其消极刻板印象的行为。并且个体可能无法察觉或者意识到这种循环，不会意识到自己正在接受这种刻板印象，也意识不到自己正在以自己的行动来维持这种刻板印象。

当非洲裔美国人遇到其他美国人时，这样的恶性循环是否一定会发生？除黑人外的其他人在对非洲裔美国人的自动反应态度上是否会存在个体差异呢？下面将讨论这个问题。

刻板印象自动激活的个体差异

我们大都熟悉在我们的文化中流行的对非洲裔美国人的消极刻板印象，正如上文所讨论的那样，这种刻板印象会在不知不觉中被自动激活。对这种消极刻板印象的熟悉能否肯定会使我们接触任何与非洲裔美国人相关的事物时，刻板印象都会自动激活？那些不赞成这种刻板印象，认为它是不可接受、令人讨厌的人，是否也会在他们做出判断时自动运用这一刻板印象呢？ Devine（1989）在一篇极有影响力的文章中赞同了这一观点，但之后的研究却得出了不一样的结论。

Devine 认为，由于主流文化中这种对非洲裔美国人的消极刻板印象如此根深蒂固，当其他美国人遇到与这个群体有关的事物时，无论其个人信念如何，都会自动激活这种刻板印象。但是，除黑人之外的美国人对非洲裔美国人的看法确实存在差异。有些人赞成这种普遍的消极印象，并认为这是正确的。但另一些人却认为这种印象是不合适的和错误的，这些人非常熟悉文化中对非洲裔美国人的刻板印象，却并不受制于这一刻板印象。当他们遇到一些与这种消极刻板印象相关的信息时，也会自动激活这些消极的刻板印象。但是如果他们意识到刻板印象被激活，并有足够的时间和认知资源时，他们就能克服和抑制这一刻板印象。换言之，Devine 认为，无论个人信念如何，自动激活消极刻板印象是一个自动的、必然的过程。而对这种激活过程的抑制需要意识加工的参与。因此，不赞同这种消极刻板印象并且希望能抑制它的人们，只有在允许进行控制性加工的情况下才能对它进行抑制。

Devine 认为，不管人们对非洲裔美国人所存的偏见是强是弱，只要他们接触到与此群体有关的信息，就会自动激活消极刻板印象。只有那些所持偏见较弱的人，才能在条件允许的情况下抑制这种刻板印象。为验证这一观点，首先要确定什么样的人持有较弱偏见，什么样的人持有较强偏见。但是这一点说起来容易做到却很难，在反对偏见的主流文化下，即使是对非洲裔美国人最有偏见的人也不愿说出自己的真实想法，因为他们知道如果这样做，会引起很多人的反感。

意识到这个问题的研究者创造了一种敏感的测量方法——现代种族偏见量表（Modern Racism Scale）。该量表使人们通过对不含有偏见的陈述句的反应，显示他们对某个种族群体的消极态度（McConahay，1986）。例如：“在美国，人们很容易理解黑人的愤怒”，“在过去几年里，政府和新闻媒体给予黑人过多的尊重”，

"在过去几年里，黑人获得了过多的财富"。这一量表假定持有偏见的人不愿坦白一些带有种族歧视的想法，比如"黑人没有白人聪明"，但是却愿意如实回答问卷中精心编制的项目，因为根据项目本身的特点，也可站在"种族中立者"的角度对带偏见的反应作出解释（如果你在某些项目上迟疑，并考虑为什么该问卷如此巧妙，这可能是因为在问卷被编制后，社会标准不断地发展，后面将讨论这一问题，参见 Fazio，1995）。

Devine 利用现代种族偏见量表来鉴别持有较强偏见和较弱偏见的白人被试（Devine，1989）。给被试充分的时间，要求他们写出提到美国黑人时脑中自然浮现的想法，通过问卷测得持有较弱偏见的人确实表现出很少的偏见，他们与持有较强偏见的人相比，列出更少消极的想法、更多积极的想法。但是在只允许自动加工的条件下，却得到不同的结果。这一结果在 Devine 的一个重要实验中已得到验证，前文已经讨论过这一实验。那个实验对当前讨论较为重要的是：无论被试所持的偏见程度如何，只要无意识地接触与非洲裔美国人相关的词语，都能激活他们的消极刻板印象；所有被试在受到无意识启动后，都认为被描述得很含糊的唐纳德是不友善的。由此 Devine 得出一个结论：在排除意识控制的情况下，无论美国白人原本对非洲裔美国人的印象如何，在接触到与消极刻板印象相关的事物时，都会激活对非洲裔美国人的消极刻板印象。甚至那些没有偏见的人和不认同对非洲裔美国人的消极刻板印象的人，在不能对激活过程进行控制的情况下，也同样会自动激活这种消极刻板印象。尽管我们的意识很自由，不受偏见约束，最终我们做出的判断还是与偏见有关。

Devine 提出的过激的结论——刻板印象的自动激活不存在个体差异——受到了质疑。Russell Fazio 和他的同事们注意到这个结论依赖于这样一个实验结果：通过现代种族偏见量表分出强偏见组和弱偏见组，然后发现他们自动激活消极刻板印象的程度没有差异（Fazio，1995）。他们认为，现代种族偏见量表可能并不是一个很好的偏见测量工具；Devine 没有发现那些持有强偏见、弱偏见的个体的差异，也可能是因为她在一开始就没能成功鉴别出那些人。为了考察对非洲裔美国人的自动反应是否有个体差异，Fazio 和他的同事们设计了一种方法来测量对非洲裔美国人面部照片的自动情感反应，并关注该方法是否和其他测量偏见的方法相关。

早期的研究表明，对于代表某一事物的词语的自动情感反应会加速或减缓对其他积极或消极词语的评价（Fazio，1986；第 7 章）。比如，如果被“战争”一词启动，那么就可能加快“‘糟糕’是贬义词”的判断和减慢“‘高兴’是褒义词”的判断，这是因为“战争”自动激活了对消极情感的反应，促进了对表达相同情感词语的判断，却抑制了对表达相反情感词语的判断。Fazio 和他的同事推断，如果人们经历过一种对非洲裔美国人的消极反应，再看到非洲裔美国人的照片时，肯定有相同的效果，这会加快他们对消极词汇的判断，而减缓对积极词汇的判断（当然，如果对照片的反应是积极的，则情况相反）。

为了将他们的发现和 Devine 的观点联系起来，Fazio 和他的同事用现代种族偏见量表预选出具有强偏见和弱偏见的个体作为被试（选出得分最高和最低的 10%）。大部分被选出来的被试都是白人，但也有一些非洲裔美国人，实验者告知被试这个研究是关于词义自动反应能力的。在研究的第一阶段，向被试呈现 12 个褒义词（比如说诱人的、精彩的）和 12 个贬义词（恼人的、恶心的）并要求他们迅速判断所呈现词语是褒义还是贬义，并按相应的键做出反应。以该任务测得的反应时间为基线时间，对启动条件下的反应时进行分析。在对几个面孔进行记忆之后，接下来是关键的启动阶段，告知被试这一阶段考察他们能否同时完成事件评估和面孔记忆任务，然后再一次让他们判断第一阶段呈现过的 24 个词是褒义还是贬义，在实验过程中，每个词紧跟在一幅黑人或白人的照片后呈现，呈现时间很短（450 毫秒）以排除控制性加工。每个形容词被评估 4 次，2 次在黑人照片之后呈现,2 次在白人照片之后呈现。并且每张照片都用来启动 2 个褒义词、2 个贬义词。

为了确定照片启动对形容词判断速度的影响，计算出被试对每个形容词反应时间的促进分数——这个分数表明了被试对形容词的基线反应速度与受到照片启动后的反应速度之间的差异。也就是说，这个分数说明了每张照片能加快或减缓被试对形容词反应的程度。分别计算出每个被试在白人照片和黑人照片启动下对褒义词、贬义词的促进分数平均值。

白人被试的结果表明，他们对黑人面孔的自动反应比他们对白人面孔的反应更加消极，如图 8.1（a）所示：对于褒义词，这些被试受到黑人面孔启动时比受白人面孔启动时的反应速度慢一些；对于贬义词，受到黑人面孔启动时比受白人面孔启动时反应速度要快。所以，与白人面孔相比，黑人面孔会减慢人们对褒义词的反应，而加快对贬义词的反应。图 8.1（b）表明了非洲裔美国人被试得到相

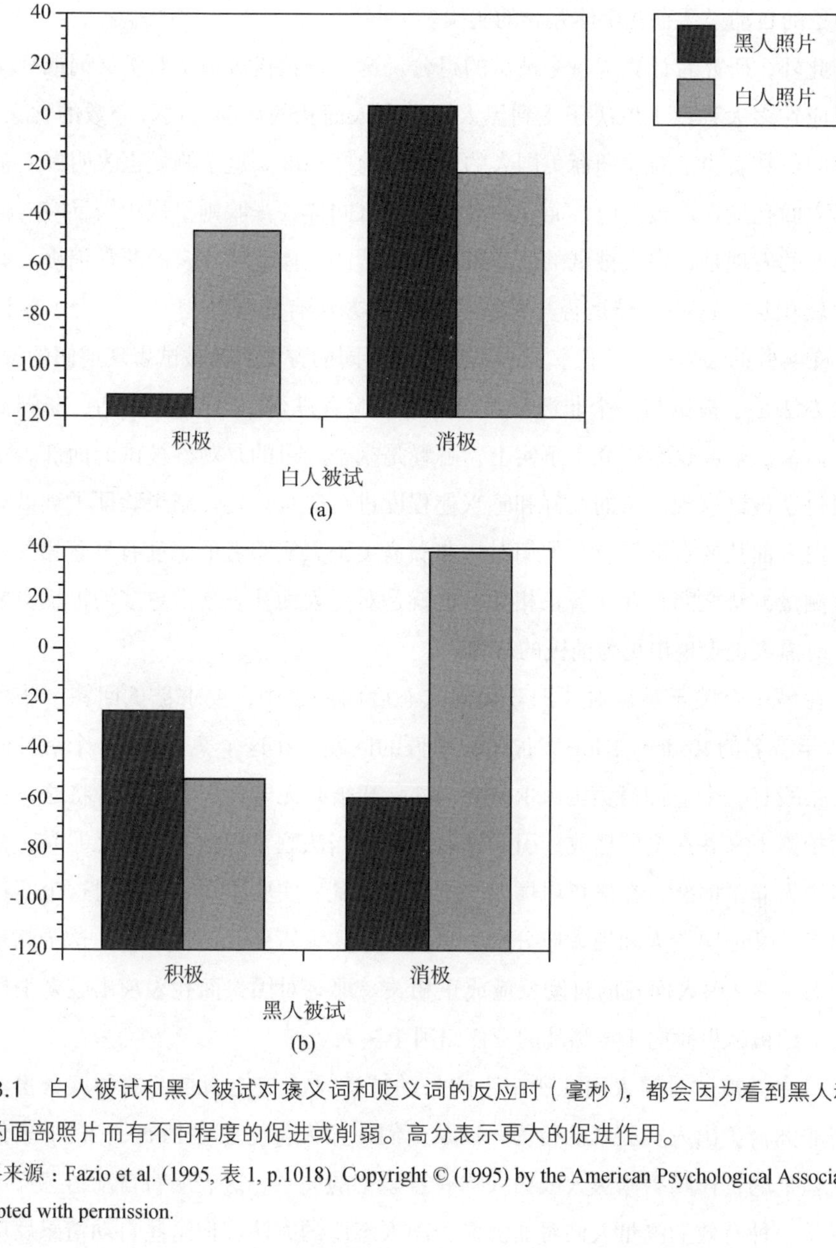

图 8.1　白人被试和黑人被试对褒义词和贬义词的反应时（毫秒），都会因为看到黑人和白人的面部照片而有不同程度的促进或削弱。高分表示更大的促进作用。

资料来源：Fazio et al. (1995, 表 1, p.1018). Copyright © (1995) by the American Psychological Association. Adapted with permission.

反的结果。与白人面孔相比，黑人面孔会加快这些被试对褒义词的反应，减缓他们对贬义词的反应。这些发现表明白人和非洲裔美国人对非洲裔美国人有不同的自动反应。白人的自动反应比较消极，黑人的反应比较积极。这是首个能表明刻板印象的自动激活存在个体差异的实验。

此外，研究者计算了每个被试的得分，这一分数代表被试对褒义词或贬义词的反应在多大程度上取决于受到黑人还是白人面孔的启动。这一分数的含义是，更多的负数表明了对非洲裔美国人的更深的消极态度。这个测量也表明白人被试对黑人面孔呈现消极反应，而非洲裔美国人对同样一张脸则呈现积极反应。但更为重要的发现是，白人被试的反应也存在显著的个体差异：有的非常消极，有的则比较积极。这些差异是否与其他偏见测量方法有显著的相关呢？为了验证这点，在实验的最后一个阶段，通过其他几种不同的方法引导被试表现他们的偏见。一种方法是：被试与一个非洲裔美国人的实验者进行 10 分钟的对话，非洲裔美国人向被试解释这个研究（事实上，解释是幌子，目的是观察被试的面部表情），并对每个被试表现出来的友好和感兴趣程度进行等级评定。结果验证了被试对黑人、白人面孔的自动反应与他们对待非洲裔美国人实验者的态度有显著相关。这两种测量方法之间存在显著正相关，也就是对黑人面孔表现出更多消极反应的被试，对黑人也表现出更为消极的行为。

在另一个关于被试对非洲裔美国人态度的测量中，要求被试回答一些关于 1992 年著名的 Rodney King 案件后续事件的问题。在这个案件中，4 个洛杉矶白人警察殴打一个非洲裔美国人 Rodney King 却被判无罪释放。旁观者将这一残忍场面拍摄下来并在全国播放，引起轩然大波。当法庭宣判白人警察无罪时，非洲裔美国人非常愤怒，在洛杉矶爆发了抢劫和骚乱。实验中要求被试对这个案件进行思考，并说明白人和黑人应分别为骚乱承担多大责任。结果表明，这个测量和他们对黑人 / 白人面孔的自动反应成正相关。那些对黑人面孔表现出较多消极自动反应的被试更倾向于将骚乱的责任归因于黑人。

总之，被试对黑人面孔所产生的自动情感反应与他们自己的种族身份、他们对非洲裔美国人实验者的行为，以及他们在多大程度上将 Rodney King 事件导致的骚乱的责任归因于黑人或白人均有着紧密的关系。这表明对自动情感反应的测量是一种有效的测量人们对非洲裔美国人态度的方法。但这些自动情感反应与被试对现代种族偏见量表的反应不存在相关性，通过现代种族偏见量表被划为弱偏见的被试，并没有比强偏见的被试对黑人面孔表现出更少的消极情感。这也和 Devine（1989）的结论有一些出入，并且说明 Devine 得出的某些结论的可靠性值得怀疑。Devine 发现持有强弱不同偏见的个体，在自动反应上没有差别，因为她采用的量表并不能有效区分被试的偏见程度。如果她用一个更好的测量方法，可能也会像 Fazio 与他的同事那样，发现人们对非洲裔美国人持有不同的态度，会对这一群体表现出不同的自动反应。

Fazio 和他的同事另外进行了几项实验来探讨为什么现代种族偏见量表不能有效测量人们的偏见程度。他们认为尽管这个量表可能在某一时期非常灵敏，但对于现在的被试却不是非常适用，被试能够认识到这一量表是用于测量他们的偏见，而那些想要掩饰自己偏见的人就会适当地调整他们的反应。这个量表也测量了保守性，那些保守的被试，即使他们对非洲裔美国人的态度是积极的，也仍然获得偏见高分（Fazio，1995），这影响了测量的信度。由此，我们可以看出现代种族偏见量表不能有效地区分种族主义者和非种族主义者。

对 Devine 的观点——刻板印象的自动激活不存在个体差异——的另一个质疑集中于她在研究中所采用的启动词的性质。前面提到过，许多词都是负性词语（例如懒惰、贫民窟、福利）。两类研究都发现，当利用与刻板印象有关的中性词作为启动词时，被试在思维和判断上存在明显的个体差异。在英国开展的一系列研究中所使用的测量被试偏见强弱的工具是在现代种族偏见量表的基础上，结合英国当时的实际情况编制而成的（比如，“获得英国国籍应当更容易些”，“议会中黑人议员的比例太低，各政党应当积极改进这一点”；Lepore & Brown，1997）。当英国白人无意识地受到针对黑人的刻板印象的相关中性词（比如黑人、西印度人）启动时，只有持强偏见的个体才会自动激活消极刻板印象，也只有他们受到黑人相关词语启动时，才会认为刻板印象对象具有攻击性、不可靠，而低偏见者则不受启动词的影响。

有趣的是，与 Devine 的研究结论一致，使用那些与消极刻板印象内容有关的启动词（如粗鲁、肮脏、毒品），偏见程度不同的个体的表现不存在差异，两组被试都自动激活了消极刻板印象。这表明，当受到与消极刻板印象直接相关的信息启动时，无论是否持有偏见，所有个体都会自动激活这一刻板印象。但只有那些具有较强偏见的人在受到中性词语启动时，才会激活消极刻板印象。

依照相同的思路，另一项研究发现，几种测量偏见的方法，包括现代种族偏见量表，可以预测对非洲裔美国人的消极刻板印象和对白人的积极刻板印象在受到中性词的启动（黑或白；Witten，Judd，& Park，1997）时，会有多大程度的激活。换句话说，受到中性词的启动时，强偏见者比弱偏见者更有可能自动激活对非洲裔美国人的消极刻板印象。我们不是很清楚为什么现代种族偏见量表及其英国版本能预测这些研究中刻板印象的自动激活，而在 Fazio 和他的同事的研究中，这一测量工具却不能预测出自动情感反应。但该研究与在英国进行的研究的总体结论是一致的，即当受到与黑人相关的中性词语启动时，强偏见者比弱偏见者更有可能自动激活消极想法与负面情感。

总之，人们对非洲裔美国人的自动反应是有所差别的。对非洲裔美国人这一群体持强偏见的人，受到与之相关的任何刺激都会自动激活那些与非洲裔美国人消极刻板印象相关的消极特征，并伴随消极情绪；词语“黑人”或黑人面孔就足以引发持强偏见者的消极刻板印象。而对非洲裔美国人持有较弱偏见的人，同样对这一群体的消极刻板印象相当熟悉，但只有当他们受到与消极刻板印象直接相关的材料暗示时，他们才会自动激活消极刻板印象。如受到贫民窟和福利等词语的暗示时，即使没有偏见的个体也会自动联想到攻击性。但这并不意味着没有偏见的个体在任何情况下遇到与非洲裔美国人有关的事物，都会自动激活同样的消极想法和情感。当他们遇到与非洲裔美国人有关的中性信息时，如果没有明确地暗示消极刻板印象，他们就不会自动激活消极刻板印象；他们并不是无论何时看到非洲裔美国人或听到与黑人有关的词语，都会想到“攻击性”。

刻板印象激活的内隐测量方法及其使用，将为探究人们内在的种族态度开创一个激动人心的前景（Fazio，1995）。很多对少数群体持有消极态度的人可能会因为不愿被谴责是种族主义者而隐藏他们真实的态度。实际情况确实如此，他们会用非偏见的方式来回答外显的偏见量表；对这些外显问题的回答和那些没有偏见的人一样。但是，那些立足于自动、不可控的反应的巧妙且内隐的偏见量表却能揭示人们真实的态度。所以我们需要做更多的努力来了解内隐量表和偏见行为在其他的情境中是如何联系起来的。但现有的研究表明，通过人们对那些与刻板印象群体有关的提示物的自动反应，有可能预测他们对该群体成员的行为。

刻板印象激活需占用资源

尽管刻板印象的激活是无意识的、不需要注意参与，但刻板印象的激活也要依赖于足够的认知资源。在认知资源充足的情况下能够激活某一刻板印象的线索，在我们面临一个艰巨的任务时，则可能不会激活相应的刻板印象。也就是说，认知繁忙会干扰刻板印象的自动激活。对此，有人进行了两项研究，要求白人被试完成残词补全任务（Gilbert & Hixon，1991）。残词写在卡片上，由一个亚洲人或白人助手在录像中一一呈现卡片，每个卡片上只有一个残词。当被试看到每个残词时，都要求他们在 15 秒钟内想出尽可能多的词来完成该任务。实验中有 5 个残词可以填成与亚洲裔美国学生的刻板印象有关的词。比如，s_y 可以填成 shy，poli_e 可以填成 polite，ri_e 可以填成 rice。需要注意的是，每个残词也都可以填成与亚洲裔美国人无关的词语。比如，s_y 也可填成 sky 或 say。这个测量的主要逻辑是：如果刻板印象被激活，那些刻板印象词语就更容易被提取出来，因而被试更倾向于用这些词来填充残词。因此，每个被试写出的刻板印象词语的数量就可作为衡量其刻板印象激活程度的指标。

在正常情况下，与亚洲人的接触确实会激活对亚洲裔美国人的刻板印象；与亚洲人助手接触的被试比与白人助手接触的被试产生更多的刻板印象词语，如表 8.1 所示。认知繁忙是否会干扰这些刻板印象的自动激活呢？为探讨这个问题，要求一半的被试在认知繁忙条件下完成残词补全任务。这些被试一边背诵 8 位数的数字，一边观看录像带，并完成残词补全。这种要求背诵数字的认知任务，减弱了被试对亚洲裔美国人刻板印象的激活。在这一实验条件下，那些与亚洲人助手接触的被试并没有比与白人助手接触的被试产生更多的刻板印象词语，如表 8.1 所示。简而言之，当看到一个亚洲人时，那些认知不繁忙的人会激活对亚洲裔美国人的刻板印象，但认知繁忙的被试则不会激活其刻板印象。

这些结果表明刻板印象的自动激活不是必然的，只有在认知资源充足的条

表 8.1　面对亚洲人或白人助手时被试在不同认知繁忙程度条件下产生的刻板印象词语数量

	繁忙程度	
助手种族	**不繁忙**	**繁忙**
亚洲人	3.82	3.12
白人	3.00	3.24
差异数	0.82	-0.12

资料来源：Gilbert & Hixon (1991, 表 1, p.511). Copyright © (1991) by the American Psychological Association. Reprinted with permission.

件下这种激活才会发生。你可能会认为，在资源有限的情况下刻板印象不能被激活，是由于对亚洲裔美国人的刻板印象强度不大，达不到阈限水平。尽管有这样的实验证据，那些强大的、根深蒂固的刻板印象仍有可能在较少认知资源的情况下被激活。已有研究发现，阈下线索可激活对非洲裔美国人的刻板印象，因为这一刻板印象非常强大。即使是全神贯注于某事的个体，遇到非洲裔美国人时，也会自动激活刻板印象。然而，最近的一个研究发现情况并非如此（Spencer et al., 1998）。在这个研究中，给被试呈现每个残词之前先呈现白人或黑人画像。要求被试在有额外或没有额外认知任务两种条件下完成残词补全任务。这些残词中有 6 个可以用与非洲裔美国人有关的词语来填词（比如敌意、危险、福利）。尽管此项研究针对那种可能更强的、对非洲裔美国人的刻板印象，但得出的结果跟 Gibert 和 Hixon 所得到的关于亚洲裔美国人的刻板印象一致：阈下呈现的黑人画像激活了认知不繁忙被试对非洲裔美国人的刻板印象，而未激活认知繁忙被试对非洲裔美国人的刻板印象。这再次证明，认知繁忙破坏了刻板印象的激活。

此项研究清楚地表明，在有些情况下刻板印象能被自动激活，有些情况下又受到控制（Bargh，1996）。刻板印象的激活是自动的，因此在无意识的情况下就可发生；通过阈下呈现的面孔就可自动激活刻板印象。同时，这种自动的、无意识的激活又类似于控制过程，因为刻板印象的激活需要认知资源；只有在认知资源充足时才被激活，认知繁忙会使其激活受到干扰。

Spencer 及其同事的进一步研究发现，当呈现与刻板印象激活有关的额外线索时，即使认知繁忙，被试也能自动激活刻板印象。他们提出，个体近期的失败经验可能激活刻板印象，因为在失败之后，人们为了安慰自己，经常尝试用消极的刻板印象去贬低别人，从而使自己显得略高一筹（Fein & Spencer，1997；详见刻板印象应用部分）。根据 Bargh 的自动激励理论，在经过多次这样的经历之后，我们会在个人失败与消极刻板印象之间形成紧密的联系（Bargh，1997；第 7 章）。因此，近期的失败经历，加上与刻板印象对象群体有关的提示，会引起消极刻板印象的自动激活。由于刻板印象与线索之间的关联性如此之大，以至于在认知繁忙的情况下，刻板印象也会被激活。实际情况的确如此。

在此项研究中，首先让被试完成一项假的智力测验，并且在测试后会告知他们在这项测试中是成功了还是失败了（Spencer，1998）。然后，在一个看起来似乎不相关的研究中，让所有的被试都处于认知繁忙状态，在阈限下呈现黑人或白人面孔的同时，要求被试完成残词补全任务。结果发现，在伪智力测验中取得“成功”的被试，其表现类似于先前研究中的认知繁忙的被试；当他们受到黑人面孔启动时，没有激活对非洲裔美国人的刻板印象。但是那些“失败”的被试，尽管处于认知繁忙状态下，他们在受到黑人面孔启动时，依然会激活刻板印象。这一系列的研究表明，刻板印象的自动激活通常需要认知资源，因此当我们耗尽认知资源时，刻板印象的激活也会遭到破坏。但是，当情境线索足够强时，即使在资源短缺的情况下，刻板印象也能被激活。近期的失败经历以及与刻板印象对象群体相关的提示，两方面因素联合起来正好拥有这种能力。在此种情况下，即使处于认知繁忙状态下的个体，也会自动激活刻板印象。

激活刻板印象通常需要足够的认知资源。这一发现为令人烦恼的局面带来了一点乐观的因素。的确，我们会在自己无意识的情况下激活消极刻板印象，这可能带来很多不幸的后果。但刻板印象激活不是不可避免的。在一些需要我们投入大量精力完成某个任务的情况下，即使遇到消极刻板印象对象群体中的成员，也可能会由于我们过于全神贯注于当前的任务而不会激活消极刻板印象。在工作中需要人们全神贯注的任务很多，人们需要集中精力解决与工作有关的问题，解决社会情境中人际关系问题。在诸如此类的情形下，自动激活消极刻板印象的认知资源就已被占去。激活刻板印象需要认知资源这一发现表明，我们可以通过转移我们的注意力来控制刻板印象的激活。稍后我将对这一可能性进行探讨。

刻板印象的激活可以受到抑制

为避免从刻板印象的角度来看待一个人，我们需要抑制刻板印象。能做到这一点吗？我们能抑制刻板印象的激活吗？目前仅有少数几个研究探讨了这个问题，但这些研究表明，有时候刻板印象的激活确实能够受到抑制（综述见 Kunda & Sinclair，1999）。当刻板印象的激活水平低于正常水平时，我们可以假设刻板印象已经受到抑制，或者已从头脑中消除。一项研究表明，当我们遇到一个属于多种刻板印象对象群体的个体时，比如一个中国女子，我们可能会激活其中某一个刻板印象而抑制其他的刻板印象（Macrae，Bodenhausen，& Milne，1995）。实验中，当被试观察一系列试图引发对中国人的刻板印象的动作时——一个中国女子用筷子从碗里挑面条吃，这一动作确实激活了被试对中国人的刻板印象。更为有趣的是，他们抑制了适用于那个女子的其他刻板印象，即对女性的刻板印象。另一方面，为了引发被试对女人的刻板印象，让被试观察同一个中国女子的梳妆打扮动作，被试激活了对女性的刻板印象，而抑制了关于中国人的刻板印象。Macrae 和他的同事认为，人们抑制了占次要地位的刻板印象，从而避免了刻板印象之间的相互干扰。这些研究还无法确定对激活过程的抑制是有意的还是无意的，但是这些研究首次为以下论断提供了实验支持：适用的刻板印象的激活有时可能会受到抑制。

另外一系列的研究表明，有时，我们可以有意识地抑制刻板印象的激活（Sinclair，1998；Sinclair & Kunda，1998）。遇到一个非洲裔美国人会使其他美国人自动地激活有关非洲裔美国人的刻板印象。然而，当受到非洲裔美国人的赞扬时，他们可能会希望通过抑制这种消极刻板印象，避免质疑该非洲裔美国人的可信度；毕竟，只有来自一个擅长于评价他人并且有能力的人的赞扬才有意义。以下实验就是为了检验这些动机是否会对刻板印象的激活产生抑制作用。实验中，首先向非黑人被试提供来自于一个黑人或白人对其表现的积极或消极反馈；其他被试则只观察某些人接受同样的反馈过程。接着，告诉被试下面的任务与前面的任务没有关联，要求被试完成残词补全任务，材料中包括多个可以填成与加拿大黑人的刻板印象有关的残词，加拿大是本项研究的实施地。

由于缺乏抑制黑人刻板印象的强烈动机，与黑人的接触导致了黑人刻板印象的自动激活。被试无论从黑人那里得到什么样的消极反馈，都有动力去激活对黑人的刻板印象以表明这些苛刻的评价者没有什么可信度。那些观察他人从黑人那里得到肯定或否定反馈的被试，由于在保持或降低自己的能力方面几乎与自己没有什么利害关系，所以黑人的可信度与他们本人的能力并无什么牵连。事实上，所有那些和黑人接触的被试以及缺乏抑制动机的被试，确实激活了对黑人的刻板印象；与那些得到相同的白人评价的被试相比，他们更多地用与刻板印象有关的词语完成残词补全任务。

当我们想抑制对黑人刻板印象的自动激活时，是否能够成功呢？显然是可以的。从黑人那里得到积极反馈的被试，可以抑制对黑人的刻板印象的激活，因为这可以避免他们质疑黑人评价者的可信度。这些被试在残词补全任务中填写的与刻板印象有关的词语数量甚至低于基线组，基线组被试从白人那里得到相同的积极反馈。换句话说，被试为了更加肯定自我价值从而抑制了对黑人的刻板印象。当被试没有抑制刻板印象的动机时，与黑人的接触就导致了对黑人刻板印象的自动激活。然而，有一定动机的被试就可以抑制刻板印象。由此可见，动机可以抑制刻板印象的自动激活。

并且，下面的这项研究发现，动机可以引导人们在众多适用于某个体的刻板印象中进行选择，从而激活那些他们自己希望被激活的刻板印象，而抑制那些与之矛盾的刻板印象（Kunda & Sinclair，2000；Sinclair，1998）。被黑人医生赞扬并因此改善对黑人医生看法的被试，会抑制对黑人的刻板印象，而激活对医生的刻板印象（与从白人医生那里得到相同反馈或未得到任何反馈的被试相比）。与此形成鲜明对比的是，受到黑人医生批评并因此降低对对方信任的被试，表现完全相反——他们激活了对黑人的刻板印象，而抑制了对医生的刻板印象。由于我们可以对刻板印象进行选择性激活和抑制，所以我们可以预测：当非黑人想给予一个黑人医生好的评价时，则将对方看成一个医生；想贬低这个黑人医生时，则将对方看成一个黑人。

似乎只要我们想抑制一种刻板印象，就可以不激活它。在这些研究中，人们需要抑制刻板印象的激活，因为刻板印象会损害其对象在他们心目中的形象。这些结果对于任何一位关注刻板印象自动激活的人而言都是一个好消息，因为它暗示着利用其他目标也可抑制这种激活。最重要的是，避免产生偏见这一目标足以抑制刻板印象的激活，因此它也有可能避免由于激活刻板印象而造成的理解上的偏差或不良的行为。然而，仅仅当我们意识到一种不受欢迎的刻板印象被激活时，才可能对其进行抑制。如果刻板印象在意识之外激活，那么我们就很难对其进行抑制。即使我们能在短期内成功抑制住不想要的刻板印象，但是从长远来看，这种抑制可能会反弹，接下来我们讨论这一点。

被抑制的刻板印象可能反弹

汤姆和埃玛共进午餐时讨论了种族优惠政策这一话题。汤姆觉得他应该注意自己的言语。因为通过与埃玛的交往，他发现埃玛对于男权主义极其敏感。过去许多次，他认为很中立的评论，埃玛却认为是男权者的论调。所以在与埃玛交谈的时候，汤姆总是极力避免表达任何对于女性的负性看法或感受，确保不会表达任何可能被看做男权主义者的观点。午饭过后，汤姆又开始工作，评阅学生的论文。他看到的第一篇论文署名为 Debbie Walker。你认为这个名字会让汤姆联想到什么呢？在用餐时努力地抑制对于女性的消极刻板印象，午餐后在他的脑海中出现这种刻板印象的概率有多少呢？回想一下，当我们试图控制自己的想法时，往往会出现反向的逆转：越试图抑制一个想法，这种想法越有可能出现（Wegner，1994；第 7 章）。刻板印象也不例外（综述见 Monteith，Sherman，& Devine，1998）。

Neil Macrae 和他的同事们所作的一系列研究探讨了刻板印象的抑制对其接下来的提取和应用的影响（Macrae et al.，1994）。这些研究主要以英国人对理平头的男人的刻板印象为研究对象，英国人对留平头的群体有很深的偏见。在实验的第一阶段，呈现给学生一幅平头男性的照片，并要求他们简单地描述一下他生活当中具有代表性的一天。指导一半的被试抑制刻板印象，告知他们通过刻板印象认识别人会产生偏差，他们应该试着去避免以这种方式来揣测目标人物。控制组被试则没有得到这方面的指导。

要求抑制刻板印象的被试按照要求完成任务。他们对于目标人物的描述由不了解被试实验条件的评估者进行评分，由表 8.2 可知，实验组的描述与刻板印象的关联性小于控制组。这种对刻板印象的抑制，如何影响之后对刻板印象的激活

表 8.2 对实验组和控制组描述结果的评分以及对刻板印象相关和无关词语的反应时间

	指导语		
因变量测量	**抑制刻板印象组**	**控制组**	**基线组**
对刻板印象的评分	4.83	6.83	-
反应时间[a]			
相关词语	571	690	778
无关词语	773	782	790

资料来源：Macrae et al. (1994, 表 2, p.813).

注：基线组被试没有看到平头男性的照片，也没写下任何评论

a. 反应时间的计量单位是毫秒

和利用呢?

接下来的实验任务表明，最初对刻板印象的抑制，导致在随后情境中刻板印象的激活程度和使用率的提高。在一项要求被试完成词汇判断的研究中，验证了刻板印象的激活。字符串中包括 14 个与平头的消极刻板印象有关的负性词语，以及 14 个与此刻板印象无关的负性词语。这项任务的逻辑在于：如果一个词语已经在被试的头脑中激活，那么他们就能更快地对该词作出正确判断。因此，对于刻板印象词语的反应速度便是刻板印象是否激活的一个测量指标。如表 8.2 所示，起初抑制刻板印象的被试，对于刻板印象词语的反应速度要比控制组快一些（两组被试对与刻板印象无关词语的反应速度一样）。换句话说，对刻板印象进行抑制以后，被抑制的刻板印象反而更容易被提取出来。

另一项研究表明刻板印象可提取性的提高也可能会对行为产生影响（Macrae，1994）。完成第一阶段任务后，被试被带到另一个房间与这个目标人物见面。然而，当他们进入房间的时候，他们看到了摆成一排的八个空座位。可以看出，平头男子刚刚离开房间，他的夹克和包放在第一个座位上。要求被试坐下来等那名男子。此时研究者感兴趣的问题是，被试将会在他们自己与目标人物之间留多远的距离，也就是他们将会坐在离那个目标人物的衣物多远的座位上。和控制组相比，实验组的被试坐在离目标人物更远的位子上。由此可以推论，先前受到抑制的刻板印象出现了反弹，并使得被试想要与刻板印象对象保持更远的社会距离。

这些研究以及其他类似的研究表明，当别人要求我们抑制某一刻板印象时，我们会有效地完成任务。但是，当我们转向另一些任务而不再努力地抑制刻板印象时，可能这一刻板印象在我们大脑中变得更强烈。当我们自己要求自己抑制刻板印象时，情况也是如此（Macrae，Bodenhausen，& Milne，1998；综述见 Monteith et al.，1998）。在一种情景中，我们全力避免偏见的产生，但是当我们转向一个新的环境、减少戒备时，我们反而更容易产生带有偏见的思想与行动。

至此本章主要探讨了我们在不同情况下激活刻板印象的程度，以及影响刻板印象激活和抑制的因素。接下来我将探讨群体刻板印象会在哪些情况下，以及以何种方式影响我们对群体成员的判断。

刻板印象的应用

刻板印象给个人信息涂上色彩

区别性解释 想象一下，当一个白人女生走在校园里，碰到一个年轻的美籍西班牙人蹲在自行车旁焦躁地摆弄着车锁。她会认为他在做什么呢？如果她碰到的是一个白人而不是一个美籍西班牙人在做同样的事情，她的解释会有所不同吗？多项研究表明她的言行很可能会不同。如果一个人已存在的刻板印象中认为西班牙裔人比白人更有可能犯罪的话，她会假设摆弄自行车锁的西班牙裔人在偷车，而认为做同样事情的白人是在试着打开自己的自行车。换句话说，一个人的刻板印象会导致他对同样的行为做出不同的解释。

在研究这一现象的实验中，让白人学生观看一段两个人对话的录像（Duncan，1976）。看录像的过程中，被试每隔一段时间就会听到提示音，当他们听到提示音的时候，要将刚刚看到的录像中的行为归入现有的几个范畴中（比如，戏剧性表现，提供信息，征求意见，玩耍，暴力行为，攻击性行为）。渐渐地，他们所看到的讨论变得越来越激烈，其中一个人说“你一定是疯了”以及“你太保守了，持有这种态度你永远都不能前进！”之类的话。最后，其中一个人推倒另一个人，此时会出现提示音，要求被试对此行为进行归类。不同的被试看到的是不同版本的录像，在一个版本里是一个白人推倒另一个人，而在另一个版本里推人的是一个黑人。这就引发了对于这个推搡行为的不同解释：如果是白人推的，就被认为是在开玩笑，或是增加戏剧性；但如果是黑人推的，就被认为是一个暴力或攻击性的行为。

由此可见，如果某一行为模棱两可的话，会由于行为者属于不同刻板印象群体而产生完全不同的理解。其他研究也证实了这一结论。这些研究表明，与种族、社会阶层或职业有关的刻板印象会造成对同一模棱两可的行为的不同解释（例如，Darley & Gross，1983；Dunning & Sherman，1997；Kunda & Sherman-Williams，1993；Sagar & Schofield，1980）。令人遗憾的是，就连美国少数族群日常生活中遭受的侮辱也支持这个结论。例如，很多非洲裔美国人叙述他们在逛商店的时候，身后总会尾随一个可疑的店员。如果逛商店的人是白人，会被认为是正常的消费者行为；而如果逛商店的是黑人，就会被看做店员在监视这些“顾客”，防止他们偷窃。

毫无疑问，这种对行为带有刻板印象倾向的解释，经常反映出明显的偏见和刻意的歧视。但事实并非总是如此，前面已经讨论过，与一个非洲裔美国人接触可能会使人自动地想到一些特征，例如好斗、犯罪，这种特征进而会影响人们对其模棱两可行为的解释（Devine，1989）。令人伤脑筋的是，在这个过程中，从感知者自己的角度来看，他们没有意识到自己持有偏见，而只知道自己“看到”一个暴力或犯罪行为。

即便刻板印象不影响对行为的归类，它们仍然能影响对行为所做的解释，使行为带有一定色彩。例如，人们会将白人的成功归因于突出的能力；然而，妇女或者黑人取得同样的成功却被归因于努力工作或好运（例如，Deaux & Emswiller，1974；Jackson，Sullion & Hodge，1993；Yakin，Town，& Wallston，1982）。人们对他人行为作出解释的方式取决于他们是否属于相同的社会群体：对本群体成员行为的解释，要比对非本群体成员的行为的解释更加积极。当行动者属于与自己相同的群体时，对消极行为的解释会较少归因于行动者的内在特质，而更多地归因于环境的力量；但是当行动者不属于自己的群体时，对同样的消极行为会作出相反的解释（Pettigrew，1979；Taylor & Jagg，1974）。这种不同的归因模式，有时被称为“基本归因错误”，这种错误可能源于人们对自己所属群体比其他群体有更加积极的刻板印象。

刻板印象也会影响我们理解用来描述人的特征词，当我们听到一个律师被描述成具有“攻击性”时，我们会理解为，这个律师是个能言善辩、用词犀利的人。而当我们听到用同样一个词描述建筑工人时，我们会理解为，这个建筑工人可能满口脏话，并且喜欢在酒吧争吵打架（Kunda，Sinclair，& Griffin，1997）。同样一个描述人格特征的词语应用于不同的刻板印象对象时，就会产生不同的意义。

适用于某人的一种刻板印象，也可能会影响对适用于这个个体的其他刻板印象的解释。一个刻板印象会激活另一个下位的刻板印象。当我们知道一个木匠是一名哈佛的毕业生时，我们会假定这是一个特殊的木匠，是一个专家型木匠。当我们知道一个护士是一名男性，我们会假定他是一个特殊的护士，比如精神科护士（Hastie，Shroeder，& Weber，1990；Kunda，Miller，& Claire，1990）。

总之，刻板印象会导致我们对同样的行为、人格特征以及相同的群体成员做出不同的解释（Kunda & Thagard，1996）。正如先前讨论的，像这种受刻板印象驱使所做的解释常常自动发生（Devine，1989）。因此，我们常常误以为，我们对于一个刻板印象对象的反应不受偏见的影响，这些反应源于对方的行为和品质而不是刻板印象。其实我们并没有意识到，这些行为和品质的意义已经受到刻板印象的影响。如果这个人属于一个不同的群体，我们可能会为同一品质赋予不同的意义。

标准的变换 通常被一年级学生认为优秀的某篇作文，在六年级学生看来却非常差劲。显然，不同的年级有不同的评定标准。可能不那么明显的是，种族和性别刻板印象以相同的方式导致不同的判断标准。如果认为女大学生比男大学生更擅长英语，可能会用不同的标准来对他们的表现进行评估。在一次英语测试中，同样得 80 分，对男生来说是优秀，对女生来说则仅仅是一般，因为对女生采用了更高的评判标准。

对学生表现的描述，也会因学生的性别差异而产生不同的解释。当我们说约翰英语散文学得很好，可能意味着他得了 B（我们认为对一个男生来说，这就是好成绩）。然而当我们认为琼学得很好时，则可能意味着她得了 A-（我们认为对于女生而言，这才是一个好成绩）。因此，即使我们使用同样的主观词“优秀”来描述男生和女生相同的表现，但实际上我们对这些表现的评估可能已经受到了性别刻板印象的影响。如果要求我们用客观标准报告评估结果，比如写出分数，就会更清楚地看到性别刻板印象确实影响我们的评估结果。

在验证标准的变换对主观评价影响作用的一项研究中，要求被试阅读和评价杂志中的一篇文章，这篇文章的署名是琼·T. 麦凯或者约翰·T. 麦凯（Biernat & Manis，1994）。一半被试用客观标准进行评价（例如，采用从 A+ 到 E 的等级标准），另一半则用主观标准进行评价（例如，采用从优秀到极差的标准）。一些被试阅读一篇关于男性主题的文章（例如，钓鱼），另一些被试阅读关于女性主题的文章（例如，化妆），还有一些被试则阅读中性主题的文章（例如，健康）。实验的假设如下：由于刻板印象的作用，被试会认为女性不擅长写男性主题的文章，但更擅长写女性主题文章，在写中性主题的文章方面则和男性一样，这些刻板印象将会影响被试对文章的评价。

对客观评价结果的检验表明，对于同一篇男性主题的文章，以琼为作者时所得的分数要比以约翰为作者时低；而同一篇女性主题的文章，以琼为作者时的得分比以约翰为作者时得分高；无论以谁为作者，中性主题的文章得分相同。虽然刻板印象使被试认为，当文章作者的性别与刻板印象的最佳性别一致时，文章才得到高分。但是，通过主观测量并没有发现刻板印象驱动的评价过程。主观测量的结果显示，不管作者的性别是男是女，所有的文章都被认为同样好。在主观评价过程中，被试肯定对男性和女性使用了不同的内隐评价标准。例如，即使琼的文章在客观评价标准上得分更高，但是琼和约翰写的关于眼部化妆的文章都被评为优秀。作为一个女性，她得的 A- 属于优秀；而对于一个男性而言，约翰得到 B 就属于优秀（不能指望他特别擅长这个主题的文章）。

该研究和其他类似的研究都表明，当我们运用主观标准评价某人的表现时，我们脑海中对不同的刻板印象对象有不同的评价标准。我们认为，一个非洲裔美国运动员的优秀成绩要比一个白人运动员的优秀成绩更突出，因为对非洲裔美国人来说，优秀运动员的标准更高。我们也会认为，一个非洲裔美国学生的优秀口头表达能力，要比一个白人学生的优秀口头表达能力差一些，因为在这个领域内，对非洲裔美国人的测量标准较低（Biernat & Manis，1994）。因此，致力于考察刻板印象对判断的影响的研究者们，应谨慎地选择测量手段。如果他们仅采用主观的标准，就可能发现不了由刻板印象驱动所产生的理解上的巨大差异，如果使用客观标准的话，就可以发现这一差异。

在个人信息呈现过程中运用刻板印象

我们倾向于假定安德鲁比安更加自信，律师米勒比图书管理员米勒更加外向，英语专业的学生史密斯比计算机专业的学生史密斯看了更多的电影。实验已经一再表明，如果我们对一个人的了解仅限于其属于某个特定群体，那么对这个群体的刻板印象就会影响到我们对该个体的印象（例如，Locksley，1980；综述参见 Kunda & Thagard, 1996）。但是，如果我们还了解关于这个人的其他信息——行为、品质、家庭环境，又会是什么情况呢？这种已知的个人信息，是否也会、并在什么情况下会影响我们的刻板印象特征，对此尚有不少争论。

最初，Anne Locksley 和她的同事们认为，因为刻板印象就是基础比率（它们为不同群体的成员将会表现出的各种行为和特点提供了先验概率），所以个体的“行为”也应该符合基础比率（Locksley，1980，1982）。回想一下，当我们对他人一无所知时，通常会利用基础比率对这个人作出判断；但如果向我们提供关于该个体的其他个人信息时，我们就会忽略基础比率，并且仅以个人信息为基础来进行判断（Kahneman & Tversky，1973；见第 3 章）。Locksley 和她的同事们提出，使用和忽略刻板印象也遵循这种模式。例如，他们发现，当仅仅告知名字时，被试认为南希不如汤姆那么自信。但是当又告知他们南希自信的行为后，他们就会认为，在课堂上表现自信的南希和汤姆一样自信（Locksley，1980；详细讨论见第 3 章）。

最初，通过这样的研究得出一个乐观且令人鼓舞的结论，即在面对陌生人时，我们可能会运用不恰当的刻板印象；但是一旦我们对这个人有了一些了解，就不会再用刻板印象去看待对方。即使一个简单的行为也足以削弱消极刻板印象带来的潜在影响。然而遗憾的是，尽管对 Locksley 及其同事的基本观点进行了多次重复验证，但其他研究者的结果从本质上限制了上述结论可能适用的情境。这样，最初由 Locksley 等人的研究带来的令人乐观的局面受挫了（综述参见 Kunda & Thagard，1996）。通常人们不会根据统计规则把个人信息和刻板印象（或其他的基础比率）所暗含的信息整合起来。人们根本不可能尝试整合以下的信息：“她表现得非常果断，但她毕竟是一个女性，因此我认为她仅仅只是有一定的果断性而已。”实际上，当人们获得刻板印象对象的一些个人信息时，可能会将他们对这个人的认识建立在个人信息基础上，从而忽略刻板印象的作用。尤其当刻板印象相对较弱，而个人信息相对较强时更是如此（Krueger & Rothbat，1988）。但是，即使人们没能将刻板印象和个人信息整合起来，刻板印象还是可以通过其他途径来影响个体给他人留下的印象。刻板印象可能首先会影响对个人信息的建构方式，继而影响对个体未来行为的预期。接下来我们将要讨论刻板印象的这些影响途径。

不明确信息与明确信息 一个名叫约翰的建筑工人，动手打了某个惹恼他的人。试着想象这件事情发展过程中的具体细节。现在，请再试着想象一个不同的情节，一个叫简的家庭主妇打了某个惹恼她的人，你又会如何想象这件事情的发展过程呢？实验中，让两组大学生分别想象这两个情景，结果两组被试想象出迥异的情节（Kunda & Sherman，1993）。他们想象建筑工人正在猛击同事，这是一种非常

具有攻击性的行为；但是却想象家庭妇女在打一个顽皮的孩子，这却是一个攻击性较弱的行为。换句话说，人们对建筑工人和家庭妇女的行为做出解释时，会受到刻板印象的影响。

即使当我们仅仅以个体的行为作为基础来认识某人时，通过由刻板印象驱动的解释过程，刻板印象还是能影响我们对某一刻板印象对象的看法：它能决定我们对行为赋予何种意义。尽管我们只是根据建筑工人和家庭妇女的行为进行判定，但是由于受到刻板印象的影响，对两者同样的行为会有不同的解释。当然，只有当行为非常不明确时，我们才能对其行为有不同的解释；当行为信息非常明确时，刻板印象将无法发挥作用。因为不管由谁实施这种明确的行为，人们都倾向于以同样的方式来理解它。

在验证这一观点的一项研究中，要求被试读一段材料，内容是建筑工人或者家庭妇女进行三种活动中的一种（Kunda & Sherman-Williams，1990）。三分之一的被试所阅读的内容是“打某个惹恼他 / 她的人”，这是一种概括的、不明确的行为。正如前面提到的，当一个建筑工人实施这种行为时，相对于一个家庭妇女实施这种行为，被试更有可能做出不同的解释。剩下的被试所阅读的行为内容是对上述不明确行为的具体解释。其中一种将上述行为解释为典型的、具有攻击性的行为，例如，描述一个建筑工人正在打某个人（打一个嘲讽他 / 她的邻居）；另一个版本是把上述行为解释为一种常见的、具有轻微攻击性的行为，例如，描述一个家庭主妇正在打某个人（因为儿子把泥巴弄在地毯上而打他的屁股）。后两种明确的行为都没有留下进一步解释的空间。实验的最后要求被试评定建筑工人或家庭妇女的攻击性程度。

当对行为进行具体、明确的描述时，被试仅以行为作为基础来评定其攻击性。如图 8.2 所示，被试认为建筑工人和家庭主妇打邻居时要比他们打孩子更具攻击性；而且被试认为在这两种情况下，家庭主妇和建筑工人具有相同的攻击性。换句话说，当人们明确了解一个家庭主妇或者建筑工人的行为时，与家庭主妇、建筑工人有关的刻板印象不会影响被试对行为攻击性的判断。被试只根据个体的行为作出判断。然而，当对行为的描述模棱两可时——“打某个惹恼他 / 她的人”，结果就发生了改变；在这种情况下，人们会认为建筑工人比家庭妇女更具有攻击性。也就是说，刻板印象影响人们对不明确的攻击行为的理解。在这种情况下，被试似乎同样也是以对方的行为来作出判断，但由于他们对建筑工人和家庭主妇

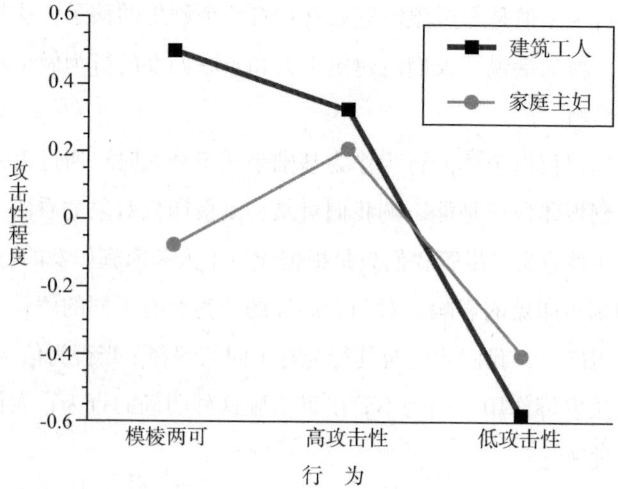

图 8.2 对家庭妇女和建筑工人的行为（打了某个惹恼他 / 她的人）不进行明确描述、解释为高攻击性行为（攻击某个嘲笑他 / 她的邻居）或轻微攻击性行为时（打弄脏地毯的小孩）的攻击性评分结果。用标准分报告评定结果，高分代表较高的攻击性。

资料来源：Kunda & Sherman Williams (1993，p.93). Copyright © (1993) by Sage Publications, Inc. Reprinted with permission.

的行为预期不同，因此对他们的攻击性判断结果也不同。

总之，当我们了解某一刻板印象对象的个人信息时，我们会仅仅以个人信息而不是刻板印象来判断这个人的性格。然而，由于刻板印象能够决定我们如何理解和解释个人信息，因此它还是会影响我们对个体的判断。当所了解的个人信息不明确的且可以对之做出多种解释时，刻板印象仍然对个体印象的形成产生重大的影响。遗憾的是，由于人们可以对许多社会行为作出多种解释，因此刻板印象的影响作用普遍存在于人们的印象形成过程中。

特质判定与行为预测 正如前面所讨论过的，即使我们相信，名叫约翰的建筑工人比名叫约翰的会计师更具攻击性，但是如果我们同时又知道双方都实施了一个不具攻击性的行为，比如从一个侮辱他们的人身边走开，虽然感到愤怒但还是保持沉默，我们会认为两人都不具有攻击性。但是，我们会认为这两个人中的哪一个更有可能在下班后卷入酒吧的争斗中？或者对路过的妇女作无礼的评论呢？

即使现在我们认为，建筑工人和会计师同样不具有攻击性，但我们仍然会说，不具攻击性的建筑工人比不具攻击性的会计师更有可能做出这些粗鲁的行为。这是因为，虽然非攻击性行为已经有效地削弱了刻板印象中的攻击性特质，但刻板印象的其他方面仍然保持完整。我们仍然将建筑工人看做工人阶层中的一员，将会计师看做高中产阶层中的一员。对两种职业的刻板印象，仍会影响我们对某种攻击性行为发生概率的判定。我们相信工人阶层比高中产阶层更有可能卷入酒吧里的争斗或者对妇女作出粗俗的评论。因此，当属于工人阶层的建筑工人和属于高中产阶层的会计师都从一个侮辱他的人身边走开，尽管我们相信两个人的行为同样不具有攻击性，但前者比后者看起来更有可能做出上述属于工人阶层的攻击性行为。

这项分析表明，即使刻板印象对特质的影响被个体信息削弱了，但还是会影响我们对个体特质相关行为所做出的预测，这是因为刻板印象中其他没有被个体信息削弱的方面还是会影响对个体行为的预测。在验证这一观点的一项研究中，被试阅读一则关于约翰的材料，内容是他的一个熟人嘲笑他的婚姻，并且开他妻子的玩笑，虽然他非常愤怒，但还是一言不发地走开了（Kunda，Sinclair，& Griffin，1997）。材料中将约翰的职业定为建筑工人或会计师。与假设一致，约翰的非攻击性行为确实削弱了被试对职业刻板印象中攻击性的认识；被试认为建筑工人约翰与会计师约翰一样不具有攻击性。然而，被试仍然认为，建筑工人约翰比会计师约翰更有可能表现出一系列与工人阶层刻板印象有关的攻击性行为，比如卷入酒吧争斗，对妇女做粗鲁的评论，猛烈回击打了他的人。越是将行为和社会地位联系在一起，被试对两个人将实施某种行为的可能性的预期差异越大；建筑工人实施与工人阶层地位联系紧密的行为的可能性要大于会计师实施此行为的可能性。

研究结果再次表明，在了解了诊断性的个人信息后，我们对他人的刻板印象不会影响对该个体特质的判断。但是，我们的刻板印象仍然会影响我们对该个体可能做出的行为所进行的预期。因为刻板印象中其他还未受到质疑的方面也能影响到对行为的预期。毫无疑问，我们关于一个人在不同的环境中有何举动的预期，将会在我们与该个体互动过程中发挥重要的引导作用。因此，即使对方是我们所熟悉的人，刻板印象还是可以影响我们对该个体的反应。

总而言之，当 Locksley 和她的同事们首次发现，个人信息能削弱刻板印象在印象形成中的作用时，我们得出一个让人乐观的结论：一旦我们了解了某一刻板印象对象时，我们将抛开刻板印象；对于我们熟悉的人，在形成对他们的印象时，刻板印象将不再发挥作用（Locksley et al.，1980）。遗憾的是，后来的研究显示，这个最初的结论过于乐观，在以下两种情况下，上述结论均不成立：个人信息是不明确的，并且能对之做出多种解释；对未来行为进行预测，而不是对某个特质作出评定。在这两种情况下，即使提供了个人信息，刻板印象对印象形成仍然有影响。因为许多社会行为都具有不明确性，而且我们对他人行为的预期会在我们与他人互动的过程中起着指导作用，所以刻板印象对印象形成的影响有可能确实非常普遍；并且即使了解了个人信息，这种影响仍然存在。

心理能量与刻板印象的应用 刻板印象之所以经常影响我们的判断，还有另外一个原因。人们必须通过努力才能不受刻板印象的影响。当人们疲倦、分心或者时间紧迫时，就不可能投入必需的资源来消除刻板印象对自己判断的影响。因此，当人们的心理能量由于这样或那样的原因受到限制时，人们会更有可能以刻板印象为基础形成对某人的印象，而我们在认知资源相对充足时并不使用这些刻板印象。

有些人属于“百灵鸟”类型——每天早晨他们的精力达到顶峰，而在晚上时疲倦不堪。有些人属于“猫头鹰”类型——他们早上醒来时疲倦无力，直到晚上才达到认知的高峰期。在一项设计巧妙的研究中，Galen Bodenhausen 依据上述差异来验证心理能量的减弱对应用刻板印象的影响（Bodenhausen，1990）。他推测如果人们在心理能量有限时，倾向于运用刻板印象，那么当其不处在心智能力的高峰期时，更有可能运用刻板印象。在他的研究中，要求被试阅读一些案例，这些案例涉及大学生的不良行为，并要求被试评价每个学生的“罪行”。选择这些所谓的“违法”行为，是因为每一种“违法”行为都极易与某个刻板印象对象群体联系起来。其中一个案例讲述考试中作弊的学生（与对在校运动员的消极刻板印象有关）；在另一个案例中，一个学生被指控攻击他的室友（与对西班牙裔人的消极刻板印象有关）；还有一个案例中提到一个学生被指控贩卖毒品（与对非洲裔美国人的消极刻板印象有关）。对于每个案例，引导其中一半的被试去相信这些被指控的嫌疑人属于刻板印象对象群体，即被试认为最有可能犯相关“罪行”的群体（他被描述为一个运动员或者被赋予一个与刻板印象有关的名字），而另一半被试则没有接触这类刻板印象预期信息。两组被试阅读完全相同的案例，这些案例提供了关于违法行为的证据，这些证据只是建议性的而非结论性的。

在非认知高峰期时作出判断，刻板印象是否更有可能影响被试对嫌疑人的罪行判断呢？为了探讨这个问题，被试在早上（上午 9 点）、下午（下午 3 点）或者晚上（晚上 8 点）参加实验。根据评估被试有关特质的问卷将被试分成“百灵鸟”类型和“猫头鹰”类型。如果被试依赖他们的刻板印象进行罪行判断，那毫无疑问，当被指控者属于有可能犯罪的某一刻板印象对象群体时，相比他不属于这个群体的情况，被指控者会被判更严重的罪行。例如，针对同样的考试作弊指控，被试对在校运动员所判的罪行要重于一个非运动员。与预期一致，当被试过了高峰期并且没有警觉性时，他们的判断显示出了刻板印象的影响：“百灵鸟”类型的人仅仅在下午和晚上作出判断时依赖于刻板印象，“猫头鹰”类型的人则仅仅在上午依赖于刻板印象。尽管人们会在一天的不同时段感到疲倦，但人们在疲倦时最有可能受刻板印象的影响。

其他能减少心理能量的情境也会使刻板印象的运用增加。这些情况包括时间压力、快乐和不快乐的情绪，以及认知繁忙（例如，Bodenhausen，Kramer，& Susser，1994；Kruglanski & Freund，1983；综述参见 Kunda & Thagard，1996）。例如，在一项研究中，设计一个认知繁忙任务让一半被试完成，被试在进行视觉搜索任务的同时观看一部录像，这部录像中有一个亚洲人或白人正在描述一系列自己生活中的普通事件（Gilbert & Hixon，1990）。当认知繁忙时，被试将对亚洲裔美国人的刻板印象应用于他们的印象形成中，但在认知不繁忙时则不会这样：只有认知繁忙的被试认为亚洲人比美国人更有可能具备典型的亚裔美国人特征，比如害羞而又聪明；而认知不繁忙的被试则不论目标人物的种族，都会做出一致的人格评定。

为什么当人们的认知负荷较高时，更有可能将刻板印象应用于刻板印象对象身上呢？对于这个问题，目前有两个可信的解释（Gilbert & Hixon，1991）。一般应用较多的解释是，刻板印象比个人信息更容易运用（Bodenhausen，1990；Hamilton & Sherman，1994）。持这种观点的人认为刻板印象运用起来就像*启发法*一样迅速而又容易，而且不需要意志努力；而处理个人信息则非常费力，且容易受认知负荷影响（Fiske & Neuberg，1990；对迅速、容易和需要付出精力的思维的相关讨论见第 3 章和第 6 章）。

虽然这种观点获得广泛的赞同，但是我还是要指出，支持这一观点的证据不能让人信服。现有的数据只能证明这一观点的一半。数据表明，当认知的能量减小时，对刻板印象的运用就增加，但数据并没有显示出在这个过程中对个人信息的应用在减少。为了证明认知负荷过大会影响人们对个人信息的运用，有必要向被试提供不同种类的个体化信息（例如，有关违法行为的有力证据和不太有力的证据），并能发现当人们的认知负荷过重时，对个人信息变得不那么敏感。遗憾的是，至今还没有研究探讨心理能量对运用刻板印象的影响是如何发挥作用的，所有的研究都向不同的被试提供同样的关于目标人物的描述，使被试将目标人物与不同的刻板印象联系起来（Kunda & Thagard, 1996）。因此，还没有证据能够表明，当人们的认知资源受到限制时，他们不太可能运用个人信息。加大认知负荷也可能增强了人们对个人信息的依赖性，就像它增强了对刻板印象的依赖性一样。当全神贯注时，人们可能更多地依赖于每一条明确的相关信息，而不是通过一个复杂费力的过程将所有相关证据整合在一起。

对这一观点提出质疑的另一个原因是：对刻板印象进行加工的过程，与加工行为或者其他种类的个人信息的过程相比，需要较少的意志努力。研究显示人们能自动地从行为中推断出特质（Gilbert，1989，第 7 章；Winter，Ueman，& Cunniff，1985，第 10 章）。这一点与加工个人信息需要意志努力的观念相矛盾，它说明处理个人信息可以像加工刻板印象一样不需要意志努力。但是，理解更为复杂和多方面的个人信息，比如关于一项犯罪行为的具体证据，仍有可能需要相当多的认知资源。

第二个较为可信的解释是：抑制刻板印象需要很大的意志努力。正如先前讨论过的，刻板印象会自动影响我们的判断。如果人们意识到刻板印象的影响，就可能希望避免以刻板印象作为判断的基础，但这需要意志参与（Devine，1989）。这一解释也未得到有力的证据支持。显然，偏见较少的人不希望在他们的判断和行为中表现出自己有偏见。他们尝试抑制由刻板印象造成的带有偏见的反应。而且，一旦发现偏见已在不经意间影响了他们的反应时，他们会感到内疚和悔恨（Devine，1991；Monteith，1993；Monteith，Devine，& Zowerink，1993）。然而，并没有证据表明，抑制刻板印象比运用它需要更多的意志努力。

总之，当人们的心理能量减小时，对刻板印象的运用就会增加。而出现这种情况的原因究竟是缺乏充分的认知资源用以加工个人信息及其他信息，还是认知资源不足时削弱了人们抑制刻板印象的能力，目前尚不清楚。但有一点非常明确，不管是什么原因，当人们疲劳时，全神贯注时，或是时间紧迫时，刻板印象更有可能对相关对象的印象形成产生影响。

动机驱动的刻板印象的应用和抑制　设想由于在一次重要的考试中失利，或者没有得到期望中的升迁，你的自尊心刚刚受到打击。遇到这种情况时，恢复自尊的需要就变得特别强烈。获得自尊和成就感的方法之一是，与其他能力比你差的人作比较。你可能因此而设法贬低你遇到的每一个人，通过这种比较使你显得似乎比他人优秀。当你非常想提高自我价值，而你遇到的人又正好属于消极的刻板印象对象群体时，你就可能会利用这种消极的刻板印象，贬低这些不幸的个体。Steven Fein 和 Steven Spencer 做的一系列研究表明，当我们想再度肯定自己的自我价值时，就更倾向于将消极的刻板印象应用于刻板印象对象身上（Fein & Spencer，1997）。

在一项研究中，要求被试首先参加一个智力测验，并对他们的表现给出肯定或者否定的反馈。然后，在一个表面看起来不相关的研究中，要求他们根据工作申请表和面试过程中的一段录像，评价一个作为人事经理候选人的女性。将这位女性描述成犹太人，或者非犹太人。方法是给她取一个犹太人或者非犹太人的名字和相关的背景描述，以及把她粘在工作申请表上的照片做一点修改（例如，为她戴一个“大卫王”星章或者十字架），这项研究是在密歇根大学开展的，当时校园里有一个非常有名的“犹太美国公主”消极刻板印象。该研究的假设是：在智力测验中经历失败的被试需要提高他们的自尊，有可能运用这种刻板印象来贬低犹太人妇女，以提升自我价值。研究结果与假设一致，如图 8.3 所示。

无论被评价者是不是犹太人，第一阶段得到肯定反馈的被试都对她作出了同样高度的评价。这些自尊在智力测验中得到了提升的被试，在第二阶段不需要进一步提高自己的自尊，因此，不需要用消极的犹太人刻板印象来贬低这名犹太女子。由于缺乏应用刻板印象的强烈动机，这组被试没有使用刻板印象。相比之下，在智力测验中得到否定反馈的被试对犹太女子的评价低于对非犹太女子的评价。这些被试的自尊在第一个任务中受到打击，因此可能试图通过运用消极刻板印象来贬低他人，以达到肯定自我价值的目的。被试通过贬低犹太女子，确实满足了他们提高自尊的愿望，但在其他任何实验条件下被试都没有经历这样的自尊提升。简而言之，仅仅当被试感到自尊受到威胁时，他们才会将消极的刻板印象应用于

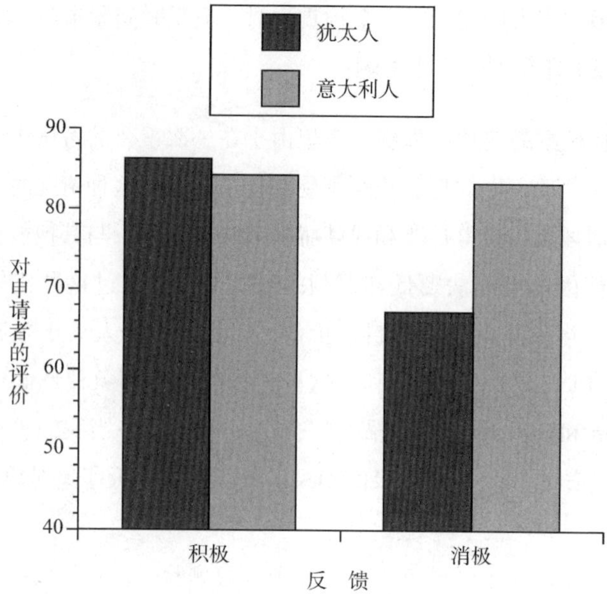

图 8.3 被试对犹太人和非犹太人申请者的评价，这些被试刚刚参加过智力测验，并得到积极的或消极的反馈。高分代表更积极的评价。

资料来源：Fein & Spencer (1997, 表 3, p.38). Copyright © (1997) by the American Psychological Association. Reprinted with permission.

某一刻板印象对象身上，以恢复自尊。所以，当人们处于低谷时，更有可能应用消极的刻板印象，因为我们知道，贬低他人可以让自己心里舒服一些。

其他动机也可能会引导我们将消极的刻板印象应用于刻板印象对象身上。当刻板印象对象给予我们较差的评价时，人们会想到与评价者有关的消极刻板印象，以使苛刻的评价者显得不可信，并因此降低其评价的有效性。因为如果我们认为评论者能力不足的话，就不会接受这个人给出的否定反馈。Lisa Sinclair 和我在一系列的研究中发现，如果黑人和女性评价者对白人男子的评价不高的话，白人男子会贬低他们；反之，则不会贬低他们（Sinclair，1998；Kunda & Sinclair，in press）。一个黑人或者女子给予被试消极评价时，和一个给出同样消极评价的白人相比，被试会认为前者比后者的能力低。对被试作出积极评价时，被试对黑人或女性的评价和给出同样评价的白人一样高。简而言之，只有从刻板印象对象那里得到消极评价，被试才会运用消极刻板印象来评价这些刻板印象对象。显然，他们这样做是因为他们要保护自己不要因为刚刚接收到的信息而降低自我评价。其他被试看到同一刻板印象对象给予别人而不是自己消极反馈时，他们的自我价值不受到威胁，他们也不会贬低这些刻板印象对象群体中的评价者。

以男女大学生为被试的研究得出了同样的结果，实验中要求被试评价上一学期指导过他们的教授的个人品质（Kunda & Sinclair, in press）。你可能也注意到了，学生们对教授的评价取决于教授对他们的评分，得分越高，学生对教授的评价也越高（Greenwald & Gillmore，1997）。我们还发现，当教授是女性时，这一点更为明显，当女性教授给出低分后，更有可能被学生贬低。学生对给予他们高分的女性教授的评价，与给予他们同样高分的男性教授的评价一样高。然而，对给予他们同样低分的女性教授和男性教授，学生却认为前者比后者的能力低。有趣的是，不管男生还是女生，都作出相同的反应。对于给出低分的女教授，女学生和男学生都运用关于女性的刻板印象来贬低女教授。

这两项研究表明，自我保护动机会导致人们去应用在其他情况下并没有用到的消极刻板印象。这些研究还表明，即使当我们在动机驱使下去贬低他人时，也只有在觉得有一个正当的理由时才会这样做（Kunda，1990）。在这两类研究中，当被试受动机驱使去证明或者保护自我价值时，被试不会贬低主流的目标人物。之所以出现这种现象，有可能是因为不管这些被试多想贬低这些主流个体，但都找不到充分的理由。而一个消极的刻板印象能够提供我们所需要的理由，从而用来轻视刻板印象对象群体中的成员。因此，当我们受动机驱使时，就会抓住并运用刻板印象。

刻板印象与个体信息的串行加工和并行加工 我不止一次在餐馆里遇到这样的情况，当用餐快要结束想要叫服务员来结账时，常常会非常尴尬地意识到，我无法从所有身穿制服的服务员中，认出刚才为我点菜上菜并且多次停下来询问一切是否满意的那位服务员。为何我没有注意到为我服务的服务员的长相呢？关于印象形成的两个颇有影响力的模型表明，这种回忆的失败可能不完全是因为我上了年纪，而是当我们碰到不感兴趣的刻板印象对象时，我们可能不会去注意这些人的外貌和行为上的细微差别，除非他们的行为和外貌特别吸引人或不同寻常。实际上，我们对一个刻板印象对象所形成的看法，主要以刻板印象为基础（Brewer，1988；Fiske & Neuberg，1990）。直觉告诉我们，当我们与刻板印象对象的交往仅

限于他们的刻板印象角色内容时，这种情况就更可能出现。当我们和酒店服务员、销售人员或客户服务人员等人打交道时，就属于这种情况。

然而，当我们不论出于什么原因想了解一个人，或者一个人的行为和品质与我们的刻板印象相冲突时，我们可能会更注意这个人的个体特征，其结果是，当我们形成对这个人的印象时，会更多地依赖于这些个体特征。一些研究表明，当某一刻板印象对象的个人信息和人们对它的预期相冲突时，以及人们受动机驱使想更准确地或更好地认识一个人时，他们可能更多地关注个人信息（Neuberg & Fiske，1987；综述见 Fiske & Neuberg，1990）。

根据这些研究以及相关的研究，研究者提出了两个相近的印象形成模型，即 Susan Fiske 和 Steven Neuberg 在 1990 年提出的*连续模型*以及 Marilynn Brewer 在 1998 年提出的*双过程模型*。虽然这两个模型在内容和重点上有几处关键的不同之处，但它们都是基于一些获得广泛认同的基本假设而提出来的。两个模型都区分了*基于刻板印象的加工*和*基于属性的加工*，前者认为人们主要通过刻板印象形成印象，后者则认为人们主要通过个人信息形成印象。另外，Neuberg 和 Fiske 认为，印象形成的一系列中间加工过程，主要基于刻板印象和个人信息相混合的信息。Brewer 则提出另外一个印象形成方式——“*个体化*”，认为刻板印象只是个体的多种特征之一，印象是对个体多个特征的整合，这些特征包括刻板印象、行为，或者人格特质。

这两个模型都是*连续性*的，都假定人们可能一开始就自动地将个体作为某一刻板印象对象群体中的一员来进行识别和分类。在早期阶段，印象的形成完全以刻板印象为基础，人们的印象形成过程常常到这个阶段就结束了。如果人们要对他人有更深的了解，或者不能将他人的特性或行为与某一特定的刻板印象融合在一起时，可能会进入第二阶段以属性为基础的个体化印象形成模式。从这个意义上讲，两个模型都假设了刻板印象在印象形成中起着特殊和主要的作用。

Paul Thagard 和我提出另外一个印象形成模型：*并行加工模型*（Kunda & Thagard，1996）。这个模型认为，正如前面提到的那个认不出服务生的例子，有时候，个体只注意到他人所属的刻板印象范畴，几乎不去注意个人信息。在这种情况下，正如连续模型所提出的那样，刻板印象在印象形成过程中起着主导作用。然而，如果人们也注意到他人的行为、衣着、个人环境或者任何其他的个人信息，刻板印象将不再占有特殊的地位。而且，刻板印象和个人信息共同影响印象形成过程。在这个过程中，关于个人的不同方面的信息会相互抑制和相互影响（关于并行抑制满足模型的详细描述，参见第 2 章）。

例如，假设你看到一个穿职业装的女子猛推一个男士。连续模型会假定你将通过以下几个阶段形成印象（Fiske & Neuberg，1990）。首先，在这种情况下你会运用占主导地位的、对女性的刻板印象对那个女子进行归类。如果你对她没有特别的兴趣，印象形成过程到此为止。如果对她感兴趣，无论是什么原因，你都会尝试确定她的行为及穿着和你对一般女性的刻板印象是否一致。如果你认为某个人和你对这类人的刻板印象不符合，你可能会努力找出一个更适用的刻板印象，比如职业刻板印象。如果这个也不适合，你可能最后会利用基于属性的印象形成过程，在这个过程中，你会尝试将有关的属性都整合起来，而刻板印象所产生的影响则很小。

并行加工模型却认为，当你看到一个女子正在推某个人时，你会将所注意到的性别、行为以及其他的属性联系起来，这些信息相互作用共同决定你对这个女子的印象。对女性的刻板印象如温柔、不具攻击性，以及对职业的刻板印象如优雅，将这两方面信息结合起来，会导致你将这种行为看做在开玩笑，而不是暴力或者自卫行为。同时，对行为性质的认识又会使你将她看做一个特别的妇女，也许她是个主张男女平等的人。连续模型和双过程模型都承认同时整合信息的可能性。但是，与并行加工模型不同，它们假定，在进行同时整合之前，首先要经历一系列的其他过程。

在回顾了相关研究后，Thagard 和我认为没有必要去假定那些其他的加工过程（Kunda & Thagard，1996）。我们认为，并行加工模型能解释串行加工模型所能解释的任何一种现象。例如，前面提到的一个可以用并行加工模型解释的现象：即使个体行为已经削弱了刻板印象对认识某一特质的影响，但刻板印象还是能影响我们对与该特质有关的行为的预测（Kunda，1997）。回想建筑工人和会计师，他们都以非攻击性的态度实施行为，并被认为同样不具有攻击性，然而人们却认为建筑工人比会计师更有可能攻击他人。串行加工模型很难解释为什么刻板印象对这两种判断会产生不同的影响，根据该模型，刻板印象的影响作用取决于印象形成的加工过程，并且对所有判断的影响作用都是一样的。而并行加工模型能充分地解释这些不同之处。由于个体信息没有破坏刻板印象的某些方面（在这个例子中指社会阶层），这些方面的刻板印象和行为的联系，较之其与行为间的联系更为牢固（详细内容见前面讨论）。

总之，在串行加工模型和并行加工模型之间有很多一致之处。两类模型都预测，在完全没有注意到个人信息的情况下，刻板印象会在印象形成中起支配作用。两类模型也都预测当人们逐渐了解某人的信息时，刻板印象也会主导印象形成过程。正如你首先认识到一个人的性别、种族和职业，然后再逐步了解他的行为和背景一样。在这种情况下，刻板印象主导印象形成过程是因为它们提供了解释个人信息的框架。然而，当刻板印象和个人信息同时出现时，两类模型对即将发生什么行为的预测却不同。例如，当你遇到一名女子，或一个非洲裔美国人，或者一个警察，他们正在进行不同的活动。连续加工模型认为，个体首先通过处于突出地位的刻板印象认识对方，只有对对方特别感兴趣或者不能将他的行为和你对他们的刻板印象进行整合时，才会将刻板印象隐含的意义和那些行为进行整合。并行加工模型则认为刻板印象和行为同时影响印象形成。

目标人物的角度

至此，我们已经着重讨论了感知者是如何表征刻板印象的，同时也考察了刻板印象是在何时以及如何影响印象形成过程的。接下来我们会讨论刻板印象目标人物的感受如何；他人通过消极刻板印象获得关于你的那些认识是如何影响你理解那些针对你的行为？人们对那些与你类似的个体的较低（成绩）期望，是如何影响你的表现的？

归因的不确定性

Wong Jan 是一位受人尊敬的作家和记者，受雇于加拿大的主流报纸——《环球邮报》。1996 年，当她从亚特兰大报道奥运会返回加拿大时，一个金发的移民官员瞥了一眼她的加拿大护照，简短询问之后，把她带到一个特殊的等候室作进一步的安全检查。Wong 在一篇措辞激烈的文章中对这个事件进行了描述，她认为自己有中国血统，由于她的肤色才会遭受这样的待遇，并谴责移民官员有种族歧视（Wong，1996 年 8 月 10 日）。她的文章发表后，《环球邮报》上充斥着来自读者的两种反应。一些读者是少数族群成员，写信讲述他们曾受到移民官员类似的种族歧视。但其他的白人读者写信来说，他们也曾经遭受过同样的待遇，但对于这一点他们给出了完全不同的解释，“移民官员仅仅只是在做好他们的工作，以确保加拿大一直是世界上最安全、最优秀的国家之一”（Leger，1996 年 8 月 17 日）。

被移民官员滞留不是一个令人愉快的经历，但是，如果你属于经常会遭受极度歧视的群体，这种特殊的身份会增加这一经历的不愉快程度。即使你意识到让你滞留的官员有可能仅仅只是在做好他的本职工作，或做一些随机的检查，或因你的护照不符合规则而做出这一反应，但你还是禁不住会有这样的想法：你被挑选出来否因为自己的肤色。

当涉及更为重要的问题时，这种归因的不确定性就更加突出。在 Ellis Cose 所著的《特权阶级的愤怒》（*The Rage of a Privileged Class*）一书中，他描述了黑人经理在晋升的过程中被忽视时的愤怒和困惑。他们不禁会产生这样的疑惑：自己之所以不能获得更多晋升，到底是因为能力不足，还是因为自己遭到歧视。“到了最后，你常常会怀疑种族是一个影响因素，但是很难知道事实真相”（Cose，1993，p.75）。当然，很多白人经理在谋求令人羡慕的职位升迁时也会遭遇失败，但是在这种情况下，他们很容易解释失败的原因。在当前的社会环境下，获得晋升对黑人经理来说具有双重含义，他们可能也会思忖自己获得晋升究竟是因为突出的个人能力，还是要感谢优待法案。如果你是黑人或者女性，或是任何其他受到歧视的群体中的一员，都很难对来自主流的个体和团体的积极和消极反馈做出解释。你可能永远都不知道，这样的反馈源自于对你能力的评价，还是对你的种族或者性别的反应。不管你的真实表现如何，关于自己的能力以及他人如何看待自己的能力这两个问题，你可能得不出一个确切的答案，因为你既不能相信积极反馈，也无法相信消极反馈。

Jennifer Crocker 和她的同事们做了一项设计巧妙的实验，考察黑人学生在设法搞清楚来自同龄白人的反馈时所面临的困难，并探讨这种反馈对其自尊所产生的影响（Crocker et al.，1991）。邀请黑人和白人学生参加一项关于友谊发展的研究。每一位被试到达时，就告诉他，他的搭档已经到了，此时正在隔壁的房间里。通常会将被试的搭档描述成白人，而且和被试的性别相同。被试被带入的房间里装有一面单面镜，并且可以用百叶窗将镜子遮盖起来。告知其中一半的被试百叶窗不会打开，因此，他们的搭档在隔壁房间看不到他们。告知另一半被试，百叶窗会被拉起来，因此，他们的搭档能够看见他们。通过这一操作，使被试预期他们的搭档了解或者不了解他们的种族。然后被试完成一项关于自尊的测量，并通过问卷询问他们的喜好、优缺点以及个人品质，并告知他们这些表格都将拿给他们的搭档看，而他们的搭档将会通过表格中的内容决定他们两个是否能成为朋友。在被试完成表格后，实验者离开房间，把表格拿给被试的搭档看，一段时间后，实验者带着搭档的回应再次回到房间。事实上，并不存在搭档，被试接收到的是伪造的回应信息，这些回应或者是非常积极的，或者是非常消极的。之后要求被试填写一份问卷，这份问卷是用来了解他们对积极或者消极反馈的反应。

一种情况是黑人被试认为自己的搭档知道他们的种族（并有可能对此做出反应），另一种情况是他们认为搭档不知道他们的种族，在这两种情况下黑人被试是否会对来自同龄白人的反馈做出不同的反应呢？答案是会。与认为搭档没有看到他们是黑人的被试相比，认为搭档看到他们是黑人的被试会将搭档对他们的反应归因为偏见，并认为偏见起了更重要的作用。不论搭档给予他们积极反馈还是消极反馈时，结果都是一样的。如果你将他人对你的反馈归因于偏见，那就不需要接受这种表面价值。

被试在第二次自尊测量中的反应表明他们确实摒弃了搭档的反馈。认为搭档不知道自己是黑人的被试，因为没有理由认为搭档的反馈是出于偏见，确实从内心接受了搭档的反馈信息。在他们收到消极反馈后自尊水平降低，收到积极反馈后自尊水平提高。认为搭档已经看到过他们，并且知道他们是黑人的被试，情况并非如此。这些被试并不接受与偏见有关的消极反馈。消极反馈没有导致他们的自尊水平降低；他们也不会因为得到积极反馈而感到高兴，这些积极反馈并没有导致他们自尊水平的提高；如果说积极反馈和消极反馈给他们带来了不同的影响的话，那似乎是积极反馈降低了黑人被试的自尊水平。让搭档看到或阻止搭档看到他们给这些黑人被试带来的影响，是以黑人被试假想他们的搭档对他们存有偏见为前提的。对于白人被试来说，无论他们假定搭档能否看见自己，白人被试的反应几乎没有差别。

因此，受到歧视的团体成员能够通过将消极反馈归因于偏见，从而使自己得到解脱。这可能是为什么不管受到怎样的污蔑，许多非洲裔美国人、墨西哥裔美国人或者外貌丑陋的个体仍然能够保持与不受歧视的群体成员同样高的自尊，或者保持更高自尊的一个原因（综述见 Crocker & Major，1989）。无论何时，一个受歧视的个体只要遭受批评、排斥或者其他人际互动中的不公平待遇都会将其归因于偏见，而不是个人的不足。虽然这种归因方式能保护自尊，但同时也付出了一定的代价。这一归因方式使个体不能从适当的消极反馈中吸取重要的教训，而这些教训能够促进自我的进步，并帮助他们真实地评价自己的能力。消极刻板印象对象群体中的成员，不仅由于偏见而忽视了所有的反馈，也忽视了积极反馈中所包含的意义，因为他们认为积极反馈也是基于表面价值做出的判断。他们认为积极反馈表现出的不是真实的欣赏和喜欢，而是试图“善待”一个可怜的、被歧视的人。因此，被歧视的个体在接收到任何积极或者消极的反馈后，仍然不能确定他们的真实能力以及他人是如何看待自己能力的。

刻板印象威胁

在数学课上主动回答问题的人要承担答错问题及显示自己无能的风险。但对于那些被认为数学能力差的个体而言，主动回答问题还意味着要承担额外的责难。一个女孩给出错误答案，就要承担证实女孩子学不好数学的刻板印象的风险；一个黑人给出错误答案，则要承担证实非洲裔美国人是下等人种的风险。这样的人整天在别人的怀疑中工作，担心自己犯下的错误会使人们更加确信其智力低下。对他们而言，失败具有双重威胁，他们的失败不仅显示出他们自身能力不足，也可能显示出他们整个种族或者性别都是次等人群。遗憾的是，对这种结果的担心和焦虑会影响人们的表现，导致消极刻板印象中的个体确认这种刻板印象的存在。Claude Steele 曾经使用“*刻板印象威胁*”（stereotype threat）来描述个体对将其归属于某一消极刻板印象群体的恐惧。Steele 和他的同事证明，能引起刻板印象威胁的情境会降低非洲裔美国人以及女性的表现水平（综述见 Steele，1997）。

在美国各个层次学校的详细记录中，白人学生和黑人学生持续存在学习成绩上的差距。即使是大学生，黑人学生的全国退学率（以 6 年内未获得学位的学生所占的百分比来表示）是 70%，白人学生是 42%，前者比后者要高出许多。顺利毕业的黑人学生得到的平均分数是白人学生的三分之二。这种成绩上的差距，部分原因可能是由于生活背景使得黑人学生不像白人学生那样做好了进入学校的充分准备，但准备不足并不能完全解释这种成绩上的差距，因为在那些有充分准备的学生中也存在这样的情况。如果检查一下在学术倾向测试（SAT）中得到不同分数的学生的学习成绩——平均分、退学率、毕业时间等等，将会发现，在学术倾向测试的每一个水平上，与获得同样分数的白人学生相比，黑人学生的成绩要更低一些（对于这些以及相关数据的分析，参见 Steel，1997；Steele & Aronson，1995）。换句话说，与白人学生相比，具有同等准备水平的黑人学生在大学里未能充分发挥学习潜能。

Steele 和他的同事们认为，这种未能发挥学习潜能的情况，部分原因可能在于刻板印象的威胁降低了黑人学生在学业考试中的表现。他们推论，如果真是这样的话，在刻板印象威胁降低至最低水平时，黑人学生和白人学生之间的成绩差距会缩小甚至于不存在差距。在一项研究中，给斯坦福大学的黑人学生和白人学生们做一个口语测试，并告诉被试这个测试非常难（Steele & Aronson，1995）。将一半被试置于增强刻板印象威胁的情境中。告诉他们这一测验测量智力，并将给予他们“熟悉自己的一些优点和缺点，可能对你自己有帮助”这样的反馈。这一强调智力测试的条件，是为了突出与黑人相关联的智力低下的刻板印象。将另一半被试置于刻板印象威胁最小的情境中。引导他们相信这个测试不是诊断个人能力的，而且给予的反馈是使他们熟悉这些题目，“测试中出现的问题在以后可能会遇到”。这是因为，如果不将任务描述为能力测试，黑人学生就不会觉得他们是在被人怀疑能力不足的情况下执行任务。所有被试完成同样的测验。

这一巧妙的实验操纵所得到的结果令人惊讶，如图 8.4 所示。当告知被试，这项测试诊断他们的学业能力时，具有同样入学准备的黑人学生和白人学生相比，前者表现得要糟糕得多，这也再次重现了在黑人学生和白人学生考试成绩之间存在着的已被证实的差距。但是，当通过引导被试相信，测试和他们的学业能力无关，即刻板印象威胁减小时，这种差距就彻底消失了，这种条件下，黑人学生的表现和白人学生一样好。

这一结果表明，当告知被试要测试他们的能力时，被唤醒的有关黑人的消极刻板印象使黑人被试将自己置身于被怀疑为次等人群的情境中，这种刻板印象威胁所激发的焦虑影响了他们的表现。然而，Steele 和 Aronson 意识到，诊断性测试也可能由于其他的、与刻板印象威胁没有关系的原因，影响黑人被试的表现，

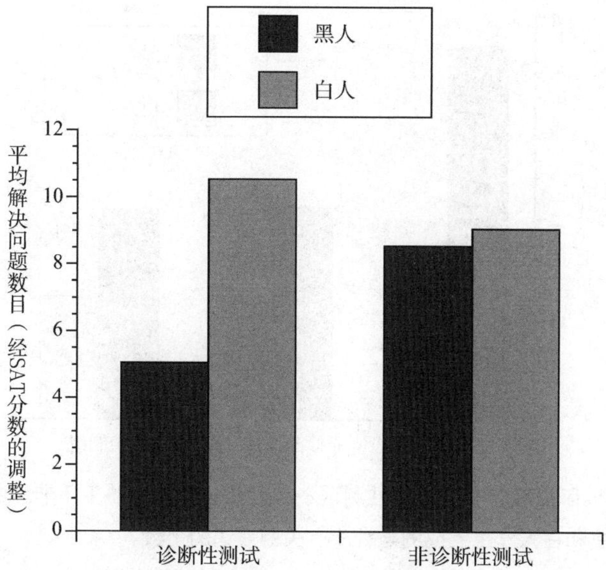

图 8.4　在高刻板印象威胁下（诊断性测试）与低刻板印象威胁下（非诊断性测试），黑人学生和白人学生的测验成绩。

资料来源：Steele & Aronson (1995, 图 2, p.802). Copyright © (1995) by the American Psychological Association. Reprinted with permission.

例如，黑人学生或许仅仅只是害怕学术环境。如果能够证明参加诊断性测试更有可能使黑人被试激活关于黑人的刻板印象，那将进一步表明，刻板印象威胁会破坏他们在诊断性测试中的表现这一假设。Steele 和 Aronson 设计了如下的研究来探讨这一问题。

告知黑人和白人学生，他们将参加一项单词再认的测验，紧接着是一项很难的抽象推理测试（Steele & Aronson，1995）。与前面的研究一样，告知被试这个测试将预测他们在这些领域的能力（提供这个信息是为了激发刻板印象威胁），或者告诉被试这个测试并不评估他们的能力（提供这个信息是为了将刻板印象威胁降至最小）。然后进行单词再认测验，实际上，这些测验是为了测量刻板印象的激活程度。测验包含大量的残词并要求被试将其填充完整，而这些残词都可以用与黑人刻板印象有关联的单词完成，比如 _ _CE（race）或 LA_ _（lazy）。只是向控制组提供这个测试，但不提及任何有关言语能力的问题。

与预期一致，存在刻板印象威胁的情况下，黑人学生更有可能激活对黑人的

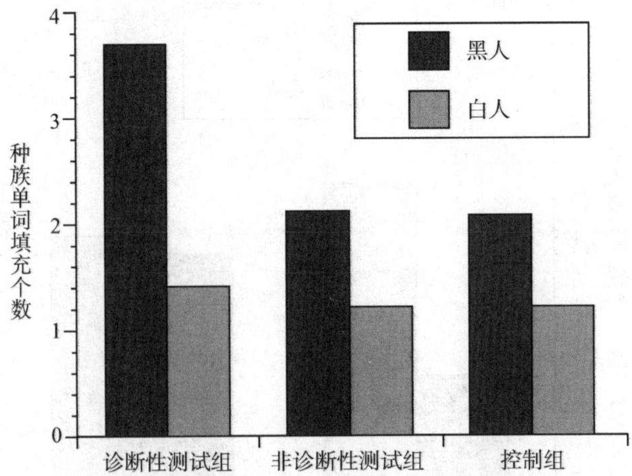

图 8.5 在高刻板印象威胁下（诊断性测试）和低刻板印象威胁下（非诊断性的测试和控制组），黑人学生和白人学生完成的与种族有关的残词的个数。

资料来源：Steele & Aronson (1995, 图 3, p.805). Copyright © (1995) by the American Psychological Association. Reprinted with permission.

刻板印象。如图 8.5 所示，被告知测试是用来测其能力的黑人学生组，与那些被告知测试不是测其能力的黑人学生组或者控制组的黑人学生相比，前者更多地用与刻板印象有关的词语进行残词补全。受到刻板印象威胁的黑人学生比任何其他情形下的黑人或者白人学生表现出更强烈的黑人刻板印象激活（诊断性测验对白人被试的刻板印象激活没有影响，在所有条件下都一样低）。简言之，与同龄的白人学生相比，在之前的研究中使黑人学生表现很糟糕的实验情境是由于该情境显著激活了黑人学生的黑人刻板印象。该研究进一步证实了这样一种解释：这种消极刻板印象的激活以及由此引起的焦虑，降低了认为自己能力不强的黑人学生的表现。

并不是只有非洲裔美国人才感受到刻板印象的威胁。当被试接受一个看上去自己不擅长的领域的能力测试时，任何消极刻板印象对象群体成员的表现，都会受到刻板印象威胁的影响。例如，刻板印象威胁能够影响女生的数学成绩（Spencer，Steele，& Quinn，1999）。尽管在上学初期，女生的数学成绩和男生一样好，但是在高年级阶段，她们的数学成绩开始落后于男生，当她们成熟后进入成年，这种性别差距也随之增大。在 SAT 分数上相当的男生和女生选修较难的大学数学课程时，女生的数学成绩通常比男生差（相关数据分析参见 Steele，1997）。

是刻板印象威胁导致女性在数学上未能发挥潜能吗？为了探讨这个问题，研究者让密歇根大学擅长数学的男生和女生参加一个具有挑战性的数学测验（Spencer，1999）。在他们参加测验前，向一半的学生提供能引起女性刻板印象威胁的信息，即告知她们这个测验的难度与答题者的性别有关（由于女性刻板印象中关于女性不擅长数学的观念已根深蒂固，因此没有必要讲清楚性别差异的方向）。告诉另一半被试能够削弱女性刻板印象的信息，即告知她们这项测试的难度与性别无关，这就暗示关于女性不擅长数学的刻板印象与她们在这次特殊测试中的表现没有关系。所有被试都完成同样的测验。

实验结果颇具戏剧性。当告知被试测试与性别有关时，女生的成绩低于男生，因而再次验证了屡屡出现的性别差异。但是，当告知被试测试结果与性别无关时，性别差异完全消失了，女生表现得和男生一样好。后续的研究发现，女性刻板印象威胁所产生的焦虑影响了女生的表现。

这两个系列的研究结果令人特别困扰，但也让我们看到了希望。令人困扰的是，对非洲裔美国人在所有领域的学习成绩上所持的怀疑态度，以及对女性在数学成绩上的质疑，严重影响他们的表现。这些令人沮丧的表现会在一生中不断蔓延到其他方面，例如影响大学升学、毕业率、职业选择和收入水平等。当人们意识到，即使是消极刻板印象个体与普通个体加入同样的班级、接受同样的指导、参加同样的考试，他们还是不能与普通群体一样，甚至会感到更加的无能为力。即使他们的老师和同学从不提及他们的种族或性别，或者从不对他们的种族或性别有不同反应，仅仅在他们自己意识到所执行的某种任务（刻板印象认为他们在此任务上要比别人差）时，就足以使刻板印象中的个体感受到刻板印象的威胁。

刻板印象威胁能够被消除，这一发现又让人看到了希望。当环境线索引导女性和非洲裔美国人将他们的任务解释为与带有威胁的刻板印象无关时，他们能够和白人男性表现得一样好。那么现在的问题是，如何创造一种校园环境，能够将刻板印象威胁的影响降至最小，从而使该刻板印象中的个体充分发挥他们的潜力。如何做到这一点呢？基于其研究，Steele 和他的同事们推测，重要的是为那些刻板印象中的个体创造一个支持性的环境，同时不能暗示他们，之所以给他们提供这样的支持是由于他们属于某一群体的成员。一项旨在克服非洲裔美国人准备不充分的补救计划，向非洲裔美国人明确传达了他们面临着失败的危险这样的信号。

像这样的补救计划对非洲裔美国人来说弊大于利。确实，研究表明，参加补救计划的非洲裔美国学生，跟那些和他们能力差不多但没有参加补救计划的非洲裔美国学生相比，表现得更差（Steele，1997）。

那么，一个完善的干预应该由哪些部分组成呢？Steele 和他在密歇根大学的同事们设计了一种提高非洲裔美国学生成绩的干预措施，引导非洲裔美国学生自己洞悉克服刻板印象威胁的重要性（Steele，1997）。一方面，这个计划的参加者并不只限于非洲裔美国人，参加者的组成与学校里学生的种族比例基本一致，只是非洲裔美国人的比重偏高，占了样本的 20%。另一个重要的因素是将这个计划描述成荣誉性的，而不是补救性质的。招募到被试后，告知学生，他们经过激烈的竞争最后被确定为该计划的参与者，而这个计划将帮助他们把自己强大的潜能发挥到极致。这个计划通过向被试提供自愿参加的充满挑战的工作坊，不断地向学生传达一个信息：他们有很强的智力潜能。另外，学生们每周参加一次讨论，讨论的问题和大学适应有关，这样做是为了告诉学生，困难是普遍存在的，并不局限于任何特别的种族团体。

以第一学年的平均绩点（GPAs）为考察结果，该结果让人看到了希望。没有参加任何计划的控制组中的黑人表现出未能发挥学习潜能的一贯模式。在控制组中，与获得同样 SAT 分数的白人学生相比，黑人学生获得的平均分较低。形成强烈对比的是，接受干预的黑人学生几乎都可以发挥学习潜能。在 SAT 分数高于平均分的黑人学生身上，这一点表现得尤为明显：他们的平均分数和那些有同样 SAT 分数的白人被试一样高，与那些没有参加这个计划但 SAT 分数相当的黑人学生相比，他们的平均分高了许多。

类似这样的实用性干预措施一定包括很多不同的原理和独特的环境，因此很难确切地断定是什么因素导致它的成功。然而，它的成功还是令人备受鼓舞。这表明非洲裔美国人并不是注定学习成绩不佳。即使大的社会环境没有发生改变，对非洲裔美国人普遍的消极刻板印象没有改变，还是可以创造一种学校教育环境来削弱非洲裔美国人将刻板印象与其日常表现紧密联系，使他们能够在一种没有持续的刻板印象威胁及其带来的焦虑的双重压力的环境中学习和工作，并且充分发挥他们的成就潜能。

刻板印象的维持和改变

现在应该清楚的一点是，消极刻板印象具有破坏性的效果。历史上有充分的事例表明，公开且故意的、并且常常是很负面的歧视源自于消极的团体刻板印象。这一章所介绍的社会心理学研究集中探讨了刻板印象对判断的微妙影响，而这些影响所产生的结果是非常有害的。刻板印象能影响他人对受歧视群体成员的感知、理解以及对待方式。即使是那些没有明显偏见意向的人，尽管他们意识不到自己正受到消极刻板印象的影响，但是他们还是会透过消极刻板印象，来看待那些刻板印象对象。对于刻板印象对象而言，他们经常假设自己处在一个怀疑他们能力不足的刻板印象环境中学习和工作，这使他们体验到极度的焦虑，并影响他们的表现。

当你认为消极错误的刻板印象会付出巨大的社会代价时，你可能会想是否有什么方法来纠正这种错误的感知，是否有可能改变人们的刻板印象？这个问题也引起了许多社会心理学家的关注。他们在努力研究的过程中又发现了另外一个问题，那就是为何改变刻板印象这么困难？接下来我们将探讨这些问题。

接触假设

早期的直觉提示我们，如果我们碰到一些消极刻板印象对象群体的成员并不真正符合这种消极刻板印象，我们就会很快认识到这一错误并纠正它。如果非黑种人多次遇到聪明、工作努力、态度温和的非洲裔美国人，他们肯定会认识到，不应该把这样的团体看做是不聪明、懒惰和具有攻击性的。研究者根据这些观点提出了*接触假设*，这一假设认为，主流群体的成员和少数群体之间的社会性接触可以减少偏见。假设刚一提出,就发现了一个问题,并不是所有接触都能减少偏见。穿过贫民区或者参观唐人街，似乎不大可能改变人们对居住在那里的少数异族人种的看法。与一个非洲裔美国人门卫的接触也不大可能减少偏见。Gordon Allport 在 1954 年提出，要通过接触来减少偏见，那么这个接触必须是在有同等社会地位并且追求共同目标的人之间进行。例如，如果一个持有种族偏见的白人不得不在工作中跟一个非洲裔美国人同事合作，最终他可能喜欢并尊敬这个同事，之后他将对非裔美国人作出更为积极的评价。

虽然接触理论看起来很吸引人，但实验发现通过接触来改变刻板印象非常困难。在经典的 Robber 山洞实验中，Muzafer Sherif 和他的同事们设计在两组男孩中制造一种竞争和敌对的气氛，然后努力改变他们对彼此的消极看法，消除相互之间的厌恶（Sherif，1961）。他们招募了一些适应性很好的中产阶级的白人男孩参加夏令营。一开始男孩们互相都不认识，也没有发觉他们正在参加一个实验。在同一个小屋里一起住了几天后，将这些男孩分成两组。分组之前研究者询问每个男孩最好的朋友是谁，以确保他们和自己的好朋友分在不同的组。将两组被试分开一段时间，分开期间，每组被试都参加各种各样的活动以培养他们的团队精神。一旦每个组都获得强烈的团队精神，研究者就开始安排一系列的活动，比如体育比赛、竞赛性质的寻宝活动等等，使两组之间产生摩擦。很快，男孩们在提到其他组的成员时，会称呼他们"臭鬼"、"小偷"和"骗子"。他们开始通过制造威胁性的标语，开展有计划的袭击，以及在游戏后烧毁对方团队的旗帜这些方式来表达他们之间的憎恨。

成功制造出两个充满敌意的团队后，研究者们开始着手这项研究的真正目的——消除敌意。首先，研究者制造令人愉悦的社会接触的机会，比如一起看电影，在同一个餐厅吃饭。但实验证明这样的努力完全失败，这些社会事件仅仅给两个对抗的团体提供了一个互相指责和攻击的机会。他们在排队打饭时互相推挤，将纸和食物扔向对方，并粗鲁地批评对方。然后研究者开始实施更为精心设计的计划。他们制造了一系列迫使男孩们一起工作的紧急情况。这些情况包括：停止供应水，要求男孩们查出管道上何处出了问题；车子无法开动，让男孩们用一根绳子一起拉动；如果两个团体能够将他们的财产集中使用，那么就可以赢得一个租借影片的机会。虽然在完成这些任务的过程中，两个团队能在一起和谐地工作，但共同努力并没有使他们立即消除敌意。最初，任务一完成，男孩们就开始斗嘴、叫对方外号。慢慢地，团队之间的摩擦和敌意逐渐减少了。直到夏令营结束，他们才开始找机会聚在一起，一起娱乐，相互款待。

回想一下，在这项研究中，对抗的团体是由一些原本相似并且之前彼此之间不存在任何敌意的男孩组成。即使是这样的团体，也不能单纯地通过在令人愉悦的、相互平等的环境中的接触消除团体间的敌意，甚至合作性的接触也不能立即消除彼此的敌意。更何况那些由来已久的对某些群体的厌恶、相互间根深蒂固的消极刻板印象更加难以改变。的确，关于接触理论的大量研究结果并不乐观。能减少偏见的接触需要满足以下条件：两个群体的成员必须有平等的地位，有能够增进彼此了解的机会，能够发现驳斥刻板印象的证据，有共同的目标以及彼此积极的合作。然而即使是这样的接触，在减少偏见方面也并不总是有效果的。消极刻板印象通常抗拒改变，即使是在很长时期内和刻板印象对象群体的成员进行合作（综述见 Stephan，1985）。

为什么即使在与那些行为和品质与我们刻板印象中的群体成员完全不相同的人接触后，我们对该群体的刻板印象仍然会保持不变呢？原因之一是，我们可能根本没有意识到这些个体驳斥了我们的刻板印象，因为从我们的刻板印象出发来理解他们的行为会发生偏见，我们可能将他们中立的、无恶意的行为看做与自己的消极刻板印象一致的行为。即使当人们意识到这些群体中有些成员的行为明显与刻板印象不一致时，可能仍然无法将这些个体的行为推广至整个群体，因为正如接下来讨论的，人们认为这些个体只是他们群体中的非典型个体。

与刻板印象不一致的非典型性个体

当你遇到一个富有的非洲裔美国人，一个具有攻击性的家庭主妇，一个受人尊敬的年轻人，或者任何其他与你对那个群体的刻板印象不相符的成员，你可能会继续保留你的刻板印象，而将这个例外从他所属的群体中排除（Allport，1954；Rothbart & John，1985；Weber & Croker，1983）。实际情况确实如此。一个美国白人可能会对自己说，我的非洲裔美国人邻居马库斯富有而又成功，但你从他身上并不能了解到真正非洲裔美国人的特征，因为马库斯不是非洲裔美国人的典型代表，他属于非洲裔美国人中一个不寻常的亚群体，他是非洲裔的美国经理人。就像人们认为鸵鸟是一种不寻常的鸟类一样，它和通常意义上的鸟在大小和飞行能力上完全不同。同样的道理，人们可能认为非洲裔的美国经理人是一个不寻常的非洲裔美国人，他们和通常意义上的非洲裔美国人的行为和品质完全不同。人们将马库斯这种与刻板印象不一致的个体归属到亚群体中——这个亚群体被认为是非典型性的，并且不能代表整个群体。这样，人们即使知道一些群体成员不符合刻板印象，也还是会维持对该群体原有的刻板印象。

通过这种方式，即使某人最喜欢的演员是比尔·科斯比，最喜爱的歌星是迈克尔·杰克逊，最喜欢的运动员是迈克尔·乔丹（他很清楚，这些人都是非洲裔美国人），但他还是能够维持对非洲裔美国人的消极刻板印象，并保持对这个群体的强烈厌恶。把这些受人喜欢、备受尊敬的个体归入一个非典型的亚群体，例如，非洲裔美国人的演员，非洲裔美国人的歌星，或者非洲裔美国人的运动员，就能将他们看做和刻板印象群体无关的个体。同样，关于非典型性个体的观点可以解释为何那些声称“我的一些最好的朋友是犹太人（或黑人，或属于其他被歧视的群体）”的人依然对刻板印象群体固守偏见,这是因为他已经将“最好的朋友”作为他不喜欢的团体的非典型性成员排除在外了。

Renee Weber 和 Jennifer Croker 在他们一篇具有里程碑意义的文章中提出，当我们面对的个体与我们的刻板印象不一致时，只要我们能轻易地将那些仅刻板印象个体归属于一个亚群体，我们就不大可能改变自己的刻板印象（Weber & Croker, 1983）。在一项研究中，他们尝试改变被试对律师的刻板印象——穿着得体、勤奋、聪明。在一系列实验条件下，被试阅读对 30 个律师的描述，每一个律师用表示不同品质的三个句子来描述。在所有条件下的被试看到同样的 90 个句子，其中包括 30 个与律师的刻板印象不一致的品质描述（比如，“拉里不擅长分析问题和提出符合逻辑的解决方法”，这句话暗示拉里不够聪明），15 个描述与刻板印象一致的品质的句子（例如，“肯为了完成项目常常加班，并且忘记吃午餐”，暗示肯很勤奋），45 个描述与律师刻板印象无关的品质的句子（例如，虔诚的）。在不同的条件下，同样的句子被用来描述不同的律师。最为重要的是，在分散条件下，30 个与刻板印象不一致的句子分散在所有律师身上，这样一来，每一个人都有一个与律师不相符的品质。相反，在集中条件下，将 30 个与刻板印象不一致的品质集中于 10 个律师身上，这样一来，其中三分之一的律师的三个品质都不符合刻板印象，而剩下三分之二的人都完全符合律师的品质。

将与刻板印象不一致的品质集中于少数人身上，这样更容易指定这个群体属于一个非典型性的亚群体，因此很容易将该亚群体从刻板印象的群体中剔除出去。实验确实发现，对比集中条件下的被试与分散条件下的被试，前者表现出较少的刻板印象变化，后者不能轻易地将那些与刻板印象不一致的个体划分为亚群体。换句话说，与分散条件相比，同样是 30 条不符合律师行为的描述，实验的参与者在集中条件下很难将这些行为推广到所有的律师身上。其他的研究者们后来重现了这一结果（例如，Johnston & Hewstone，1992）。如果可以的话，我们会将与刻板印象不一致的个体划分为一个亚群体，这样能够使我们保持刻板印象不变。

如果某些人之间共有的品质恰好可作为把他们视为另类的理由，那么要把这些人归为某个亚群体并从刻板印象的群体中剔除出去就会变得很容易。如果他们有另外一个共同的特征，这些与刻板印象不一致的个体就更容易被非典型化，并从刻板印象对象群体中排除出去。例如，如果我们遇到的穿着不讲究的律师都是黑人，就很容易解释为什么他们与一般的律师不同——也许他们是提供无偿法律服务的律师，也许他们来自贫穷的地方。通过这种解释，我们发现把他们划分为一个非典型性的律师群体似乎是合理的，也就没有必要将他们的特征推广到其他律师身上。确实，几项研究已经证明，人们不可能将那些与刻板印象在两个方面都不一致的群体成员的特征推广到整个群体中（Rothbart & Lewis，1988；Weber & Crocker，1983；Wilder，Simon，& Faith，1996）。换言之，在某一方面与他们群体的刻板印象不一致的个体，如果在其他所有方面都符合群体刻板印象，那么这些个体更有可能引导我们修正对他们所属群体的刻板印象。对于非常果断的女性，如果她们在其他方面看上去是女性化的——用化妆品、穿女装、热情、有同情心等等，那她最有可能驱使人们改变女性不够果断这一刻板印象。但是，一个过于果断的女性，穿着和行为都与对女性的刻板印象不一致，那她不太可能带来刻板印象的变化，因为完全可以将她作为非典型性个体归入亚群体而将她排除在女性刻板印象之外。

将那些与刻板印象不一致的个体归入亚群体，通常源于人们想要积极维持刻板印象。我们倾向于维持刻板印象，是因为刻板印象能够证明我们的社会秩序、我们不公平的行为，以及我们的优越感都是正确的（Allport，1954；Fein & Spencer，1997）。但是，即使不存在这一动机，我们仍然试图拒绝承认那些与刻板印象不一致的个体与刻板印象之间存在关系。一个与我们坚信的刻板印象不一致的个体会让人觉得非常惊讶和不可思议，以至于我们尝试为这个个体作出解释，这非常类似于我们突然遇到的信息与我们内心期望的信息相违背时的做法（Hastie，1984；Snyder，1984；Wong & Weiner，1981）。出于这些原因，当我们遇到一个刻板印象对象群体的成员，而他又违背了刻板印象时，我们会问自己："我是否有合适的理由认为他是该群体的非典型性个体？" 如果答案是肯定的，我们会觉得没有必要将其从个人推广到整个群体。试想，当我们问自己这种片面的问题时，我们寻找的答案通常也是片面的答案，而这常常导致我们证实自己的假设（Klayman & Ha，1987；第 3 章）。因此，我们经常会找到合适的理由，将与刻板印象不一致的个体作为与其所属群体不相关的个体，并将之排除在外。

正如上面讨论过的，如果与刻板印象不一致的个体拥有另外一个非典型的品质，这就为我们提供了一个好的理由，以便将他们作为群体的非典型性代表归入亚群体，并将之排除在外。最近的研究表明，如果一个刻板印象之外的品质能够描述一个驳斥刻板印象的人，那么我们更容易将该个体归属为一个亚群体，即使他本来不是刻板印象的非典型性个体。我们甚至可以使用驳斥刻板印象个体的中性信息作为根据，将该个体视为所属群体的非典型性代表（Kunda & Oleson，1995）。例如，如果我们偶遇一个坦率直言、非常果断的女子，她违反了我们关于女性的顺从、不够果断的刻板印象，如果我们没有关于她的其他方面的信息，我们就不愿意修正自己的刻板印象。但实际上，我们能以她的任何额外信息为基础，将她看做女性中的非典型性个体，把其归入亚群体。

例如，如果我们知道，某个非常自信的女子有（或没有）兄弟，她的父母支持她（或不支持她），她很有魅力（或没有魅力），或者其他方面的信息，我们可能尝试用这些信息来解释为什么有这些特征的女子与多数女性不同，她们显得更为自信。我们非常擅长解释任何一个特征与任何一个结果之间的关联性，所以很容易找出一个合理的解释（例如，Andersen & Sechler，1986；第 3 章）。例如，我们能够将之解释为，有兄弟的女性有可能非常自信，因为她们与自信的榜样一起长大。或者我们可以解释为，没有兄弟的女性有可能非常自信，因为她们在一个没有男生欺负的家庭环境中成长。在任何一种情况下，我们都能成功地把该女子归属为非典型性的亚群体，而不需要将其品质特征推广至其他女性。

在一项用来验证上述观点的研究中，被试读到的材料是对一个律师的访谈记录，在访谈中律师表现得非常内向，这足以挑战被试关于律师“非常外向”的刻板印象（Kunda & Oleson，1995）。在没有提供关于这个律师的附加信息时，被试将该律师的特征推广到所有的律师身上。他们对律师的内向性评分，明显高于没有阅读访谈记录的控制组被试对律师的内向性评分。实验组被告知关于这个律师的一些额外信息，结果得出不同结论。告诉其中一组被试他在一家小法律公司工作，告知另外一组被试他在一家大法律公司上班。实验已经显示，被试认为在小公司或者大公司工作的律师在内向性上与其他律师没有差别。换句话说，告知这两组被试两种相反特征中的任何一种，而这两种特征都是中性特征，都不会暗示律师具有内向性的性格特征。

虽然这两种特征都是中性的，但利用任意一个特征都能建构出解释律师内向性的理由。例如，根据两种相反的中性特征，可以对两个律师的内向性作出解释。小公司的律师内向，因为他不需要和许多人打交道；大公司的律师内向，因为在大公司里，有一些律师主要负责一些不需要人际交往技巧的任务。因此，任何一种特征都可以作为将内向的律师作为非典型性的个体归属为亚群体的依据。实验确实发现，与那些没有被告知关于内向律师的附加信息的被试不同，了解律师在小公司或大公司工作的被试并没有感到要将内向性推广到整个律师群体的压力，他们关于律师的刻板印象保持不变。总之，不了解与刻板印象不一致的附加信息的被试，会改变对律师的刻板印象。但是如果向他们提供一个附加的中性特征，就足以破坏对这一特征的推广。在这个过程中，中性特征变得不再是中性的，人们将它们和内向性联系在一起。综合这些研究结果发现，中性特征破坏了人们将与刻板印象不一致的个体特征推广至整个群体，因为我们可以以中性特征为依据，将个体作为非典型性个体划分到亚群体中。

即使我们没有其他附加信息作依据将一个违背刻板印象的个体归入亚群体，但如果这个人与刻板印象偏离程度很大，那么我们仍然能将这个人作为特例而排除在外（Kunda & Oleson，1997）。想想科林·鲍威尔，这位非洲裔美国人将军成功地指挥了海湾战争；或者玛格利特·撒切尔，她用铁腕统治英国。这些个体在很大程度上偏离了我们对于他们所属群体的刻板印象，以至于我们将他们看做不符合惯例的特例。我们会认为，他们对刻板印象的偏离，为我们提供了一个充分的理由，将他们作为非典型的、与刻板印象无关的个体而排除在外。

在检验这些观点的一系列研究中，让被试阅读关于一个人的材料，这个人完全违背了或适度违背了被试的刻板印象（Kunda & Oleson，1997）。在一项研究中，被试将外向作为公关人员的刻板印象，而这一刻板印象受到了挑战，挑战这一刻板印象的是一个非常内向或者适度内向的公关人员。在另一项研究中，将非常果断作为女权主义者的刻板印象，而这一刻板印象也受到了一位十分优柔寡断或者有些优柔寡断的女权主义者的挑战。通过对比这些被试对刻板印象对象群体的评分和没有接触群体成员任何信息的控制组被试的评分，来评价刻板印象的变化。在两个实验中，适度偏离刻板印象的个体与严重偏离刻板印象的个体相比，前者引起更大的刻板印象变化。确实，那些过于优柔寡断的女权主义者根本没有引起刻板印象的变化，而有些优柔寡断的女权主义者则引导被试认为女权主义者都不够果断。如果我们想改变人们对非洲裔美国人的刻板印象，应该将取得一定成功的非洲裔美国人介绍给他们，而不是将非常成功的非洲裔美国人介绍给他们，比如科林·鲍威尔或者比尔·科斯比。那些名人在很大程度上偏离了对他们所属群体的刻板印象，以至于人们可以将这种极端偏离作为一个充分的理由，将他们排除在刻板印象群体之外。

颇为讽刺的发现是，偏离所属群体刻板印象的个体越多，该刻板印象改变的可能性越小。这一发现暗示：我们对于一个群体的刻板印象越是不准确，在遇到该群体成员后，刻板印象就越不可能自动改变。这是因为，刻板印象越不准确，典型的群体成员间的差异也就越大。进一步说，刻板印象越不准确，典型的群体成员与该刻板印象偏离得越严重，因此该典型群体成员越容易被作为特例排除在外。这或许也是为什么通过与违背刻板印象的个体的接触来改变种族刻板印象如此困难的原因之一（Stephan，1985）。这些刻板印象可能非常不准确，以至于人们认为一般的群体成员极度偏离他们的群体，并因此被当做极端个体而被排除掉。那些持有极不准确刻板印象的个体也遵循这一点，也就是说，那些持有极不准确的消极刻板印象的人，在接触违背刻板印象的群体后，最不可能减少他们的刻板印象。对于这些极端的感知者，一般的群体成员会被看做极端的、不相关的特例。确实，在这些研究中，如果说那些极端的个体有什么改变的话，在接触违背刻板印象的群体成员后，甚至变得更加极端。

事情也有积极的一面，当刻板印象对象个体与人们的刻板印象存在适度的差异时，能驱动刻板印象的改变，这一发现令人鼓舞。在我们的日常生活中，我们也许更有可能遇到这种适度偏离我们刻板印象的个体，而不是完全违背刻板印象的个体。有点果断的女性要多于玛格利特·撒切尔般的女性，这也许就是为何刻板印象会随着时代的变迁而演变的原因。

虽然通过短期干预来改变刻板印象非常困难，但是对过去报告的检验和纵向研究的发现表明，长时间的干预，能使刻板印象发生较大的变化。试想某个群体被人们广泛地认为是肮脏的、酗酒的、没有能力的、爱争吵的，并且居住在贫民窟。当你听到这是18世纪中期美国人对爱尔兰人的刻板印象时，你可能会非常惊讶。当时的招聘广告普遍地指明“爱尔兰人不得申请”。很明显，对美国籍爱尔兰人的刻板印象已经经历了巨大的变化。

其他刻板印象也发生了实质性的变化。在名为“普林斯顿三部曲”的一系列研究中，分别在 1933 年、1951 年和 1969 年，要求普林斯顿不同时代的学生用一系列相同的形容词来评价几个种族团体（Katz & Braly，1993；Gilbert，1951；Karlins，Coffman，& Walters，1969）。这段时期内，许多刻板印象已经表现出相当大的改变。例如，对犹太人在精明和唯利是图方面的评分有了实质性的下降，在有抱负和聪明方面的评分有了提高；对黑人在迷信和懒惰方面的评分有显著的下降，在音乐方面的评分有了提高。不可否认的是，这些变化不仅反映了长时间里刻板印象的实际变化，也反映出支持公开表达偏见的标准发生了变化（这本身就是一个令人鼓舞的发展）。关于刻板印象在很长一段时期内发生变化的历史性报告，以及证明刻板印象能够改变的实例，都可以使人看到一个充满希望的未来。那些目前受到不恰当的消极刻板印象困扰的群体，他们所受到的歧视和偏见有希望在将来减少。随着人们对如何运用刻板印象以及如何才能改变刻板印象的深入了解和研究，社会心理学家能促使这一天尽早到来。

总　结

当我们遇到一个刻板印象对象群体的成员，或者任何跟这个群体有关的消息时，我们会毫无觉察地自动激活群体刻板印象。刻板印象一旦被激活，就会影响我们的判断和行为。而且，因为我们会以与刻板印象一致的方式对待刻板印象对象，这就导致刻板印象对象做出相应的反应，进而又强化了刻板印象。刻板印象的激活也是可以控制的，但是这一过程需要充足的认知资源。因此，当我们有充足的认知资源时，那些在我们全神贯注于做其他的事时可自动诱发刻板印象激活的信息可能就不再起作用了。

人们对一个特定群体的无意识反应可能存在个体差异。持有偏见的白人对任何使他们想起非洲裔美国人的信息都可能做出自动的消极反应，不持偏见的白人和非洲裔美国人则没有这种自动的消极反应，相反，他们可能还会有自动的积极反应。

有时，我们受到动机的驱使能抑制刻板印象的激活。例如，当我们有意识地去尊重某一个个体时，我们会抑制可运用的消极刻板印象，因为这些消极刻板印象一旦被激活，就有可能妨碍我们形成希望得到的印象。虽然我们能在短期内成功地抑制消极刻板印象，但时间长了这种抑制会出现反弹。一旦我们的注意力不再集中于对刻板印象的抑制，先前被抑制的消极刻板印象会更容易起作用。

有时，我们用群体刻板印象来理解群体成员的行为。当属于不同社会群体的成员实施同一行为时，我们会有完全不同的理解。这种刻板印象驱动的解释会自动产生，我们自己根本意识不到。我们常常可能认为，对一个刻板印象对象的反应不受偏见的影响，因为对他们的反应是基于个体的行为和特征，而不是基于刻板印象。但我们可能没有意识到，对个体这些行为以及特征的理解已经受刻板印象的影响。

当我们对一个人的了解仅限于他所属的群体时，我们会将对该群体的刻板印象应用到该个体身上。但是，当我们知道关于一个刻板印象对象的其他方面信息时，比如行为或者特质，我们倾向于以这些个人信息为依据，形成对该个体的印象，而忽略刻板印象。然而，刻板印象还是通过影响我们对个人信息的解释以及我们对个体未来行为的预期，来影响我们对该个体的印象。当我们由于疲劳、全神贯注于其他事情、时间紧迫或者任何其他原因导致认知资源有限时，我们对刻板印象对象的印象更可能受刻板印象的影响。当我们对该个体进行评价时，无论受什么动机驱使，我们都可能利用某个消极刻板印象来贬损他人。

消极刻板印象对象群体的成员可能会发现，他们很难确定他人对自己的评价究竟是根据他们的表现，还是根据他们所属的群体。这种*归因的双重性*会使他们难以确信自己的能力。他们也可能被*刻板印象威胁*所妨碍；他们担心自己可能会证实别人对自己及所属群体的消极预期，这种担心足以影响他们的表现。在实验情境中用来消除刻板印象威胁的巧妙实验操纵，也能消除黑人学生与白人学生、女生与男生之间在实际学习中表现出的成绩差距。

要改变根深蒂固的刻板印象非常困难。即使与刻板印象截然相反的群体成员进行了广泛的接触，刻板印象依然保持不变。在面对那些偏离刻板印象的个体时，我们不会修改自己的刻板印象，其中的一个原因是，我们将这样的个体归属于非典型性的亚群体。即使我们最好的朋友属于某一消极刻板印象对象群体，如果能把好朋友作为非典型性个体归属到亚群体，我们还是会保持对这一群体的厌恶。对于那些违背所属群体刻板印象的个体，如果我们已经想出，或者能轻易地想出一个将他们看做非典型性个体的理由，我们更有可能将这些个体归入亚群体。

第9章

有关他人态度、行为和人格的知识

我们的许多社会行为是受我们认为他人将可能做出什么样的反应所调节的。他们会想什么？他们会做什么？我们准确回答这些问题的能力决定了我们的决策质量和人际关系策略的有效性。那么，我们在评估同伴们可能的态度、信念和习惯的方面做得如何呢？我们在根据他人过去的行为预测其将来行为方面做得如何呢？这一章将着重解决这些问题。

本章的第一部分，我检验了我们评估各种态度、规范和行为的普遍性的能力。我关注一些系统性偏差，它们影响了我们判断有多少人会与我们做出同样反应，使我们有时夸大、有时又低估了其他人像我们一样行事的程度。我也指出，我们仍然能够相当精确地估计各种反应在人群中的分布情况。

在下一个部分，我检验了我们评估他人的性格，以及根据过去的行为预测他人将来行为的能力。我首先回顾的一些证据表明，人的友善、诚实或其他人格特质在不同情境间令人吃惊地表现出很少的一致性。我认为，人们并没有意识到这一点，而是倾向于认为行为比实际情况具有更大的一致性和可预测性。结果，当我们观察他人行为时，容易轻率地对他人的基本人格下结论，我们对于自己在不同情境下预测他人行为的能力显得过于自信了。

有关特性在人群中的普遍性和分布情况的知识

你知道有多大比例的大学生赞成女性权利平等吗？有多大比例的大学生经常

感到压抑？你知道大学生醉酒的普遍性程度如何吗？大多数学生对校园饮酒规范的感受如何？如果你向同伴提出一个小请求，你能预测同伴会如何反应吗？我们常常运用对他人思想、感受和行为的想法来指导自己的行动。如果你计划为你的朋友们举行一个晚会，就要考虑你必须运用哪些社会知识。你的朋友喜欢哪些音乐？他们会吃多少东西？他们会喝多少酒和饮料？你希望他们什么时候到？他们会待到多晚？你对他们价值观和观点的想法也会影响你在晚会上的举止。如果你喝得太多，他们会如何看你？哪些笑话会引他们发笑，哪些会冒犯他们？如果你当众亲吻你的情侣，他们会如何反应？

我们对这些问题回答得如何呢？一些研究检验了人们有关他人特性方面知识的精确性。在讨论这个研究时，我会首先描述我们在评价他人特性时出现的一些系统偏差。然后，在考虑到这些偏差的情况下，我会讨论我们的总体精确性。

虚假共识

设想一下，你选修的心理学导论课程要求你参与几个实验。为了达到这个要求，你报名参加了一个关于沟通技巧的研究。当你到达指定地点时，实验者解释说，这个研究探讨的是人们对挂在身上的广告牌所呈现的信息会做出什么样的反应，要求你挂一个有“Repent”符号的广告牌围绕校园走 30 分钟并记录人们的反应。实验者告诉你，如果你不愿意这么做，你仍然能获得实验的学分，但你会错过一次有趣的经历和给实验者提供帮忙的机会。

你会选择挂上这个广告牌，还是退出这个实验呢？你估计你同学中有多大比例的人会选择挂上这个广告牌呢？

当 Lee Ross 及其同事让斯坦福大学的学生真正处在这种情境时，大约一半的人同意挂这个广告牌，一半的人会拒绝（Ross，Greene，& House，1977）。更有趣的是，参与者对其他人可能反应的估计依赖于他们自己的选择：那些同意挂广告牌的学生估计会有 63% 的同学同意挂广告牌，而那些不同意挂广告牌的学生则估计只会有 23% 的同学会同意挂它。Ross 及其同事称这种现象为*虚假共识效应*（false consensus effect）。人们自己的选择、态度或想法会使得他们对他人在这些方面的表现做估计时出现偏差，导致他们认为自己的反应相对来说是常见的，而其他的反应是不常见的，这样就出现了虚假共识效应。当那些作出了某种选择的人认为这种选择比人们作出相反选择更常见时，虚假共识就表现出来。

研究已经表明，虚假共识影响了人们对一些选择、态度或行为的普遍性的估计，使其估计出现偏差，这已经在日常习惯、爱好、人格特质和政治观点等不同领域得到了检验。例如，喜欢白色面包的人比那些喜欢褐色面包的人认为有更多的人会选择白色面包而不是褐色面包。乐观者比悲观者认为乐观主义更普遍。那些偏爱共和党候选人的美国人比偏爱民主党候选人的美国人认为支持共和党的人更普遍。那些支持缩减公共开支的人比反对这样做的人认为会有更多的人支持缩减开支（Krueger，1998；Marks & Miller，1987；Mullen et al.，1985）。

虚假共识是一种相对的效应，理解这一点是重要的。你不是因为相信自己所属的群体是大多数才表现出这种虚假共识。例如，如果你是属于那些喜欢欧洲戏剧甚于美国喜剧的少数派，你已经认识到自己属于少数派，并且估计只有 20% 的电影爱好者和你一样对欧洲戏剧有共同的偏爱。不过，你对喜欢欧洲戏剧人数的估计仍然比那些喜欢美国喜剧人的估计要高，他们估计只有 10% 的人会喜欢欧洲戏剧。而且即使你没有过高估计与你有相同爱好者的比例（相对于实际比例），虚假共识也可能存在。继续以电影为例，即使偏爱欧洲戏剧的人数的实际比例是 30%，上述的一系列判断也反映了虚假共识。在这种情况下，即使欧洲戏剧的爱好者（他们估计人群中有 20% 的人与他们有相同的爱好）低估了喜欢欧洲戏剧的人数的实际比例，但他们对喜爱欧洲戏剧人数的估计与那些偏爱美国戏剧人的估计（他们认为只有 10% 的会喜欢欧洲戏剧）相比仍然要高。这一系列的判断被看做是虚假共识的例子，因为虚假共识被定义为，具有不同观点的人之间估计的差异，或自己的观点与自己对他人观点的估计之间存在正相关。

为什么我们会出现虚假共识效应呢？许多因素的联合作用使我们对自己的看法和偏好的估计出现了偏差（Gilovich，1991；Marks & Miller，1987）。我们自己的反应和对他人反应的估计之间相关的一个原因是，当我们对其他人的反应一无所知时，会很理智地把自己的估计建立在一个自己熟悉的个体，即我们的自我之上（Dawes，1989）。不过，这种虚假的共识效应不可能只是由于从我们自己的反应作出推论。当我们熟悉许多其他个体的反应时，也会表现出这种虚假共识，因为我们能够得到的样本可能是有偏差的；我们可能只熟悉那些和我们一样的人，即所谓人以群分。共和党人喜欢与共和党人交往，虔诚的宗教徒在教堂里寻找志同道合的人。当我们对各种不同反应的普遍性做出估计时，经常利用的是启发策略，把自己的估计建立在那些能够容易想起的各种反应的例子的基础之上（Kahneman & Tversky，1973，见第3章）。事实上，与我们反应相似的人更容易出现在我们的头脑中，结果导致我们过高地估计了自己反应的普遍性。可利用的启发策略对虚假共识效应的产生起着关键作用，这一观点已得到以下研究成果的支持：人们对吸烟普遍性的推测与他们所知道的吸烟人数的多少有关，一个人了解的吸烟者越多，就越相信吸烟是普遍的（Sherman et al.，1983）。

动机可能也对虚假的共识起了作用。如果我相信许多人与自己有相同的反应和观点，我会对自己的反应和观点感觉更好。这种动机在我们刚经历过失败的时候会特别强烈——如果许多其他人也经历了类似的失败，我的失败看起来就不那么让人觉得丢脸。确实，紧随着这次失败的经历，人们更可能表现出虚假共识效应（Sherman，Presson，& Chassin，1984）。

我们表现出虚假共识的程度也依赖于我们如何看待选择背后的理由。如果我们相信自己的反应是由外部力量控制的，就会特别期望他人也像自己一样，因为我们认为他们也是受相同的力量调控的。但是，如果我们认为自己的反应是由于个人独特的个性，就不太会预期他人会像我们一样反应。确实有研究表明，当要求人们对其他人的选择进行估计时，对于那些他们认为在很大程度上需要依赖选项的不同特征才可以做出的选择（如选择Exxon的股票还是IBM的股票）所做的选择，比那些他们认为在很大程度上依赖于个人的特征和特性所做出的选择（例如，是看体操、赛车还是看田径）表现出更大的虚假共识。当我们认为自己的选择是受情境中强有力的因素所支配时，我们预期其他人也会屈服于同样的压力，做出与我们相同的选择（Giliovich，Jennings，& Jennings 1983）。

虚假共识的另一原因是，我们经常被要求以一种独特的方式去解释问题。如果没有意识到对同样的问题可以有多种解释，意识不到其他人的解释可能与我们的解释是不同的，我们就会夸大他人像我们一样作出反应的程度。例如，当问你是否对美国喜剧比对欧洲戏剧更喜欢时，在你的心里可能出现的是在诙谐经典的美国喜剧如由伍迪·艾伦导演的《安妮·霍尔》和晦涩难懂的超现实主义的欧洲文艺片之间进行选择。不仅你自己会投票给《安妮·霍尔》，你也会期望更多的人做出同样的选择。你可能没有意识到，其他人对同样的问题会有完全不同的解释。有人会认为美国喜剧内容空洞乏味，如《监狱也疯狂》；而欧洲戏剧古典高雅，如《偷自行车的人》。如果在心里出现这些解释，你可能就会选择站在欧洲戏剧这一边。因此，产生虚假共识是因为不同的人对相同的选择有不同的解释。人们并没有成功地认识到这一事实，在估计其他人可能的反应时也没有考虑到它。与这种观点一致，Gilovich（1990）发现，当要求参与者在两个定义广泛、有多种解释的范畴之间作出选择（如美国小吃和欧洲小吃）时，比要求参与者在那些留很少空间作进一步解释的范畴的特殊例子（比如苹果派和巧克力甜点）之间进行选择时，会表现出更多的虚假共识。不过，关于虚假共识中不同解释所起的作用仍然是推测性的，因为 Gilovich 后续的两个研究中，那些选择给予特殊解释的参与者就像那些给予更一般选择范畴的参与者一样，表现出同样的虚假共识（Gilovich，1990）。

总之，许多因素的共同作用产生虚假共识。我们的推理启发策略、因果关系理论、动机以及独特的解释都会影响到我们判断他人是否会像我们一样作出同样反应。当我们没有意识到这些因素对估计他人的反应所产生的影响时，这种倾向会更加严重。最终结果就是，我们经常夸大他人持有与自己相同观点的可能性，并且相信自己的观点比他人所持的不同观点更加普遍。不过，在一些环境中，我们也会表现出相反的倾向，夸大自己的独特性，就像下面所讨论的一样。

人众无知

设想一下，你在教室里听一堂课，你正因为没明白这堂课讲的内容而感到困惑和混乱，这时，教授停下来问同学们是否有什么问题。想到你可能因为提问而被认为是愚蠢的，那样会使你感到羞辱，你就没有吭声。当你环顾整个教室时，发现其他同学中也没有任何人提问。他们都看上去自信而平静，没有一个人举手。此时，你会认为自己是唯一没听懂这堂课的人。这个结论是奇怪的。你的行为和其他人的行为完全一样，只是你的解释不同：你认为自己保持沉默是因为你羞于表现出自己一点都没听懂，而你推测其他人沉默是因为他们听懂了这堂课，不需要进一步澄清。如果每个人都像你一样推理，很可能会出现这样一种情境，即没有任何一个人听懂这堂课，但每个人都认为自己是唯一经历了这种困难的人。这种大多数人都没有意识到其他人也和自己一样，具有一些不想为人所知反应的现象被称为*人众无知*（pluralistic ignorance）。

术语“人众无知”是由 Floyd Allport（1933）提出来的，描述的是这样一种情境：几乎每个人私下都拒绝一个群体规范，但却认为大多数其他成员会接受它。在一个早期关于人众无知的例子中，一个卫理会教徒认为，大多数其他的成员都赞成教会禁止打牌、吸烟和喝酒的禁律。但是，事实上，大多数成员私下在自己家里都拒绝这些禁律，都会从事这些被禁止的行为（Schanck，1932）。人众无知之所以在这种情况下形成，是因为成员的公众行为并没有反映出他们私下的态度。在公开的场合，他们表现出对这些禁律的强有力的支持。尽管每个成员都意识到，他自己公开地支持这些规范是由于害怕否定和拒绝，但每个人都认为，其他人表达出对这些规范的支持是因为他们真正支持它们。

就像上面的一些例子所阐明的，当人们公开的行为并没有反映其真实的态度时，就为人众无知提供了舞台。这种公开和私下反应的不匹配会产生人众无知，尽管事实上人们公开的行为完全相同，但他们认为自己私下的行为与其他人是不同的。例如，他们认为自己的行为是由于害怕被拒绝或遭遇尴尬而产生的，而认为他人完全相同的行为反映了其真实的态度和看法。甚至当人们意识到自己的行为掩饰了自己真实的情感，他们仍然会从表面去考虑其他人完全相同的行为。

为什么我们会把自己和他人完全相同的行为归因于不同的原因呢？我们这么做可能只是因为并没有认识到其他人也有和我们自己一样，有一种感到害怕和尴尬的倾向；我们敏感地意识到自己的害怕和不安全感，而对他人的害怕和不安全感却缺乏证据。在我们设法掩饰这种恐惧使它不为人所知时，这种情况特别容易出现。而且，即使我们意识到别人的恐惧，我们也可能没有意识到造成这些恐惧的强有力的动机因素。例如，我们可能错误地认为，其他学生需要理解教授所讲内容，这会战胜因暴露他们没有理解时所带来的恐惧感（Miller & McFarland，1987；Miller & Prentice，1994；Prentice & Miller，1996）。

人众无知可能是旁观者在有他人在场的情况下面对紧急情况时较少采取干预行动的一个原因。当遇见一个处于危险中的人或面临一个潜在危险事件发生时，如房间里冒烟，有他人在场时与只有一个人时相比，人们更少伸出援手或采取阻止危险发生的行动（Latane & Darley，1970）。当这类紧急情况发生时，尽管他们内心感到慌乱和恐惧，但外表看起来却平静和镇定自若。其他人只是从表面来理解这种平静的外表，因此认为没有人会特别关注正在发生的事情。正是由于这种方式，紧急情境导致了对他人真实反应和对情境解释时出现人众无知的情况。一群正在体验内心折磨的人会认为，其他人压根就没有关心自己的理由。因此，每个人都不能按照自己的真实情感来采取行动，因为他们接受了大多数人对现状的理解和解释，或因为他们害怕被看做愚蠢的人、成为嘲笑的对象而感到恐惧和恐慌。

在有关信仰、观点和价值观的问题中，都有许多关于人众无知的记录（Miller & Mcfarland，1991；Miller & Prentice，1994；Miller & Prentice，1996）。人众无知会出现在紧急情况下由陌生人形成的短暂群体中，出现在那些彼此间有很好了解的个体形成的密切联系的群体中以及更大的组织如大学的成员中，甚至整个社会中。例如，不同的研究表明，监狱里的看守人员认为其他看守人员比自己更强烈地赞成更严格的纪律；一所盛行自由主义的著名大学的学生（Vassar & Circa，1972）认为，这所大学里的其他学生比自己更加自由主义；随着民权运动在美国获得力量，美国白人认为其他白人比他们自己更支持种族隔离（Miller & McFarland，1991）。

人众无知最令人烦恼的一面是，它会导致人们普遍遵从那些没有一个人真正相信的规范。当规范是亲社会的、代表高尚的道德境界时，还不必太担心。但人众无知也会导致人们去遵奉一些反社会的、危险的规范。例如，一个关于青少年违法者的研究表明，这些违法者私底下也对自己的反社会行为感到不安，但又不愿意向别人表达这些感受（Matza，1964）。没有人愿意在那些看起来“坚强的”同伴面前表现得像个“胆小鬼”，这些男孩们从事一些实际上没有人感到舒服的损害他人的行为。

由 Deborah Prentice 和 Dale Miller 进行的一系列研究证明，普林斯顿大学的学生对校园里盛行的饮酒规范的接受上也存在类似的人众无知（Prentice & Miller，1993）。饮酒长期以来是普林斯顿大学社会生活中的重要内容，在校园社会生活的中心——饮食俱乐部，全天候供应酒精饮料，它选择和吸纳新成员时依据的也是喝酒游戏。与美国其他主要地区相比，普林斯顿校友会的酒精饮料消费水平仅次于印第安纳波利斯而排名第二（Prentice & Miller，1993）。普林斯顿的规范和许多其他北美大学一样是很清楚的：饮酒对于社会生活来说是必不可少的，一个人如果想完全加入到校园社会活动中去，就必须要适应它。

同时，学生不得不注意到由过度饮酒而引发的问题。酒精中毒或酒后事故导致的学生死亡事件引起了全国媒体的广泛关注。例如，1997 年，在麻省理工大学、弗吉尼亚大学、路易斯安那州大学以及其他几所大学的校园里或大学生联谊会上，都发生过学生因饮酒过度致死而引起社会广泛关注的事件（高等教育年鉴，1998.1.4）。差不多每个周末，都有许多校园报纸报道学生由于酒精中毒或与酒精有关的伤害被送进急诊室的事件。许多学生也无疑目睹过或亲身经历过一些事件，由于过度饮酒而导致不当行为、记忆丧失、疾病或受伤以及学业成绩下降。所有这些都导致 Prentice 和 Miller 认为，普林斯顿大学的饮酒规范为人众无知提供了绝佳的情境：每个学生自己私下都对这种在校园内得到强有力赞成的饮酒规范感到怀疑和担忧，但却没有认识到其他人也对此感到同样的担忧。情况确实如此。当要求大学生评价自己和其他普林斯顿大学生对在普林斯顿校园饮酒习惯是否能接受时，他们的反应表现出这种人众无知：学生们认为自己不如其他普林斯顿大学的学生能接受该校的这种饮酒习惯（Prentice & Miller，1993）。

那么，很清楚，学生自己对饮酒的感受和他们对同伴如何感受的看法之间存在差距。随着学生们对他们的同伴和学校越来越熟悉，饮酒的经历越来越多，这种差距随着时间的推移会如何变化呢？一个令人不安的可能性是，学生会逐渐接受他们认为其他人都赞成的规范，他们私下的看法会转向于知觉到的规范。学生们仍然敏感地意识到过度饮酒的有害效果，也会坚持自己比其他人对饮酒的规范感到更不舒适的观点。他们私下的这种感受与他们对他人感受的看法之间的差距可能会持续，这会使他们体验到与群体越来越大的疏远。为了检验这些可能性，Prentice 和 Miller 对普林斯顿大学二年级的学生进行了两次调查：一次是在 9 月，他们暑假结束后刚返校，对规范和其他同学的行为还很少接触；然后是在 12 月，他们在学校生活了几个月以后。在这两次调查中，都询问学生自己和普林斯顿其他学生对校园里学生饮酒习惯感到舒适的程度。

在这个学期初即 9 月份，男生和女生都表现出对他们同伴感受的人众无知，如表 9.1 所示。两个群体都认为他们自己与其他普林斯顿的学生相比，对于校园饮酒的习惯感到更不舒适。不过，男生和女生对自己的感受和对其他同学感受看法之间的差距有不同的反应。到了 12 月份，男生的态度已经与知觉的规范相一致；他们对喝酒习惯的接受程度增加，对自己的感受和对其他同学感觉的看法之间没有任何差距。总之，男生在 9 月份持有的对自己同学感受的错误假设，到了 12 月份时已经变成了现实。与此相反，女大学生并没有内化这种规范。即使到了

表 9.1　学生对自己和一般学生关于校园饮酒规范的接受程度

	9 月		12 月	
	自己	一般学生	自己	一般学生
女	6.08	7.16	5.94	7.74
男	5.84	7.48	7.08	7.58

资料来源：Prentice & Miller (1993, 表 3, p.248). Copyright © (1993) by the American Psychological Association. Reprinted with permission.

注：高数字表明更舒适。

12 月份，她们自己的感受和她们对自己同学感受的看法之间仍然存在差距。

很难弄清为什么普林斯顿大学的男生和女生对他们私下的感受和他们理解的规范之间的差距反应不同。一种可能是，一般来说男生更容易屈从于一致性压力，特别是更容易屈从于饮酒这方面的压力。饮酒在男性文化中比女性文化处于更核心的地位，或者认识到普林斯顿长期以来是由男性主宰的高校，饮酒在普林斯顿对男性来说比女性更为重要（Prentice & Miller，1993）。尽管存在差异，男生和女生的反应都具有潜在的不良后果。男性最终接受了具有潜在危险的规范，尽管他们开始时对这些规范感到不舒适。而女生则相信她们自己的感受偏离了这个规范，可能会逐渐遭受排斥。事实上，一个后续的研究表明，个人偏离群体的看法可能导致疏离，促进对群体的不认同。那些察觉到在有关饮酒问题上自己的感受与其他一般学生在这个问题上感受之间存在差距的学生，与那些没有察觉到这类差距的学生相比，更不认同普林斯顿大学。他们预期毕业之后会很少参加普林斯顿的联谊会（Prentice & Miller，1993）。

设想你是大学里的一名学生，在那里饮酒支配着社会生活。你自己对校园里这种赞成饮酒的规范感到很不舒适，但你不愿意表达这种感受，因为你认为大多数其他的同学比你对这些规范感到更舒适。同时，你为了避免被嘲笑和被孤立而不得不去喝超过自己承受量的酒。一次关于人众无知的讲座中讲到，大多数学生私下都对这些规范也感到不舒适，但没有认识到其他人也会同样感到不舒适，你想你会受这次讲座的影响吗？知道这些，你会有被解放的感觉吗？你现在能按自己感到舒适的样子自由地少喝些酒吗？

在设计解决这个问题的一个研究中，普林斯顿的学生在他们进入校园的第一周被安排参加有关饮酒的两个会议中的一个（Schroeder & Prentice，1995；Prentice & Miller，1996）。其中一个会议的讨论集中在人众无知上。向参与者呈现一些有关学生自己对于饮酒舒适度和他们对其他同学对饮酒舒适度的看法之间差距的数据，要求他们讨论这种对他人态度错误知觉的可能后果。另一组作为控制组，也是讨论饮酒的问题，但他们的讨论集中在个体如何对饮酒作出负责任的决策；他们对有关这个问题的人众无知一无所知。4 至 6 个月之后，要求所有的参与者报告他们在上一周以及在某个有代表性的一周中的饮酒情况。

值得注意的是，消除人众无知对饮酒有显著影响：参加了关于饮酒态度人众无知讨论的学生每周饮酒量比参加控制组讨论的学生报告的每周饮酒量明显要少。进一步的分析表明，出现这种结果至少部分是因为那些已经知晓人众无知的学生在过度饮酒方面感受到较少的社会压力。

总之，在许多情境下，我们公开的行为歪曲了我们私下的观点。在这类情境中，我们可能忽略了其他人与我们具有相同感受的事实，认为其他人接受了我们个人抵制的规范，我们可能会变得更不愿意表达自己私下的观点，担心当众出丑和受到社会排斥。如果每个人都像自己一样行事，我们没有任何一个人认识到其他人的行为也是受相同的恐惧不安所驱使的，人众无知就会持续存在。这会导致实际上很不受欢迎的规范和行为持续下去。不过，这种状况依赖于我们是否仍然不了解其他人的真实态度。一旦我们意识到其他人的真实感受，就不会再有压力去遵从这种实际上无人真正赞同的规范。这种分析表明，公众观点的民意调查已成为现代民主的核心，它对减少人众无知和阻止人们去遵守那些事实上不受欢迎的规范具有重要的作用。

虚假共识与人众无知

从表面上看，人众无知是指我们低估了其他人与我们享有共同的观点，看上去似乎与虚假共识相矛盾，后者是指我们倾向于认为自己的观点比人们所持有的相反观点得到更多的支持。不过，重要的是要注意到这种冲突只是表面的。同时具有人众无知和虚假共识是很可能的。这是因为虚假共识只是一种相对效应，它出现在持一种特定的态度的人认为这种态度比人们所持的相反态度更普遍，而人众无知是一种绝对效应，它发生在人们认为自己的态度比实际情况更不普遍。例如，那些对饮酒感到不舒适的学生比那些感到舒适的学生可能相信这种不舒适更为普遍，这就是虚假共识效应。同时，那些对饮酒感到不舒适的学生可能低估了对饮酒实际上感到不舒适的普遍程度，这就是人众无知的一个例子。确实，有关学生对于饮酒的舒适度的研究也揭示出虚假共识（Prentice & Miller，1993）。

不过，也存在这样的情况，那些促进人众无知的因素有时也会削弱虚假共识。即使我们的行为与其他人的行为完全相同，但我们把它归因于不同的原因时，人众无知也会出现。当我们把自己的行为归因于难堪，认为自己比其他人更可能受这类难堪驱使时，这种有分歧的归因就非常有可能出现（Miller & McFarland，1991）。回想一下，当我们把自己的行为归因于相对独特的个人原因时，虚假共识最不可能出现（Gilovich et al.，1983）。因此，在一个人把自己的反应归因于相对独特的不安全的情境时，特别可能产生虚假的独特性，而特别不可能产生虚假共识。

有关虚假共识和人众无知的研究集中揭示了我们对他人感受和行为的观点方面的错误和偏差，强有力的证据表明，这类错误和偏见是普遍存在的。它是我们完全不了解其他人反应的结果吗？我们对他人的态度、行为和价值观的看法有哪些是真实的呢？有关虚假共识和人众无知的研究是为觉察偏差和错误而设计的；从任何方面来看，当评估人们在广泛领域的反应时，它们并没有为我们提供一个如何校准的方法。其他研究已经解决了这个问题，下面我们对此加以讨论。

社会分布的知识

如果想在我们所处的社会世界中发挥有效作用，我们就必须具有一些关于重要观点、价值观和行为方面的知识。如果我们希望遵守已被认可的行为规范，避免冒犯他人，必须对有代表性的人的价值观和信念有所了解。这类知识对于推论个体反应的意义也是必不可少的。例如，如果你了解美国和加拿大公众对卫生保健的典型态度，你就会明白支持社会化医疗的美国人会持激进的观点，而表示同样支持的加拿大人却会持主流的观点。尽管他们的态度完全相同，你却会因此去推论这个美国人是个革命者，而加拿大人是个墨守成规者。

我们在计划自己的社会活动时，也需要了解行为和态度在可能的反应范围内是如何分布的。当我们提出一个新的倡议时，不仅需要了解一般人会对它如何反应，而且需要了解有多少人会强烈地支持它，有多少人会强烈地反对它。当你遇见某个行为和态度偏离规范的人时，如果你也知道他或她是某个具有相当人数的少数派中的一员，或只是一个偏离者，你就能够更好地了解这个人。

为了评价人们有关社会分布知识的准确性，Richard Nisbett 和我询问了密西根大学的学生关于一系列态度和行为在自己同学中的分布情况的看法（Nisbett & Kunda，1985）。要求参与者想象一下，他们的 100 位同学需要报告自己对以下事物的喜欢程度，如麦当劳的汉堡包、沙特阿拉伯人、电影《星球大战》和道德多数派；他们对目前一些问题的看法如学生的药物滥用、人工流产、前总统里根的表现；他们一些行为出现的频率，如参加宗教服务、听音乐会、打网球、饮酒和感到忧郁。给每个参与者一张以下的量表：

________	________	____	________	________
非常不喜欢	有点不喜欢	一般	有点喜欢	非常喜欢

对于每个项目，要求参与者在相应的量表上表明这 100 个学生可能作出反应的分布情况，也就是指出，在这 100 人中有多少人会选择各个选项。从这些估计的分布情况，我们能够计算出每位参与者对一般反应和反应可变性的看法，我们能够评估每位参与者对每一类分布状况的看法。还要求参与者表明自己对于这些项目的反应。通过这些，我们能够评价一些观点和行为的实际分布情况。

这些参与者估计的准确性如何呢？我们发现，尽管存在一些系统误差，学生们能够相当好地对他们同学的一般反应以及对这些反应的分布进行校准（见图 9.1）。当每个参与者对于每个项目的平均反应的估计与实际的平均数相关时，在所有项目中平均的相关都是中度到高度的正相关，范围从 0.42 到 0.73。例如，参与者正确地认识到，他们的同学，与喜欢道德多数派相比更喜欢沙特阿拉伯人，醉酒的次数比打网球的次数更多。他们的绝对准确性也是令人印象深刻的。通常情况下，学生对每个项目分布平均值的估计在十点量表上与实际的平均数只有一个点的距离，在五点量表上只有半点的距离。

参与者对于离中趋势的估计也相当准确。拿平均数来说，在估计的离中趋势

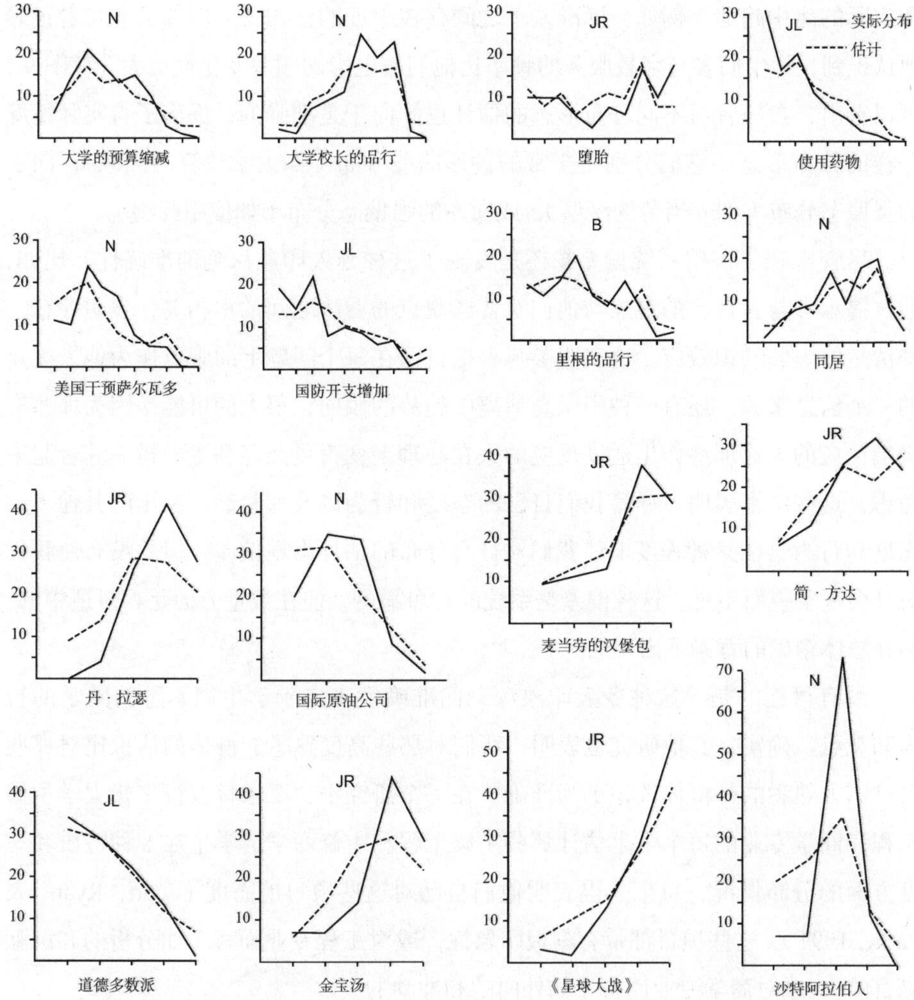

图 9.1　关于态度的实际分布和估计分布。分布图上方的字母表示它的形状：N= 正态，JL= 正偏态，JR= 右偏态，B= 双峰。

资料来源：Nisbett & Kunda (1985, 表 2, p.305).Copyright © (1985) by the American Psychological Association. Reprinted with permission.

和实际的离中趋势（例如，标准差）之间存在中度的正相关。例如，参与者正确地认识到，学生们参与宗教服务的频率比他们看电影的频率变化性更大。从图 9.1 可以看出，参与者对不同分布形态的估计也倾向于是准确的，提出了与实际情况一样的分布形态，它们分别是正常的钟形曲线分布（如大学预算的缩减），向右的强偏态分布（如麦当劳的汉堡），或向左的强偏态分布（如使用药物）。

尽管出现了一些系统偏差，还是发现了这种令人印象深刻的准确性。比如，通过揭示参与者自己的观点与他们对普遍观点的看法之间的正相关，表明存在一种清楚的虚假共识效应。这表明参与者把自己在每个问题上的观点作为他人观点的一个信息来源。还有一种稍微高估离中趋势的倾向，很大的可能是因为那些有极端反应的人比那些作出适度反应的人在心理上变得更凸显和更易得。综合起来考虑，这些结果表明，尽管我们自己的态度和行为以及那些高度突出的其他人的态度和行为会在某种程度上使我们对社会分布的估计出现偏差，但并没有使我们对社会现实视而不见。这种偏差是系统的和可靠的，但在数量方面是相对适中的，是在总体精确的背景下出现的。

最有可能的是，这种令人印象深刻的准确性来自于学生们熟悉其同学的行为和观点。确实，其他研究也表明，我们对那些高度熟悉的群体的认识比对那些自己不太熟悉的外群体认识更为准确。在一个研究中，要求科罗拉多州大学主修工程和商学专业的每个学生估计那些主修工程和主修商学的学生在 8 种特质和态度方面的分布情况，每个人也表明他们自己对这些项目的态度（Judd，Ryan，& Park，1991）。这些项目都带有刻板印象性，或对工程专业而言（如分析的和沉默寡言的），或对商学专业而言（如外向的和冲动的）。

当把学生对这些项目的平均数和标准差与实际平均数和标准差进行比较时，结果表现为学生们对内群体的估计比外群体更为准确；主修商学和主修工程的学生都对与他们自己同一专业学生的特质和态度分布的估计比对其他专业学生的估计更为准确。即使对于外群体，总体的准确性对于平均数的估计是真实的，对于标准差的估计也是适度的。尽管具有这种准确性，但仍然存在系统误差——参与者倾向于夸大两组被试符合刻板印象的程度，对于外群体尤其可能如此。例如，主修商学的学生比主修工程的学生表现出更大程度地高估主修工程的学生符合工程专业的刻板印象。参与者对内群体成员的熟悉会导致他们根据这些熟悉的成员而不是根据群体的刻板印象来进行估计。这也是为什么对内群体估计比外群体估计更准确的原因。

总而言之，我们对大的社会群体内的一些重要社会变量，如态度、特征和行为分布的估计是相当准确的。如果我们对正在谈论的社会群体是熟悉的话，会特别地准确。这种情况是真实的，尽管事实上我们对他人反应分布的估计会由于受到自身的反应、其他突出个体的反应、我们对他们所属社会群体的刻板印象，及其他各种可能因素的影响而出现偏差。这并不是说，我们总是准确的；就像前面所讨论的，我们肯定会有大量的偏差，在我们的估计中会有许多不符合常态。但对于社会问题而言，当我们与其他人交互时，对于其他人对于这些问题的观点有大致的了解时，问题是可以解决的。在很大程度上，我们必须具备指导自己社会行动所需要的知识。

到目前为止，我一直把注意力集中于人群中的特征的普遍性和分布的知识。接下来我会转向讨论有关特征性质方面的知识。正如前面所讨论的，这类知识能影响我们关于他人与我们有共同反应的意愿。当我们认为自己的反应是被自己持久的、独特风格的特质驱动的，与我们认为自己的反应是被外在强有力的、足以支配人的力量控制时相比，我们会更少可能接受这种普遍性。了解一些有关特征性质方面的知识，特别是人格的特质，对于作出许多关于人的推论是重要的，我们下面对此加以讨论。

关于特质一致性的知识

我的父亲确实是个可以信赖的人。提防艾伯特，他不是很诚实。我希望萨拉不要那么害羞。我们在描述其他人看起来如何时，很大程度上依赖人格特质（至少在西方文化中如此；有关文化差异，见第 11 章）。特质在我们对他人印象形成中所起的核心作用不仅得到日常经验的支持，而且得到无数研究的支持（Ross & Nisbett，1991）。例如，当 Bernadette Park 要求参加小型研讨会的学生彼此提供详尽的（和令人信任的）描述时，她发现特质很明显地在印象形成中起着支配性的作用（Park，1986）。像幽默、聪明和易相处这些特质至少解释了学生描述中 65% 的信息。另一个最常使用的范畴是行为，如“把头发染成粉红色”和“喜欢玩益智游戏，如下棋”等只能解释 23% 的信息，其他类型的信息是微不足道的。

很明显，我们认为人格能通过特质很好地被理解和体现出来。我们对特质的喜爱也反映在英语语言中，如果你仔细检查一本英语词典，就像 Allpost 和 Odbert 在 1936 年所做的那样，你将会发现有 4 000 多个不同单词表示人格特质。

我们也运用特质来理解他人的行为。我们根据他们的潜在特质自发地理解行为。当听说克里斯蒂娜在餐馆里没有给小费时，我们会认为她是一个吝啬鬼；当听说罗伊帮一位老太太把食品杂货提回家时，我们会认为他是一位乐于助人的人（Winter & Uleman，1984）。当我们试图了解他人为什么会那样行事时，会又一次运用特质。我们认为乔希在操场上攻击其他的小孩是因为他具有侵犯性，琳恩骗税是因为她不诚实（Miller，1984）。

当我们用一个特质来描述某个人时，意味着一种稳定的潜在倾向在不同的时间和情境下都是一致的。当说到克里斯蒂娜忘记给小费是个吝啬鬼时，我们正在传达对她将来行为的预期：她下次去餐馆也不会给小费。更为普遍地，我们预期她也会表现出时间方面的稳定性，也就是在不同时间的相同情境下都会表现出同样的行为。我们预测她的吝啬会以其他的方式表现出来；我们可能预期她会买便宜的圣诞礼物，对慈善事业捐赠很少。而且，我们会预期她表现出跨情境的一致性，也就是从一种情境到另一种不同情境，相同的特质会表现出一致的行为。这种跨时间和跨情境的一致性是特质意义的核心。如果与特质有关的行为在这些方面是不一致的，特质就变得没有意义，如果那样的话，就不可能从当前行为推论将来情境中的行为。

因为特质在一般人的人格理论（以及许多人格心理学家的理论）中具有核心作用，那么，更重要的是找出与特质有关的行为真正的一致性如何，更有趣的是确定我们对于特质一致性看法的准确性。这些主题已经受到相当多的研究的注意，也一直是热烈争论的焦点。与我预感到的结论一样，有关这些问题的十多年的研究表明，我们倾向于夸大人们与特质有关的行为的一致性。

特质的实际一致性

跨情境一致性低 雷切尔在昨天晚餐中的表现是友善的，她在今天午餐中的表现也会是友善的吗？她在牙医候诊室里的表现会是友善的吗？在工作面试中呢？在

聚会上呢？雷切尔或其他人在跨时间和跨情境的情况下会表现出一致的友善吗？一个人会如何回答这些问题？我们可以让雷切尔来告诉我们她的行为的一致性如何，或者要求她的妈妈和她最好的朋友来告诉我们有关她行为的一致性，但这并不是一个最好的方法。他们的回答反映了他们对雷切尔一致性的想法和理论（它可能是正确的，也可能是不正确的），而不是她实际的一致性。为了确定行为的真实一致性，我们必须走出去，在真实的情境中检验实际的行为。假如我们期望评价友善的一致性，就应该在不同的情境对许多人的友善行为进行测量。这种测量将使我们能够确定在一种情境中的友善与另外一种情境中的友善相关联的程度——那些在聚会上表现得比一般人更友善的人，在牙医候诊室里也比一般人表现得更友善吗？

不用说，这类研究是很难进行的。只要考虑以下的逻辑就能明白：一个人必须找到一群都参与了一系列共同事件的人，然后必须追踪这些人，从一个事件到另一个事件，评估在每个事件中每个个体行为的友善程度（或表现出的其他有趣的特质）。毫不奇怪，很少有人花精力来从事这种需要付出极大努力的事。在过去 70 多年进行的少量研究应对了这种挑战，因此得出了值得注意的结论：当人们在不同时间处于相同的情境时，通常会表现出一致的行为，但从一个情境转变到另一种不同情境时，与特质有关的行为却表现出很低的一致性。更准确地说，与特质有关的行为在时间方面的稳定性是高的，但它们跨情境的一致性是很低的（Ross & Nisbett，1991）。

有关这个问题的最早研究结果是 Hartshorne 和 May 在 1928 年发表的。该研究检验了诚实相关行为的一致性。这些研究者创造了许多情境，在这些情境中，几千个小学儿童有机会舞弊、撒谎和偷盗，这些情境从教室到社交游戏、体育比赛。在所有这些情境中，研究者误导儿童们相信，任何不诚实行为都不会被发现。例如，在一种情境中，让孩子们相信自己没有被人注意，有机会去偷放在课桌上的一些钱。在另一种情境中，他们有机会在一个被认为蒙着眼睛的游戏中进行欺骗（偷看）。还在另一种情境中，他们有机会篡改他们的分数，以改善他们在测验中的表现。

Hartshorne 和 May 曾预期会记录到广泛的诚实特质倾向，但结果却让他们大吃一惊。应该承认，行为在时间方面的稳定性很高：在两个不同场合的特定情境中，儿童的诚实之间的平均相关是令人印象深刻的 0.70。这意味着，一个今天从没人注意的桌子上偷钱的儿童，明天也会做同样的事。今天在某个特定测验中篡改分数的儿童，如果有机会，明天他同样也会这么做。然而，尽管在特定的情境中，行为在不同的时间是很一致的，但从一种情境到另一种情境的行为却很少一致：在一种情境中儿童的诚实与他们在另一个不同情境中的诚实之间的平均相关只有 0.23。这意味着，如果你知道一个儿童从没人注意的桌子上偷了钱，这并不能告诉你这个儿童是否也会篡改分数。而且，随着两种情境的差异增加，从一个情境到另一种情境，行为的一致性会变得更少。很清楚，诚实行为不仅由潜在的诚实品质所决定，而且主要是由不诚实行为产生情境中的关键特征所决定的。

1929 年，Theodore Newcomb 报告了一个更大范围的研究。他检验了与外向有关的 9 个不同特质，如喜欢讲话、好奇、爱交际等跨时间和跨情境的一致性。这项研究是在一次“问题”青少年男孩的夏令营中进行的。夏令营的辅导员要完成一份关于每个儿童的很长的调查问卷，评价这些男孩们每一天在一系列与特质有关的行为方面的表现。例如，一些与喜欢讲话有关行为的问题是：“他讲述他的过去或他已取得的成绩吗？”“他大声地和自发地表现出兴奋和不赞成吗？”“他与辅导员的谈话是否只局限在提出和回答一些必不可少的问题呢？”“他如何度过安静的时间？”以及“他在饭桌上讲了多长时间的话？”。

Newcomb 的分析主要集中在跨情境行为的一致性。他也发现了这方面的一致性是非常低的。与同一特质有关的任何两种行为之间的平均相关只有 0.14。换句话说，一个孩子在午餐时喜欢讲话，并不能让你自信地推测他在安静的时间或在与夏令营辅导员接触时也是如此。应该注意的是，在 Newcomb 的研究、Hartshorne 和 May 的研究中对任何两种情境中行为相关性的估计都被夸大了。这是因为，在两个研究中相关性被计算出来之前，行为是通过几个相同情境累加而成的。在这里，对此作点简单的讨论。这种累加提高了相关性，使得在这些研究中得到的低跨情境一致性变得更加显著。这些相关性都如此之低，那么，两个单独情境之间行为一致性的相关性就更低了。

Newcomb 的研究还有另一个重要特征。他要求夏令营的辅导员在夏令营结束时，评估一下他们每天都记录了的每个儿童每种行为出现的频次。这些回忆的行为模式之间的一致性与通过每天记录获得的实际一致性之间的比较，揭示了一个引人注目的结果：在夏令营结束时，在辅导员的总体印象中，与特质有关的行为之间产生了相当高的一致性（0.49），比通过每天对这些相同行为记录得到的一致性更高（0.14）。这是一个迹象，说明我们倾向于在特质有关的行为之间“看到”比实际情况更多一致性。

应该注意的是，与特质有关的行为跨情境一致性低并不只限于儿童的表现。近期的一个研究表明，大学生也表现出这样不一致性（Mischel & Peake，1982）。在研究中对卡尔顿大学的学生在不同的情境中表现出来的友善和责任感进行了反复的观察。例如，与责任感有关的行为包括课堂出勤率、参与学术讨论会、作业整洁、按时交作业、约会准时、房间整洁和个人外表整洁。

到目前为止，这些结果毫不令人吃惊。学生在他们的行为中表现出时间方面的适度稳定性，但很少表现出跨情境的一致性。通常，在不同时间两种完全相同情境中行为之间的相关是 0.29，而被认为表现了相同特质的两种情境之间的相关只有 0.08（与早期的研究不同，这些相关是两个总数之间的相关，因此是没有夸大的）。这意味着如果你注意到 David 昨天交的作业与大多数学生的作业相比显得乱糟糟，这个信息将能使你适度自信地预测，他下星期交来的作业也会是乱糟糟的。但他的作业乱糟糟并不能提供你任何有关他的房间是否乱糟糟的情况，或他在着装方面可能如何等任何信息。

人格的特质理论是建立在这个假设的基础之上的：在许多不同情境中的行为是一致的。Walter Mischel 在他 1968 年出版的《人格和评价》（*Personality and Assessment*）一书中对这个假设提出了质疑。通过对上面描述的类似研究的证据进行复查，他指出相同特质的任何两种不同行为之间的相关通常低于 0.20。他得出结论：不能认为行为是由广泛的基本特质决定的，一个人应该认识到，行为依赖于行为产生时的情境的特殊性。而且，他极力主张人格心理学家们探究新的方式去描述个人和情境的因素是如何联合起来决定行为的。Mischel 的批评和同一年 Donald Peberson（1968）发表的一篇类似的文章，对于人格特质理论的基础提出了挑战。在这场激烈的争论中，人格理论工作者提出了不同的方法去挽救特质的结构。

聚集的力量　Seymour Epstein 提出了最有影响的解决办法之一。他承认从一种情境到另一种情境与特质有关的行为一致性的确是低的，但对 Michel 认为特质作为概括性结构应该抛弃的结论提出了挑战（Epstein，1979，1983）。Epstein 的论证建立在一个众所周知的统计事实的基础上：尽管任何两种行为之间的相关是低的，

但两种行为聚集体之间的相关可能仍然是高的。为了阐明其原因，请你先看下面的例子。你不能根据一个棒球运动员在昨天比赛中的表现确切地预测他在明天比赛中的表现。但你仍然能够相当自信地根据他在上个赛季的整体表现预测他在下个赛季的整体表现。这是因为，任何一场比赛的表现是非常不可预测的，它不仅依赖于这名运动员的能力，也依赖于许多偶然的因素，如天气、昨晚他的睡眠量、他的心情等等。但通过许多场比赛之后，这些偶然的因素会彼此抵消掉，剩下的就是对这名运动员真实能力的估计。通过集中和计算这名运动员在多场比赛中的平均表现，你能得到对这名运动员能力的可靠估计，该估计应该与其他同样可靠的能力测量有强的相关。

由于同样的原因，Epstein 认为，你可能不能从某人在医生的候诊室或在求职面试时表现出的健谈就预测她晚餐时也会健谈。但如果你在这三个情境和其他情境中对她的健谈进行测量，计算这些测量的平均值就可得到她健谈的一个总体分数。一般来说，你根据这个总体分数就能预测她在其他一系列的情境中健谈的程度如何。换句话说，如果简在餐桌上比约翰健谈，这并不能告诉你她在医生的候诊室里是否比约翰健谈。但是，如果有个很好的时机，在上个月你遇到他们的十多个或更多的情境中，简都比约翰健谈，通常你会预测在下个月你遇到他们的情境或类似场合中，她会比他表现得更健谈。

没有任何人对 Epstein 的分析提出异议，因为它建立在牢固的统计基础之上。但对它的意义却存在争论，而且这种争论还在继续。Epstein 感到，通过对不同情境的聚集，他已经解决了特质一致性的问题，而且证实了特质作为概括性人格结构的重要性和可行性。但 Michel 认为，这样的聚集类似于把婴儿和洗澡水一起倒掉。它完全忽视了这样的事实，不同的情境对于不同的人来说可能引发不同的行为，因此评价每个个体的独特行为模式是不可能的，因为它从一个情境到另一个情境是不同的（Michel & Peake，1982）。我认为，这两种观点都有优点。一个人能否发现聚集的作用和特质的意义依赖于他的目标。

通常我们会对长期的行为感兴趣。你想知道一个朋友或恋人在与你交往的这段时间内是如何对待你的，对于瞬间的变化不会特别关心。银行会对那些能够预测雇员长期行为的诚实测量感到满意。运用一种测量以清除那些不诚实的个体，从长远来说可产生大量的存款，即使这种测量不能用确定的方式预测单个情境中的行为。为了达到这些目的，对在许多情境聚集的特质进行测量对于达到这些目的是特别有用的，它具有长时间的可靠预测性。确实，运用人格聚集测量的研究揭示出个体在终身发展中都保持着很大的稳定性（Caspi & Bem，1990）。在这个意义上，具有概括倾向的特质是有生命力和有用的。

在另一些场合，我们感兴趣的是从一个情境中的行为预测另一个情境中的行为。我们在这方面没有任何的确定性；任意两种情境之间的相关太低了。如果你期望一个在工作中对你有礼貌的人，在聚会上也同样会对你有礼貌，你就会为她在聚会上的无礼而感到吃惊。而且，即使我们聚集测量了一个人在一种情境中的行为，反映了他在许多不同场合的这种情境下的平均表现，它可能仍然不能很好地预测他在另一种情境下的行为聚集体。在前面描述的卡尔顿大学学生的研究中，在一个特定的情境中，任何两种行为的聚集之间的平均相关只有 0.13（Michel & Peake，1982）。戴维许多次课程作业的乱糟糟并不能提供给我们任何关于他的房间或他的衣服乱糟糟方面的信息。

实际上这就意味着，即使我们很了解一个人，也不一定能很好地预测他在新情境中的行为。一位在学校随和、自信的朋友可能会在一次徒步旅行中表现得挑剔和忧虑。一位与教授交往时看上去局促不安和自我谦卑的研究生，一旦她自己成为教授时会变得沉着和自信。当然，当我们对另一个人的信息只是建立在短暂相识的基础上，想预测他在新情境中的长期行为就会更加困难。例如，工作面试表现与实际工作表现之间的相关性很低，典型的相关要低于 0.10（Hunter & Hunter，1984）。因此，一个在工作面试中看起来谦虚和尊重他人的人，可能在工作中就表现得骄傲和目中无人；在面试中看起来紧张不安的人，可能在日常工作中却表现得沉着冷静。

来自行为片段的准确性　从表面上，一系列的研究工作好像对这些结论提出了挑战。这些研究表明，人们只要观察另一个人行为的片段，通常只需要观看 30 秒的无声录像，就能相当准确地预测此人长期的行为表现（Ambady & Rosenthal，1992）。在一项研究中，13 名研究生教学人员在讲授本科生课程时被录像（Ambady & Rosenthal，1993）。研究者制作了一个录像带，包括每个教师三个 10 秒钟的剪辑。给 9 名本科本播放这些录像带，完全关闭声音，要求他们在与教师表现质量有关的 15 个维度（如积极的、热情的、有能力的、乐观的）评价每个教师的非言语行为。

这种建立在 30 秒非言语行为基础上的人格评估能很好地预测教师的实际表

现吗？令人吃惊的答案是：相当好。为了评价老师的实际表现，调查者在学期末得到了录像班级学生对每个老师总体教学质量的评价。通过观察短时间的录像带而对老师们作出的一般人格评估与学生对这些老师总体教学质量的评估之间存在高相关。那些在短时间录像中被观察者评价为积极、自信、热情、平易近人、乐观、热心的老师，学生对他（她）的评价也越高。平均来说，学生对老师的整体评价与学生通过录像对老师人格特质的评价之间的相关性达到了令人印象深刻的0.76。学生对老师的评价很大程度上依赖于老师的人格魅力，而人格魅力能非常准确地从某些行为片段加以评估。

在其他许多领域也得到了类似的结果。例如，行为片段已经表明能够非常准确地估计临床治疗者的特性及病人的治疗结果、老师对不同学生的喜爱、一个谈话的人在讲真话还是在说谎（Ambady & Rosenthal，1992）。它表现为，在观察另一个人时，即使是很短暂的，我们能够有意或无意地找到一些能揭示有关这个人的真实情况的非言语线索。

这是否意味着与前面部分的结论相反，你只通过对一个人在一个单一的简短情境的观察就能很准确地预测出他的长期表现呢？不能。重要的是要注意到，在所有说明从行为片段能作出准确预测的研究中，行为片段的评估是通过许多评价者而聚集形成的。就像通过对多种情境进行的聚集一样，评价者的聚集提高了相关性。每个评价者的评估不仅反映了被观察者的实际的人格，也反映了评价者的个人独特的偏好和误差。当印象是通过许多评价者平均而形成的时，评价者的独特癖好就可以相互抵消，导致对被观察者人格的评估更可靠。因此，任何单个评价者的准确性都会大大低于一组评价者平均判断的准确性。

当一个人知道了项目聚集的信度和包括的项目数时，计算出单独项目的信度是可能的，或在这种情况下计算出每个单独评价者的信度是可能的（Nunnally，1978，p.243）。Ambaby 和 Rosenthal（1991）对有关这个问题的 38 个不同研究结果进行了元分析，发现在个体的行为片段和这些个体表现的一些其他测量之间的平均相关是相当令人印象深刻的 0.39。在这些研究中，评估行为片段的评价者的中数是 37。在这里，我计算出对任何一个单独的评价者来说，预期的相关大约只有 0.02。单个的人是不能准确地评估行为片段的。

所有这些给我们何种启示呢？如果你经过一间门敞开着的教室，看了一眼一位正在讲课的不熟悉的教授，你对这位教授的印象只能提供给你很少有关这个教授的教学质量的信息。但是，如果你的几位朋友也像你一样看一眼这个教授，你把你们的印象都汇总起来，你将会对这个班上的学生如何评价这个教授产生相当准确的看法。尽管如此，应该注意的是，你的综合印象的预测力仍然只限于教室内。鉴于已经有很多研究很好地证明了从一种情境到另一种情境的行为之间的相关性是非常低的，因此没有任何理由相信你能够准确地预测教授在其他情境中的行为。尽管你利用了对教授的教室行为的聚集印象，你仍然很难了解他在办公时间与你接触时会如何对待你，你甚至很难了解这个教授是如何对待他的同事、朋友和家人的。

基本结论是，我们通过对相似行为的聚集测量能够预测一般的更广泛水平的行为，但不能确信地从个人在某个情境中的行为预测他在另一个情境中的行为。而且，在单独情境下个人的单次观察不可能对这个人的性格提供多少信息。我们了解这一点吗？我们认识到单次的行为很难提供预测吗？我们了解从一种情境概括到另一种情境的可能性如何吗？很明显，我们不知道。下面对此加以讨论。

对特质一致性的看法

我们在理解行为从一种情境到另一种情境的变化程度方面的失败很容易用一些轶事来加以说明。在一些报纸上关于系列杀人犯的报道中常常可以看到很多陈词滥调：对那些感到震惊的邻居进行访谈时，他们常常这样说："他看起来是一位很好的小伙子。"图 9.2 描述的是报纸报道的一个典型案例的摘要。它描述了一位朋友对下列新闻的反应：加拿大沃特卢城的土地开发商 Helmut Oberlander 被联邦政府指控为纳粹党卫队的成员，这个组织在第二次世界大战期间负责屠杀了成千上万的犹太人。这个被指控为纳粹分子的一个朋友无法想象，他认识多年的行为正派的加拿大公民竟然实施过被指控的暴行。他对他的朋友清白无辜的坚定信赖，使人怀疑他有关人性和人格一致性的理论。一个纳粹德国时期的年轻人，在有很多同伴支持的情况下，实施了受到政府支持的暴行，一旦他移居到具有稳定文明的加拿大，我们能预期他会有哪些行为呢？我们会预期这位现在生活在加拿大一个小城市的纳粹分子会犯像酒后驾驶这样的罪行吗？预期他会对邻居刻薄吗？或者我们应该认识到，极端不同的情境会导致同一个人产生完全不同的行为？

沃特卢一名男性被指控为战犯

政府发言人说，这位土地开发商是前党卫队成员

被指控者的朋友不相信这些指控

与被指控者共事 30 年的一位同事说，被指控者是一位“表现良好、正直的公民”

Brian Caldwell

Rudy Tavonius 不相信他们正在谈论的有关他的这位相识多年的老板和朋友的事情——一点也不相信。

在 30 年的合作经商期间，他相信应有一些迹象表明 Helmut Oberlander 参与过纳粹对平民的屠杀。但 57 岁的 Tavonius 说，从 40 年前 Oberlander 移民到加拿大的沃特卢生活和工作以来，他从来没有发现任何迹象表明 Oberlander 不是一个正直的公民。

Tavonius 星期五说，“我对政府引渡他感到非常吃惊”，“我认识他很长的时间，他根本就不是那种犯罪的人。他是一位好公民。我对他印象很好。”

“他从来没有因犯罪而受到指控——没有一次酒后驾车，没有任何违法犯罪的事情。他是一个表现良好、正直的公民。如果他们说他在战争期间从事了犯罪活动，我怎么也不能相信。”

图 9.2 资料来源：*The Saturday Record*, 4. 29. 1995. Copyright © (1995) by the Kitchener-Waterloo Record. Reprinted with permission.

我们不必利用这类极端的例子去揭示我们有一种高估行为跨情境一致性的倾向。在筛选求职者时，把求职面试作为一种方法广泛加以运用就是由于没有认识到这一点：在一次面谈中，求职者的行为与他们在工作中的行为可能是完全不相同的。而大多数人似乎都很相信自己具备从一次简短的交谈就能了解这是一个什么样的人的能力，即使对其他人的最初印象经常被他们随后的行为所否定，这种信念仍然不动摇。在下面一个部分，我将首先呈现一些夸大特质一致性的证据，然后试图理解这种信念的根源。

几方面的研究都谈到，我们倾向于过高估计由单次行为所提供的预测力和夸大特质的跨情境一致性。有证据表明我们高估了特质决定行为的力量，低估了情境的力量，以至于我们认为单个行为和短暂邂逅提供了比实际情况更大的预测力，以及自发地从特质相关行为得出有关特质的结论。下面我依次讨论这些观点。

基本归因错误 在获得哲学博士学位之前，学生必须面对一般来说令人生畏的口试，一组知名教授就他们博士论文研究中的一些问题提问。对于心理学家 Lee

Ross 来说，这是一次让他威风扫地的经历，这使他想知道是否他也能和那些聪敏的考官一样聪明和有洞察力。幸运的是，几个月后，他也有了一次做考官的经历。这次颠倒过来，作为斯坦福大学的一名教员，他有权坐在桌子的另一边提问而不是回答问题。他从这次经历获得了对自己专业知识的自信感；另一方面，这个候选人则承认具有像 Ross 在口试时的同样感受。很显然，Ross 通过口试后的几个月里，在专业知识方面并没有取得任何巨大的进展。更为可能的是，他这次看似优越的表现是由于作为考官的角色赋予了他巨大的优势：考官提问题可以只关注他们自己的专业知识领域；他们不需要暴露任何自己无知的领域。另一方面，候选人没有任何权力决定谈话的领域，并且会被问到一些除考官以外很少为人所知的深奥问题。

Ross 受到打击是由于作为这类事件的参与者没有成功地认识到这两种不对称角色的优势和劣势，以及很快就得出个体相对能力来自这些不同角色的不合理结论。他指出，在更广泛意义上，人们经常把他所说的这种现象称之为“基本归因错误”，即他们低估了行为是由情境中的限定因素决定，高估了它是由人的基本特质决定（Ross，1977；Gilbert & Malone，1977）。一个经典的测验游戏实验确证了这种现象（Ross，Amabile，& Steinmetz，1977）。斯坦福大学的学生以成对的方式参与测验游戏，在游戏中被随机安排为“提问者”或“答问者”角色。提问者的工作是提出 10 个“有挑战性但能够回答的”一般性问题，并向答问者提出这些问题。而答问者的工作是回答这些问题。

提问者利用自己的深奥知识，提出了一些只有极少人能够回答的问题，如“世界上最长的冰河是哪一条？”“W.H.Auden 的名字中首字母 W.H. 代表什么？”。毫不令人惊奇的是，平均来说，答问者只能回答出所提 10 道问题中的 4 道。在这种情境下，提问者似乎比答问者显得更有知识。当然，这种明显的优势完全是因为提问者这个角色赋予的。可以有把握地打赌，如果把他们的角色调转过来，答问者也能够提出一些难倒提问者的问题。参与者认识到这些了吗？从表 9.2 可以看出，提问者可能已经认识到他们实际上并不比答问者知识更丰富，但是答问者很显然并没有认识到这一点。他们认为自己的知识比提问者的知识要少很多。在后续的研究中，有人对这个测验游戏进行了观察，他们也没有正确认识到由提问者角色所导致的优势。就像表 9.2 所表示的，提问者和答问者都认为提问者比答问者知识更丰富。当不能理解角色的力量或这个情境中的其他限制因素时，我们

表 9.2 在小测验游戏中，参与者和观察者对于提问者和答问者一般知识的评估

评定角色	提问者	答问者
提问者	53.5	50.6
答问者	66.8	41.3
观察者	82.9	48.9

资料来源：Ross et al., 1997. Copyright © (1997) by the American Psychological Association. Reprinted with permission.

注意：数字越高代表知识越丰富。

会想当然地认为，人们在此情境下的行为提供了更多有关他们基本特质倾向的信息，但实际情形却并非如此。

许多其他研究也证明，我们通常在一些小的行为样本基础上很快就得出有关他人能力、特质、态度的结论；我们不能正确评估情境在行为发生中起作用的程度；不把行为归因于引发行为的情境，而是倾向于把行为归因于完成这个行为的人的持久特质或能力。换句话说，我们倾向于根据他们的行为来推测他们的基本特质倾向。这种倾向也称之为*对应性偏差*，这已经在大量的研究中得到了证实（Gilbert & Malone，1995；Jones，1990）。例如，我们可能认为一个参与性生活话题讨论而局促不安的学生是个焦虑的人。我们也可能认为那些被随机安排去监视他们同伴的工人比那些他们监视的工人是更好的领导者。

在很多情况下，我们没有考虑情境压力是因为我们并没有理解它们。通常，我们根本没有认识到情境力量有多强大，并不理解大多数处于这种情境的人会有同样的行为。我们没有充分理解经理或考官这个角色的优势，我们并没有认识到一个看似温和的请求给人带来的压力，以及低估了同伴压力的力量。在所有这些情况下，人们的行为会导致我们作出有关其基本特质的不合理的推论。

即使认识到情境的限定因素，我们也不会总是去考虑它们。我们大多数人都知道讨论令人困窘的话题会使人感到紧张，一个严厉的老板会让他的职员温顺地做事，为赢得面试官的好感会使求职者以一种特别乐群的方式行事。但这些知识并不总是指导我们形成这些情境中被观察者的印象。通常，我们会首先很快自动地得出有关这个人基本特质的结论（她神经质地做事，她必是一个神经质的人）。然后，我们再考虑情境的限定因素去矫正这个结论（可能谈论她的性生活使她行

为紧张；她可能不是一个神经质的人）。不过，这种矫正是需要精力的；如果心理能量有限，我们就不能完成这种需要精力的情境矫正（Gilbert，1989；参见第 7 章）。因此，当我们全神贯注、疲劳、自我陶醉或匆忙时，就不能进行审慎地思考，去理解他人，即使我们了解情境中的限定因素，也不能成功地根据情境的限定因素矫正形成的印象。从而我们会认为人的行为是由对应的特质倾向引起的。

进一步来说，即使我们能正确评价情境的作用，想要矫正得出的推论，并且具有这么做所必需的认知资源，仍然可能不能成功地做出充分的矫正。如果我们把从个人推论的特质作为一个起始点或支撑点，然后试图调整我们的推论，考虑情境的压力，我们可能不能成功地作出充分的调整；我们的推论仍然会偏向于最初推论的特质（Quattrone，1982；参见第 3 章）。我们对一个人的最终结论仍然会受到对这个人性格的最初推论的影响，即使我们认识到这些推论是无根据的，并企图摆脱这种影响（Wilson & Brekke，1994）。

总之，我们会犯基本归因错误，把行为过度归因于性格特质，很少把行为归因于情境，因为通常没有意识到情境的力量。即使我们确实了解情境中的限定因素，如果缺乏考虑它们所需要的心理资源，仍然会犯这样的错误。我们没有认识到角色和情境在形成行为中的力量和根据单个情境中的行为得出有关性格的概括性结论的愿望，反映了我们无法正确评价个体行为从一种情境到另一种情境的变化程度方面的深层次原因。我们倾向于犯基本归因错误，意味着我们并没有认识到跨情境行为低一致性的真实情况如何。下面我将转向另一个研究，它更直接地检验了对跨情境一致性的信念。

有关行为跨情境一致性的信念　如何测量人们对行为一致性的信念呢？如果我们能够要求他们对任何两种情境中人们行为之间的相关进行估计就好办了：在一种情境中学生的诚实与他们在另一个情境中的诚实之间的相关是多少？令人遗憾的是，大多数人并不熟悉“相关”这类统计学术语。因此，Nisbett 和我设计了一种评估人们对于“相关”的看法的间接方式（Kunda & Nisbett，1986）。我们用下面这种形式的问题：

> 假如你在某个情境中观察珍妮和吉尔，发现珍妮比吉尔更诚实。你认为在下一个情境中观察他们时，珍妮比吉尔更诚实的概率是多少？

参与者在一个从 50% 到 100% 的量表上回答这些问题。在这个量表上，50% 意味着没有任何方法预测在下一个情境中，他们两个中的哪一个会是更诚实的；估计值越高，反映了可预测性越高。这种百分比的估计容易转化为相关系数，这些估计的相关可以与那些在评估跨情境一致性的研究中获得的实际相关进行比较（参见 Hartshorne & May 于 1928 年关于诚实的研究以及 Newcomb 1929 年对于外向性的研究）。

如图 9.3 中最左边的柱形图所示，参与者明显地高估了特质的一致性。在任何两种情境中表现特质（如诚实或友好）的行为之间的实际相关最高只有 0.15，但参与者相信它接近 0.80！当上面所提的问题要求估计百分比，参与者本应该估计在另外一种情境下珍妮比吉尔更诚实的可能性大约为 55%。而他们估计大约为 80%。当问题强调了情境因素，要求参与者在一种很不同的情境下预测行为这一点是很清楚的，参与者仍然高估了从一种情境到另一种情境下的行为一致性。这些数据表明，我们认为与特质有关的行为比实际情况更一致。

当要求从简短的面试来预测工作表现时，人们会犯同样的错误。在一个运用类似问题形式进行的研究中，告诉参与者一个精神病专家已对维和部队的申请者

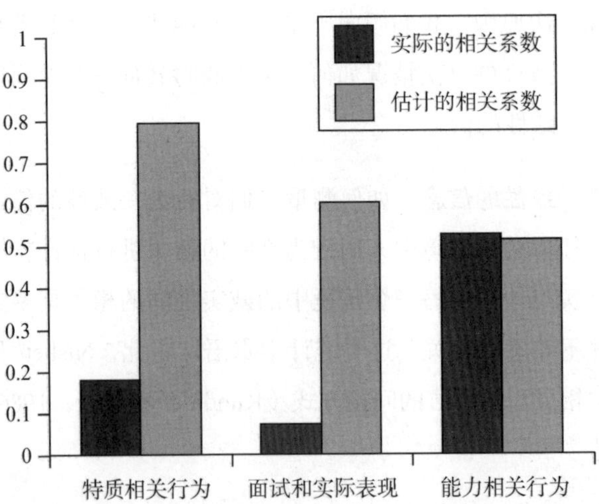

图 9.3 两种与特质相关的行为之间、和平组织志愿者的面试和实际表现之间、两种能力相关的行为之间实际的与估计的相关系数。

资料来源：Kunda & Nisbett, 1986.

进行了面试，要求他们估计这种面试能在多大程度上预测申请者在维和部队中作为团体组织者的表现（Kunda & Nisbett，1986），然后把他们的估计与早期对维和部队的志愿者研究中获得的实际相关进行比较（Stein，1986）。如图 9.3 中间的柱形图所示，参与者认为精神病专家的简短面试能够相当准确地预测申请者在国外作为新角色的表现；他们估计面试与行为之间的相关接近 0.60。而事实上这个相关是几乎可忽略不计的 0.07。我们实质上高估了通过面试预测工作表现的程度。

你可能认为，参与者可能只是不能理解要求他们回答的问题；他们的百分比估计没有反映他们的真实想法。然而，有理由去相信情况不是如此。在人们可以准确预测的情况下，参与者的估计表现得相当准确。图 9.3 最右边的柱形图描述了与能力有关的行为（如在篮球比赛和拼写比赛中的表现）一致性的实际相关和估计相关（Kunda & Nisbett，1986）。预期参与者对能力的预测比对特质的预测更准确，因为能力的相关更容易觉察到；把与能力有关的行为分成几个有意义的单元（一次比赛，一次测验）是容易的，决定在每个单元得到的分数也是容易的（点数，分数）。觉察人格特质领域的相关更难，因为与特质有关的行为是很难编码的。很难确定在一个特定的行为中表现出来的友好的精确程度（参见第 4 章）。确实，就如图 9.3 所示，参与者对与能力一致性的预测比对特质一致性的预测要准确。对于特质，我们根本没认识到从一种情境到另一种情境行为的一致性如此之低。

自发特质推论　一位图书管理员帮一位老太太提东西过马路，一位接待员排队时插在一位老人的前面，一名管道工往他妻子的包里多放了 50 美元。尽管没有要求你对这些人的性格作任何推论，但可能的情况是，你会推断那名图书管理员是乐于助人的，那名接待员是粗鲁的，那名管道工是慷慨大方的。可能因为没有意识到行为受情境影响的程度，我们倾向于自发地从行为推论特质。这些特质的推论是自动化的，它们完成时不需要人们花费很大的精力，是没有目的的。我们已经描述过的研究表明，特质推论所需要的精力如此之少，以至于人们全神贯注于其他任务时也能完成（Gilbert，1989；Trop & Alfier，1997；参见第 7 章）。其他的研究也表明，当人们遇到与特质有关的行为时，倾向于自发地作出特质推论，甚至在他们在没有任何明确目的的这么做时情况也是如此（见 Uleman，Nemman，& Moskowitz，1996）。

如果看见某个人帮助老太太提东西过马路，我们会自发地认为他乐于助人是真实的，这种推论出来的特质“乐于助人”会变成我们对这个事件的存储记忆的一部分。与某种记忆一起存储的信息以后能够帮助我们回想起这种记忆；如果两条信息在记忆中一起被编码，那么，当我们以后想到其中一个时，就会想起另一个（Tulving & Thompson，1973）。因此，如果乐于助人是从帮人提东西的行为中推论出来并与它一起存储的，那么，以后要求你回忆在这一段中描述的行为，如果给你单词“乐于助人”作为线索，你会做得更好。换句话说，如果线索“乐于助人”提示你回想起这个行为作用，我们可以假定，只要你听到“乐于助人”，就能从帮人拿东西推论出“乐于助人”的行为，并把这个推论的特质与行为一起储存。Laraine Winter 和 James Uleman（1984）运用这个逻辑证明了特质能够从相关的行为自发地推论出来。

给参与者一系列本节开始时所给的那个类似的句子，每个句子都描述了一种隐含不同人格特质的行为，要求他们为了后面的记忆测验而学习它们。在完成一个分散注意力的任务之后，要求他们尽可能多地回忆这些句子。在要求他们写下反应的回忆表上包含了不同的线索。对于每个句子，一些参与者所给的线索是行为隐含的特质。例如，“图书管理员帮老太太提东西过马路”这个句子所给的线索是“乐于助人”。而另外一些参与者所给的是与行为者语义有关的单词，在这种情况下，对图书管理员提供的单词是“书”。还有一些参与者没有给予任何线索。这个设计是经过仔细平衡的，这样每个参与者看到的句子是由特质线索、语义线索或无线索的混合，每个句子在一个组中以特质为线索，在另一个组中以语义相关物为线索，还有一组没有任何线索。

毫不奇怪，语义线索能够改善回忆。例如，那些给予“书”作为线索的人比那些没有任何线索的人能更好地回忆起图书管理员和她的行为，那些给予“管子”作为线索的人能更好记起管道工和他的行为。更有趣的是，特质线索也是完全有效的。例如，“乐于助人”帮助人们记起那个人帮老太太提东西过马路的句子，“慷慨的”帮助人们记起那个人把钱放进了他妻子的包里的句子。随后的几个研究也得到基本相同的结果：特质线索能够改善对隐含这些特质的句子的记忆，它们改善记忆的效果与句子中单词的语义联想词的效果相同甚至更好。尽管总的来说，语义线索比特质线索与句子中的单词有更强的联系（综述参见 Uleman et al.，1996）。特质作为相关行为记忆的有效线索表明，这些特质是与行为一起贮存的。因为特质在句子中从来就没有明确提到过，这些结果表明，特质一直是自发地从行为中推论出来的。当听到“帮老太太提东西过马路”时，单词“乐于助人”就会自动地出现在心里。

有理由认为，这些研究中的特质推论是自发产生的，因为即使参与者没有任何印象形成的明确目的，也会作出这些推论。确实，特质线索改善了描述特质相关行为的句子的记忆，即使参与者被引导相信这些句子只是分心的刺激物，目的在于分散他们的注意力，情况也是如此（Winter，Uleman，& Cunniff，1985）。当询问参与者时，他们没有意识到自己作出任何特质推论，并怀疑特质线索能改善记忆。因此，即使我们没有任何意图这么做，没有认识到自己正在做这些推论，我们也会自发地从行为中推论特质。

在这种研究中，当参与者初次遇到某种行为时，没有推论某个特质也是可能的。特质和行为之间可能是在后来看到特质线索提取时建立联系的。这种解释破坏了这个结论：当一个人看到他们时，特质是自发地从行为推论出来的。不过，运用其他方法进行研究得到的更清楚的证据表明，特质是在相关行为被观察时自发推论出来的。这些研究建立在这样的假设基础之上：如果特质是自发地从行为推论出来的，那么随后接触一个相关的行为时会变得更具通达性。例如，在阅读隐含特质行为的句子“在跳舞时踩了舞伴的脚”时，人们更快地认出作为特质的那个单词[在这里是“笨拙的”(clumsy)]，当要求完成单词填空时(比如 CL_ _ _ _)，更可能用那个特质来完成。特质有关的行为让人们想起其隐含的特质。

人们自发地从行为推论特质的结论也得到一系列不同研究的支持（Carlston & Skowronsk，1994；Carlston，Skowronski，& Sparks，1995）。这些研究是建立在这样的假设基础上：如果你初次看到某个人的行为，就自发地从行为推论其特质，这将使你在以后的场合更容易联想到与这个特质有关的人，因为你已经形成了这种联想。在一个研究中，参与者看不同面孔的照片，每个照片都伴随着对相片中那个人所做的一些陈述，在这些陈述中隐含着某个特质（Carlston & Skowronski，1994）。例如，“我不喜欢动物。今天我去台球房时，看见一只小狗。它挡了我的道，因此我把小狗踢开了。”就像你最可能对你自己作出的推论一样，它隐含着特质“残忍的”。在看这些照片之前，给参与者不同的指导语，明确地要求一些参与者想一个描述每个人人格的特质。对另一些人的指导语更模糊，要求他们对每个人的人格形成一种印象。还有一些参与者只是被要求熟悉这些材料。后面的参与者作出任何的特质推论都会被认为是自发的，因为没有要求他们推论特质。

为了确定参与者是否从照片中个体的行为推论特质，在短暂的间隔之后，要求他们完成一项学习任务：给他们呈现一系列人的面孔的照片，每张照片都与一个特质词配对，要求记住与每张照片配对的特质词。在这些试验中有 12 次呈现给参与者的是新的学习信息。在这些控制的试验中，面孔和特质两者都是新的和不熟悉的。相应地，在另外 12 次试验中，每个面孔都与一个特质词配对，这个特质是前面的任务中相同面孔伴随的陈述所隐含的特质。如果参与者在他们第一次遇到这个陈述时已经推论了这个特质，那么，这次的学习任务对他们的要求只不过是"重学"已经形成的联系，是一个相对容易的学习任务。为了确定参与者对面孔特质联想学习得如何，随后向参与者呈现每张相片，要求他们回忆与之配对的特质词。

正如人们所预期的那样，那些最初被要求从行为陈述中推论特质的参与者与那些控制试验中的参与者相比，能够在重学的试验中回忆出更多的特质，就像图 9.4 最左边的柱形图所显示的那样。这些参与者知道把重学试验中每个个体与恰当的特质词联系起来，因为他们以前已经从个体的行为推论过这个特质。更有趣的是，这一结论对于那些只是要求对某个人形成一般印象或只是要求他们熟悉材

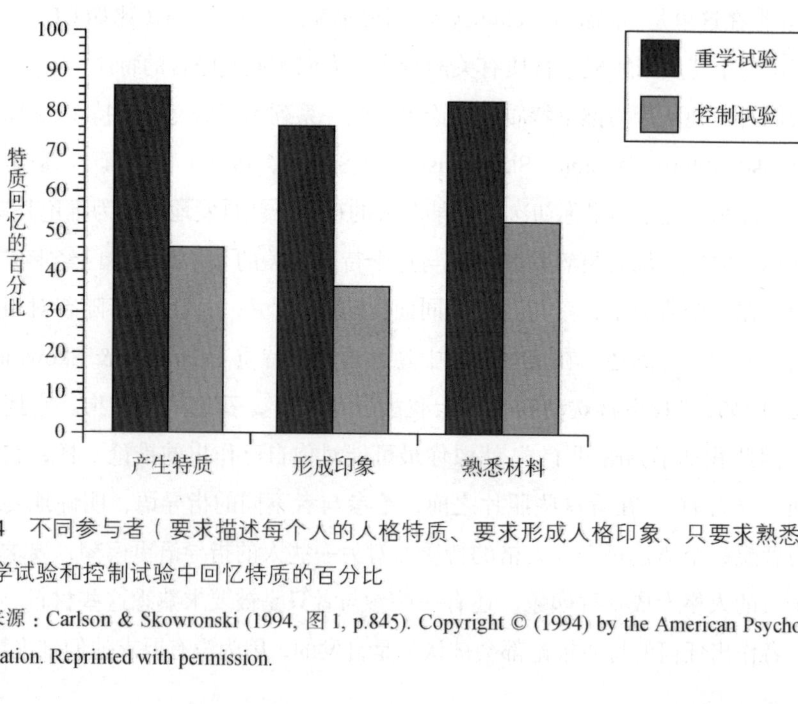

图 9.4 不同参与者（要求描述每个人的人格特质、要求形成人格印象、只要求熟悉材料）在重学试验和控制试验中回忆特质的百分比

资料来源：Carlson & Skowronski (1994, 图 1, p.845). Copyright © (1994) by the American Psychological Association. Reprinted with permission.

料的参与者来说也是成立的，从图 9.4 中间和最右边的柱形图就可以看出。而且，这些没有要求推论特质的参与者在重学试验中的回忆改善程度，与那些明确要求推论特质的参与者获得的改善相差无几。最大的可能是，明确要求推论出特质没有带来任何额外的好处，因为在其他条件下参与者也推论出这个特质。由于并没有要求他们这么做，他们必然只是自发地推论出这些特质。当某人告诉我们，他踢了一只小狗时，我们并不只是在被要求时才会去推论他是“*残忍的*”，而是这种推论自发地出现在心里。

我们能容易地、快速地通过行为作出特质推论，这意味着，当我们遇到一个人打另一个人时，我们“看到”的是一个有侵犯性的人，当我们碰巧遇见一个人正在安抚一个儿童时，我们“看到”的是一个有教养的人，当我们看到一个人满脸通红、说话结结巴巴时，我们“看到”的是一个焦虑的人。即使没有任何目的去形成对这些人的印象或理解他们的行为，我们仍会自发地超越所观察到的行为，作出有关他们基本性格的推论。

不过，在这个结论得到完全认可之前，必须注意到自发特质推论研究的一个重要局限性。在所有这种研究中，参与者是阅读关于行为的言语描述，而不是观察行动中的实际个体。当一个人遇到这种言语描述时，与他们观察到实际的行为相比，行为的特质意义会更明显和更不容忽视。有证据表明，真实行为确实会产生特质推论，这种推论更自动化，需要很少的精力（Gilbert，1989）。利用证据补充这个研究是很好的：从真实行为进行的特质推论也可能是自动化的，它们的完成几乎不需要目的和意识，就像从言语描述中进行的特质推论一样。

总之，我们没有意识到人们的行为在多大程度上受他们生活的情境决定，我们没有意识到特质有关的行为从一种情境到另一个情境时是不一致的，它们可以在不同的情境力量的影响下出现。当我们观察或听到另一个人的行为时，通常没有意识到这个行为在多大程度上由环境决定的。反而，我们倾向于认为，这个行为是由个人持久的基本特质驱动的。而且我们根据特质术语观察行为的倾向是如此根深蒂固，以至于我们通常会自动化地从行为很快得出特质的结论，无需任何目的、意识或精力。（注意：这些推论的倾向可能仅限于西方文化；参见第 11 章对文化差异的讨论）。

我们怎么会错成这样？　在日常生活中，我们会在各种情境接触到有关自己和他

人行为的大量信息。在学校、工作和活动中观察我们的朋友，我们看到他们与不同的人相互作用。我们与他们在一起时，有愉快的时候，也有不愉快的时候。我们应该有行为跨情境低一致性的大量证据。那么，我们为什么不能理解这些证据呢？为什么我们没有意识到人的行为从一个情境到另一个情境变化的程度呢？

许多因素对我们不能成功意识到行为跨情境低一致性方面起了作用。首先，对事件的熟悉并不能保证准确的共变觉察（见第 4 章）。就像前面所指出的，对于与特质有关的行为的共变觉察可能是特别成问题的，因为对这些行为进行编码存在极大的困难（Kunda & Nisbett, 1986）。如果我们不能把行为分成不同的单元，给每个单元打分，就不可能追踪从一种情境到另一种情境的分数的变化。在缺少准确共变觉察的情况下，大量的认知偏差会导致我们夸大行为的跨情境一致性。

可能是因为西方文化太强调特质，我们一开始就对行为是一致的存在强有力的预期。如果从你昨天的行为已经推论你是友好的，就会预期你今天也会是友好的。通过种种期望的透镜，你今天的行为看起来可能是特别友好的。我的期望会因此导致我观察到的行为比真实的情况更一致。大量证据表明，期望会歪曲对行为的解释（见第 2 章；Olson et al.，1996）。例如，由于某人的期望，相同的模棱两可的侵犯行为看起来会是高度或中度侵犯性的，相同的测验表现会被看做反映了能力强或能力一般（Darley & Gross Sagar，1983；Schfield，1980）。通过把行为看得与期望过于一致，我们会把一致性强加给一个不一致的世界。

虽然我们最初可以实事求是地看待一个人的行为，但在后来的日子里，我们回忆这个人的行为时会更多地与对这个人的当前印象一致，而不是它的真实情况。我认为你是一个友好的人，我记起的第一次相遇时你对我的行为，会比你那时对我的实际行为更为友好（见第 5 章；Ross，1989）。通过这种方式重构记忆，随着时间的流逝，我们看到的他人的行为会比通过对这些行为持续评估所得到的结论显得更加一致。

我们可能也没有意识到，尽管我们观察熟人的情境是很不一样的，但它们都有一个重要的共同元素——我们在场（Swann，1984）。我们没有意识到，当我们不在周围时，人们的行为可能是完全不同的。在某种程度上，这是因为我们没有意识到自己在某种程度上迫使他人实现我们对他们的期望。有相当多的证据表明，我们对他人的期望是能够自我实现的（Jussim，1986；参见第 8 章）。老师期望儿童在学校有好的表现能够改善儿童的表现（Madon，Jussim，& Eccles，1997；

Rosenthal & Jacobson，1968）。我们的期望会影响他人如何对待我们，如果我预期你会与我竞争，我就会表现出竞争的行为，这将迫使你用同样的方式作出反应。事实上，那些相信其他人都是竞争性的人会倾向于对他人采取竞争的行为，而不是采取合作的行为（Kelly & Stahelsk，1970）。因此，我们会引起其他人以一种相对一致的行为方式对待我们，而我们没有意识到我们在场时，相比我们在场的情境，他们的行为会更加一致。

总之，我们夸大了行为的跨情境一致性，因为我们看到的和记起的行为比实际情况更为一致。我们也没有认识到，即使我们在某个人身上看到一系列的一致行为，这些行为也不能代表这个人的所有行为；当我们不在场的时候，这个人的表现可能完全不同。因此，我们可能参与了将他人行为片段过度一致化，然后又进一步夸大了观察和回忆的一致性。

重新定义特质

我们把特质看做是概括的和稳定的这一倾向，会在不同的情境中以相同的程度表现出来，这样的观点是站不住脚的。不过，这并不意味着在个体之间不存在持久和系统的差异。我与我哥哥是很不同的人，或我的孩子们有可以预测的不同行为模式，我们的这些直觉不一定错。这类直觉可能建立在个体之间有意义的、稳定的差异的基础上，而不是建立在对特质的传统理解所隐含的那种差异基础上的。考虑一下图 9.5 中描述的两个人。卡萝尔在一对一的情境中是极端外向的，在小群体中她还会表现得适度外向，但在大群体中她就完全不是外向的。如果你单独与她约会，她看上去轻松自在和直爽，但当你在一大群人的情境中遇到她，她会一言不发，看上去很害羞而笨拙。而琳达是一个完全不同的人，她在大群体中是一个很外向的人，但在一对一的情境却完全不是外向的。当在一大群听众面前演讲时，她看上去镇静和轻松自在；但当她一个人，你接近她时，她会显得退缩而冷淡。

琳达和卡萝尔在这三种不同情境中的外向性是很不一致的。不过，如果你把她们在这些情境的行为进行平均，你会发现她们同样是外向的。不过，像传统特质理论家那样，以这种方式对各种情境的行为进行平均，你可能会失去很多定义

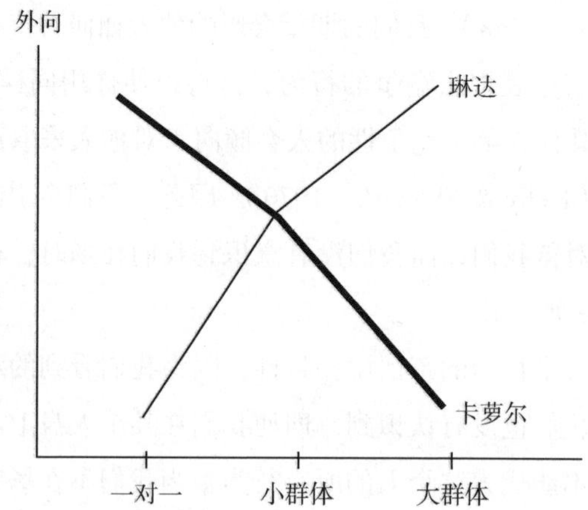

图 9.5 两个假设的个体在不同情境中的外向性程度的行为 – 情境模式。高分数表明更外向。

这些个体独特性方面很重要的信息。尽管这些女性的行为在不同的情境是不一致的，但在这些情境中行为的独特模式是很一致的。卡萝尔总是在小群体中比在大群体中更外向，琳达总是在大群体中比在一对一的情况下更自如。你会回忆起在每种情境中行为的暂时稳定性还是很高的。因而在每种情境中描绘的行为模式应该也是相当一致的。Mischel 和 Shoda（1995）认为，从一种情境到另一种情境行为变化的这些稳定模式表现出了人格方面的持久差异，它构成了我们的直觉基础，即人们彼此之间存在可预测的差异。

人们在不同情境中真的有行为的稳定模式吗？为了回答这个问题，Shoda 及其同事对参加为期 6 周的夏令营的 53 个有情感困扰的儿童的行为进行了研究（Shoda，Mischel，& Wright，1994）。他们确定了 5 种有心理意义的情境："同伴取笑、挑衅或威胁"、"成人警告儿童"、"成人给儿童外出的时间"、"同伴倡导积极的社会接触" 和 "成人口头表扬那个儿童"。在夏令营活动的每个小时，观察者对每个儿童是否遇到这些情境进行编码，假如有的话，从行为的几个维度对儿童的反应进行编码——儿童表现出口头或身体的侵犯、牢骚、顺从或以一种亲社会的方式作出反应了吗？通过这些广泛的观察，可以为每个儿童创建一个模式图，描述儿童在每种情境中这个行为的表现程度。研究者随机把每个儿童的行为分成两个系列，为每个系列创建一个行为 - 情境模式图。图 9.6 显示了从两个不同的

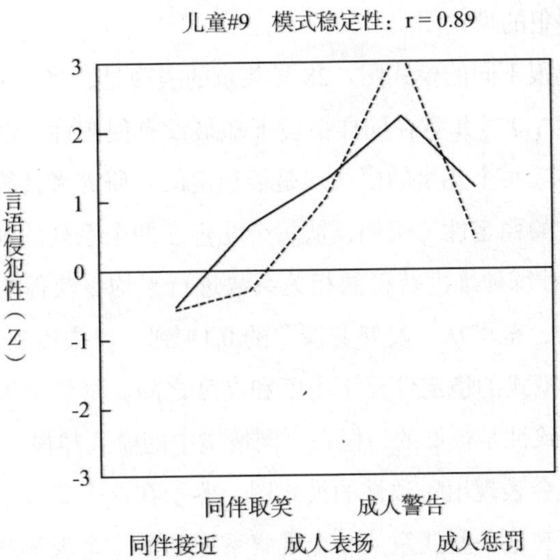

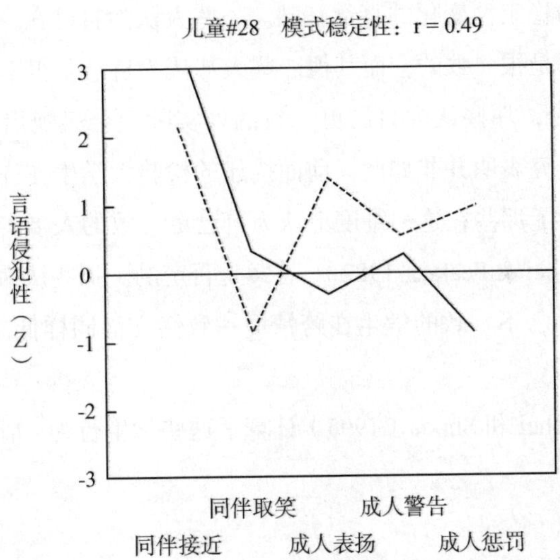

图 9.6　两个儿童的情境 – 行为的例子。每个图描述了在 5 个不同情境中两套独立场景下的言语侵犯性。在这些场景中，儿童遇到两类情境：时间 1（实线）和时间 2（虚线）。数据以每种情境下的侵犯水平相对应的标准分数（Z）来显示。

资料来源：Shoda et al. (1994, 图 1, p.678).

儿童获得的言语侵犯的模式图。

这两个儿童有很不同的模式图。28 号儿童的表现是，当一个同伴主动接近他时，最具有侵犯性；9 号儿童在同样情境下却最没有侵犯性，但在成人警告的情境中最具有侵犯性。每个儿童的模式图是很稳定的。研究者计算了每个儿童在每个维度下行为模式的稳定性（例如，从每个儿童在两个系列的观察中获得的模式图之间的相关），对每种维度获得的相关系数进行平均。获得的平均稳定性相关系数是非常显著的，范围从“友好交谈”的 0.19 到“口头侵犯”的 0.47。通常，儿童的行为 - 情境模式的稳定性介于中度和高度之间。尽管个人行为从一种情境到另一种情境的一致性是很低的，但在不同情境中的模式却很一致。

不是每个人都会表现出一致性的模式图。鉴于在这个研究中一些儿童有极端稳定的模式图，而其他一些儿童从一个观察系列到另一个观察系列却表现出很少的稳定性。Mischel 和 Shoda 认为，在模式图稳定性方面的这些变化，可以作为人们对于自己行为稳定性变化的直觉基础。一些人认为自己在一些特质如友好的或整洁的行为方面是很一致的，而其他一些人却认为自己是很不一致的。Bem 和 Allen（1974）认为，那些认为自己更一致的人实际上会表现出更大的跨情境一致性，但随后的研究表明并非如此。前面描述的检验大学生在许多情境下的责任感的研究，也检验了那些在这个维度上认为自己更一致的人事实上是否的确比其他人更一致（Mischel & Peake，1982）。答案是否定的。那些认为自己高度一致的学生与那些认为自己不一致的学生在跨情境一致性方面同样低，就如你在表 9.3 所看到的。

不过，当 Mischel 和 Shoda（1995）计算了这些学生行为 - 情境模式图的稳定

表 9.3　认为自己责任相关行为一致性高和低的学生的人 – 情境模式的跨情境一致性和稳定性

参与者觉知一致性	跨情境一致性	模式的稳定性
低自我觉知一致性	.10	.02
高自我觉知一致性	.09	.45

资料来源：Mischel & Shoda (1995, 图 3, p.251).

性后，他们发现那些认为自己行为一致的学生们确实比那些认为自己不一致的学生们有更一致的模式图。那么，显然一致性直觉不是幻觉。它们似乎是建立在我们的行为从一个情境到另一个情境可预测的变化程度基础上的。那些在各种情境变化中有稳定模式的个体认为自己更稳定。

为什么不同的人会有持久不同的行为－情境模式图呢？ Mischel 和 Shoda 对这一点的解释是建立在这样的观点基础上的：个体在他们独特的知识和经验模式的基础上积极地从情境中构建意义（Cantor & Kihlstrom，1987；见第 10 章）。相同的直觉对不同的人会有不同的意义。每个人关注情境的不同特征，不同的人对相同特征也会有不同的联想和情感反应（见第 2 章）。对一个儿童来说，邀请他与其他儿童一起游戏会使其在心理上出现对趣味活动和愉快时光的回忆。这个儿童会把邀请看做一种友好的行为，会激活交朋友的目标，感到快乐并积极作出反应。对另一个儿童来说，同样的邀请在心理上引起的是被嘲弄和被欺负的回忆。这个儿童将会把邀请看做一种恶意的伪装，会激活自我保护的目的，感到焦虑并作出侵犯性的反应。在另一个不同的社会情境下，如果有一个儿童看见另一个儿童陶醉在玩游戏中，这将会在不同人的心中产生完全不同的反应。有人可能感到被忽视，出现被忽略的记忆，会感到生气和不舒服，从而发动攻击。相反，有人可能把它看做一种没有威胁的情境，表现出亲社会的行为。

简言之，我们每个人都有一个相互联系的目标、信念和感受的稳定网络。不同的情境会引发这些目标、信念和感受的不同完形，因此引发不同的行为。如果每种情境常常在心理产生相同的思想和情感，在我们生活中的各种情境中就会有一个稳定的行为模式图。根据行为－情境的模式图对特质的概念重新定义，能帮助解释为什么我们的行为从一个与特质有关的情境到另一种情境时会发生变化，以及为什么我们仍然能很一致地看待自己和他人。

总之，我们的行为在每种情境内确实是很一致的，预期他人也存在这种一致性是很恰当的。但是，当我们预期这种一致性也能扩展到其他情境时，就遇到了麻烦。即使在情境特征方面一个微小的变化也会导致人们行为的改变。我们没有认识到这一点，会引起我们对其他人抱有错误的信念和期望。当我们得出在一种情境中遇到的人会在另一种情境中如何行事的结论时，我们就有可能在职业及个人生活中犯下错误而付出代价。

总 结

当我们对人群中的各种态度、信念或选择的普遍性进行估计时，通常会由于自己在这些问题上的立场而出现偏差。当我们赞成某种选择时，会比那些作出相反选择的人更加认为这种选择更普遍。这是虚假共识效应的结果，我们通常会夸大其他人与我们有共同观点和习惯的程度。

另一方面，有时候大多数人并没有意识到其他人与自己具有共同的反应。这种人众无知产生于我们（和其他每个人）的公众行为并没有反映个人的态度，认为其他人与自己的相同行为是由于不同的原因产生时；尽管我们知道对自己实际上反对的活动表示赞成是由于害怕受到排斥，但认为其他人对它同样表示赞成是因为真正地赞成它。这会导致一些实际上很不受欢迎的规范和行为的长期存在。

尽管存在这些偏差，但我们不会对社会现实视而不见。确实，我们对各种态度、特质和行为在大的社会群体中分布的估计是相当准确的。如果对这个社会群体熟悉的话，我们会特别准确。

不过，在预测或解释一个人的行为时，我们可能很容易犯错。我们通常没有认识到，尽管一般来说在一个特定情境的一段时间内人们的行为是相当一致的，但在其他情境的表现可能完全不同。我们也没有理解这种与特质有关的行为的低跨情境一致性对预测其他人行为的意义：尽管当了解某个人在过去类似情境中的一般行为时，我们可以很好地预测这个人在多个情境中会如何行事，但我们仍然不能确信地从一种情境预测另一种情境的行为。

我们没有认识到这一点，我们倾向于高估单个行为提供的预测能力，夸大特质的跨情境一致性。我们犯的基本归因错误将行为过度归因于特质，而很少归因于情境的原因。我们认为单个行为和短暂的相遇提供了比实际更大的预测能力，我们自发地从特质有关的行为中很快得出有关特质的结论，尽管我们这么做的时候没有任何目的。我们通常情况下没有考虑到情境因素，因为我们没有认识到情境塑造行为的力量。即使确实了解了情境的局限性，如果我们缺乏考虑这些局限性的心理资源，仍然也会犯基本归因错误。

许多因素导致我们不能成功地意识到行为的低跨情境一致性。对社会行为之间共变的准确觉察特别困难，因为把这些行为统一起来并加以评分是困难的。在缺乏准确共变觉察的情况下，大量的认知偏差会导致我们夸大行为的跨情境一致性：我们的期望使我们认为自己的行为与先前的行为之间比实际情况更为一致。相对于实际情况而言，记忆重组中的偏差导致我们在回忆时对过去行为的最初印象与目前的行为更加一致。我们也没有认识到我们自己的在场总是限定个体以某种方式行事，当我们不在场时他们的行为可能会很不相同。简言之，我们接触了其他人行为过于一致的片段，然后进一步地夸大了我们的所见在观察和回忆时的一致性。

第10章

自　我

当提到“自我”（self）这个术语时，你的心里可能会涌现出许多想法。我的自我是现在的我、曾经是孩子的我、将要成为老人的我。我的自我是我父母的孩子、我的孩子的父母、我的配偶的伴侣、我的合作者的同事。我的自我是我的思想、情感、愿望和行动的核心。自我是我的组成部分，它试图控制自己的思想、情感、行为和环境，也试图控制他人对自己的印象形成。很显然，自我是个如此宽泛的概念，以至于它包含了本书中要讨论的大多数主题：它是印象形成、决策、回忆过去、模拟未来、刻板印象运用、偏见抑制的动机机制，也是受动机驱动和受情感影响的动力机制（综述见 Baumeister，1998）。在这一章，我将集中探讨一些关于自我的理论和研究，这些研究检验了现实和理想的自我，以及它们对于思想、情感、行为的意义，并检验了自我调节方面的内容。

这一章的许多部分关注的是自我的内容和结构以何种方式影响社会判断和行为。它检验了我们关于自己特质的信念、我们的总体自我价值感，我们的目标如何与我们思考和感受自己和他人的方式联系起来，并影响我们对人际策略和社会情境的选择。这一章也讨论了自我的执行、控制等方面，检验了进行自我调节的结果及其普遍意义。

自我知识的维度

自我图式

我们每个人都有许多自我概念。一个人可能认为他自己是友好的、聪明的、懒惰的、独立的、有责任心、超重的，等等。Hazel Markus（1977）指出，对于个人的自我定义来说，一些属性比另外一些属性更重要。我的智力比独立性对于个人的自我感更重要。而且，人们在哪些特征是核心以及关于自我定义的看法方面是有差异的。一些人可能主要用他们的友好来定义自己，而另外一些人，尽管他们也认为自己是友好的，但可能并不认为友好是他们自我感的核心方面，而主要根据智力来定义他们自己。迄今为止，这种推论与 Bem 和 Allen（1974）的想法类似，他们认为与一些人相比，某些特质对另一些人来说是更加核心和更加重要的（见第 9 章）。不过，Bem 和 Allen 只对特质相关行为的一致性的意义感兴趣。Markus 通过关注社会信息的表征和加工的意义把这些观点向前推进了一步。

Markus（1977）提出，那些认为像"*友好的*"这样的特质是特别重要的人，也会对他们自己的友好有特别丰富的信念和记忆，这就是关于友好的*自我图式*。*自我图式*（self-schema）是特定领域内有关个人行为的记忆、信念和概括的集合。例如，*友好的*自我图式可能包括对具体事件的记忆（"我在牙医的诊室里与一个陌生人交谈"，"我邀请新邻居到家里来吃饭"），也包括对一个人在不同环境中典型反应的一般看法（"当我和朋友在一起时会感到特别开心"，"在聚会时，我设法让每个人都玩得开心"），和更广泛的自我归类（"我是友好的"，"我是个热情的人"）。根据有关知识结构或图式的研究，我们可以预期自我图式会影响人们如何加工有关自我和他人的信息（综述见 Rumelhart，1984；参见第 2 章）。

加工有关自我的信息 那些具有丰富的、结构严密的和清晰自我图式的个体，作为一个独立的人，与那些认为自己是独立的、但在这方面不具有类似精细自我知识的个体相比，应该以一种不同的方式加工有关他们自己独立性的信息。那些具有独立性自我图式的人与那些在这个维度缺乏自我图式的人相比，应该能更有效地加工有关自己独立性方面的信息，能用大量的具体例子支持有关自己独立性的观点，应该更不愿意接受那些挑战他们独立性的真实证据。

为检验这些观点，Markus（1977）首先确定了三类个体：具有独立性自我图式的个体，具有依赖性自我图式的个体，以及无自我图式的个体，也就是在这个领域没有自我图式的个体。如果个体评定自己为极端独立的或极端依赖的，而且也认为这个维度对于他们的自我描述是非常重要的，那么，这些个体就被认为是具有自我图式的。如果他们评定自己在这个维度是很少极端的，认为这个维度对自我描述来说相对是不重要的，那么，这些个体就被认为是无自我图式的。实验者邀请这些具有独立的、依赖的和没有自我图式的个体到实验室，给他们多种设计好的任务，评估他们对自我相关信息的加工过程。

第一个任务是检验这三类个体在选择能够自我描述的形容词方面，以及作出这类判断的速度是否存在差异。特质形容词被投射到屏幕上，一次一个。当参与者看到每个词时，要求他们按"我"或"不是我"的按钮来表明这些词能否描述自己。这个系列的形容词包括 15 个与独立有关的形容词（例如独立的、个人主义的、不因循守旧的），15 个与依赖有关的形容词（例如依赖的、因循守旧的、行为得体的）和 30 个不相关的词。图 10.1 上方的图形表示每组参与者选择有多少依赖和独立的形容词更适合描述"我"。三个组在反应方面存在很清楚的差异：依赖者与独立者相比，更多地对依赖特质词以"我"作为回答，而独立者则比依赖者更多地对独立特质词以"我"作为回答。

不过，"我"的反应并不能说明问题的部分。就像预期的那样，依赖的参与者更多地对依赖的特质词而不是独立的特质词用"我"作反应。不过，独立的参与者对许多依赖性特质词的反应也像对独立的特质词一样用"我"作反应。这意味着这些独立的参与者认为依赖性像独立性一样是自我定义的吗？不一定。对依赖的形容词如"得体的"用"我"作为回答可能有多种原因。他这么做可能真的是习惯性地认为自己是"得体的"。另外，还有一些人对"得体的"用"我"作反应是因为他们喜欢把自己看做是"得体的",或通过反思得出自己是个"得体的"人的结论。这些不同的原因会导致不同的反应。那些习惯性地认为自己是"得体的"人能相对较快地作出"我"的决策，因为其相关的自我知识是广泛的，并具有高度的可通达性。相反，那些不经常运用这些术语思考自己的人，和那些必须通过加工以决定是否自我知识允许用"我"作出反应的人，在作出这种反应时则会相对较慢。

在图 10.1 的下图中可以看到，尽管独立的参与者对依赖特质词和独立特质词

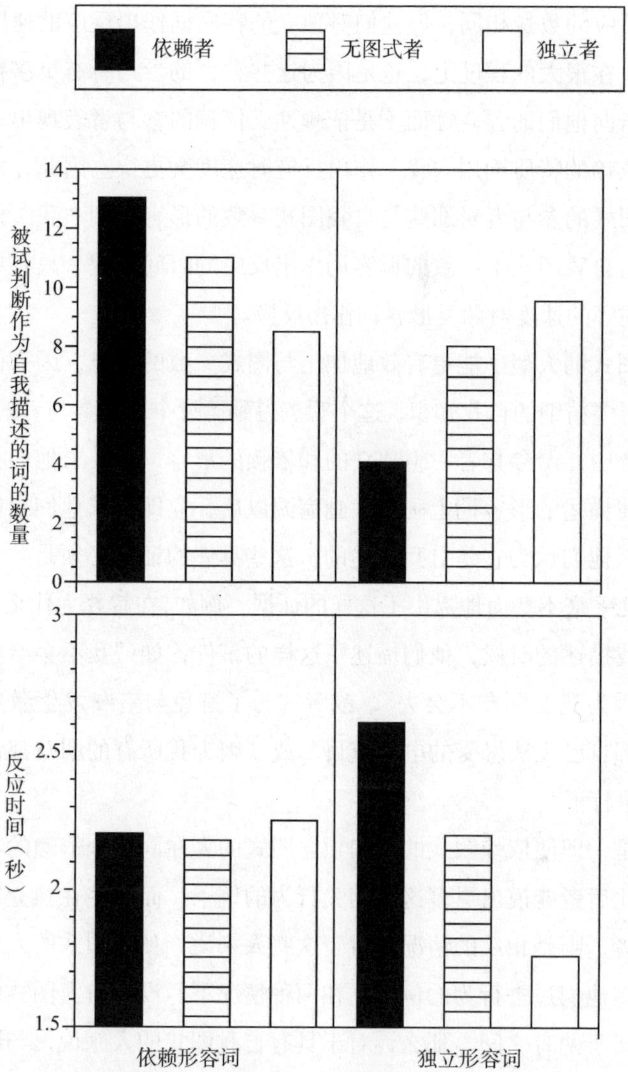

图 10.1 上图：依赖图式、独立图式和没有自我图式的参与者用“我”作出反应时独立形容词和依赖形容词的平均数。下图：三组参与者对独立形容词和依赖形容词用“我”作出反应时平均反应时间。

资料来源：Markus (1997, 图 1, p.68). Copyright © by the American Psychological Association. Reprinted with permission.

用"我"作反应的数量相同，但他们对独立的特质词作出反应的速度比对依赖的特质词更快。在很大的程度上，这是因为这些独立的参与者有更多精细的、更易通达的知识指向他们的独立性而不是依赖性。依赖的参与者表现出一个相反的模式：他们对依赖的特质词用"我"作出反应时速度会更快。因此，独立图式的参与者和依赖图式的参与者对那些与自我图式一致的形容词用"我"作出反应的时间比对那些与自我图式不一致的形容词作出反应的时间更快。只有那些没有图式的参与者用同等的速度对两类形容词作出反应。

有自我图式的人似乎能更有效地加工与图式一致的信息，因为他们在自己的图式领域有更多精细的自我知识。这个观点得到第二个任务参与者的表现的支持。在第二个任务中，给参与者一组独立的和依赖的形容词，要求他们在那些自己认为能进行自我描述的形容词上画圈。画完圈以后，立即要求他们提供具体的证据去解释为什么他们认为它是自我描述的，这些具体的证据必须是关于其过去行为的。参与者几乎毫不费力地提供了这样的证据。例如,在解释为什么他们认为"顺从的"是自我描述的时候，他们描述了这样的事件，如"我不会参加任何教师罢工的集会，因为我的朋友不会去"，或者"为了避免与室友发生激烈的争论，昨晚我看了一部自己无法忍受的电视节目"或"因为我所有的朋友都在耳朵上打了洞，所以我也打了"。

有趣的是，即使依赖图式的人和独立图式的人在同一个依赖的特质词上都画了圈，前者比后者能说出更多这类相关行为的例子。而那些在独立的单词上画圈的两类参与者，则是相反的情况。对于这些人来说，独立图式的人比依赖图式的人列出了更多他们过去行为的例子。在两种情况下，没有自我图式的人所列举的例子的数目居于两者之间。那么，对于具有自我图式的人来说，与图式一致的特征与有关自己的知识库具有特别丰富的联系。可能正是因为这种丰富的自我知识，有自我图式的人不愿意接受挑战自我观点的测验结果。例如，当被告知在测试中发现他们很容易受社会影响时，具有独立图式的人与没有自我图式的人相比，认为这种反馈更不准确（Markus，1977）。

总之，那些在依赖的或独立的维度上具有自我图式的人能够非常有效地对他们有关这个维度的立场作出判断，能够用大量的个人事例来支持这些判断，并且不相信质疑其自我观点的证据。人们在其他维度的自我图式上，如男子气概和女性气质，在加工有关自我的信息时也表现出类似的结果（例如，Markus et al.,

1982)。所有这些研究结果表明，在一个特定维度上的自我图式需要精细的知识结构，这种精细的知识结构对于加工有关他人的信息应该是有意义的，就像下面所讨论的一样。

加工有关他人的信息 在男子气概这一维度上具有自我图式的人，可能不仅对自己的男子气概有丰富详尽的知识，而且对男子气概的本质也有丰富详尽的知识——哪些类型的行为、衣着和讲话的方式意味着男子气概，哪种情境和人会表现出男子气概，哪些其他特质与男子气概联系在一起，等等。如果真是这样的话，这种专业知识会影响他们加工有关他人信息的方式。

在其他的领域，如象棋或物理学中，专家在自己的专业领域加工信息的方式与新手是完全不同的(例如，Chase & Simon，1973)。例如，对正在进行的象棋比赛，专家只要看一眼棋盘就能看清相互联系的棋子中有意义的布局，而新手看到的只是无联系的一堆棋子。而且，象棋专家能够根据任务的要求在各种分析水平之间灵活地转换，有时关注棋子的大组块，有时只关注更小的子集。相反，新手只会局限于单一的分析水平上。Markus 和她的同事认为，自我图式可能具有类似的优势。如果男子气概的自我图式需要男子气概方面的专门知识，那么，在这一维度上有自我图式的个体能看清楚另一个人相关行为的意义和结构。

为了检验这些观点，Markus、Smith 和 Moreland（1985）首先确定了两组男性，一组包括在男子气概维度上具有自我图式的人，也就是那些评定他们的男子气概特征如“男子气”和“支配性”很强，而且评定这些词对其自我评价很重要的人。第二组包括那些在男子气概方面没有自我图式的人，也就是那些认为他们自己在这些特征方面表现一般，认为它们相对来说是不重要的人。这些具有自我图式和没有自我图式的人后来被要求参与一个看似并不相关的研究，让他们观看一位男学生在宿舍里的影片。在影片的第一部分，这个学生进行了一系列与图式无关的行为，如放磁带、吃苹果。在第二部分，他表现出几个刻板印象中的男子气概行为，如举重、观看棒球比赛。在参与者在观看影片的过程中，要求他们无论何时只要看到那些对他们有意义的行为单元就按下按钮。指导语解释说，相同的行为能以不同的方式形成一个整体，它们同样都是正确的。例如，如果一个人在房间里走了十步从房间这边到那边，喝了一杯水，这可以被看做一个有意义的动作（去拿水喝），也可以被看做两个有意义的动作（穿过房间、喝水）或被看做三个有意义的动作（走十步、拿起杯子、喝水）。具有自我图式的人和没有自我图式的人在把影片中描述男子气概的行为统一起来时是否有差异呢?

如果有男子气概自我图式的人与没有这种图式的人相比，能够从男子气概行为中看出更多的连贯意义，那么，具有男子气概自我图式的人应该能将男子气概行为分成更大的单元。事实确实如此。当正在观察的男子气概的行为必须被归于他们对这些行为的专门理解时，有图式的人倾向于观察到更大的单元。当观察的行为与男子气概是不相关的，他们对此没有专门的知识，他们的单元大小与那些没有图式的人相比没有任何差异。可能是因为具有图式的人更能看清观察对象的男子气概行为与男子气概之间的相关性，有男子气概图式的人比没有图式的人会认为他更具有男子气概（尽管只有一个目标人物，但具有自我图式的人会认为那些行事中立的个体更具有男子气概也是可能的）。随后的研究表明，有自我图式的人也具有在其他领域的专家身上所表现出的灵活性：当要求他们这么做时，他们比那些没有这类图式的人能更好地从大的单元转换到小的单元（Markus et al.，1985）。所有这些数据都表明，在某个领域有自我图式的个体可以被看做这个领域的专家；与其他领域的专家一样，他们能够把领域相关的信息组块为特别大的单元，也能够很容易地从一种分析水平向另一种分析水平转换。

总之，有关自我图式的研究表明，当个体认为自己在某个特质方面是极端的，并且认为它对于自我定义来说是核心的，就可能拥有了一个详尽的、易通达的自我图式，它包含了与特质有关的行为的具体知识，影响其加工有关自己信息的方式。另外，我们拥有关于这个特质更普遍的专门知识，利用它理解其他人的行为（Kihlstrom et al.，1988）。不过，还不清楚自我图式领域的专门知识是来源于自我的知识，还是先于自我的知识存在的。人们首先在特定领域形成一个详尽的自我图式，然后，作为他们在这个领域个人兴趣的副产品，也就形成了有关它的更普遍的知识，情况是这样吗？或者情况是，人们首先在一个领域形成了专门的知识，可能是由于他们的父母和老师对这些知识的强调，一旦他们成为这方面的专家，就会将这些专门知识运用到他们自己身上吗？

迄今为止，没有任何数据能够解决这个问题，自我图式和领域专门知识之间的因果关系仍然不清楚。此外，人们可能具有一个领域详尽而易通达的专门知识，但在这个领域缺乏自我图式。确实，在一个研究中，不是通过评定参与者的自我图式，而是通过检验某些特质在参与者对他人进行描述中出现的频率，来确定一些具有长期易通达的人格特质知识，如友善、害羞等（Bargh et al.，1986）。这些长期通达的特质会影响对观察对象的印象形成，与那些具有自我图式的人所预期的相同：害羞知识易通达的那些参与者在观察一个不确定是否害羞的人时，会认为她特别害羞，那些友善知识长期通达的参与者在观察一个不确定是否友善的人时，会认为她特别友善。那些害羞或友善知识长期通达的人是否具有这个维度精细的自我图式现在还不清楚，因为在这个研究中自我图式没有被评定。但有一点是清楚的，当一个特质是长期易通达的，因为它与个人的自我图式有关或其他原因，它会强有力地影响个人对他人的印象形成。

工作自我概念

自我图式的概念意味着一个稳定的、不变的自我。在一种情境下被确定为有图式或没有图式的个体，几周以后在另一个情境下观察他们的行为时，可以预测到其表现会是什么样的。当人们从一种情境到另一种情境时，他们好像带着有关他们的自我知识，持久的自我图式影响他们在多种情境下对自我信息的加工以及他们对他人印象的形成。不过，这种稳定和持久自我观的看法由于几个研究结果而受到质疑。这些研究结果表明，自我从一个情境到另一个情境是变化的。例如，很容易改变人们对自己害羞或外向的看法：如果要求他们提供自己过去外向行为的例子，或要求他们回答一个片面的问题“你是外向的吗？”，或者引导他们相信外向的人是特别容易成功的，那么，人们更可能把自己看成是外向的（Fazio et al.，1981；见第 3 章；Kunda et al.，1993；见第 4 章；Sanitioso et al.，1990；见第 6 章）。很清楚，我们认为自己在一些场合比另外一些场合更加外向。

我们从一个场合到另一个场合的变化不仅表现在我们认为自己在如外向、武断或男子气概这些特质方面的极端程度如何，也表现在当初进行自我描述时这些特质出现的可能程度如何。在考虑我们是谁的问题时，我们特别可能关注在目前环境中能把我们自己与其他人区别开来的那些维度。在一个周围都是男性的工作场合，唯一的女性特别可能认为她自己是个女人，非裔美国人特别可能根据他们的种族来定义自己。事实上，当要求学校的儿童“告诉我们你是谁”时，他们特别可能提到这样一些特征，如年龄、性别或种族，如果他们在这些特征方面与他们的大多数同学存在差异的话（McGuire，Padawer，& Singer，1976）。不同的特征能在不同的场合描绘我们的自我概念，这取决于我们周围人的特征如何。

自我概念的极端性和显著性的这种转变隐含了易变性，而自我图式对于信息加工的持续影响则隐含了稳定性，我们能够调和这两者之间的矛盾吗？一种回答是，我们只在那些没有任何图式的维度上是易变的；详尽的自我图式随着时间的变化仍然保持一致性，而其他的、没有图式的自我会随着环境而变化。这种解释得到一些证据的支持。这些证据表明有自我图式的人与没有自我图式的人相比，其自我报告在时间上确实更具一致性（Markus，1977）。尽管如此，这一解释并没有完全解开这个疑惑，因为即使那些开始就具有极端自我观而被认为是具有图式的人，也被证实存在这种自我概念的改变。（Sanitioso et al.，1990；见第 6 章）。

如果考虑到自我知识的丰富性和复杂性，这种转变是可以解释的。自我不是一个单一的结构。也就是说，它的范畴包括各种各样的、有关个人行为和特性的相互矛盾的记忆和信念（Greenwald & Pratkanis，1984）。一个人可能记得自己在一些场合是以一种友好的、外向的方式行事，也记得自己在另外一些场合是害羞的、笨拙的。在任何特定时刻的自我——工作自我概念（working self-concept）——只是这些不同自我观念的一个组成部分（Markus & Kunda，1986）。由于情境的各种特征彰显自我的不同方面，工作自我概念的内容从一个场合到另一个场合是变化的。那么，自我的稳定性反映了一个人稳定的自我知识，而自我的可变性则是由于自我知识的不同元素在不同场合下被激活造成的。

这种分析表明，工作自我概念的可变性依赖于个人稳定自我知识的多样性。为了能够在外向的和害羞的自我观念中进行变换，个人必须能够提取外向的记忆与害羞的记忆。如果一个人只有外向的记忆，他就不能不顾情境的要求把自己看做害羞的人。一些证据表明情况确实如此。你可能还记得，人们会改变他们的自我观念以对单方面的问题作出反应：那些被问到“你是外向的人吗？”与那些被问到“你是内向的人吗？”的人相比，更容易评定自己是外向的（Kunda et al.，1993；见第 4 章）。结果显示，那些描述他们自己在外向性或内向性上相对不变的人没有这种改变。不管他们被问到的问题的方向性如何，这些个体评定他们自己是同样外向的。只有自我知识的可变性足以支持其中的任何一种自我观念时，我们才能在不同的场合拥有相冲突的自我观念。

即使自我观念确实会发生转变，一个人自我知识的内容和凸显性也会限制其转变尺度。一个极端外向的人会认为自我在一些场合会稍微偏外向，在另一些场合稍微不那么外向，但不会认为自我是极端内向的。对于这样的个体，少量可利用的害羞的自我观念在不同的场合或多或少地会凸显出来，但这些始终只是工作自我概念内容中的一小部分。事实上，当极端外向的人想把他们自己看做内向的人时，他们的自我观念确实会向期望的方向发生转变。但他们仍会保持自己的本色，仍然把自己看做高度外向的人，与那些极端内向而想把自己看做外向的人相比，他们相对来说更外向（Sanitioso et al.，1990；见第 6 章，图 6.1）。

总之，我们的工作自我概念来源于稳定的自我知识。因此，我们自我观念的可变性、极端性和凸显性会决定和限制我们暂时的工作自我概念的可变性。注意，这种分析很类似于对为什么与特质有关的行为从一个场合到另一个场合是变化的（Mischel & Shoda，1995；见第 9 章）。两种解释都具有同样的假设：人们拥有稳定的知识和联系网络，在不同的场合，这些知识的不同部分会选择性地出现在头脑中。自我概念、信念和情感反应的不同完形会在不同的情境被激活，从而产生不同的、通常不一致的自我概念和行为。

自 尊

我们的自我图式包括我们在特定领域如独立、外向或男子气概上是如何看待自己的。除了这些自我知识的具体领域之外，我们对自己总的价值或品质也有一种整体的感受。自尊（self-esteem）这个术语通常被用来指这种总体自我评价的积极方面。高自尊的个体自视甚高，认为自己有许多值得骄傲的方面，对自己的特征和表现总体感到满意。他们倾向于赞成这样的自我描述，例如“我感觉我是一个有价值的人,至少与其他人价值差不多”、“我觉得我有许多好的品质”以及“总体来说，我对我自己感到满意”（Rosenberg，1965）。相反，低自尊的人把自己看成是失败者，经常感到自己无用、自卑，总体上对自己感到不满意。他们倾向于赞成这样的自我描述，例如“总的来说，我倾向于认为自己是个失败者”、“我期望我能更加尊重我自己”，以及“有时我觉得自己一无是处”（Rosenberg，1965）。在西方主流文化中，自尊被视为有效发挥作用的关键，大多数父母和老师都努力保护和提高孩子的自尊。心理学家长期以来一直对自尊感兴趣，他们进行了几千项的研究来探索它的意义（Baumeister，1998；Blaine & Crocker，1993；自尊重要性的跨文化差异，见第 11 章）。

从社会认知的角度来看，自尊被看做一个稳定的结构，对自我知识的表征、对人们加工自我相关信息时所采用的认知策略以及他们对这些信息的反应都具有广泛的意义。

自尊和自我知识的表征 那些高自尊的人倾向于对他们是谁和是什么有更清楚的看法（Baumeister，1998；Campbell & Lavallee，1993）。在对此加以证明的一个研究中，Jennifer Campbell 确定了高自尊和低自尊的两组被试，要求他们在沉默的 / 坦率的、竞争的 / 合作的这些维度上评价他们自己，同时表明自己对每个自我评价的自信程度（Campbell，1990）。尽管两组参与者在自我评价的平均分数上不存在差异，但低自尊的个体在评价他们自己时很少极端化，对于他们自己的自我评价也不自信。由 Ann Baumgardner（1990）进行的一系列研究也发现，低自尊的个体与高自尊的个体相比，更少有清晰的自我概念：低自尊的个体在报告他们对自己的人格评定时更不自信，作出自我评定时所花费的时间更长。不过，这种清晰性的缺乏只限于自我。当要求他们评定一个朋友时，低自尊个体像高自尊个体一样是自信的，评定速度也同样快。因此，并非低自尊的人是优柔寡断的，普遍不愿意表达极端的和自信的观点。他们只是在报告自己的特性时才不愿意这么做，这表明他们在自我知识方面特别缺乏清晰性。

其他的研究表明，随着时间的推移，低自尊的个体与高自尊的个体相比，在自我知识方面也具有更少的内在一致性和稳定性（Campbell，1990）。值得注意的是，低自尊个体的自我知识所具有的特征——低确定性、低稳定性、低通达性和低一致性——恰好是在那些缺乏清楚、严密的自我图式的个体身上所发现的特征（Markus，1977）。因此，低自尊的个体被认为在自我知识方面相对来说是没有图式的。高自尊的个体倾向于拥有清楚、自信和稳定的自我知识，而低自尊的个体却倾向于对他们自己的身份表现出不确定性和混乱。这种身份混乱使低自尊的人看上去更容易受外部事件的控制——他们在对生活中经历的正面和负面的事件作出反应时，在心情和行为方面都表现出更大的波动性（Baumeister，1996）。

自尊和自我服务的策略 尽管高自尊和低自尊的个体在加工社会信息方面差异的相关文献是庞杂的，但两类个体之间也确实存在一些系统的差异。通常，高自尊

的人更可能对社会信息表现出积极的和自我提升的倾向：高自尊的人更愿意对自己的成功而不是失败负责，更喜欢回忆那些让他们看起来高人一等的信息（Blaine & Crocker，1993）。总的来说，尽管高自尊和低自尊的个体都努力从最好的角度看待他们自己，但在这么做时会利用不同的策略：高自尊的个体努力让那些使他们看起来优越的自我提升的机会最大化，而低自尊个体试图避开那些使他们看起来不如别人的危险情境（综述见 Baumeister，1998；有关这两种策略的具体讨论，见后面的自我指导部分和 Higgins，1998）。高自尊的个体也特别喜欢采取自我提升的策略直接提升他们的个人价值，而低自尊个体则更喜欢间接的自我提升途径，通过提升个人所属的社会群体来提升自我，这可能是因为他们担心没有能力守护他们个人成就中的积极特征（Brown，Collins，& Schmidt，1988）。

高自尊和低自尊的个体在失败时会运用不同的认知策略使自己得到宽慰。任何失败都会对个人的总体自我价值构成威胁，但个人可以通过回想他自己的许多积极特征来分散这种威胁。高自尊个体通过关注个人的优点来应付失败，在面临失败时这些优点在他们的头脑中具有特别高的可通达性，而低自尊的个体却没有表现出任何这种倾向性（Dodgson & Wood，1998）。这可能是为什么失败会对高自尊和低自尊个体的自我观产生相反的作用。高自尊个体在成就测验中失败时比成功时会更积极地看待自己的人际能力，而低自尊个体则正好相反（Brown & Smart，1991）。因为低自尊的个体在失败后无力提高和恢复自我的价值，低自尊个体更容易被失败打垮。两组个体在成功后有同样积极的感受，但低自尊个体在失败后表现出更多的羞愧和屈辱感（Brown & Dutton，1995）。

因为在保持自我价值时的这些不同取向，高自尊个体更愿意冒险以获得自我提升的信息。例如，当高自尊个体发现他们在测验中的表现比另一个人表现差时，会有强烈的愿望去寻求与那个人做进一步的比较，希望在下一轮比较中能取得成功。相反，低自尊的个体没有表现出任何这类强烈的兴趣去和那些刚刚胜过他们的人进行比较。这种比较具有潜在的自我提升作用，但也具有高风险（Wood et al.，1994）。

恋爱关系为我们探索高自尊和低自尊个体采用不同认知策略的问题提供了有趣的场所。当你感受到威胁或受到伤害时，可能是由于你在工作中遭受挫折或者你认识到让自己所爱的人失望了，这会让你对自己的恋爱关系有何感受呢？你是否会把这种关系作为安慰和恢复信心的来源，通过提升你的伴侣、美化你的伴侣对你的积极看法来提升自己？或者，你会认为你的伴侣已对你失去兴趣，通过贬低伴侣和疏远恋爱关系来保护自己，以免遭受被拒绝的痛苦呢？你对这些策略的选择决定于你的自尊程度。

在一系列研究中，Sandra Murray 及其同事招募了一些处于长期恋爱关系的个体，让他们面对各种对自我价值的威胁（Murray et al.，1998）。在一些研究中，参与者面临直接威胁他们关系的情境：思考自己什么时候对恋爱对象感到失望，或者指出自己是否对恋爱对象表现出不当行为。在另外一些研究中，参与者面临的威胁情境与恋爱关系无关——他们被诱导相信自己在一个智力测验中表现糟糕。当参与者接受这些威胁中的一个后，要求他对有关其恋爱对象和恋爱关系的一系列问题作出回答。控制组的参与者也对这些相同的问题作出回答，但他们开始时没有受到任何威胁。

在所有这些研究中，高自尊和低自尊的个体对这些威胁的反应是很不相同的。高自尊的个体通过强调其恋爱对象对自己高度重视这样的做法来回应对自我价值的挑战。当面临人际能力或智力方面的失败时，这些高自尊的人努力通过提升恋爱关系中的积极方面来回应受到的威胁；在面临挑战时，他们运用这种关系作为自我肯定的一种来源。相反，那些低自尊的人通过削弱伴侣对自己的积极看法，削弱自己对恋爱对象的积极面的看法来对威胁作出回应。令人悲哀的是，低自尊个体不是把他们的恋爱对象和恋爱关系作为有益作用的一种来源，缓和并转移对自我的威胁，而是把恋爱关系看做另一种威胁和拒绝的潜在来源，通过贬低恋爱对象和恋爱关系，以预先保护自己免受这种迫近威胁的伤害。奇怪的是，低自尊的个体在自我价值得到提升以后还会贬低他们的恋爱关系，可能是因为这种提升提醒他们，他们恋爱对象的情感是随着他们的积极表现而变化的，因此提高了对可能到来的拒绝的关注。

总之，研究结果表明，高自尊的个体寻求、希望和期待最好的情况，采取使自我提升最大化的认知策略。相反，低自尊的个体害怕、预期最坏的情况，采取使失望和自我贬低最小化的认知策略。尤其具有讽刺意味的是，低自尊的个体在面临困境时，他们防止失败的努力实际上导致了失败，尽管这是他们想要避免的。当低自尊的人相信他们的恋爱关系在动摇时，会让自己与恋爱关系保持距离和贬低恋爱对象，而他们这么做正好导致其害怕失去的关系解体。

到目前为止，讨论一直集中在探究自我知识某个维度的内容如何影响了社会信息的加工。下面我会转向讨论自我知识在某些维度上的组织和整合如何影响个人的思想和情感。

自我知识的组织

自我的复杂性

谢利和卡伦两个人都是大学生，她们以截然不同的方式组织她们的自我知识。谢利的自我观主要建立在自己是一个学生的基础上；她生活的所有其他方面——她与父母的关系，她的恋爱对象，她的娱乐活动——都与她是一个学生的意识紧密联系在一起的；她评价各种关系和活动的依据是它们在多大程度上可以支持自己的学业目标。卡伦也把自己看做学生，但是她的自我定义是建立在几个其他独立的和具有高度价值的组成部分之上的——作为一个女儿、一个爱人、一个音乐爱好者的自我感。这些角色中的每一个都让她表现出自我的不同方面，所有这些都决定了她认为自己是谁以及对自己的看法。现在设想一下，谢利和卡伦两个人都发现自己在一个重要的考试中失败，你认为谁会更烦恼呢？

凭直觉来说，好像应该是谢利，她的整个身份感都是建立在其学术自我的基础上，在学术方面经历的挫折应该使谢利遭受到更大的打击，而卡伦还可以通过关注自己是一个好女儿、爱人和音乐家来保持她的自我价值感。Patricia Linville（1985，1987）的一系列研究支持了这种直觉。Linville 注意到，人们在自我复杂性上有所不同。一些人像卡伦一样具有高度复杂的自我表征；他们的自我概念包括许多不同的方面。而另外一些人像谢利一样具有不太复杂的自我表征；他们的自我概念只包括少量的高度联系的方面。当人们经历挑战自我的消极事件时，自我的复杂性决定了其消极情感如何从一个方面外溢到自我的其他方面。如果自我的复杂性低，自我的所有方面都是高度关联的，一个领域的失败会使一个人感到在其他所有方面也是无能的；糟糕的成绩不仅仅意味着这个人是个差学生，而且也意味着他是个不好的女儿和无能的爱人。相反，如果自我的复杂性高，自我的不同方面是彼此独立的，自我领域一个方面的失败产生的消极情绪只限于这个领域；一个人会感到自己是个差学生，但仍然会认为自己是个好女儿和好爱人。

Linville（1987）要求学生把各种人格特质分到不同的组中，让每个组都能描述他们自己的一个有意义的方面，通过这种方法来评价学生自我的复杂性。告诉这些学生，他们可以按照自己的喜好把这些特质分成许多组，也可以按照自己的意愿把任何一个特质放到许多组中去。对于这些分组，可以运用一个公式计算每个参与者自我的复杂性程度。这个公式考虑了自我组成方面的数量以及它们之间的重叠程度。当自我方面的数量高，它们之间的重叠少（如每个方面包含不同特质），自我的复杂性程度就越高。

高自我复杂性能够缓冲应激事件的消极后果吗？当高自我复杂性的个体面对应激事件时，与低自我复杂性的个体相比，他们会体验到更少的心理困难和身体症状吗？为了回答这些问题，要求参与者在一个生活应激事件表中标出自己在前两周经历过的应激事件。这个表中包括大学生常见的各种各样大大小小的应激事件，从社会生活到学业生活，再到诸如金融、毒品、法律、事故等主题。这些学生回答他们在过去两周经历的这类消极事件的数量的范围是从 0 到 17，平均数为 5。为了确定这些事件对健康的影响，学生们还完成了一个抑郁测量，回答自己在前两周经历了哪些身体的症状（例如感冒、咳嗽、胃疼、头疼）。两周以后，学生们再次回到实验室，再次完成这些测量项目。这个设计的目的是为了确定第一次测量所报告的应激事件是否会对学生两周后的身心健康产生消极影响，自我的复杂性（就像第一个场合测量的）是否会对这种消极影响起缓冲作用。

自我复杂性确实对应激事件的消极影响起了缓冲作用。在那些经历了许多应激事件的学生中，具有高自我复杂性的人表现得更好：他们表现出更少的健康问题和更少的抑郁。这并不意味着高自我复杂性的人普遍感到更健康和更幸福；在那些经历很少应激事件的人中，高自我复杂性的人与低自我复杂性的人相比没有任何优势。但当人们经历应激时，高自我复杂性的人较少受到其不利后果的影响。因为这些个体有许多不同的自我方面，对自我领域构成挑战的一个消极事件引起的消极思想和情感会只限于有关的领域。这些复杂的个体可以利用未受影响的领域去提升他们的价值感以及他们的心理和身体健康。

低自我复杂性的个体特别容易遭受应激事件的伤害，但在应激性少和经历积极事件时，他们会表现出优势。在这种情况下，他们的积极情感会外溢到自我的所有领域，导致更强烈的积极反应。相反，对于高自我复杂性的个体来说，自我在一个领域取得巨大成功，自我的其他未受影响的方面仍会保持平常的状态。结果，低自我复杂性的人更容易产生大的情感波动，在面临挫折时心情更灰暗，在面临成功时会有更大的快乐感（Linville，1985；Niedenthal，Setterlund，& Wherry，1992）。

自我知识组织的另一个重要方面涉及自我各个方面的积极性和消极性。积极的和消极的自我知识可以用不同的方式加以组织。有关自我的积极和消极的信念被分成不同区域，一些区域全是积极的，另外一些区域全是消极的。另外，自我知识也可以用这样的方式加以组织：每一方面既包括积极信念也包括消极信念。自我知识中积极部分和消极部分的分隔程度会影响健康状况（Showers，1992；Showers & Kling，1996）。当自我知识的积极方面和消极方面被分成不同的部分时，个人可能会只关注积极方面而不考虑消极方面。因此，如果人们积极的自我观念和消极的自我观念彼此明显不同，那么，那些经历积极事件的人会感到更快乐。相反，如果积极的自我观念和消极的自我观念是高度整合的，自我的每个方面都包含积极和消极的信息，那么，那些经历消极事件的人就会感到更快乐。这是因为，当自我的某个方面遭受打击时，自我积极方面的内容会对消极的思维起缓冲作用。总之，高度分隔的自我会让一个人因成功而狂欢，而面对失败时又特别脆弱。

到目前为止，讨论集中在个人当前的现实自我的内容和组织。下面我将转向现实自我与希望、恐惧和预期之间的关系；另一方面，也会探讨现实自我对情感和思维的启示。

自我指导

当我试图评价自己的特征、行为和成就时，也就是我的*现实自我*（actual self）时，我会运用两个不同的标准来权衡我的自我：一个是*理想自我*（ideal self），也就是，我希望和渴望变成的那种人，我对自己的希望、目标和要求。另一个是*应然自我*（ought self），也就是我觉得我应该和必须成为的那种人，我对自己的义务、职责和责任的看法。这两者有时是齐头并进的：我会期望成为一个好妈妈，也觉得成为一个好妈妈是我的义务。有时这两者也是存在冲突的：我渴望获到一个有前途的职业，但也感到我有责任留在家里照顾自己的孩子。我也可能会用我生命中重要的人物为我制定的标准来衡量我自己：我父亲对我的希望和期盼，我母亲对我的义务和责任的看法。当现实的自我未达到这些理想自我和应然自我的要求（我自己制定的或其他重要人物制定的要求）时，我会感到自己是不成功的。Higgins及其同事的研究表明，这些负面情感的大小和性质取决于个人衡量自己时所依据的理想的或应然的标准，现实自我与这个标准存在的差距，以及这种差距的可通达性和凸显性。这些差距的大小和可通达性也会影响到对他人信息的加工（综述见Higgins，1987，1989，1998）。

自我差距和情绪的脆弱性 有时候，我们是受实现积极成果的愿望驱动的——婚姻幸福，事业成功，身体健康。在这些情况下，我可以说有提升的目标；也就是，我有动机去改善自己的健康状况、追求积极的状态、获取期望的报酬。另一些时候我是受避免消极后果——婚姻破裂，事业失败，罹患疾病——的愿望驱动的。在这些情况下，人们会说我有预防的目标；也就是我有动机去避免消极状态、逃避惩罚、预防令人害怕的结果发生。当这两种目标受到阻碍时，我会体验到不同的消极情绪：提升目标没有实现意味着积极结果的失去——我没有得到我想要的东西。这种失去导致了悲伤和沮丧。另一方面，没有实现预防的目标意味着要经历消极的后果——我正在承受我害怕出现的消极后果。这种惩罚导致焦虑和不安。

关注个人的理想自我需要关注自己有哪些想要提升的目标——实现希望和抱负的愿望。因此，当一个人意识到现实的自我和理想的自我之间有巨大差距时，他就会关注没有实现的期望，感到失望、悲伤和沮丧。例如，我的志向是成为一个医生，当我认识到我的成绩不足以进入医学院时，我会感到悲伤和失望。另一方面，关注应然的自我会导致对预防目标的关注——职责的观念意味着一个人如果未能履行职责就会受到惩罚。因此，当一个人意识到现实的自我与应然的自我之间存在巨大差距时，就预料到会出现惩罚，因此感到焦虑、不安和内疚。例如，如果我认为在学校应该努力学习但却没有这样做，我会感到内疚和焦虑。在这种分析的基础上，Higgins及其同事预测：现实自我和理想自我之间的显著差距将导致与沮丧有关的情绪，而现实自我与应然自我之间的显著差距将导致与焦虑有关的情绪（Higgins，1987，1989，1998）。

现实自我与理想自我和应然自我的差距，不同人具有不同的情形。对这个问题不同的人有不同的看法。这些差距的大小会决定人们对消极事件的反应吗？人们离理想自我的标准差距越大就越感到悲伤，离应然自我的标准差距越大就感到越不安吗？为了回答这些问题，Higgins及其同事首先确定了两组个体，一组个体在现实自我与理想自我之间存在巨大差距，而另一组个体在现实自我与应然自我之间存在巨大差距（Higgins et al.，1998）。这是通过参与者列出与现实自我、理想自我和应然自我有关的特征来实现的。对于每个参与者，研究者把所列出的现实自我的特征与每个人自我指导的特征（即理想的和应然的）进行对比，算出匹配的数量（例如，那些既出现在现实自我中又出现在自我指导中的特征）以及不匹配的数量（例如，自我指导方面的特征与现实自我的特征相反的情况）。用两者不匹配的数目减去两者匹配的数目得出现实自我与自我指导之间的差距。两个不同参与者的小组就这样被确定下来，一组主要是现实自我与理想自我之间存在差距，而另一组主要是现实自我与应然自我之间存在差距（每一组在主要的差距方面相对高，而在其他的差距方面相对低）。

几周之后再评价这些参与者对积极事件和消极事件的情绪反应。要求参与者想象一个消极事件，如得到一个不好的分数或被所爱的人拒绝，或想象一个积极的事件，如得到高分或与所爱的人共度良宵。在想象任务前后，都要求参与者完成一个调查问卷，此问卷涉及与沮丧有关的情感（悲伤、不快乐、不满等等）以及与不安有关的情感（担心、害怕、紧张等等）。参与者完成想象任务后所报告的心情见表10.1。正如所预期的那样，不同自我差距的类型参与者在考虑消极事件时体验到不同的情绪：那些存在现实自我与理想自我差距的人会变得更加沮丧，而那些存在现实自我与应然自我差异的人则变得更加不安。这种不同的情绪反应只出现在那些关注消极事件的参与者身上，两类参与者对想象的积极事件的情感反应没有大的差异。这表明只有当参与者思考消极事件时，才会经历与他们的主要差距有关的一种消极情绪。

人们的差异不仅表现在自我差距的大小上，而且也表现在这些差距在他们身上的可通达的程度上。吉姆和罗恩都认为自己在学校的表现没有期望的那么好；两个人都体验到现实的自我与理想的自我之间的差距。但他们关注这种差距的程度是不同的。吉姆对没有成功实现所期望的学业目标的想法一直徘徊在他的脑海中，而罗恩得到一个不好的分数时，只是偶尔才会想起这个失败。结果，两人在体验这种由现实自我与理想自我之间差距引发的消极情绪即沮丧时也存在差异。尽管对吉姆和罗恩来说，这种差距的大小是相同的，但吉姆更容易悲伤和沮丧，

表 10.1 现实自我与理想自我之间存在差异的人和现实自我与应然自我之间存在差异的人，在消极事件和积极事件中体会到的沮丧和不安

	消极事件		积极事件	
主要的自我差异	沮丧	不安	沮丧	不安
现实自我 / 理想自我	.24	.00	.03	.03
现实自我 / 应然自我	.04	.11	.06	.09

资料来源：Higgins et al. (1986, 表 1, p.9). Copyright © (1986) by the American Psychological Association. Reprinted with permission.
注意：分数已根据操纵前心情进行调整。

因为这种差距在他的脑海里出现的次数更多。一般来说，当这些差距更具有通达性时，自我差距的大小对情绪会产生更大的影响。

由 Higgins 及其同事进行的一系列相关研究为这种预测提供了支持（Higgins，Shah，& Friedman，1997）。这些研究者评估了每个参与者现实自我与理想自我、现实自我与应然自我之间差距的大小以及每种差距的可通达性。要求参与者提出三到五种反映其理想自我的特征（例如,他们希望、想要、渴求成为哪种类型的人），提出三到五种反映应然自我的特征（例如，他们认为自己有义务、职责或责任成为哪种类型的人）。然后评定自己在多大程度上真正拥有了某种特征，以及在多大程度上想拥有这一特征（理想的特性）或者在多大程度上应该拥有这一特征（应然的特性）。现实自我与理想自我之间差距的大小取决于参与者评定其想要拥有某一特征和真正拥有某一特征之间的差距，而这种差距的通达性是通过他们做出这些评估时的速度来确定的。研究中也用类似的方法评估现实的自我与应然的自我之间差异的大小和通达性的程度。

参与者还要报告他们在多大程度上感到沮丧和不安。可以预测的是，现实自我与理想自我之间的差距越大，一个人就越会感到沮丧、悲伤和失望，但只有在这种差距具有高通达性时才会出现。同样，现实自我与应然自我之间的差距越大，一个人越会感到不安、紧张和易怒，但也只有这种差距有高通达性时才会出现。换句话说，当差距具有高通达性时，可以预测这种差距产生消极情绪的频率，但其他情况下并不如此。这些预测已经得到证实。

把参与者分成现实自我与理想自我之间差距高和低的两组。研究者计算了每

个组内参与者现实自我与理想自我之间差距的大小与他们沮丧情绪之间的相关。同样也计算了现实自我与应然自我之间差距的大小与这种差距通达性高或低的个体所产生的不安情绪之间的相关。如表10.2中所示，在所有三个研究中，只有在自我差距具有高通达性的参与者中，自我差距的大小与其引发的消极情绪之间存在正相关（而在那些自我差距通达性低的参与者中，只存在很小或没有达到显著水平的负相关）。这些结果表明，当我们确定的标准经常出现在我们的心里时，我们与标准之间的差距可预测我们的消极情绪。现实的自我和理想的自我之间的差距越大，我们越感到沮丧，而现实自我和应然自我之间的差距越大，就感到越不安，但只有当这些差距对我们来说具有高通达性时才会如此。

那些长期没有通达的自我差距仍然会引起消极的情感，只要一个人想起这些差距。在另一个研究中，那些理想自我和应然自我都未达到标准的参与者，在想起他们理想自我时会变得更加沮丧，当想起他们应然自我时会变得更加不安（Higgns et al., 1986;研究2）。而那些低自我差距的参与者却没有这种心情的变化。这再一次表明，只有当个体的自我差距在可通达的情况下，自我差距才会引起某种消极的情绪。

总之，现实自我与自己所确定的标准之间的差距会导致消极的情绪。不同的差距会导致不同的情绪——如果未达到理想的自我标准会体验到沮丧，如果未达到应然的自我标准会体验到不安。不过，只有当差距具有短暂的或长期的可通达性时，这种差距才会引起相应的消极情感。自我差距在某个特定时刻没有出现在

表10.2 在差距具有高通达性或低通达性的情况下，现实自我与理想自我之间的差距大小与沮丧之间的相关，以及现实自我与应然自我之间的差距大小与不安之间的相关

	现实自我/理想自我之间差距的大小与沮丧之间的相关		现实自我/应然自我之间差距的大小与和不安之间的相关	
	高通达性	低通达性	高通达性	低通达性
研究1	.41	−.10	.47	−.32
研究2	.28	−.15	.27	−.16
研究3	.20	−.13	.44	−.07

资料来源：Higgins et al.（1997，研究1-3）。

注意：在每种情况下，其他类型的差距和消极情绪在统计上都进行了控制。

我们心里，就不会影响那个时刻的情感。

有关自我差距对情绪影响的研究一直关注现实自我、理想自我及应然自我之间差距所引发的消极情绪，这些差距是令人泄气的。不过，当前的自我与个人希望或害怕的自我之间存在差距有时也会具有激励和鼓舞作用，如果这些未来的自我被认为是可实现的话。与当前自我有差异的未来自我的作用并没有像当前自我之间的差距那样得到广泛研究。一些启发性的证据仍然表明，如果人们拥有的积极的未来自我能为改善带来希望，或者人们拥有的消极的未来自我能让他们采取预防行动，人们的健康都会得到提高（Markus & Nurius，1986；Oyserman & Markus，1990）。

自我差距与人际思维和策略 对理想的自我的关注就是对积极结果的关注——一个人希望和期待取得成绩和成就。确实，那些敏锐地意识到没有达到理想自我标准的人，一般会经历悲伤和沮丧。对理想的自我的特别关注也与一种更普遍的倾向联系在一起，在试图理解其他人的生活和计划自己个人的人际策略时，这种倾向会关注积极后果的存在和缺乏。这种关注使得人们特别注意和记起他人是否实现了期望的结果，它会导致人们选择那些使积极后果最大化的策略。相反，对应然的自我的关注就是对消极后果的关注——一个人害怕惩罚和过失，并期望去避免它。事实上，如果敏锐地意识到未达到应然的自我标准的人，会经历典型的与消极后果联系在一起的情绪，即不安和焦虑。对应然的自我的特别关注也与关注消极后果是否存在和缺乏的一种更普遍的倾向联系在一起的，这种关注会使人们特别注意和记起其他人经历还是避免了不幸的事情，它会导致人们选择那些将消极后果最小化的策略。

在一个用于检验这些观点的研究中，事先确定了那些有明显的现实的自我与理想的自我差距的参与者，或有明显的现实的自我与应然的自我差距的参与者，要求他们阅读一篇描写学生生活中20件事情的文章（Higgins & Tykocimski，1992）。这些事件中有8件关注积极后果的存在或缺乏。这些事件包括找到一张20美元的钞票（存在积极后果）或发现想看的一部电影不再放映了（缺乏积极后果）。另外8件事关注消极后果的存在或缺乏。这些事件包括受困于交通堵塞（存在消极后果）或逃过了学校不愉快的一天（缺乏消极后果）。其余的事件都是中性的。读完这篇文章以后，让参与者用10分钟完成一件不相关的任务，然后要求他们逐字逐句地回忆这篇文章。

那些关注理想自我并因此关注自己生活中积极后果存在或缺乏的参与者，会特别可能记得另一个人经历过或没有经历过的积极后果吗？而那些关注应然自我并因此关注生活中消极后果存在或缺乏的参与者，会特别可能记得另一个人遭受或避免过的消极后果吗？就如表10.3中所示，对这些问题的回答是肯定的。那些主要存在现实的自我与理想的自我差距的参与者，回忆起更多积极后果的事件和更少涉及消极后果的事件。人们特别注意他人生活中的与自己的主要自我差距所关注的事件相匹配的事件——那些全神贯注于现实的自我与理想的自我差距的人关注积极后果的实现，而那些全神贯注于现实的自我与应然的自我差距的人则关注避免消极后果。

暂时激活的自我差距像长期激活的关注一样，对记忆具有同样的影响。在另一个研究中，首先引导参与者或关注理想的自我，或关注应然的自我。然后在一个看似不相关的学习中让他们阅读一篇文章，在这篇文章中描述了这样一些情景：一个人在一些场合试图寻求积极的后果，在另一些场合试图避免消极的后果（Higgns et al.，1994）。正如所预期的那样，那些被引导关注理想自我并因此关注自己生活中期望结果是否存在的参与者，特别可能回忆起其他人实现积极后果的情景。相反，那些被引导关注应然自我并因此关注生活中不期望的结果存在或缺乏的参与者，特别可能回忆起那个人努力避免消极后果出现的情景。当一个人关注自己生活中的积极或消极后果，或者是因为一个人持续地全神贯注于某种后果，或者是因为情景中的某些东西引起个人思考这样的后果，这个人会对其他人生活中的那种后果也变得特别敏感。

显著的自我差距也可以帮助一个人确定运用什么策略去达到其重要的人际目

表10.3 现实自我与理想自我存在差距的参与者、现实自我与应然自我存在差距的参与者在积极后果与消极后果存在或缺乏的情况下所回忆出来的事件数量

主要的自我差距	积极后果	消极后果
现实自我/理想自我	6.2	4.5
现实自我/应然自我	5.1	5.0

资料来源：Higgins & Tykocinski (1992).

标，如交朋友。当你试图交一个好朋友时，你可以运用多种策略。这些策略可以分为寻求积极后果的策略如亲密和信任，以及避免消极后果的策略如疏远和不和。你偏好的策略受你心理中占显著地位的某种自我差距的影响：持续关注与理想自我的差距，会倾向于对积极后果越来越敏感，也会偏好那些提高积极后果的人际策略。同样，持续关注与应然自我的差距，会倾向于对消极的后果越来越敏感，也会偏好那些目标在于预防消极后果的人际策略。

为了验证这些观点，Higgins 及其同事（1994，研究 3）选择了两组参与者，一组参与者存在明显的现实的自我与理想的自我差距，另一组参与者存在明显的现实的自我与应然的自我差距。提供给这些参与者一份关于友谊策略的清单，其中三种策略关注寻求积极的后果（慷慨的、支持的和有爱心的），三种策略关注避免消极的后果（不与朋友失去联系，不忽视他们，不传播有关朋友的流言蜚语）。要求参与者在这些策略中选择三种维持友谊的策略。正如所预期的那样，有明显的现实的自我与理想的自我差异的参与者，更多地选择关注积极后果的策略（很少选择关注消极后果的策略）。换句话说，每一组参与者都表现出偏好对那些突出主要自我差距的后果加以关注的策略。

总之，对理想的自我的关注，无论它是暂时的还是持续的，相当于关注在个人希望和抱负中要表达的积极后果。这种关注使得人们对他人生活中积极后果的存在和缺乏非常敏感，促使他们努力寻求和接近他们社会生活中的积极后果。现实的自我与理想的自我之间明显的差距也使得人们易受那些与积极后果缺失联系在一起的消极情绪即悲伤和沮丧的影响。相反，对应然的自我的高度关注，相当于对没能成功完成个人义务和责任时预期会出现的消极后果的关注。这种关注使得人们对其他人生活中消极后果的存在与缺失非常敏感，使他们在社会生活中趋向于避免和预防消极后果。这也使得他们易受与消极后果出现相联系的消极情绪即不安和焦虑的影响。

关注理想的自我和应然的自我可能是关注趋向积极后果或避免消极后果这种更广泛取向的组成部分。一些人倾向于寻求并促进生活中美好的事情，而另一些人倾向于避免并预防不好的事情。情境因素也可能引起个人暂时关注寻求积极后果或避免消极后果。人们关注理想的自我和应然的自我的倾向可能是受这些广泛的促进或预防的取向支配的。确实，不经历理想的自我与应然的自我，而只是简单地依据积极后果（你会因成功受到奖励）或消极后果（你会因失败受到惩罚）

来架构他们的目标，诱导人们直接关注积极后果和消极后果也是可能的。这种对积极后果或消极后果的关注的直接操纵所引起的情绪反应，与由那些强调理想的自我或应然的自我的间接操纵所引起的情绪反应是类似的（Higgins et al.，1994；综述参见 Higgins，1998）。

我们寻求哪些自我知识

英国著名的哲学家以塞亚·伯林因其杰出的成就享有无数的荣誉。他谦虚地指出："我的一生都被高估了。我不会假惺惺地认为这是痛苦的根源。正像某人曾对我说的那样，得到的多于应得的比只得到应得到的更令人愉快，我不能否认这一点。同时，我不能欺骗我自己。"（《环球邮报》，1997 年 11 月 7 日）。如果让你选择的话，你也会喜欢别人看待你比你自己更积极吗？或者，当你对自己有消极看法时，你喜欢与他人分享你对自己的看法吗？或者不管你认为自己是什么样的人或希望自己成为什么样的人，你希望其他人都尽可能准确地看待你吗？换句话说，人们会寻求和喜欢那些提高他们自我观的信息，证实他们自我观的信息或精确描述他们自己的信息吗？人们似乎在不同场合寻求所有这些不同类型的信息。已有一些研究指出，不管我们认为自己如何或希望自己如何，我们能够准确评价我们能力的信息感兴趣（综述见 Trope，1986）。不过，这个领域的大多数研究都集中在自我提升和自我验证的需求上。因此，我关注这两个需求以及两者发生冲突时会发生什么。

自我提升

毫无疑问，大多数西方人都希望从积极的角度看待他们自己，努力提高他们的自我观，积极努力地保持和证实他们作为有价值个体的自我感受（这方面东西方文化是存在差异的，见第 11 章）。我们用来保持和提升自我观的策略库包括这样一些策略，如当我们的行为与态度矛盾时，改变我们的态度以避免感到愚蠢；将我们的自我观念转向那些看上去与成功联系在一起的特征，贬低那些我们不具备的能力的重要性，贬低他人以让自己在比较中看起来更好。通常这些努力是成功的：我们倾向于以高度积极的方式看待自我，认为自己在几乎每件事情上都超出平均水平（综述见 Kunda，1990；Tayler & Brown，1988；相关研究的细节见第 6 章）。

从所有这些研究结果来看，毫无疑问的是，保持和提升自我观的动机在人们寻求和理解有关自己和他人的信息的过程中起重要作用。但人们会不惜任何代价寻求自我提升吗？特别是，人们对自我提升信息的偏好超过了那些能够证实其现状的信息吗？这个问题引起了大量研究的关注，下面将讨论。

自我验证

唐娜一直认为自己在大群体中与他人进行交流时存在障碍；她认识到自己在这样的情景下会是害羞的、笨拙的、犹豫的，认为自己的人际交往技能离期望的还差很远。你认为她想让其他人如何看待她的人际交往技能呢？在结识新朋友时，她希望他们认为她是一个具有高度人际技能的人，还是宁愿他们像她自己那样看到她的不足呢？她希望她的密友如何看待她的人际交往技能呢？她的丈夫如何看？她又会如何看待那些把她的人际交往技能吹上天的人呢？受到这种吹捧时，她的感受如何呢？

尽管我们有时会喜欢不合情理的赞赏，但由于几方面的原因我们通常宁愿他人看到我们的不足。如果其他人对我们的能力有不切实际的期望，会把我们引向一种注定会失败的情境，但是如果他们认识到我们的不足，就会帮助我们渡过那些令我们感到困难的情境。一个缺乏人际交往技能的人，在只有很少熟人的聚会上会感到很不舒服。如果她的朋友意识到她的不足，就会不遗余力地让她在这个聚会上不要落单，但如果别人不知道她在人际交往上有困难，就会使她独处于尴尬的境地。我们希望他人像我们自己一样了解我们，其中的另一个原因是，我们的自我观念决定我们对自己和社会世界的理解。因此，对自我观的任何挑战都构成对我们整个世界观的普遍威胁。为保持对自我和周围世界的感受稳定和一致，我们希望证实和验证我们的自我观念，即使它们是消极的。

William Swann 及其同事进行的一个大规模研究表明，人们确实经常有动机去验证他们的自我观念。为达到这个目的，他们会从他人那里寻求自我验证的信息，有意以某种方式行事，以确保其他人能够像他们自己一样来看待他们。他们也特别可能回忆那些能够验证自我的反馈（Swann，1987，1990）。要证明人们会进行自我验证，提供人们寻求那些证明自己不足的证据是特别重要的。这是因为寻求肯定个人优点的证据不一定是由验证个人自我观的愿望驱动的；它可能是由提升个人自我观的愿望所驱动的。在个人具备某些优点的情况下，自我提升和自我验证的目标要求同样的策略：要满足这两个目标，个人必须寻求积极的信息。相反，人们寻求可以证实其不足的信息有助于理顺这两个目标，因为在个人不足的情况下，这两个目标需要不同的策略：为了获得自我提升，个人应该在个人不足的有关领域寻求积极的信息，但为了验证个人已经存在的消极自我观，个人应该寻求消极的信息。

为了确定人们是否与自我提升相比更喜欢自我验证，Swann 和 Read（1981）把参与者分成两组，那些认为自己讨人喜欢的人为一组，那些认为自己不讨人喜欢的人为另一组，两个组是根据参与者完成有关此维度的调查问卷来区分的，根据其反应以中数为基准来区分。在实验中，所有的参与者都要对一系列争议性话题作出反应。然后告诉他们，他们的反应已经呈现给另一个参与者，这个参与者是他们接下来要认识交谈的对象。引导参与者认为这个交谈对象认为自己是令人喜欢的或不令人喜欢的（为了达到这一目的，给参与者呈现一个答题表，上面有些评定所画的圈，告诉他们这是他们的交谈对象完成的）。然后，给参与者一个机会去仔细检查一系列交谈对象对他们感受的陈述。实验者记录他们阅读这些陈述花了多少时间。

如果人们寻求自我验证，当他们推测交谈对象对他们的看法与自我观相同时，他们应该对交谈对象关于自己的看法特别感兴趣。如果是这样的话，那些期望同伴的反应证实他们自我观的参与者，与那些期望同伴的反应与他们的自我观矛盾的参与者相比，会花费更多的时间来阅读这些反应。就如我们在表 10.4 中所看到的，情况确实如此。毫不奇怪的是，那些认为自己令人喜欢的参与者，当他们期望令人喜欢的反应而非不令人喜欢的反应时，会花更多的时间去阅读他们同伴的反应。更为重要的是，那些认为自己不令人喜欢的参与者，当期望的反应是不令人喜欢而非令人喜欢时，会花更多的时间去阅读交谈对象的反应。这些对自己持消极看法的参与者，对那些有可能验证消极观点的信息更感兴趣。很明显，与自

表 10.4 认为自己令人喜欢或不令人喜欢的参与者，阅读那些预期对自己形成好或不好印象的交谈对象所作出有关他们自己的陈述时所花费的时间

	交谈对象的预期印象	
自我觉知的受喜欢程度	令人喜欢	不令人喜欢
令人喜欢	16.73	12.93
不令人喜欢	12.00	16.27

资料来源：Swann & Read (1981, 表 1, p.359). Copyright © (1981) by the Academic Press. Reprinted with permission.

我提升相比，他们更喜欢自我验证。

应该指出的是，那些认为自己不令人喜欢的参与者会花费更多的时间仔细阅读对他们的消极印象，这不仅是因为他们想验证自己不令人喜欢的看法，而且也因为他们希望更好地理解为什么自己给人留下如此消极的印象以便改善自己。因此，刚刚描述的这些结果并不一定意味着这些人在寻求自我验证。不过，随后的一个研究表明，那些认为自己不令人喜欢的参与者也会不遗余力地确保其他人分享他们对自己的消极看法，这意味着他们确实很希望验证这些自我观（Swann & Read，1981，实验 2）。这个研究再一次把参与者分为两组，一组是那些认为自己令人喜欢的参与者，另一组是那些认为自己不令人喜欢的参与者。这次给参与者一个机会，用 10 分钟的时间与另一个参与者即他们的交谈对象聊天。在这次交流前，引导他们相信交谈对象已经对他们形成了好的印象或不好的印象，或者不提供任何有关交谈对象对他们的印象方面的信息。

当他们认为交谈对象对他们持有不好的印象时，他们会做些什么呢？他们会不遗余力地去纠正这种不好的印象吗？如果他们是这样的话，那些认为自己令人喜欢但怀疑同伴认为他们不令人喜欢的参与者，应该在互动期间表现得格外的好，以确保交谈对象能像自己一样积极地看待他们。更值得注意的是，那些认为自己不令人喜欢但了解同伴认为他们令人喜欢的参与者，在互动期间的表现应该是特别令人不愉快的，以确保他们的交谈对象像自己那样看待他们。交谈对象在这些互动中形成的印象表明，参与者运用了这种策略。就如表 10.5 中所示，那些认为自己令人喜欢的参与者的交谈对象，在参与者预期这些交谈对象会消极地看待他们时，认为这些参与者的表现是最令人喜欢的。相反，那些认为自己不令人喜欢

表10.5 当参与者认为其同伴对他们的印象是令人喜欢或不令人喜欢、或者参与者没有预期时，他们所形成的对其同伴认为自己令人喜欢或不令人喜欢的印象

自我觉知的受喜欢程度	交谈对象的预期印象		
	令人喜欢	不令人喜欢	控 制
令人喜欢	43.90	49.40	44.48
不令人喜欢	39.90	42.40	43.00

资料来源：Swann & Read (1981，表1，p.359). Copyright © (1981) by Academic Press. Reprinted with permission.

注意：数值越高表示更令人喜欢的印象。

的参与者的交谈对象，在参与者认为这些交谈对象会积极地看待他们时，认为这些参与者的表现是最令人不喜欢的。简而言之，当他们认为交谈对象对他们的印象与他们的自我观相冲突时，两组参与者在互动期间都会以某种方式进行印象整饰，使他们交谈对象的印象与自己的自我观更加一致。

这些结果意味着我们会不断努力去验证自己的不足吗？不一定。我们大多数人既有优点也有不足。无论何时，在我们有能力的情况下都会选择关注自己的优点，以确保提升我们的自我观。但当我们确实考虑自己的不足时，就会寻求自我验证的信息而不是自我提升的信息。Swann及其同事所做的另一个系列研究支持了这些观点（Swann，Pelham，& Knull，1989）。参与者首先评估自己五个方面的特征：智力、运动技能、外表吸引力、艺术和音乐方面的能力以及社会技能。通用这些自我评估，调查者确定每个参与者最好的和最差的方面。参与者也完成一系列的人格测量，让他们在一个计算机的表格中作出反应，以对其人格进行分析。然后，他们能从电脑中得到反馈。为了确定参与者是对他们优点方面的反馈感兴趣，还是对不足方面的反馈更感兴趣，要求参与者们按照最想得到反馈的程度对五个特征进行排序。为了确定参与者是对每个特征的积极反馈感兴趣，还是对消极反馈感兴趣,在每个维度向他们提出六个问题,三个探测积极的反馈（例如，“这个人在运动和竞技方面最大的才能是什么？”），另外三个探测消极的反馈（例如，“在运动领域，这个人最大的问题是什么？”）。在每个系列中，让他们选择两个他们最想得到回应的问题。

参与者对获得优势特征反馈的兴趣远远大于对不足特征反馈的兴趣。例如，

一个自认为智力水平超常但音乐不好的人对自己智力水平的评价比对音乐能力的评价更感兴趣。这表明人们对那些能提升自我观的评价特别感兴趣。但是，当要求参与者在每个特征上选择积极的或消极的反馈时，参与者对每个特征选择的反馈种类依赖于他们认为这个特征是自己的优势还是不足。那些拥有一个优势特征同时又拥有一个弱势特征的参与者更多地寻求有关优势特征的积极反馈而不是消极反馈，而在弱势特征方面寻求更多消极的反馈而不是积极的反馈。这表明那些认为自己音乐不好的人对其他方面的反馈很少感兴趣。

在随后的一个研究中，参与者有机会获取来自其他人的反馈而不是电脑的反馈，也得到了类似的结果（Swann et al.，1989，实验 2）。这再一次表明，参与者对优点的反馈比对不足的反馈更感兴趣。但当寻求有关其不足的反馈时，他们对消极的、自我验证反馈的偏爱胜过对积极的、自我提升反馈的偏爱。尽管如此，指出这一点是很重要的：对消极自我验证的反馈的兴趣可能局限于相对不重要的和明确的领域。这是因为在这些研究中大部分参与者都把艺术或体育确认为自己最差的特征，而把智力或社交技能确认为自己最好的特征。这种情况仍然是可能的：那些认为自己在智力或社交技能方面不足的人与那些认为自己在艺术或体育方面不足的人相比，对验证这些不足更没兴趣。

即使我们寻求验证自己不足的反馈，但这也不意味着我们喜欢接受这种反馈；接收更积极的反馈会更令人愉快，即使我们也怀疑它的准确性。在检验这种可能性的研究中，招募了两组参与者，一组有极端积极的自我概念，另一组有极端消极的自我概念（Swann et al.，1987）。要求每个参与者进行一个简短的演讲，之后对他的表现给予反馈，这个反馈据称是由另一个参与者写的。对一半的参与者，反馈是很令人喜欢的（“……这个人看起来在社交方面很自信……我想说他她和周围哪怕是他很不了解的人在一起也会感到舒服和轻松……”）。对另一半参与者，反馈是很不令人喜欢的（“……这个人看起来根本没有社交自信……我想说他她与周围他不很了解人的在一起会感到很不舒服和焦虑……”）。要求参与者对这些反馈的准确性进行评价，并报告自己的感受。

如表 10.6 中所示，两组参与者都认为那些验证他们先前自我概念的反馈比那些与自我概念相矛盾的反馈更准确：那些具有积极自我概念的人认为，令人喜欢的反馈比令人不喜欢的反馈更准确，而那些具有消极自我概念的人则认为，令人不喜欢的反馈比令人喜欢的反馈更准确。尽管两组参与者在对积极和消极反馈的

表 10.6　拥有积极和消极自我概念的参与者在接收到令人喜欢或不令人喜欢的反馈时的情感反应及对反馈准确性的判断

	积极的自我概念		消极的自我概念	
	令人喜欢的反馈	不令人喜欢的反馈	令人喜欢反馈	不令人喜欢的反馈
准确性	32.45	10.5	20.62	29.22
情感	67.09	55.05	59.85	51.97

资料来源：Swann et al. (1987, 表 1 和 2, pp.884-885). Copyright © (1987) by the American Psychological Association. Reprinted with permission.

注意：数字越大表明准确性越高，积极情感越多。

相对准确性的评价上存在差异，但两组参与者都对两种类型的反馈表现出相似的情感反应：两组参考者都在得到消极反馈时比积极反馈时感觉更差。这些研究结果表明，有消极自我概念的参与者会表现出一种有趣的模式。尽管这些参与者认为令人喜欢的反馈不准确，但与自我验证的消极反馈相比，他们更愿意得到积极的反馈（相似结果见 Jussim，Yen，& Aiello，1995）。与以塞亚·伯林一样，我们会发现被高估比被认为是我们本来的样子更令人愉快，即使这种赞赏并不怎么真实。

得到高评价后感觉良好的有趣证据来自人们对浪漫关系满意度的研究（Murray，Holmes，& Griffin，1996；见第 6 章）。每对已婚夫妻和约会情侣中的每个人都针对自己和自己的伴侣，就一系列积极的和消极的特征进行评价（例如，聪明的，友善的，有爱心的，耐心的，懒惰的，欠考虑的，抱怨的）。他们也要对自己浪漫关系的满意度进行评价。人们与哪些同伴在一起会感到更满意，是那些像自己一样看待自己的同伴，还是那些把自己理想化的同伴？研究结果说明了理想化的好处：那些伴侣对他们的评价比自己对自己的评价更积极的人，对他们的关系感到更愉快。换句话说，人们对其伴侣的理想化程度越高，对浪漫关系越满意。那些从积极角度看待我们、注意我们最好的方面、对我们最不足的方面视而不见的亲密伴侣会让我们感到特别愉快。

Swann 及其同事对约会情侣的类似研究中也得到相似的结果；那些报告与其伴侣更亲密的人，其伴侣对他们的评价在某种程度上比他们对自己的评价更积极（Swann，Dela，Ronde，& Hixon，1994）。然而，Swann 及其同事在已婚夫妇当中却得到相反的结果：与那些配偶对他们的评价比他们对自己的评价更积极的人相比，那些配偶对他们的评价与他们对自己的评价一样的人，对配偶感到更亲密。这些结果与 Murray 及其同事得到的结果存在差异。一个可能原因是，两个研究运用了不同的测量方法。Swann 及其同事评价的五个维度中的三个是相对客观和易于评定的（运动能力，艺术和音乐技能、外表吸引力）。相反，Murray 及其同事所运用的维度是更主观和更难评定的（例如，友善的，欠考虑的，有耐心的）。一种可能是，我们想要自己的配偶认识到我们的明显不足，但要尽可能地从积极角度看待我们。例如，如果我知道自己是个乐盲，我会觉得那些称赞我有音乐能力的人要么是在说谎要么是个傻子。然而，如果我认为自己是不友善的，但发现自己的伴侣并不这样看自己，就会感到高兴和欣慰，会觉得有这样的伴侣是特别令人高兴的。

总之，如果可能的话，我们会寻求对自己的优势的反馈。这种反馈有双重好处：满足自我提升的愿望，同时也满足我们自我验证的愿望。当不得不关注我们不足的方面时，我们对那些验证这些不足的反馈的偏爱通常胜过那些与消极自我观相矛盾的自我提升的反馈。这在那些清楚明确的、相对来说不太重要的不足方面表现得更为明显，如音乐能力或运动能力。尽管我们会寻求验证不足的反馈，但不喜欢接受这样的反馈。得到一个不该得到的赞扬比得到一个应该得到的批评更令人感到愉快。这就是为什么伴侣越把我们理想化，我们对浪漫关系越满意的原因。

自我与他人的关系

我们可能发现，思考和评价他人的表现和成就时不考虑我们自己是很困难的。当我们试图评价他人的特质和成就时，会用自己的表现作为评价别人的标尺。当我们遇到他人一个异乎寻常的表现时，我们发现自己会考虑它对于我们自我观的意义。

运用自我去评判他人

克里丝是一个大学生，一周花大约20小时学习。你认为克里丝有多用功?你如何回答这个问题呢?许多学生报告，他们会把克里丝的行为与自己的行为进行比较来回答这个问题（Dunning & Hayes，1996）。一个非常勤奋的学生会认为："我一周花大约30个小时来学习；克里丝比我花在学习上的时间少得多，不是很用功的。"一个不很努力学习的学生运用同样的策略但对克里丝的看法完全不同："我每周只花大约10小时的时间学习；克里丝学习的时间是我的两倍，应该说是很用功了。"如果人们通过这种方式利用自己的行为去理解他人的行为，那么他们自身的行为水平会使他们对其他人的评价出现偏差：一个人在学习上花的时间越多，他对克里丝学习习惯的评价就会越差。

David Dunning及其同事发现，当人们评价其他人时，会依靠这种以自我为中心的比较（Dunning & Cohen，1992；Dunning & Hayes，1996）。例如，当被告知一个学生每周花大约4个小时打篮球时，那些报告自己花相当多的时间进行体育活动的人与那些报告自己几乎不参加体育活动的人相比，认为这个学生更不爱运动。当要求参与者判断另一个人的勤奋程度、守时程度或数学技能的高低时，也得到类似的结果：对于所有这些特征，参与者自己报告的行为或技能水平与他们对他人水平的评价之间呈负相关。换句话说，他们自己的表现水平越高，对其他人的评价就越低。

这些研究结果与人们利用有关自我的知识来判断他人的观点是一致的。但这些结果也可能是由于其他的原因。例如，有可能是，那些有规律地进行锻炼的人与那些很少锻炼的人相比，对运动有一种不同于一般的看法。他们可能认为，一个爱好运动的人一周至少应锻炼7小时。当评价他人时，他们可能会依据这种宽泛的特质知识，而不是直接把他人与自己进行比较；他们自己的自我知识可能根本就没有出现在心里。如果能够表明在评价他人时自我知识确实出现在心里，这将为自我被用于对他人的判断提供更强有力的证据。这正是Dunning和Hayes（1996）进行另外一系列研究的目的。

在一个研究中，向康奈尔大学的学生呈现一段关于另一个人的简短描述（例如，"艾利斯，康奈尔大学的一个学生，每周上课迟到两次"）。看完这段描述之后,要求一半的参与者对描述的这个人的相关特征进行判断（在这个例子中指"守

表 10.7 在某个特质方面评判过或没有评判过另一个人的参与者报告他们自己或熟人行为的速度

报告的行为	评判他人的特质	
	是	否
自我	5 173	6 761
熟人	6 503	6 749

资料来源：Dunning & Hayes (1996, 表 4, p.225).

注意：表中的数据以毫秒为单位。

时”)。要求另一半参与者对句子的语法进行评价，这是一个预期不会激活自我知识的任务。然后询问参与者他们自己与特质有关的行为。如果人们让自己的行为出现在心里以对另一个人作出评判，那么，如果他们已经在某个特质方面对另一个人作出了评判，他们有关这个特质的自我知识就会被激活。如果真是如此，那些已经评价过句子中描述的人的特质的参与者应该比那些只是评价过句子语法的参与者更快地报告与特质有关的行为。如表 10.7 中上一行所示，情况确实如此。

这个结果表明，参与者会激活他们自己的行为用以评判其他人的行为。然而，评价他人导致对自我的反应加快也可能有其他的原因：可能是因为必须判断其他人的特质而启动和激活了整个特质维度，让回答有关这个维度的任何问题都变得更加容易；对自我的反应速度加快只是由于这种启动。如果情况是这样的话，对任何其他人的反应速度也会加快。为了排除这种可能性，另一组参与者经历了完全相同的程序，但不报告自己与特质有关的行为，而是报告另一个熟人的行为。正如表 10.7 下一行所示，与对自我的反应不同，对熟人的反应并没有因为先前对他人的判断而加快。这就排除了对自我评判的加快是由于启动造成的可能性；如果是由于启动，对熟人的判断也应该加快。社会判断加快了有关自我的判断，因为在判断其他人的行为时，人们自发地想到他们自己和自己的行为。

我们对自己的表现感觉更好时，尤其喜欢用自己来衡量其他人。如果我在 SAT 测验中得分为 1200 分，我会认为那些得到更高分数如 1300 分的人是很聪明的；这允许我认为自己也是聪明的。相反，如果我的分数是令人印象更深刻的 1400 分，可能会贬低取得 1300 分的人的智力，通过比较使自己显得更突出。如果这种利用自我来衡量他人的倾向是由自我提升的动机驱动的，那么当提高自我观的动机增强时，这种倾向应该被夸大。人们失败之后更是如此（有关动机推理的讨论见第 6 章）。事实上，一系列研究表明，人们在经历失败之后比获得成功之后更容易以自己的表现作为基础去评价他人（Beauregard & Dunning，1998）。在判断他人时，自我起重要作用的一个原因是，这种判断能用于加强自我。

这一系列研究表明，我们通常运用自我为标尺去评价他人。其他研究表明，我们也会用其他人去评价自己，就像下面所讨论的一样。

运用他人评判自我

1995 年，一群物理学家聚集到一起讨论物质的弦理论。Edward Witten 那天第一个发言，他被公认为是那个年代最杰出的理论物理学家。第二个发言者 Natty Seiberg 也是这个领域有影响的人物，由于 Edward Witten 的发言给他留下了深刻的印象，他在自己发言开始时这样说道："可能我应该成为一个卡车司机。"尽管如此，他接下来的发言也是令人印象深刻的。接着他的发言人是 John Schwarz，他是弦理论的奠基人之一，用这样的话开始了他的发言，"我应该是个三轮车夫"(《科学美国人》，1996.1)。

另一个人的杰出表现有时会让你在比较中感到自己无能。当你的兄弟在学校的表现超过你，当你最好的朋友的篮球打得比你好，当你的同事得到一个梦寐以求的晋升机会，你会对自己的能力和价值产生怀疑，并感到泄气。当然，在其他一些场合，另一个人的杰出表现会使你感觉良好。你对你兄弟的杰出音乐才能感到骄傲，当你最好的朋友加入奥运会参赛队时你会感到欣喜，你为自己的工作表现与最好的员工相当而受到鼓舞。其他人高水平的表现在什么时候让你感觉很好，在什么时候又让你感觉不好呢？我接下来将转向有关这一问题的研究。

自我评价保持模型 Abraham Tesser 及其同事提出了自我评价保持模型（简称 SEM）来解释人们对他人优越表现的反应（Tesser & Campbell，1983，Tesser，1986，1991）。这一模型提出了几个假设。首先，优秀的他人必须与自己有心理上的亲密关系才能对自我产生影响。亲密程度随着相似性、家庭关系、共同的出生地等因素而增加。这些因素导致一个人看到自我和他人之间的一种纽带，或者

看到这两者同属于相同的心理单元。例如，兄弟姐妹或朋友比陌生人要亲密，年龄接近的兄弟姐妹要比那些年龄与自己相差很大的兄弟姐妹之间关系更亲密；那些态度和个性与你更相似的人比那些与你完全不同的人看起来更亲密。与优秀他人的关系越亲密，这个人对自我的潜在影响就越大。

但什么决定这种影响的方向呢？影响什么时候是积极的，什么时候是消极的呢？SEM 模型认为，如果与你的自我定义不相关，你并不真正关心自己在这个领域的表现，一个关系密切的他人的高水平表现会使你感觉很好。在这种情况下，你不会因为他人的高水平表现而感受到威胁，能够轻松地享受他人成就所带来的喜悦（Cialdini et al.，1976）。例如，你根据学业优秀来定义自己而对音乐不感兴趣，就会对姐妹的非凡音乐成就感到骄傲而不会感到威胁。相反，如果一个关系密切的他人在与你的自我定义有关的领域中的表现超过你——你也计划从事音乐这一行——你会由于关系密切他人的高水平表现而感受到威胁，会怀疑自我的价值。你被迫把自己与这个关系密切的他人进行比较，通过比较你会发现自己的不足。总之，关系密切的优秀他人的影响取决于表现领域的自我相关性：当领域不相关时，优秀他人产生积极的影响（因为一个人会分享喜悦），但当领域是相关的时，会产生消极的影响（源于自我和他人令人不愉快的比较）。

自我评价保持模型认为，人们有动机去保持一种积极的自我观。因此，当由于一个关系密切他人的优异表现而感受到威胁时，他们会积极努力地去消除这种威胁。为了达到这个目的，他们会降低与这个人心理上的密切程度（如果与这个人没有密切关系，我就不必把自己与他或她进行比较），也会减少与这一维度的自我相关性（如果这一维度对我来说是不重要，就没有必要由于被超越而感到不愉快），或者把他人的表现降低到最小程度（如果表现不那么出众，就相对不会使我看起来那么差了）。总之，人们通过把相关性、大小或重要程度最小化来进行动机性推理，从而使其他人的高水平表现看起来不那么具有威胁性（对动机性推理的讨论见第 6 章）。人们也会采取行动把由于关系密切他人的高水平表现而带来的威胁最小化。例如，他们会努力暗中破坏这个人未来的表现。

在一个检验这些观点的研究中，每个实验阶段都招募了两对男性朋友（Tesser & Cornell，1991）。当他们到达后，四个人分别坐在隔开的单间里完成一个言语技能的任务。为了操纵这个任务的自我相关性，告诉一半的参与者，在这个任务上的表现与智力是高度相关的，让这些参与者把任务看做高自我相关的。告诉另一半的参与者，这个任务只是个游戏，没有人知道它测量的是什么，让这些参与者把任务看做低自我相关的。当他们完成这个任务之后，向每个参与者报告所有四个参与者在这个任务中的得分。诱导每个参与者相信他们排在第三名，自己被自己的朋友和一个陌生人超过。然后，告诉参与者要完成另一个任务，但这一次有他们同伴参与者提供的线索。然后，每个参与者都有机会去为其他参与者选择线索。重要的是，这些线索的帮助作用是不同的。关键的问题是，在超过自己的两个参与者中，一个人更想帮助哪个参与者，是自己的朋友还是那个陌生人呢？

答案取决于任务的自我相关性如何。当任务不是自我相关的时，参与者提供更多有益的线索给自己的朋友而不是陌生人；很显然，他们没有感受到因朋友的高水平表现而带来的威胁，参与者预期会从朋友的成功中享受到快乐，因此有很强的动机去帮助他。相反，当任务是高度自我相关的时，相对于陌生人来说，参与者给自己的朋友提供的有用线索比陌生人更少；对于自己高度关注的任务，被关系亲密的朋友超越比被陌生人超越会使自己感到更大的威胁；这就是为什么参与者特别不愿意帮助朋友保持高水平表现的原因。人们热切地帮助朋友在不相关的任务上保持优秀的表现和不愿意帮助朋友在相关任务上保持优秀表现，两者都是源于提升和保持自我价值的愿望。事实上，当参与者有机会通过其他途径提高自我价值时，这两种倾向都会减少。这表明当自我肯定的需要得到满足时，寻求机会分享朋友带来的荣誉或避免与朋友进行令人不愉快的比较会让人们感到更少的压力。

类似的研究为SEM的其他方面提供了支持（Tesser & Campbell，1983；Tesser，1986，1991）。总之，这个研究表明，关系密切的优秀他人在某个人不在乎的维度上超过他时，会提升这个人的自我观，但一个人在他自己也期望有优越表现的维度上被超越时，就会威胁到他的自我观。近来更多的研究表明，人们遇到他人在高度自我相关的维度上超过自己时并不会总是感到泄气，有时还会被这些个体所鼓舞。下面对此进行讨论。

角色模式对自我的影响 我在完成博士论文和寻找一个作为社会心理学家的学术职位的那一年，我自己所在的系正在招聘一个社会心理学助理教授。优秀应聘者的简历在我们这些研究生中间传播。至今我还记得，当我们看到其中一份简历时所体验到的敬畏和震惊。这个应聘者即将从一个杰出的研究计划中毕业，已经发

表了一系列令我们感到惭愧的论文。我们当中最好的人也只发表了两三篇文章，而这个人发表文章的清单就有两页！看过这个不同寻常的成就记录后的几周里，我们所有人都难受地感觉自己无能。然而，后来我认识到，作为一个杰出研究计划的学生，我们周围都是取得了更大成就的教授，每天我们都在与这一领域的巨人交谈。但这些杰出的学者并没有让我们觉得自己无能，他们在鼓舞和激励着我们。为什么这个年轻的应聘者比那些更有成就的教授们对我们有更大的威胁呢?

这个职位的候选人更具威胁的原因是，他与我们处在相同的职业阶段。我们认识到，对于我们来说，在研究生阶段要取得与这个杰出的学生一样的成就已经太迟了。相反，我们的教授比我们的年龄大，处于职业发展的高级阶段。因此，我们只能仰望他们，希望将来的某个时间能够与他们看齐。这个分析表明，高度自我相关的优秀他人对自我的影响将取决于他人成就的*可达到性*：一个自己达不到的成功榜样会让自己的较少成就比较起来显得微不足道，让我们感到低人一等和失去信心。相反，一个自己可以达到的成功榜样意味着如果我们努力工作也能够取得那样的成就，会鼓舞和激励自己为取得这些成就而努力，让我们感到有能力这么做。

为了检验这些观点，Penelope Lockwood 和我向实验的参与者介绍了一位杰出的大学生，他的成就对于参与者来说在学校期间是可以达到或不可能达到的（Lochwood & Kunda，1997）。在一篇伪造的报纸文章中，这个杰出的大学生被描述为大学四年级会计专业的学生，拥有引人注目的成就记录。除因学业优秀获得过重要的奖学金外，他还积极参加体育活动和社区服务，据说正在考虑来自几个著名公司提供的工作机会。实验的参与者是经过选择了的会计专业大学一年级或大学四年级的学生。我们认为，对于会计专业大学一年级的学生来说，这个杰出学生的成就是可以达到的，他们的学术生涯还很长，鉴于他们以往学业优秀的历史，取得相同的杰出成就仍在可以达到的范围内。相反，我们预期同样的成就对于大学四年级的学生来说是不可达到的，他们要想取得与这个杰出学生同样的成就已经太迟了。因此，我们预期大学一年级的学生会被这个优秀学生所鼓舞和自我提升，而大学四年级的学生会由于同一学生而感到失去信心。

读过有关这个杰出学生的报道以后，实验的参与者在一系列与职业成功有关的形容词上来评价自己（例如，聪明的，有技能的）。控制组的参与者做同样的自我评价但开始没有阅读有关这个杰出学生的报道。如图 10.2 中所示，对于一年

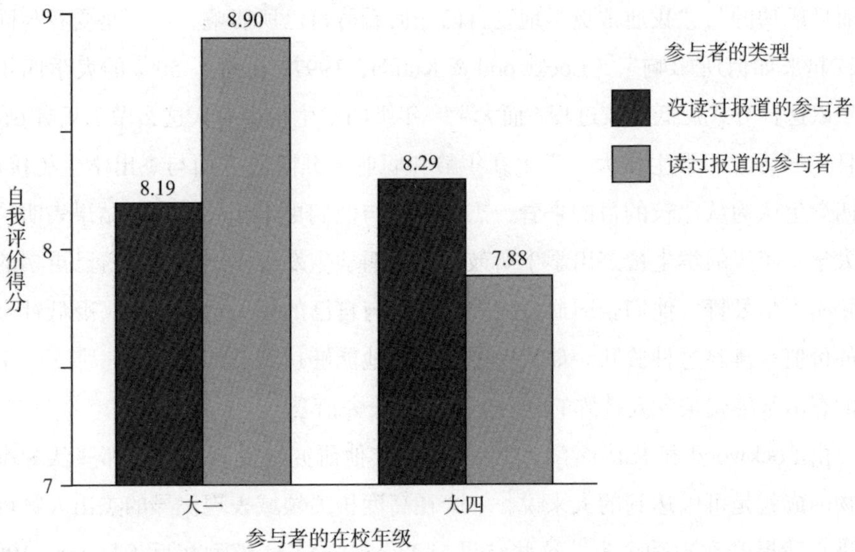

图 10.2 读过和没读过杰出毕业生报道的大一和大四学生所做自我评价的平均值。更高的分代表自我评价更积极。

资料来源：Lockwood & Kumda (1989, 表 2, p.97). Copyright © (1996) by the American Psychological Association. Reprinted with permission.

级的学生来说，那位杰出学生的成绩似乎是可以达到的，很明显由于杰出学生而自我提升：那些读过杰出学生报道的大学一年级学生相比控制组那些没有读过报道的大学一年级学生，对自己的评价更高。对于大学四年级的学生，杰出学生的成绩对于他们来说似乎是不可达到的，由于杰出学生而感到失去信心。读过杰出学生报道的大四学生比控制组的大四学生显得更不积极，尽管这种差异并没有达到显著水平。

大学一年级和大学四年级的学生关于自己对杰出学生的反应所提供的解释也表现出明显的差异。大部分大学一年级的学生（82%）报告说自己被杰出学生所鼓舞（例如，“……我现在就想努力学习以获得他所获得的奖学金……”，“……看到他取得的成绩后，我知道我必须努力”；Lockwood & Kunda，1997，p.98）。相反，只有很少的大四学生报告受到了鼓舞（只有 6%）。相反，大四学生把精力集中于解释为什么杰出学生是与他们无关的（例如，“……你不能把这个世界上任何两个人之间的‘成功’进行对比，因为所有人从自己的角度来说都是与众不同而且成功的"，"我通常更多地受自己如何看待自己所影响，而不是受我与同学比较起来如何所影响"，（Lockwood & Kunda，1997，p.98）。50% 的大学四年级学生以这种方式贬低比较过程，而大学一年级的学生很少有人这么做（只有 6%）。而且，尽管大四学生比大一学生在年龄和职业生涯阶段方面与杰出学生更接近，大四学生认为从比较的目的来看，杰出学生与他们更不相关。这些结果表明，只有大学一年级的学生被杰出学生所鼓舞。大四学生发现杰出学生对自己更多的是威胁而不是鼓舞，他们企图通过使杰出学生与自己的相关性最小化、贬低社会比较的价值来排除这种威胁。如果一个人相信他能够达到类似的成就，那么一个相关的杰出学生就是令人鼓舞的，否则会让人失去信心。

由 Lockwood 和 Kunda（1997）进行的其他研究也发现，对于那些认为杰出人物的成就是可以达到的人来说，一个在高度相关领域表现优异的杰出人物可以促进自我提升和激励个人。这些结果与 Tesser 的 SEM 模型相反（Tesser，1986，1991）。SEM 模型认为，一个人被关系密切的他人在自我相关的领域超越时，对自我会产生消极的结果。Tesser 及其同事可能忽视了相关的优秀者能起激励作用而不是使人失去信心，因为在他们的实验中优秀他人的成绩总体来说是无法达到的：典型的情况是，参与者遇到一个在测验中超过自己的人，而这个测验又不会再来一次，因此参与者对将来改善自己的相对地位不抱什么希望（Major，Testa，& Bylsma，1997）。Lockwood 和 Kunda 也发现，这种无法达到的成功榜样让人感受到威胁。不过，他们也发现，可达到的成功榜样可以起到促进自我提升和激励的作用。

看来一个优秀的他人可以通过两种不同的途径让我们对自己感觉良好。优秀他人可以通过反射的过程来提升我们的自我观，这个过程让我们感受到这个人反射出来的荣耀（Cialdini et al.，1976；Tesser & Campbell，1983）。优秀他人也可以通过激励作用来提升我们的自我观，引导我们期望并努力获得同样出色的成绩（Lockwood & Kunda，1997）。为了说明这两个过程的不同，让我们想一想不同的美国观众对一个美国运动员在奥林匹克运动会上获得金牌的不同反应：一些正处于发展阶段的运动员希望四年之后可以看到自己站在同一个领奖台上，他们会付出双倍的努力以达到这个目标。这样想的人会受到激励，而其他人没有做运动员的抱负，只是作为一个美国人而感到骄傲。这些人正分享由美国同胞反射出来的荣耀。

一个人从他人的成绩获得的快乐，和一个人由于自我具有取得相当成就的希望而获得的快乐涉及自我的不同方面：当我把自己看做更大的社会团体中的一员时，这个社会团体可能是家庭或国家，我就会分享他人的成功。我感觉很好是因为我所属团体的成员使团体变得更好。相反，当我把自己看做一个独特的与众不同的个体时，我会享受自己未来的成功前景。我感觉良好是因为我预期自己会变得更好。总之，反射会提高一个人社会的、集体主义的自我，而激励会提高个体的、个人主义的自我（Brewer & Gardner，1996）。这种个体的、个人主义的自我与社会的、集体主义的自我的差异在东西方文化差异的讨论中处于核心地位（Markus & Kitayama，1991），这将会在第 11 章中进行详细探讨。现在，我关注与优秀他人进行比较的意义。

一个人要通过反射充分享受另一个人的成就，必须把个人的自我隐藏起来，而关注社会的自我。事实上，只有在优秀他人擅长的领域不是自己期望擅长的领域时，在他们因为自信而一点也不必考虑自己的自我价值时，以及当他们与他人的社会纽带很突出之时，人们才会分享由密切关系的优秀他人所带来的荣耀（Brewer & Weber，1994；Pelham & Wachsmuth，1995；Tesser，1988）。而当他们关注个体的自我时，如果相信自己最终能够达到与优秀他人相当的成功，就会从优秀他人身上获得个人的鼓舞（Lockwood & Kunda，1997）。然而，当一个人的个体自我凸显出来，而其他人的优秀成绩似乎是不可达到的时，优秀他人就会让人感受到威胁和失去信心。

这个讨论一直集中在人们对优秀他人的反应上。当然，表现差的他人也会影响人们对自己的看法和感受。通过与一个表现比我更差的他人比较，可以使我看起来更好，提升自我价值感。然而，这种表现差的人也凸显了我可能落入的陷阱。如果我感到有能力避开类似的灾难，这样的威胁会驱使我改善和采取行动，但如果我感到没有能力避免类似的命运，这样的威胁只会使自己失去信心（Major et al.，1991）。有证据表明，表现差的他人有时会引起自我提升，有时会导致一个人失去信心。不过，有关这些过程的观点仍是猜测性的（综述见 Major et al.，1991）。

总体来说，这部分的研究回顾表明，自我与对他人的知觉是错综复杂地联系在一起的。我们自发地运用自我的知识去弄清他人的行为。反过来，自我观也受我们对他人的认识的影响。有关他人成功和失败的知识会导致我们思考自己的前景，重新评价自己的能力并修正自己的目标。

到目前为止，我一直把自我当做信念、情感和目标的宝库。我也讨论了自我的内容、情感特性和组织如何影响一个人对自我有关信息的加工、人际判断和行为，以及一个人与自我有关的信念和抱负反过来如何受其周围的社会环境影响。现在，我转向自我的另一个重要方面，即它的执行功能。在下面的部分，我在讨论自我时不是把它当做知识的集合体，而是当做一种控制机制。

自我调节

目前很清楚的一点是，自我不是一种被动的知识结构。更确切地说，自我积极努力地去控制和修正它自身的思想、情感和行为，也影响和改变环境。“自我调节”（self-regulation）这个术语就是指自我的执行和控制的方面。在这一章乃至整本书中包括的许多主题，事实上都可以看做自我调节的例子。当我们决定追求哪个目标时（促进或预防，自我提升或自我证实），当我们决定如何去追求我们的目标时（修正对自己或他人的知觉，寻求或避免某种信息和情境），当我们试图控制自己的心情及其表现时，当我们试图不带有偏见时，当我们试图抑制令人不愉快的想法时，当我们试图坚持健康的饮食和锻炼习惯时，等等，我们都会进行自我调节。鉴于相关的研究非常多，我在这部分只关注超越特定调节任务的、自我调节的普遍规律（Baumeister，1998）。

自我调节是适应性的

许多早期关于自我调节的研究关注儿童延迟满足的能力。这方面的许多研究都运用了下面的范式。将一个儿童单独留在房间里，让他面临一种选择：这个儿童可以一直等到实验者回来，得到诱人的奖赏（例如，两块果汁软糖），或者儿童叫实验者马上回来，得到不那么吸引人的奖赏（只有一块果汁软糖）。在这种情境下，那些能够抵挡诱惑的儿童会获得更诱人的奖赏。因此，儿童等待的时间越长，其延迟满足的能力就越好（Mischel，1974，1996）。

研究表明，以这种方式延迟满足的能力反映了高水平的适应技能。在一项研究中，要求那些十年前作为学龄前儿童参加了这种延迟满足实验的儿童的父母们在多个维度上评价他们那些现在已成为青少年的孩子们。很明显，儿童在学龄前时期的延迟满足能力预示了他们在高中阶段的社会和智力方面的表现：那些为了得到更诱人的奖赏而等待更长时间的儿童，在十年以后被他们的父母评定为具有更多学业成就和社会方面的技能（Mischel，Schoda，& Peabe，1988）！儿童早期的延迟满足能力反映了自我调节中一种广泛、持久和高度适应的能力，即在学术领域和人际交往领域取得成功所需要的调节和控制个人的思想、情感和行为的能力。那些年幼时能够进行这种自我调节的儿童在其成熟后表现出具备了这种成功的能力。

自我调节需要精力

自我调节并不总是容易的。许多研究都表明，控制一个人的思想和情感是要花费精力的。最值得注意的是，当一个人因为自己的认知资源有限而不能投入足够的精力时，努力去抑制不想要的思维是徒劳的（综述见 Wegner，1994；详细讨论见第 8 章）。同样，努力去调节一个人的面部表情或忽略分心刺激物都需要许多精力，它们会干扰其他需要精力的任务（综述见 Gilbert，1989）。而且，自我调节是如此让人消耗精力，以至于在努力完成一项自我调节任务时，人们很少能完成另一个不相关的任务。

在证明这个观点的一个实验中，招募一些饥饿的学生进行味觉研究（要求他们实验前的一餐不要吃）。参与者到来后被带到一个充满着刚出炉饼干香味的房间里，坐在两个食物展台前，一个展台是诱人的饼干和糖果，另一个展台是一堆小萝卜（Baumeister et al.，1998）。在一种情况下，要求参与者单独在房间待五分钟，指示语要求他们必须吃几个小萝卜但不能碰饼干和糖果。换句话说，要求他们运用自我控制去抵御饼干的诱惑。在另一种情况下，要求参与者吃饼干和糖果，但不要碰小萝卜。换句话说，他们允许屈服诱惑而不是抵挡它。还有一个是控制组，参与者没有接触任何食物。接下来要求所有的参与者解决几个实际上无法解决的难题。研究者感兴趣的问题是，参与者在完成这种令人沮丧的任务中能坚持多久。

如果抵挡诱惑消耗了精力，那么它应该只留下很少的精力给随后的任务。事实上，那些被要求抵挡饼干诱惑的参与者由于自我控制的行动而看上去精疲力竭。那些吃了饼干的参与者和控制组的参与者花了大约20分钟的时间尝试解决这些不能解决的难题，而那些被要求抵挡诱惑的参与者只花了大约8分钟就放弃了。随后的一些研究表明，其他形式的自我调节，如在观看情感电影时抑制自己的情绪，导致了类似的资源耗竭，损害了参与者在后续任务中的表现。（Baumeister et al.，1998；Muraven，Tice，& Baumeister，1998）。

总之，自我调节需要大量精力。成功的自我调节侵占了其他同时进行的任务可使用的资源，耗竭了后续任务所需的精力和能量。那些擅长在自我控制和意志力方面花费精力的人能很好地应对现代生活的需求。

有人可能认为，对有关自我的目标、组织和内容方面的研究感兴趣的研究者，其研究的许多过程都包括自我调节。事实上，无论什么时候，一个人在寻求某种知识和抵制其他的知识、力图自我验证或自我提升、寻求某种人际关系情境而躲避其他的人际情境、或者选择某种认知和人际策略而不是其他的策略时，都需要进行自我调节。最近进行的有关一个人明显的自我差距如何影响某种人际策略选择的研究，明确地把自我调节与自我的表征和组织联系起来（Higgins，1998）。在其他研究中，自我这些不同方面的联系仍然是内隐的。而且，尽管自我调节具有普遍性，但在这一领域，仍缺乏一个把自我调节的不同方面联系起来的广泛的理论架构（Baumeister，1998）。

长期以来，对于自我本质的探究一直让许多不同的思想家们着迷，包括诗人、哲学家和心理学家。社会认知作为其中的一个部分，对此作出了相当大的贡献，在自我影响一个人对社会世界的理解、一个人对社会世界的理解影响自我的方式等方面提出了许多新的观点。然而，尽管已经取得了许多成就，但还有许多问题有待解决。

总 结

自我的内容和结构能影响我们理解自我和他人的方式。人们在哪些特征是核心的和自我定义等方面是存在差异的。对于大多数核心特征，我们都可能形成一个复杂的自我图式，它是对我们相关行为的记忆和信念的整合。那些在某个特质如独立性方面具有自我图式的人能很快判断出他们在这个特质上的位置，并能用大量个人事例去支持这个观点，不愿意接受那些对自我观点提出质疑的证据。他们也拥有关于这个特质更普遍的专业知识，并运用这些知识去理解他人的行为。尽管我们对自我有许多稳定和持久的记忆和信念，我们的工作自我概念，也就是我们在特定时间的自我感，从一个场合到另一个场合是变化的，且作为自我知识的不同子集被激活。

人们在整体自我评价或自尊的积极性方面也存在差异。那些高自尊的人认为他们自己是有价值的而且是成功的，倾向于拥有清楚的、自信的、稳定的自我知识。相反，那些低自尊的人认为自己是个失败者，倾向于对他们的身份感到是不确定的和混乱的。这两类人在保护和提升自我观方面运用的策略也是有差异的。高自尊的人试图将自我提升到最大程度，低自尊的人试图将自我贬低到最小程度。

自我知识的组织也影响对自我有关信息的反应。那些具有高自我复杂性的人，他的自我表征包括许多不同的方面，与那些具有低自我复杂性的人相比更不易受应激事件的伤害，因为对高自我复杂性的人来说，打击所造成的消极后果只会局限于自我的某个方面，而对于低自我复杂性的人来说，这种消极后果会扩散到自我的其他所有方面。

除了我们现实的自我以外，我们还具有自己应该是什么的自我观和我们理想中期望成为什么的自我观。在现实的自我和理想的自我之间有显著差异的人，会关注于他们希望的积极后果。这会使他们对其他人生活中积极后果的存在和缺失变得敏感，导致他们在社会生活中寻求积极的后果。这种差距也会引起悲伤和沮丧的情绪。相反，那些在现实的自我与应然的自我之间有明显差距的人会关注由于他们没有履行责任所带来的消极后果。这使他们对其他人生活中的消极后果的存在和缺失变得敏感，导致他们在社会生活中避免消极的后果。这种差距会导致担心和焦虑的情绪。

对自我的信念也会影响我们寻求反馈的种类。只要可能，我们就会寻求有关自己最好特征的反馈，这种反馈能满足我们自我提升和自我验证的愿望。不过，当不得不关注不足的方面时，我们通常会偏爱那些验证这些不足的反馈甚于那些与自我消极观点相矛盾的自我提升的反馈。尽管会寻求验证自己不足的反馈，但我们并不喜欢接受这种反馈。与得到应得的批评相比，我们在得到无理由的赞扬时会感到更快乐。

当我们对他人作出判断时，自我知识会起作用。我们通常会把其他人的表现与自己加以比较来评价他人。结果，我们对他人的评价取决于自己的能力。我们也通过与他人的比较来评价自己。那些超过自己的其他人使我们体验到激励和自我提升，或者失去信心和自我贬低，这取决于我们对他人成就所感受到的威胁程度如何。

自我也具有执行和控制功能。自我调节是需要精力的，并消耗为其他任务留下的资源和能量。因此，在一个领域进行自我抑制之后，我们会发现很难调节和控制其他方面的思想和行为。对这种需要付出精力的自我控制进行调控的能力具有高度的适应性。

第三编

跨文化的视角

第 11 章

文 化

读到这里，在先前知识的基础上，大家已经对社会认知的研究有了初步的了解，社会认知研究揭示人们如何认识自己和社会的普遍规律。但是这种规律是否具有普遍适用性呢？因为关于社会认知的研究大部分是在北美进行的，其他一部分是在西欧完成的。所以，研究的结果是否仅仅适用于北美或是整个西方呢？这样，我们就产生了疑问，在社会认知过程中，文化到底起到了什么作用呢？

人类学家很早就注意到东西方不同文化背景下成长的个体是有差异的（Shweder & LeVine，1984）。举例来说：在美国，有这样的一句话“吱吱作响的轮子能得到润滑油”。而在日本，则有“捶打出头钉”的说法。在引导孩子吃饭问题上，美国的父母会用非洲儿童做比较，让孩子想到他们自己是多么的幸福；而中国父母则告诉孩子农民伯伯种田不容易，浪费粮食就会对不起他们。在员工激励方面，美国公司会让员工每天工作前在镜子面前重复 100 次“我很美丽”；日本公司则会告诉员工每天要对别人说“你真美丽”（Markus & Kitayama，1991）。美国儿童在组建运动队时，先选出两个队长，然后由队长轮流选择队员；而日本则不采取这种方法，因为他们认为最后被选中的队员会感到失望，所以他们按班级或者名字的排序来选择队员。在美国，妈妈希望他们的孩子能够成为一个快乐成功的人；在日本，妈妈希望孩子能够成为一个不让他人讨厌的人（N.D.Kristoff，1998）。

以上事例反映了不同文化中人们对自我及自我与他人关系的理解上存在着差异。在美国，自我是区别于他人的，他们认为个体是独特的并且是与众不同的；相比而言，日本人在表达自我时，是要与他人相联系的，并且和谐地融入群体当中。这样对自我和社会的不同建构就会导致人们采用不同的方式来认识自己、他人，以及与他人的关系。

迄今为止，关于文化差异的探讨主要是由人类学家完成的，通过观察法和文献法来进行数据收集和分析。在最近10年，随着社会心理学家的进入，他们开始关注文化对于认知、情绪、动机的影响，这样就形成了一个新领域，可以称为“实验人类学”，即利用社会和认知心理学研究中的严格实验法来探索文化差异，从文化差异的角度来解释社会认知问题。在多数情况下，这些发现也可以解释社会心理学中的现象，如基本归因错误、认知失调减少、自我提升需求等。

以基本归因错误为例，人们倾向于夸大行为的内在原因，而忽视行为的情境压力，这可用于解释基本知觉过程。对于知觉者来说，他们会将行为主体作为一个显著的知觉对象，而很少关注情境，因为我们需要根据行为者的意向来进行因果解释，这是一条普遍规律。因此，如果非西方个体比西方个体更少产生基本归因错误的话，那么就会对上述结果造成威胁，这样的话，就可以从文化信念的角度来解释社会行为。

关于文化差异的研究主要集中于东西方文化差异，因此本章节主要探讨的也是东西方文化差异研究。首先，在两种文化背景下，自我概念是不同的：北美人和其他西方人将自我看做独立的个体，而在东亚人看来，自我是依赖他人而存在的（Markus & Kitayama，1991；Triandis，1989）。随后，我将探讨不同的自我概念对自我表达、归因和动机的影响。

东西方的文化差异可能从根本上影响人们如何认识和思考自我以及他人，决定人们以何种方式对社会情境做出反应。然而，文化差异并不能解释所有的行为。两种不同的文化可能只对特定行为的理解产生影响，在其他社会交往方面则可能是相似的。这种文化上的差异甚至也会出现在美国本土地区，比如美国北部和南部地区。我们将探讨美国南北地区中，人们对名誉受到威胁时的不同理解，以及在自我判断和行为上的差异。

东西方差异

独立自我和关系自我

独立自我 在大多数西方社会中，个体的社会化过程就是要成为独一无二的人，表达自己的想法和欲望，努力完成个人目标，自我实现，充分发挥自身潜能。这样，自我被看成是一种独立、自主、个别的存在，拥有独特的品质、能力、想法和感受（例如，我是聪明、友善、负责的，我擅长数学，缺乏音乐细胞；我喜欢旅游，我想超越我的同伴）。个体尝试公开表达这样的自我，并且不断地通过与他人比较来确定自我的存在。这些内在的品质构成了自我，并赋予其意义。当然，人们也必须认识社会关系中的自我（例如，与哥哥在一起，我是具有竞争性的；与好朋友在一起，我是智慧的；与异性在一起，我是害羞的），但是这些都不是自我认同的核心组成，它不包含在内在品质的自我定义中。虽然在不同文化内部，对于自我的认识也有差异，但是在西方独立自我更具有普遍性。

关系自我 我曾经听说一个日本学者让美国观众说出他们的神圣权利和最终目标，美国人说："生活、自由以及追求快乐。"日本学者指出，美国人的祖先可能忽略了一些重要事情，他们会问："你们怎么看待和谐呢？"在许多非西方社会中（如日本、中国、印度），个体的社会化是努力建立与他人和谐的关系，关注个体与他人的联系，不断调整自己以适应社会环境的需要，并尝试融入社会群体当中。自我被看成是与他人相连的，是社会网络的一部分。一个人的行为、想法和感受是通过与他人的关系互动体现出来的（例如，我敬重父母，我深知配偶的需求，家人认为我很友好，同事认为我喜欢旅行，我希望所在公司能超过其他竞争对手）。个体对自我的认识建立在他们的社会关系上，而自我最重要的部分来自与他人的关系互动中。因此，自我的体验是不同的，在不同的社会背景下呈现出不同的类型。

关系自我扮演这样的角色，关注社会职责和责任，尝试了解他人想法和感受，最大程度地满足他人期望。可见，个体期望应与他人期望相一致，而不是只表达个人愿望；在这里，依照自己愿望行事被看成是一种幼稚的行为。关系不仅是实现个人目标的手段，更重要的是，它本身就是一个最终目标，他人的期望就是自己的期望。不过，需要注意，与独立自我相比，关系自我不具有普遍的仁慈性和关心他人福利的特性，它不能满足所有人的需要，而仅仅针对内群体成员，当然这个内群体是有严格界定的。

为了证明关系自我和独立自我中个体行为的区别，Markus 和 Kitayama（1991）用与朋友进餐的例子来解释。美国人可能会问朋友："嗨，汤姆，你想吃什么样的三明治，我这里有火鸡肉、腊肠以及奶酪。"然后汤姆将说出他喜欢吃的食物。这个互动过程是基于这样的假设：汤姆有权选择他喜欢的和想要的食物。对于独立自我来说，发生这样的事情是很自然的，然而对关系自我来讲，就不会出现这样的情况。日本人会问客人："你喜欢吃什么样的三明治？"客人会沉默一会儿，然后说："我不知道。"这时，需要主人来读懂客人的想法，判断客人喜欢吃什么，对于客人而言，则需要愉快地接受主人提供的食物，并随时准备回请对方。随后，主人可能会说："嗨，托米奥，我为你准备了火鸡肉三明治，因为我记得上周你说比较喜欢吃火鸡肉，不喜欢吃牛肉。"托米奥会对主人表示感谢（Markus & Kitayama，1991，p.229）。

东方人通过与他人建立关系来表达自我，了解什么对他人来说是重要的，将他人的目标建立在自身目标之上，这些对于西方人来说并不常见，但也有例外（美国父母也会将孩子的需求放在自身需求之上）。但是，通常来说这种关系自我主要出现在非西方社会中。事实上，一些研究也揭示了这种东西方的自我认识差异，接下来将讨论。

自我认识的组成和内涵

丰富的自我表征 试着想象一个你非常了解的朋友，然后回答两个问题：你像你的朋友一样害羞吗？你的朋友像你一样害羞吗？对于这两个看上去一样的问题，美国人给出了截然不同的答案（Holyoak & Gordon，1983）。当要求人们对熟悉和陌生的客体做出判断时，就会出现一种系统性不对称：认为陌生的客体与熟悉的客体更相似，而熟悉的客体与陌生的客体不相似。例如，对于那些了解美国的人来说，他们就会判断墨西哥与美国更相似，而不会说美国与墨西哥相似。这种不对称性可以利用 Tversky 的相似性判断对比模型来解释（Tversky，1977）。根

据这个模型，当问人们“美国和墨西哥相似吗”，每个国家的独特性越多，那么它与其他国家的相似性就越少。在这个比较中，关注对象（美国）的独特性会降低两者之间的相似性，因为我们对美国很熟悉，我们能够意识到美国的独特性（例如，这些特点都是墨西哥没有的），这样我们判断相似性的得分就很低。相反，当墨西哥成为比较主体时（例如，墨西哥和美国相似吗？），人们会关注墨西哥的独特性。由于我们对墨西哥知之甚少，只能想出一点儿独特性，因此我们判断相似性的得分较高。

这种不对称性还出现在美国人对其与好朋友相似性的判断上，显示出他们丰富的自我表征和他人表征。与多数人会判断墨西哥与美国更相似一样，北美人会判断朋友与自己更相似（Holyoak & Gordon，1983）。譬如，我会说你和我更相像，但是我却不说我与你更相像。这表明，自我表征比他人表征更丰富；由于我更了解自己的独特品质，当“我”是比较主体时，我就会判断“我”与你有更少的相似性；而当“你”成为比较主体时，则我们会更相似。

可见，在独立自我文化中，与对熟悉他人的了解相比，我们对于自我的认识更加丰富和全面。而在关系文化中，恰恰相反，这种文化需要成员全面地了解每一个人，个体的主要社会任务是与他人和谐相处，知道别人的想法，逐渐积累对他人的认识，甚至超过对自我的了解。如果是这样，那么在自我和他人相似性判断任务上，就会与北美的情况不一致。

Markus 和 Kitayama（1991）的研究支持了上述观点。他们让来自北美和印度的学生进行相似性判断任务，比较自己和他人的相似程度或者他人与自己的相似程度。图 11.1 显示：美国学生认为他人和自己更加相似，而自己与他人不同；印度学生的结果正好相反。

总之，处于独立自我文化中的个体具有丰富和全面的自我表征，而在关系文化中，这种优势就消失了，甚至刚好相反。两者的区别不仅表现为对自我认识和对他人认识的丰富程度不同，还体现为内容的不同，接下来将继续讨论。

整体性自我描述和情境性自我描述 想象一下，你需要对“我是谁？”这样一个问题给出 20 项不同的答案，那么你的答案是什么呢？你的回答应该在很大程度上依赖于文化背景。对于美国人来说，答案是显而易见的，这些描述表现了一种稳定、独立的内在自我，体现为对特质、能力、偏好等整体性描述。那么日本人

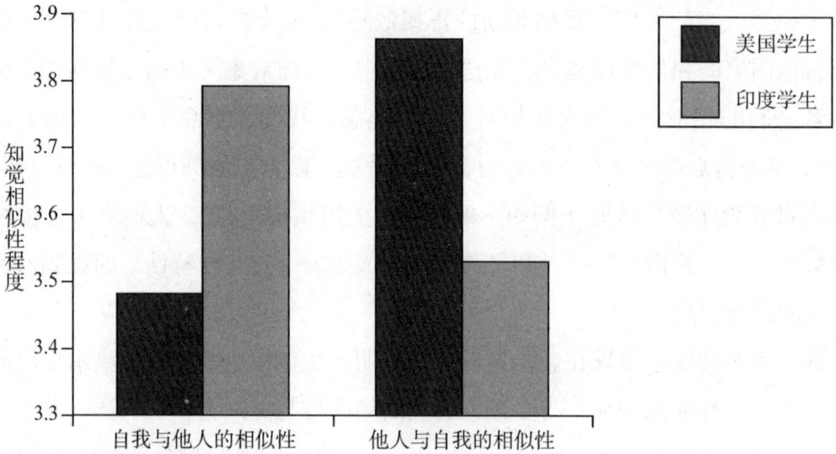

图 11.1 美国和印度学生对自我与他人、他人与自我的相似性进行比较

资料来源：Markus & Kitayama (1991, 表 2, p.231). Copyright © (1991) by the American Psychological Association. Reprinted with permission.

在面对同样的问题时，其答案体现了一种自我和社会情境的关系。也就是说他们将个体放在一定的社会情境中进行描述。

Cousins（1989）对上述观点进行了证明，他选择美国和日本的在校大学生，让他们回答“我是谁”这个问题。从他们的答案中选择 5 种特质进行分析，发现美国学生更倾向于对自我采用整体的、非限定性描述（如我很诚实，我很随和等），如图 11.2 所示；而日本学生则利用社会情境来进行自我描述（如我是庆应的学生，我是一个在星期五晚上玩麻将的人），此外他们也比较喜欢用概括性的词语来描述自我（例如，一种生活方式，一个 21 世纪的人）。总之，美国学生的答案是一种整体性特质描述，而日本学生的回答则涉及社会角色、活动、偏好以及抽象概念。

如果给“我是谁”这个问题设定一个情境（比如，用家、学校和好朋友来描述自己），会出现不同的答案吗？对于美国学生来说，由于情境的介入，特质描述就失去了整体性，因为他们需要将特质融入情境当中。而对于日本学生来说，这是很容易的，给他们提供了一个在每个情境中展现特质的机会。从图 11.2 中，我们可以看到日本学生更多地使用了非限定特质来回答情境性问题（例如，好学的、安静的、自负的），而美国学生则提供了限定性回答（如，与好朋友在一起我是

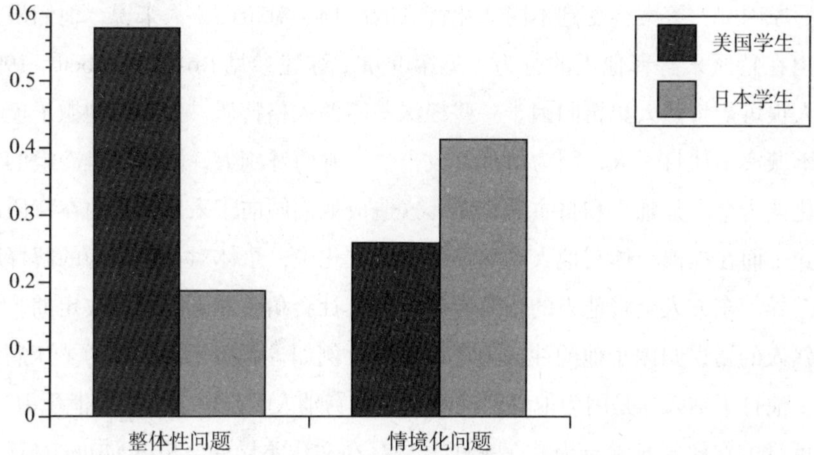

图 11.2 美国和日本学生对“我是谁”这个问题的回答中整体性描述和情境性描述所占的比例

资料来源：Cousins (1989, 表 2, p.127). Copyright © (1989) by the American Psychological Association. Reprinted with permission.

天真的）。最后，Cousins 得出结论：这种对于情境性问题的限定性意味着，情境中的自我不能反映真实、普遍的自我。

总之，对于美国人而言，在无情境限制时，他们采用整体的、非限定的特质术语进行自我描述，而在特定情境时，他们采用限定性特质术语来描述自我，日本人的情况相反。也就是说，美国学生更喜欢利用特质来描述整体性自我，而日本学生更倾向于用特质来描述情境性自我。这些发现表明，美国人的自我概念是独立于社会情境的，是一种整体的、非情境性的自我；而日本人的自我是依赖于社会情境的，由特定情境下的特质组成。

由于美国人将自我看做是一种超越情境的整体特质，所以他们倾向于将他人行为归为一种稳定、整体的特质。而东亚人将自我看做是依赖于社会角色和情境的特质，他们会将他人的行为归因于社会角色和情境。这点将继续讨论。

内在特质归因和情境性归因

下面，想象一个你认识的熟人，他最近做了一件错事。那么你会如何解释他出错的原因呢？答案会受到不同文化背景的影响。对于西方人来说，他们根据稳定的内在特质来解释他人的行为（见第 9 章；综述参见 Ross & Nisbett，1991）。西方人很可能将熟人犯错归因于一些根深蒂固的人格特质。比如，她撒了谎，因为她不诚实；他打了人，因为他具有攻击性；她侮辱别人，因为她是冷漠的。西方文化认为个人是独立和自主的个体，这造成他们倾向于采用基于内在特质的归因方式；而在提倡个体与他人、社会关系的文化中，个体对社会行为的解释就会有所差异。东方人会将他人的行为看成是由其社会角色和人际情境决定的。东亚人将熟人的错误归因于他的社会角色或情境；例如，她撒了谎，是为了让病人活下去；他打了别人，是因为他受到挑衅；她辱骂别人，是因为她要发泄压力。

可见，在解释日常行为时，东西方是存在文化差异的。Joan Miller 对这点进行了研究。他的被试来自西方社会（芝加哥的美国人）和东方社会（印度南部的一个城市，迈索尔）。要求每个被试对熟人的行为进行解释，这些行为包括两个偏差行为和两个亲社会行为（问题形式和“我是谁”差不多），然后将他们的回答进行归类，归类依据是内在特质（骄傲，不诚实）或情境（包括人际关系；她是他的婶婶，他有许多敌人），以及时空定位（如在上午的早些时候，他离学校很远）。

美国人和印度人对于社会行为的解释截然不同。在表 11.1 中，我们可以看到，美国人更倾向于利用内在特质来解释个体行为，而印度人则更多地使用社会情境来解释个体行为，尤其在对偏差行为的解释上，这种现象更明显。美国人的内在特质解释是情境性解释的 3 倍，而印度人的情境性解释是内在特质解释的 2 倍。

有趣的是，来自不同文化中的儿童对于社会行为的解释并没有差异。可见，归因方式的文化差异只出现在成年人中，因为他们已经形成了稳定的个体文化观念。

表 11.1 美国人和印度人解释不同行为时归因方式的差异

	偏差行为		亲社会行为	
依据	美国	印度	美国	印度
特质	0.45	0.15	0.35	0.22
情境	0.14	0.32	0.22	0.49

资料来源：Miller (1994, 表 2, p.967). Copyright © (1984) by the American Psychological Association. Reprinted with permission.

Miller报告了几个例子，证明成年美国人和印度人对于偏差行为的解释是不同的。一个美国人描述了下面的违规行为：

> 这个违规行为涉及和我一起工作的一个老师，我们需要制定一个计划表。我想到一个好主意来制订计划，并且告诉了其他的参与者，而之前提到的那个老师将这个计划据为己有，迅速地提交给相关部门，就好像是他自己提出来的一样。

美国人利用内在特质来解释行为原因："他是一个自私的人，他只考虑个人利益。"

一个印度人也描述了类似的违规行为：

> 这与在某部门工作的一个学者有关，她刚获得了博士学位。她想从自己的课题中选出4~5篇论文来发表。她撰写了许多论文，但是她的导师却将自己署名为第一作者，而她只能是第二作者。她很伤心，因为荣誉一般只属于第一作者。

印度人并没有将这个行为解释成导师的品质恶劣，而是利用社会角色关系来进行解释："她是他的学生，单靠自己的力量是没有办法发表论文的。"

尽管这些研究证明了文化差异影响到归因，但是还存在这样的可能：美国人和印度人不仅在解释行为的方式上不同，而是在他们归因行为的种类上不同；美国人倾向于描述可以用内在特质来解释的行为，而印度人的行为可以用情境因素来解释。或许，如果条件允许的话，美国人也能像印度人一样利用情境因素来解释行为吗？Miller对此进行了验证，在他研究的第二个阶段，加入了新的实验组：由实验者给美国人阅读一些行为实例，这些行为都是先前印度被试利用情境性因素进行解释的（但是不给美国被试呈现这些解释）。在听完所有的行为实例后，要求美国被试对行为进行解释。

即使美国被试尝试利用印度人的情境性归因方式来解释行为，他们也更倾向于利用内在特质解释行为。平均来说，36%的美国人使用内在特质归因方式，17%的美国人使用情境性归因行为。也就是说，美国人在解释社会行为时更多地采用内在特质归因方法，而印度人更倾向于将行为原因归为情境因素。这些差异似乎源于深层文化差异，即个体概念化的方式，以及对个体与社会关系的不同理解。

在Miller的研究中，美国人和东亚人的这种本质差异不仅影响对于熟人违规行为的判断，还能影响对陌生人偏差行为的解释。Michael Morris和彭凯平（1994）考察了美国人和中国人如何解释一个恶名昭著的杀人犯的杀人行为。在1991年的秋天，美国发生了两起类似的谋杀案。一起发生在美国中西部大学里，一名中国学生由于申请奖学金失利，没有得到助教工作，就射杀了他的导师以及其他几个人，随后饮弹自杀。另外一起事件发生在底特律，一名爱尔兰裔美国工人失业了，但没有申诉成功，失去了选择工作的机会，随后他射杀了自己的上司和其他几个人，最后也自杀了。

Morris和彭比较了美国两家报纸对上述事件的描述。一家是英语报纸（《纽约时报》），另一家是在美国出版的中文报纸（《世界新闻》）。研究者对关于这两起事件的描述，根据其内在特质和情境性归因方式进行编码。结果显示，英文文章更多地关注杀人犯的人格特质（例如，他是脾气火爆的人）、态度（例如，个体认为枪是伸冤的重要方法）、心理问题（例如，驱使个体成功的一种内在不安感和不信任感）等。中文文章更多地描述人际关系（例如，与导师相处不融洽）、现实处境（例如，他最近被解雇了）以及社会问题（例如，杀人犯能够很容易地买到枪支）。总之，西方人关注内在特质而东方人关注情境性因素。

在后续的研究中也出现了同样的模式。这项实验是在密歇根大学进行的，让中国留学生和美国本土学生对上述两个杀人犯的行为进行原因判断（Morris & Peng，1994）。总的来说，美国学生主要关注的是杀人犯的内在特质，如杀人犯的病态人格；而中国学生主要关注情境性解释、美国文化和现实处境（美国的个人主义价值观和暴力电影，经济衰退）。

以上研究表明西方人和东方人对人性的看法是不同的，对于社会行为的因果解释也是不同的。然而，研究对象来自不同国家，使用不同的语言，受不同社会制度的制约，只是对这些进行比较似乎力度不够。或许两种文化下的个体对人性的态度没有差异，只是由于对问题的含义及意图的理解差异导致解释不同。因此，东方人可能与西方人拥有相同的归因方式，只不过当问题翻译成本国语言时，就会掺进他们本国的文化，这样就不能充分检测出他们的观点。如果两种文化背景中的个体对同一个问题的反应没有差异的话，就不能用文化差异解释归因行为。虽然中国人和美国人对社会事件的关注点不同，但是对物理事件的看法却没有区别。因此，如果两组被试对于问题的归因方式是一样的话，即使对社会事件的解释不同，那么对于物理事件的解释也是一样的。

根据上述的逻辑，Morris 和彭（1994）又进行了一项实验，他们制作了两套动态卡通，分别描述的是社会事件和物理事件。社会事件描述的是一群方向一致的鱼与一条蓝色鱼的关系，例如，在某个动画中，蓝色鱼游向鱼群并且跟随着这个群体；在另一个动画中，鱼群游向蓝色鱼，然后再分开各自游。物理事件描述的是一个球体飞过足球场，例如，其中一个动画表现的是这个移动的物体停止、运动、再停止的过程；另一个动画表现的是这个球体速度逐渐减慢的过程，就好像受到了外力的作用。

让中美两国的高中生观看这两套卡通动画，然后让他们进行等级评定，蓝色鱼（社会情境）和球体（物理情境）的运动在多大程度上受到内部因素和外部因素的影响。对于鱼来说，内部因素包括饥饿，外部因素可能是受到其他鱼的影响；对球体来说，内部因素可能是内部压力的作用，外部因素可能是有人踢了球。通过这个方法可以对社会事件和物理事件进行跨文化比较，它还有一个优点，那就是，两种文化下的成员都是对同样的情境进行解释。

对于社会事件的解释具有跨文化的差异：平均来说，中国人更倾向于外部因素解释，而美国人更注重内部因素解释。对于物理事件的解释，中美学生并没有出现差异：平均来说，外部因素和内部因素的评定得分并没有显著不同。

此外，中美学生对于所呈现问题的理解是没有差异的，对于因果关系的认识也是没有差别的。当他们的观点相似的时候，对于物理事件的解释也是相同的。但是，他们对于社会事件的解释是不同，因此，可以假设他们对于社会事件的看法是有本质区别的。

综上所述，西方人将个体的社会行为归因于内部的、稳定的特质（如，人格特质和态度）；而东方人则认为个体的社会行为取决于人际关系、角色、处境和文化环境。这个结论有助于理解基本归因错误，也就是人们倾向于高估行为的内部原因而低估行为的情境性解释。所以，基本归因错误可能只是西方文化所固有的，在西方，人们被看做自由的、独立的以及与周围环境相分离的个体。而在东方文化下，个体被看成是与社会关系相连的、与他人相互依赖的，所以东方人倾向于高估情境的重要性。

与东方人相比，美国人更可能出现基本归因错误。这个假设已经得到一些实验证明（综述参见 Fiske et al.，1998）。在经典的基本归因错误范式中，被试看到一个人阅读某篇文章，该文章支持或反对特定观点。美国人一般都会假设这篇文章反映了读者的个人态度，即使他们知道这个人是在别人要求之下阅读的，他们的想法也不会改变；例如，他们相信阅读赞成文章的人会比阅读反对文章的人体验到更多的积极态度（综述参见 Jones，1990；见第 9 章）。换句话说，他们不接受一个人的行为受到情境影响这个解释。在这个原始范式中，日本和韩国学生也出现了这个错误。但是，当对这个范式进行修正，以突出情境性限制，美国人继续出现基本归因错误，而东亚人则不会出错（Choi & Nisbett，1998）。这些研究表明东亚人有时是根据内在特质来解释行为的，但是，当线索指向情境时，东亚人便抛弃了内在特质解释，转而倾向于利用情境来解释个体行为。

显而易见，东西方社会的文化差异引发了许多不同，比如人们是如何表征、理解和思考他人和自我的。两种文化下对于人性的不同认识会影响到各自的成员持有何种动机，不同文化也会有不同的社会结构来维持这种动机。这是接下来讨论的重点。

选择和失调

在北美进行了许多关于如何减少认知失调的研究，研究发现，当北美人知道他们处在一个两难境地或需要做出一个很差的选择时，他们会感到非常痛苦。为了降低这种痛苦，他们改变态度来适应行为，将行为合理化。例如，对于学费上涨来说，虽然学生是反对的，但是学校诱导学生支持学费上涨，那么学生在态度上就会更认同这件事。对于两个同样有吸引力的选项来说，诱导人们做出选择时，与未做选择相比，人们会增加对已选项的喜爱程度。这说明态度的改变会使人们认为行为更加合理。此外，为了避免愚蠢行为的出现，人们就产生了态度的改变（Festinger，1957；Cooper & Fazio，1984；Greenwald & Ronis，1978；Kunda，1990；见第 6 章）。Steven Heine 和 Darrin Lehman（1997）证明了这种现象只出现在西方人身上。

如果人们相信个体行为能够反映其内在特质，而且通过内在特质来定义个体行为，那么西方人所做的愚蠢的行为和选择就会与个体价值观相冲突。然而，如果人们相信个体行为是由社会环境决定的，也就是说不是利用内在特质解释个体行为，那么，对于东方人来说，不会对愚蠢行为感到痛苦和冲突，这样行为和选择就不会影响内在自我，也就不会产生内部冲突。如果是这样的话，将东方人置于失调情境中时，就不会产生态度的改变，不会在情境中体会到任何不快，也不需要改变态度来减少失调。

为了验证上述假设，Heine 和 Lehman（1997）进行了一项研究。他们招募了两组被试，加拿大人和日本旅行者，进行音乐偏好的研究。首先让他们对 10 张不同的 CD 进行喜好度评定并排序，然后让他们在排名第五位和第六位的 CD 之间进行选择，这样就会产生冲突——“如果我选择错了怎么办呢？”。为了减少这种担心，肯定自己的选择，个体会夸大所选物的吸引力，贬低未选物的吸引力。这样，已选物和未选物之间的评估差距就会越来越大。这个现象已经在北美人身上得到证实（Brehm，1956）。此外，个体所做的选择受到内在价值观和合理化选择的影响，当需要重新建立价值观时，个体就受到威胁；但是当自我强化让人满意时，失调就会随着个体自我价值的增加而降低（Steele，Spencer，& Lynch，1993；相关讨论见第 6 章）。那么，个体对其选择进行合理化对于自我价值来说，起到积极还是消极的作用呢？让被试进行人格测验，给予他们好或坏的反馈，或

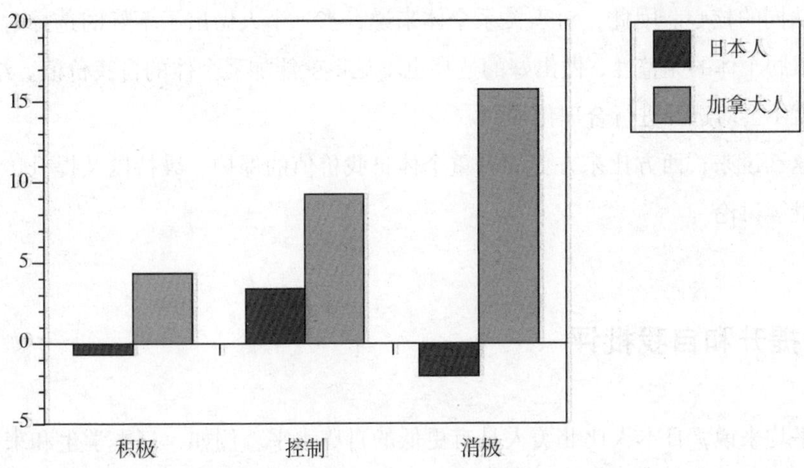

图 11.3 接受积极、消极反馈或无反馈的日本被试和加拿大被试在反馈前后对所选 CD 和未选 CD 喜好度的差距比较

资料来源：Heine & Lehman (1997, 表 1, p.396). Copyright © (1997) by the American Psychological Association. Reprinted with permission.

者不给反馈。为了确保这些反馈能影响日本人，给他们提供了一些关系词汇，比如忠诚、体贴、合作。完成选择和反馈后，被试给 10 张 CD 重新排序。

研究者计算了前后两次被试对所选 CD 和未选 CD 评价得分的差值，然后对差值进行检验。如果被试合理化其选择的话，就会增加对所选 CD 的喜好度，减少对未选 CD 的喜好度，那么选择后的排序差值就会大于选择前的排序差值。如图 11.3 所示，在加拿大被试中出现了选择差距，而日本被试则没有。此外，对于加拿大被试来说，选择的差距受到人格反馈的影响；他们通过增加已选和未选 CD 之间的差距，使自己的选择更加合理，尤其在得到消极反馈时会增加这种差距，而积极反馈则降低了这种差距。一个与自我价值不相关的威胁使加拿大被试合理化自己的选择，而且采用这样的方式让自己觉得作为一个理性的、有价值的人做出了一个明智的决定。相比而言，日本被试对于 CD 的等级评定并没有受到人格反馈的影响，他们并没有显示出合理化其选择的倾向。

可见，日本人和加拿大人是不一样的，当日本人做出一个不好的选择时，他们并没有感到任何不安，也没有尝试合理化其选择。此外，当日本人的自我价值受到消极的人格反馈影响时，他们并没有进行谨慎的选择来确保自我价值。这个差异说明：在不同文化背景中自我的结构是不同的，对于北美人来说是独立自我，而日本人则是关系自我。和独立自我不同，关系自我中的个体并没有把选择当成自我认同的核心。因此，对于关系个体来说，当一个人做出了不好的选择时，并不会威胁个体的完整性，做出好的选择也不见得就能加强个体的自我价值。结果，他们就不会对选择进行合理化解释。

这么说来，西方比东方更加看重个体自我价值的保护、维持以及提升，接下来将继续讨论。

自我提升和自我批评

平均来说，日本人比北美人具有更低的自尊水平。例如，日本学生和来美国或加拿大旅游的日本人比美国人或加拿大人有更低的自尊得分（Campbell et al.，1996；Diener & Diener，1995；Kitayama et al.，1997）。这种低自尊并没有引起日本人的不快。日本人的自尊和生活满意度的相关要低于美国人或加拿大人（Diener

& Diener，1995）。也就是说，在美国，自尊水平越低，生活满意度越低，在日本则不会出现这种情况。

自尊水平和生活满意度关系的不同可能受到不同文化背景下自我结构差异的影响：北美文化倡导高度的个人主义，强调自我的重要性，而日本文化是一种集体主义文化，忽视自我，强调自我和他人的关系。Diener 等人（1995）进行了跨文化的大规模研究，选取来自 31 个国家的学生，探讨文化差异对自尊和生活满意度关系的影响，然后对这 31 个国家的文化在集体主义和个人主义两类上进行等级评定。结果显示，文化等级与自尊和生活满意度关系之间是有联系的：一个国家个人主义的程度越高，自尊水平和生活满意度的关系越显著。

上述发现表明维持和提升个体自尊水平对于西方文化来说是非常重要的，因为在西方自我具有独立性，和东方的关系自我是不同的。我们还发现，北美人尝试维持和提升自我，就是为了让自己看起来更出色。此外，西方人的主观幸福感和心理健康依赖于他们积极看待自我的能力（见第 6 章和第 10 章；Taylor & Brown，1988）。虽然自我提升的需要经常被当做人性的一个基本和普遍的特点，但实质上这只是出现在西方文化中。在一个宣扬独立和自主的文化中，自我的积极观念（个体特质、能力和前景）能促进自我完善和自我价值的认同，在这个文化中，自我的意义来自自身独有的特质，一个人的自我价值依赖于积极的特质，以及维持和提升积极特质的强烈动机。

相比而言，在一个认同关系自我的文化中，如东方社会，对自我的积极认识不会推动与他人关系的建立。因为在这个文化中，自我是由社会关系组成的，不需要依赖内在特质，个体自我价值的实现不需要积极的特质，个体也不需要维持和提升积极特质。

如果上述分析是正确的话，那么自我提升偏见应该只出现在西方社会中，而很少在东方社会观察到。Heine 和 Lehman（1995，1997）验证了这个假设，即自我提升偏见主要出现在西方，那里的人普遍认为自己比其他人优秀。许多研究显示，平均来说北美人相信自己比平均水平要好：他们认为自己比其他人拥有更多的积极特质，能得到更多的期望结果；拥有更少的消极特质，得到不期望结果的可能性更小（见第 6 章和第 10 章；Taylor & Brown，1988）。但是日本人是不是也会出现同样的情况，认为自己比他人优秀呢?

为了解答这个问题，Heine 和 Lehman（1997）选取了 3 类被试：日本本地学生，亚裔加拿大学生，欧裔加拿大学生。研究人员让被试评价自己在 10 个特质上与同龄人相比是好还是坏。其中 5 个特质代表独立自我（吸引、有趣、独立、自信、智慧），另外 5 个特质代表关系自我（合作、忠诚、体贴、努力工作、可靠）。

如果被试对某个特质的自评得分与平均数一致的话，那么他们就会判断有 50% 的人在该特质上要好于自己。如果自评得分高于平均水平，则会有少于 50% 的人好于自己，如果自评低于平均水平，则会报告高于 50% 的人比自己好。当然，不可能所有的人都高于平均水平。因此，如果一个群体的平均评价低于 50%，那么我们就可以认为这个群体出现了自我提升偏见；也就是其成员提高自己在整体分布中的位置。这个比例的平均数越低，自我评价越高，自我提升偏见就越显著。那么上述 3 组被试的结果如何呢?

先看表 11.2 的前两行数据，欧裔加拿大人比日本人具有更显著的自我提升偏见，亚裔加拿大人处于两者之间。对于独立特质来说，日本人没有表现出偏见，平均来说，大约 50% 的人比他们好。相比，欧裔加拿大人认为大约 25% 的人比他们好。对于关系特质来说，也出现了同样的模式，即使对于忠诚和合作这些似乎是日本文化的提升目标的特质，日本人也没有提高自我评价，而欧裔加拿大人将自己置于更好的位置。简言之，日本人比欧裔加拿大人有更少的自我提升倾向。有趣的是，对于亚裔加拿大人来说，他们长期暴露在两种文化下，结果处于两个国家之间，只是显示了部分的西方文化模式。

表 11.2 在独立特质和关系特质方面优于自我和家庭成员的人数比例的评估值

评价目标和特质	日本	亚裔加拿大人	欧裔加拿大人
自我			
独立特质	47.3%	36.3%	27.5%
关系特质	43.9%	27.4%	23.7%
家庭成员			
独立特质	38.6%	28.0%	23.5%
关系特质	30.6%	20.4%	18.5%

资料来源：Heine & Lehman (1997, 表 1, p.1272). Copyright © (1997) by the American Psychological Association. Reprinted with permission.

注意：数值越低代表群体的自我提升越大。

是不是说日本人没有自我提升的期望呢？或者可能会有，只不过并不像北美人那样，自我价值实现不依靠自我特质的评价，而是来自集体的荣耀感？如果是这样，与北美人夸大自我来说，日本人更注重家庭和他们所属群体。为了证明这个可能性，Heine 和 Lehman（1997）让上述 3 组参与者回答同样的问题，比较对象是与其关系亲密的家庭成员。

结果见表 11.2 后两行，当评价对象是自我时，则很少出现自我服务偏见；当评价对象是亲密家庭成员时，则显示了一些自我服务偏差；这时，评价比例显著低于 50%。但是还是低于欧裔加拿大人的偏见水平。也就是说 3 组被试评价家庭成员的偏见水平要高于对自我的评价。我们只能推测这个结果的原因：提升对亲属的评价比提升自我评价能体会到更多的喜悦，当对亲属进行评估时可以摆脱谦虚的束缚，抑或是个体对于亲属的评价只是选择了不同的价值体系。无论何种情况，这些实验都说明了日本学生与欧裔加拿大学生相比，显示出更少的自我提升和更少的家庭成员提升。

有争议的是，家庭成员并不能代表整个群体，结果不能推广到个体对群体的评价上，毕竟家庭成员也只是一个个体。或许，日本人是通过社会群体来体现个体价值，那么当对所属群体进行评价时就会存在高于北美人的偏见。然而，Heine 和 Lehman（1997）的研究发现，并没有出现这种情况。当让被试评价他就读的大学和其他学校时，日本学生再次出现了较少的自我提升偏见，而欧裔加拿大人倾向于提高自己学校的相对位置，日本人则相反，他们会倾向于贬低对自己学校的评价。亚裔加拿大人还是处于中间模式。

上述研究表明，日本人与北美人相比具有更少的自我提升、家庭成员提升以及所属社会群体提升的动机。虽然这个结果是由于个体建构和认识自我与他人关系的不同所引起的，但是可能不存在本质上的不同。在评价自我与他人关系的方式上的不同可能反映不同的标准，而不是不同的心理过程。或许日本人和美国人一样认为自己比他人好，而他们只是不公开地表达这些观点。为了避免独树一帜和显得与众不同，他们采取了保守原则，不凸显自己。虽然这些研究还不能充分说明上述假设，但是其他研究也揭示了这些不同。东西方文化不仅影响个体性格，也影响个体满意度的表达方式（Kitayama et al.，1997）。

社会认知理论和研究中的一个重要发现是，不同文化背景中的个体对于同一情境的理解是存在差异的，他们是利用不同的知识结构、目标和感觉来认识这个情境的（见第 2 章）。Kitayama 和他的同事（1997）证明了不同的文化孕育了不同的集体，使不同文化下的人们对于情境形成不同的建构、定义和提取方式。此外，每种文化下的个体都能很好地适应情境，满足个体需求。当个体遵循文化的要求，履行文化对思想、感情、行为的模式规定时，最终又强化了这样的模式。当思想和行为与本国文化相一致时，你就会更加支持和推崇它。

Kitayama 等人的研究假设是：日本人和美国人的主导目标是不同的。无论是人类学研究还是实验研究都证明了上述的假设，人们在认识自我上存在文化差异：正如我们看到北美文化推崇自我提升，而日本文化提倡自我批评（Kitayama et al.，1997）。在关系文化中，个体价值是通过群体来体现的，依照群体的标准来做决定是很重要的，能够使个体更好地适应群体。Kitayama 和他的同事证明了西方文化下的自我提升和东方文化下的自我批评这两种动机，将影响两种文化下个体对情境的认同，也就是东西方人如何将自己融入情境中去。

为了验证这一点，Kitayama 和他的同事选取了在日本和美国社会中被看做自我提升和自我贬低的不同情境，然后检验日本和美国学生如何看待这些情境。第一步，选取大量的日本和美国大学生，让他们说出哪些情境让他们感到自尊增强，哪些情境让他们觉得自尊受损。然后，研究者随机选取了日本社会中的 100 个成功情境和 100 个失败情境，也选取了美国社会中的 100 个成功情境和 100 个失败情境。

日本的成功情境包括："我记得我完成过一件困难的工作"，"一个我喜欢的人告诉我，他很高兴见到我"，"我感到人们对我很信任"。失败情境则是："我被结婚对象抛弃"，"因为别人的过错，我受到责备和训斥"，"在众人中，我是唯一一个被人遗忘的人"。美国的成功情境是："当我的论文或考试得到 A+ 的时候"，"别人告诉我，我在他们身边能给他们带来快乐"，"当我为自己准备了丰盛早餐的时候"。失败情境是："当你和朋友在一起，他们想让你离开"，"当你自认为是朋友的人没有给你任何解释"，"当我的车撞到别人并造成严重伤害"（Kitayama et al.，1997，p.126）。事实上，当一次只评价一个例子时，日本情境和美国情境没有什么不同，大多数情境都适用于两种文化背景。但是，作为整体考虑时，两种情境就完全地不同，如下所述。

为了检验不同文化背景下的成员对这些情境的认识，研究者重新取 3 组被试：日本本土学生、来美学习的日本留学生以及美国白人学生。给这些被试呈现 400

种情境，让他们报告在每个情境中，自尊受到影响的方向（积极与消极）以及程度。日美学生对于同种情境的体验是否存在差异呢？美国情境和日本情境是否也会引发不同的反应呢？答案是肯定的。

首先，日美两国学生对于同种情境的认识是不同的。美国学生认为成功情境（86%）与失败情境（79%）相比，和自我的关系更大些。无论是日本情境还是美国情境都出现了这样的结果。相比而言，日本本土学生认为失败情境（82%）比成功情境（74%）与自我的关系更加紧密，并且无论是日本情境还是美国情境都出现了这个结果。日本留学生也出现了这个模式，但是程度要低于日本本土学生。因此，当认识不同的情境时，美国学生更倾向于发现那些提升自尊的情境，而日本本土学生则关注那些自我批评和贬低的情境。

上述情况还体现在被试对与自我相关的不同情境中自尊水平升高和降低的程度判断上。美国学生认为他们的自尊水平在成功情境下会提升，而在失败情境下会降低，但是前者比后者幅度要大。而日本本土学生认为自尊水平在失败情境下降低的幅度大于在成功情境下提高的幅度。日本留学生的反应与日本本土学生相似，但程度较低。也就是说，美国人更看重自我提升机会，降低失败的作用，而

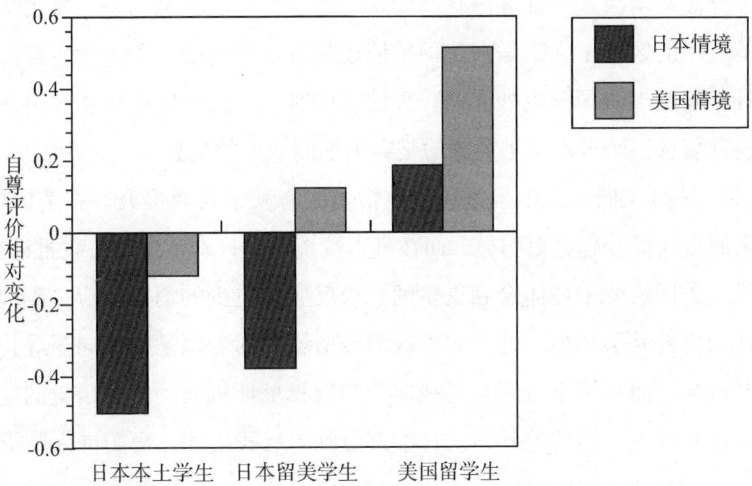

图 11.4 不同情境和文化背景下的相对自尊改变程度（例如，成功情境时自尊的提高减去失败情境时自尊的降低）

资料来源：Kitayama et al. (1997, 表 1, p.1523). Copyright © (1997) by the American Psychological Association. Reprinted with permission.

日本人则相反。

重要的是，对不同文化情境的判断也存在上述差异。在美国情境中，无论对于哪个国家的学生来说，成功情境比失败情境更能影响个体自尊水平。然而在日本情境中，结果正好相反，失败情境比成功情境更能影响自尊水平。不同的是，积极美国情境中个体体会到的愉悦感程度要高于消极美国情境中的失落感，而日本情境则相反。因此，置身于美国情境中的个体体验到更多的自尊激励。相比，在日本情境中的个体体验到更多的自尊贬低，更具有自我批评精神。

在图 11.4 中，我们可以看到上述结果。图中显示，通过比较，被试获得了自尊水平的改变，在成功情境中提升了自尊而在失败情境中降低了自尊水平，然而其改变量的差值是不同的。正值表示个体在积极情境中的自我提升程度大于在消极情境中的自我贬低程度。这样的个体被视为具有自我提升倾向。相比而言，负值表示消极情境中的自我贬低程度大于积极情境中的自我提升程度，这样的个体被认为是具有自我批评倾向。两类自尊改变的相对分数是依照日美两种情境进行分类计算的。

第一，在图 11.4 中，我们可以看到日美学生在自尊改变模式上是不同的：美国学生更倾向于自我提升而日本本土学生更倾向于自我批评。对于日本留学生来说，一部分像美国模式一部分像日本模式。还需要我们注意的是，日美学生在不同文化情境中的区别：无论是在美国情境还是日本情境中，美国学生都更倾向于自我提升；甚至当两国学生处在同一种情境中时，美国个体也更加注重来自情境的自我提升信息，而日本学生关注的是突出他们缺点的信息。

第二，图 11.4 显示美国情境比日本情境更有利于自我提升。在美国情境下，美国学生的自我提升趋势更明显，而在日本情境下，日本学生的自我批评更显著。也就是说，美国情境中能体会到更多的积极反应和更少的消极反应。美国和日本个体居住的世界并不相似。处在积极或消极情境中的美国学生倾向于寻找更多的自我提升机会，而日本学生则会寻找更多的自我批评机会。日美情境的这些本质差异能够映射日美个体的差异——日本人更倾向自我批评，而美国人则更看重自我提升。

值得注意的是，这个结果显示不同的日美情境并不是起决定作用的。为了得到这个结论，有必要随机选取日美情境样本。但是这里是没有做到的。相反，这些情境的选取是通过日本和美国学生自己判断的，举出自己在哪种情况下感到自尊提升，在哪种情况下感到自尊下降。这样的话美国人的自我提升偏见和日本人的自我批评偏见就会影响这些情境的报告。因此也有可能美国人和日本人生活的情境世界是相似的，只不过描述的情境是不一样的，美国人会选择描述他们提升体验中最积极的情境和贬低体验中最消极的情境；对于日本人来说，他们会描述贬低体验中最羞辱的情境和积极体验中提升最少的情境。总之，这些研究提供了强烈的证据证明美国和日本个体在心理水平上是存在差异的，但并没能提供强烈证据证明在情境结构水平方面两国间存在明显偏见。

在本项研究中，日美学生的不同反应模式显示了他们对自我和社会情境概念的不同建构。然而，它也反映了更表层的差异：根据不同的文化背景要求，两组被试都尽可能地表现自己。如果日美学生由于自我表现的策略不同而出现情境评估差异的话，那么当要求被试对他人进行判断时，这种差异可能就会消失，例如对一个典型性他人进行评价而不是自己；对于典型性他人的评价标准会比对自身的标准要低些。后续研究就是为了证明这种可能性。在这项研究中，让日美两国学生仍旧对同样的400种情境进行判断，只是判断对象变成了他人，评价他人在这些情境中的自尊水平（Kitayama et al.，1997）。

对于典型性他人的判断模式和对自我的判断模式是一致的。美国人判断典型性他人倾向于自我提升，而日本人则判断这个典型性他人更倾向于自我批评。同样，美国情境更有利于自我提升，而日本情境则更有利于自我批评。可见，对他人的判断模式和自我判断是一样的，这表明不同的自我关联判断是受到不同的自我和情境建构理论影响的，而不是个体想要在情境中表现得更好。

上述研究揭示了美国人倾向于自我提升而日本人倾向自我批评，这不仅因为两种文化背景中机会的不同，还由于他们内在的自我组成存在差异。美国人的文化更加鼓励自尊，这种自我提升的文化偏见就会被个体偏见所夸大，也就是美国人会更注意自我提升的机会，而不会理会羞愧的体验。对于日本人来说，他们生活在一个质疑自尊的文化中，自我批评的文化偏见是通过个体成员的心理建构来实现的，日本人更倾向于在情境中找寻自我关联信息和意义，这样就推动了自我批评，而忽略了自我提升信息。这样生活在不同文化中的个体就能支持、强化、维持彼此的反应倾向。

北美人和东亚人之间的差异是很多的。不仅表现为国籍、语言、宗教、政治体制以及文学和艺术传统的区别，还体现在心理组成上的不同。然而，文化对心理的影响如果从上述方面研究的话就太宽泛了。接下来讨论的是居住在同一国家不同区域的个体的文化差异，例如，美国的北方和南方。

美国的南北差异

名誉文化

你能想象一个人为了保卫家庭而杀害另一个人吗？一个人刺杀了侮辱他妻子的醉鬼，这合理吗？如果他不这样做，你会不会觉得他不像个男人？是不是大多数家长希望他们的儿子能反抗欺负自己的人，抑或是期望他们的儿子远离欺负他们的人，避免和他们打架？对于这些问题的回答都受到下面因素的影响，如侮辱的方式、暴力、名誉和男子气概，这些都存在于不同的文化中。

人类学家很早就注意到一些社会拥有*名誉文化*（culture of honor）。这些文化中的成员，尤其是男性，尽全力维持名声和保护他们的名誉。他们希望被看成是"有能力的人"，而不希望被人看成"任人摆布的人"。为了让别人相信他是不需要别人帮助的，他们被迫以武力回应那些侵犯他们自己、家庭和名誉的人。如果不这样做的话，就会受到嘲讽，感到羞愧，并感觉缺乏男子气概（详细讨论见 Cohen & Nisbett，1998；Nisbett & Cohen，1996）。这种名誉文化存在于许多传统社会中，如地中海沿岸、中东、拉美等地区中的许多天主教、穆斯林和印度教国家（Fiske et al.，1998）。Richard Nisbett、Dov Cohen 和他们的同事在美国南部的白人新教社会也发现了这种现象。

一直以来美国南部比北部更加充满暴力。从犯罪率就可以看出两个区域的差别：南方的白种非西班牙裔男性比北方人具有更高的杀人率。而南方白人的杀人率是新英格兰地区的 3 倍。重要的是，南方人不像北方人在犯重罪时才实施谋杀；他们的杀人率之所以升高，是因为大多与争吵或矛盾有关，如三角恋关系和酒吧里的争吵，在这些环境中，人们的名誉可能受到威胁（Nisbett，1993）。这些行为都与名誉有关，为了保护名誉，南方人比北方人更需要暴力行为。

Nisbett、Cohen 和他们的同事认为南方人遵循的是名誉文化，因为历史上他们的经济依靠畜牧。畜牧文化推动了名誉文化的发展，当时法律的约束力不足，如果牧民不用武力的话，就会失去他们的财产。在这样的环境中，维持一个好名声是非常重要的，别人就不会找你的麻烦（Nisbett，1993；Cohen & Nisbett，1994）。为了名誉而战和为自我而战同等重要,因为被毁的名声会给个体带来伤害，财产也会受到损失。因此，用暴力的方式来对待辱骂可以让人认为这个人是不好欺负的。

许多历史上的事件都支持了这个观点：美国南方是具有名誉文化的。其中包括，陪审团不会给一个为名誉而战的谋杀犯定罪，人们鼓励受到暴力欺负的儿童给予反击。还有，南部的一些谚语也支持了这点，例如，“在自己的屋子里，每个人都是审判官”。（Nisbett，1993）。Nisbett、Cohen 及其同事的一系列研究表明南方人在对待暴力事件的态度上与北方人存在差异，是由于名誉文化以及各地的人们对涉及人身侮辱的不同理解和认识所导致的。

在其中的一项研究中，Cohen 和 Nisbett（1994）比较了南北方男性对于不同暴力问题的反应。结果显示，北方人赞同的与暴力有关的句子是“许多人只能通过武力来学习”或“以眼还眼，以牙还牙”，认为这是好的生活规则。然而，南方人赞同的暴力行为是为了自我防卫或保卫家庭而实施的行为。例如，对于“一个男人有权杀死伤害他们家庭的人”这句话，80% 的南方人很同意，但是只有 67% 的北方人同意。对于“在自卫的情况下，个体有权杀死伤害者”这句话，70% 的南方人很认同，而只有 57% 的北方人认同它（Cohen & Nisbett，1994）。

同样，南方人与北方人相比，认为如果有一个陌生人喝醉了并且在街上撞了一个男人及其妻子的话，他就应该遭到殴打（南方的赞同率为 15%，而北方的赞同率为 8%）。当问两个区域的人，他们是如何看待“告诉自己儿子以暴力还击那些欺负自己的人”，南方人更赞同这一点，他们认为父亲是期望儿子能够采取立场，还以武力（南方人为 38%，北方人为 24%）。

南方人也会更质疑那些没有为自己和家庭名誉而战的男人，认为他们缺乏男子气概。让被试思考下面的事例，一个男人殴打了一个熟人，这个熟人和女友调情，辱骂妻子或者告诉其他人他是一个骗子；以及，一个男人射杀了一个人，这个人与妻子偷情，强奸了女儿。南方人的反应是如果这个男人不采取暴力的话，他就不是一个男人，持这种观点的人是北方人的两倍（南方人比例为 12.2%，北方人比例为 6.1%）。Cohen 和 Nisbett（1994）的研究支持了这个结论，也就是说南部文化支持个体或家庭受到威胁时的暴力行为，个人名誉在南部比北部更重要。

如果南方人赞同个人名誉，而北方人不赞同的话，那么成长在不同文化背景下的个体在面对侮辱事件时就会有不同的反应。我们假设不同的文化导致南北方对于同一侮辱事件的建构和反应是有区别的：在面对侮辱事件时，南方人比北方人更加不安，更加关心是否名誉受损，更有可能做出过激的反应。Cohen 和他的同事对此做了一系列研究（Cohen，1996）。

Cohen 和他的学生选取了密歇根大学的学生，其中一些来自南部地区，另一些来自北部地区。在这项研究中，选择两个地区的男性被试，并且单独实验，一次一人，进行一项关于判断的研究。在一个看似与研究无关的事件中，所有被试经历相同的辱骂情境：告诉被试穿过一条狭长的通道，将问卷放在尽头的桌子上。在路上被试会遇到一个整理文件的人（实验助手），他会把打开的抽屉推进去，以给被试让道。当被试完成任务返回时，这个实验助手重新打开了抽屉，并砰的一声关起来，碰到了被试的肩膀，还说了一句骂人的脏话。控制组被试也通过同样的程序，只不过没有碰撞和辱骂。南方人和北方人对于这个侮辱反应会有不同吗？答案是肯定的。

其中的一个研究通过测量荷尔蒙的变化来检验被试的生理状态：皮质醇与高度压力、焦虑、唤醒有关；睾丸激素与攻击行为有关，同时在竞争中也发挥重要作用（Cohen et al.，1996）。对于辱骂行为，如果南方人比北方人体验到更多不安，就更可能采取攻击的方式进行反抗，这样的话，他们体内的这两种荷尔蒙就会随着辱骂升高，事实也确实如此。北方人的荷尔蒙水平随辱骂行为改变很少，这表明他们没有受到辱骂的影响。相比，被辱骂的南方人在这两种荷尔蒙的水平上都有所提高，这表明辱骂让他们体会到不安并准备攻击。

另一个研究给被试提供一个攻击的机会（Cohen et al.，1996）。这次，当被试被辱骂后，继续沿着狭窄的路走，另外一个魁梧的男人（实验助手）出现在拐角处，开始向被试走来并发生冲突。这条路很窄，只能让一个人通过，也就是必须有一个人让路，这个男人并没有让路的意思（直到两人发生碰触为止）。控制组同上述情境一样，只是没有受到辱骂。这类设计类似于"勇敢者"的游戏，而关心的问题是被试在什么时刻会放弃，给对方让路。在之前的研究中已具备攻击倾向的南方人，在真实情境中会实施攻击行为吗？

实验再一次证明了，只有南方人面对辱骂时产生了更多的攻击性行为。在图 11.5 中，不管北方人有没有受到侮辱，他们给对方让路时的距离远近是没有差异

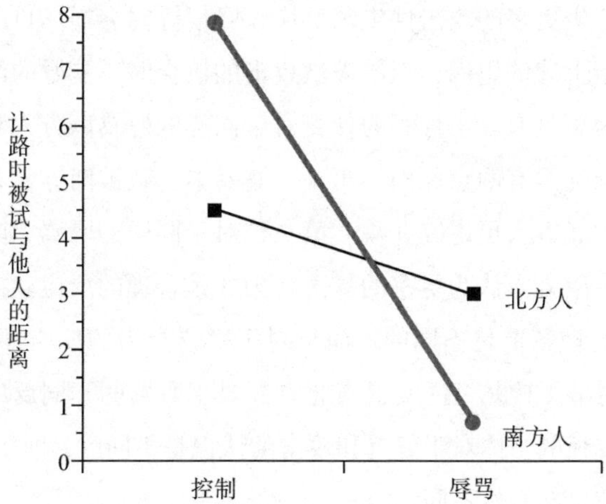

图 11.5 在“勇敢者”游戏中被试让路时与他人的距离

资料来源：Cohen et al. (1996, 表 3, p.954). Copyright © (1996) by the American Psychological Association. Reprinted with permission.

的。相比，南方人的行为受到辱骂的影响，被辱骂的南方人更加接近挡住路的人。有趣的是，没有受到辱骂的南方人比北方人对这个男人更加的尊敬和礼貌。然而，一旦被辱骂，南方人比北方人就变得更具有攻击性。

实验也检验了被试认为目击者对自己所受辱骂将会有何看法。在一些辱骂情境中，加入一个旁观者，他与被试有简短的见面。对于其他辱骂情境来说，没有目击者在场。私人辱骂情境和非辱骂情境中，也会出现这个人，只不过他没有看到辱骂的过程。实验中让被试判断目击者是如何评价他们的，猜测目击者在一些男子气概方面会如何评价自己，包括三个维度：有男子气概 – 无男子气概、勇敢 – 怯懦、坚强 – 退缩。如果只有南方人拥有名誉文化的话，他们就会认为当别人看到自己受到辱骂时会很没面子，事实亦如此。

不管别人是否看到自己受到辱骂，北方人都认为别人会觉得自己具有男子气概。相比，南方人知道评估者看到自己受到辱骂时，就会认为别人觉得自己缺少男子气概，当他相信评估者不知道他受到辱骂、辱骂在私下进行时，情况则不同。简言之，受辱的南方人认为当别人目睹自己受辱过程后，就会毁坏自己在他人心中的名声，而北方人则不存在这种情况。

总之，对于同样的侮辱行为，南方人和北方人的反应存在很大区别。南方人会更加不安，产生更多的攻击性生理反应，坚信辱骂会损坏自己在他人心中的名声。或许是出于上述的原因，当给被试攻击的机会时，受辱的南方人的行为比受辱北方人的行为更具有攻击性。为什么对于同样的辱骂南方人和北方人的反应存在如此大的差异呢？有两点原因：第一，辱骂本身就被南方人看成是很严重的事情，因为他们比北方人更讲究礼貌。第二，对于同样的辱骂，南方人和北方人的信念是不同的，南方人认为更多的暴力行为才是合理的反应。换句话说，南北方人在对于辱骂的理解上是不同的，而且对于辱骂行为的反应标准也是有差异的。Cohen 和他的同事（1996）证实了南北方人对于辱骂的不同反应过程。此外，不同文化背景中成长的个体对于辱骂和攻击的认识是不同的，即使对于同样的情境，南北方人的反应也会截然不同。

社会认知的应用

社会认知中文化的差异给予我们什么启示呢？一方面，它强化了本书的中心思想，就是个体会形成自己对社会环境的理解。这就意味着个体对社会事件的看法、感觉以及行为反应受到个体独特的交往和情感模式影响。前面的章节中已经证明了个体是带着不同的自我图式、目标、刻板印象、推断规则、态度、信念和情感进入某一情境的。虽然个体采用了独特的知识结构和交往模式，先前的研究表明，在同样的文化中也存在不同的理解自我和他人的方式。此外，在同一文化中成长的个体有很多相似之处，但与其他文化背景中的个体是不同的。每种文化都赋予其成员不同的理解方式。

本章主要关注东西方文化差异以及美国南北差异。对于人的认识差异可以体现在男女之间、犹太人和非犹太人之间、非洲裔美国人和欧洲裔美国人之间、城市居民和农村居民之间、专业人士和体力劳动者之间，等等。群体成员所共有的思想和文化观念可能导致他们以不同的模式体验社会。不同文化中的人性观的差异导致个体在整个社会情境中体验自我和他人的方式是不同的。本章中提到的文化差异是所有人性的基础，文化的差异也只能用于解释社会交往领域。南北方的差异也只能限制在人性领域，这些差异只能解释与名誉相关的辱骂和暴力行为。这些差异不能推广到其他的暴力行为，而且也不能影响除名誉外的其他信念和人际交往方式。

虽然研究证明了文化差异的存在，不仅支持了社会认知在此领域的研究和理论，同时这种差异也向社会心理学家的一些长期假设提出了挑战。东西方文化的差异导致个体采用不同的方式来体验自我和世界。北美学者认为的普遍性模式事实上是由特定的信念和目标组成的，只适用于北美国家和其他西方国家，不适用日本、印度以及其他东亚国家。东方人并不认为行为受内在特质影响，也不会轻易犯基本归因错误。与西方人不同，东方人的自我认同不依赖内在特性，也不认为这对于心理健康来说是关键因素，不像西方人那样有自我提升的需要。东方人不认为他们的行为和选择反映其内在特性，因而也不用担心失调，也不用采取合理化的方式来降低失调感。这些经典的、看似基本的社会认知过程，可能只会发生在西方社会。

这不是说，西方社会心理学家发现的这些现象和加工过程是没有用的，它们可以用于解释和它相关的文化背景下的行为和心理特点。不过文化对社会认知的影响可以用于理解许多社会认知的发现，最终用于解释不同文化对于个体的塑造，同时个体反过来又塑造不同的文化。

总 结

北美和其他西方社会一样，将自我看做是一个独立的、自由的、与众不同的整体，包含不受社会情境影响的独特属性。相比，东亚人认为自我是与他人有关的，是存在于社会关系网络当中的，包含情境特异性的属性。这种独立自我和关系自我与表征和思考自我及他人的不同方式密切相关。处于独立自我文化中的个体就会表现出更丰富、更精细的自我表征。而在关系自我文化下，个体的自我表征不像对他人的表征那样丰富。

对于社会行为的原因东西方有不同的理论解释。西方人认为个体是一个自主的行动者，是根据内在稳定的内在特质来理解他人行为的。而非西方人则认为个体交织在社会关系网中，通过他人的社会角色和人际环境理解他人行为，而不依靠其人格特质。西方人更喜欢将自我价值建立在选择和行为的质量基础上，因此当他们举止愚蠢时，自我价值就会受到威胁，他们就会改变态度来降低这种失调感。

与东方人相比，西方人更重视自我提升。例如，北美人比日本人更崇尚自我提升，认为自己要优于其他同龄人。此外，北美人更愿意寻找自我提升的机会而不会注意那些自我贬低的体验，而日本人更注重自我批评的机会而忽视那些自我提升的体验。因此，对于各种各样的经历，不同文化背景下的人有不同的体验，北美人更注重自我提升的机会，日本人更重视自我批评的机会。

美国本土的不同地区也存在文化差异。南方比北方更注重*名誉文化*，即在这种文化下的成员必须维持他们的名声，保护其名誉，尤其当名誉受损时，要采取暴力的方式解决，而且这在当地是被准许的。或许是因为这个原因，南北方的男人对于相同辱骂行为的解释和反应却不一样。南方人比北方人体会到更多的不安情绪，认为辱骂损害了他们的名声，所以更倾向于采用暴力来保护自己的名誉。

参考文献

Ajzen, I. (1977). Intuitive theories of events and the effects of base-rate information on prediction. *Journal of Pesonality and Social Psychology, 35*, 303–314.

Allport, F. H. (1933). *Institutional behavior*. Chapel Hill: University of North Carolina Press.

Allport, G. W. (1954). *The nature of prejudice*. Reading, MA: Addison-Wesley.

Allport, G. W., and Odbert, H. S. (1936). Trait-names: A psycho-lexical study. *Psychological Mongraphs, 47*, (No. 211).

Ambady, N., and Rosenthal, R. (1992). Thin slices of expressive behavior as predictors of interpersonal consequences: A meta-analysis. *Psychological Bulletin, 111*, 256–274.

Ambady, N., and Rosenthal, R. (1993). Half a minute: Prediciting teacher evaluations from thin slices of nonverbal behavior and physical attractiveness. *Journal of Personality and Social Psychology, 64*, 431–441.

Andersen, S. A., and Klatzky, R. L. (1987). Traits and social stereotypes: Levels of categorization in person perception. *Journal of Personality and Social Psychology, 53*, 235–246.

Anderson, C. A., and Sechler, E. S. (1986). Effects of explanation and counterexplanation on the development and use of statistical theories. *Journal of Personality and Social Psychology, 50*, 24–34.

Anderson, J. R. (1983). *The architecture of cognition*. Cambridge, MA: Harvard University Press.

Anderson, M. C., and Spellman, B. A. (1995). On the status of inhibitory mechanisms in cognition: Memory retrieval as a model case. *Psychological Review, 102*, 68–100.

Armor, D. A., and Taylor, S. E. (1998). Situated optimism: Specific outcome expectancies and self-regulation. In M. P. Zanna (Ed.), *Advances in Experimental Social Psychology* (Vol. 30, pp. 309–379). San Diego: Academic Press.

Aronson, E. (1968). Dissonance theory: Progress and problems. In R. P. Abelson, E. Aronson, W. J. McGuire, T. M. Newcomb, M. J. Rosenberg, and P. H. Tannenbaum (Eds.), *Theories of cognitive consistency: A sourcebook* (pp. 5–27). Chicago: Rand McNally.

Aronson, E., and Mills, J. (1959). The effect of severity of initiation on liking for a group. *Journal of Abnormal and Social Psychology, 59*, 177–181.

Asch, S. E., and Zukier, H. (1984). Thinking about persons. *Journal of Personality and Social Psychology, 46*, 1230–1240.

Bar-Hillel, M., and Neter, E. (1996). Why are people reluctant to exchange lottery tickets? *Journal of Personality and Social Psychology, 70*, 17–27.

Bar-Hillel, M., and Fischhoff, B. (1981). When do base-rates affect predictions? *Journal of Personality and Social Psychology, 41*, 671–680.

Bargh, J. A. (1989). Conditional automaticity: Varieties of automatic influence in social perception and cognition. In J. A. Bargh and J. S. Uleman (Eds.), *Unintended thought* (pp. 3–51). New York: Guilford Press.

Bargh, J. A. (1994). The four horsemen of automaticity: Awareness, intention, efficiency, and control in social cognition. In J. R. S. Wyer and T. K. Srull (Eds.), *Handbook of social cognition* Hillsdale, NJ: Erlbaum.

Bargh, J. A. (1996). Automaticity in social psychology. In E. T. Higgins and A. W. Kruglanski (Eds.), *Social psychology: Handbook of basic principles* (pp. 169–183). New York: Guilford Press.

Bargh, J. A. (1997). The automaticity of everyday life. In J. R. S. Wyer (Ed.), *Advances in social cognition* (Vol. 10, pp. 1–61). Mahwah, NJ: Erlbaum.

Bargh, J. A., Bond, R. N., Lombardi, W. J., and Tota, M. E. (1986). The additive nature of chronic and temporary sources of construct accessibility. *Journal of Personality and Social Psychology, 50*, 869–878.

Bargh, J. A., Chaiken, S., Govender, R., and Pratto, F. (1992). The generality of the automatic attitude activation effect. *Journal of Personality and Social Psychology, 62*, 893–912.

Bargh, J. A., Chaiken, S., Raymond, P., and Hymes, C. (1996a). The automatic evaluation effect: Unconditional automatic attitude activation with a pronunciation task. *Journal of Experimental Social Psychology, 32*, 104–128.

Bargh, J. A., Chen, M., and Burrows, L. (1996b). Automaticity of social behavior: Direct effects of trait construct and stereotype activation on action. *Journal of Personality and Social Psychology, 71*, 230–244.

Bargh, J. A., and Pietromonaco, P. (1982). Automatic information processing and social perception: The influence of trait information presented outside of conscious awareness on impression formation. *Journal of Personality and Social Psychology, 43*, 437–449.

Bargh, J. A., Raymond, P., Pryor, J. B., and Strack, F. (1995). Attractiveness of the underling: An automatic power-sex association and its consequences for sexual harassment and aggression. *Journal of Personality and Social Psychology, 68*, 768–781.

Bargh, J. A., and Tota, M. E. (1988). Context-dependent automatic processing in depression: Accessibility of negative constructs with regard to self but not others. *Journal of Personality and Social Psychology, 54*, 925–939.

Barsalou, L. (1985). Ideals, central tendency, and frequency of instantiation as determinants of graded structure categories. *Journal of Experimental Psychology: Learning, Memory, and Cognition, 11*, 629–654.

Barsalou, L. W. (1983). Ad hoc categories. *Memory and Cognition, 11*, 211–227.

Baumeister, R. F. (1998). The self. In D. T. Gilbert, S. T. Fiske, and G. Lindzey (Eds.), *Handbook of social psychology* (Vol. 1, 4th ed., pp: 680–740). New York: McGraw-Hill.

Baumeister, R. F., Bratslavsky, E., Muraven, M., and Tice, D. M. (1998). Ego depletion: Is the active self a limited resource? *Journal of Personality and Social Psychology, 74*, 1252–1265.

Baumgardner, A. H. (1990). To know oneself is to like oneself: Self-certainty and self-affect. *Journal of Personality and Social Psychology, 58*, 1062–1072.

Beauregard, K. S., and Dunning, D. (1998). Turning up the contrast: Self-enhancement motives prompt egocentric contrast effects in social judgments. *Journal of Personality and Social Psychology, 74*, 606–621.

Bechera, A., Damasio, H., Tranel, D., and Damasio, A. R. (1997). Deciding advantageously before knowing the advantageous strategy. *Science, 275*, 1293–1295.

Bellezza, F. S., and Bower, G. H. (1981). Person stereotypes and memory for people. *Journal of Personality and Social Psychology, 41*, 856–865.

Bem, D. J. (1972). Self-perception theory. In L. Berkowitz (Ed.), *Advances in experimental social psychology* (Vol. 6, pp. 1–62). New York: Academic Press.

Bem, D. J., and Allen, A. (1974). On predicting some of the people some of the time: The search for cross-situational consistencies in behavior. *Psychological Review, 81*, 506–520.

Berscheid, E., Graziano, W., Monson, T., and Dermer, M. (1976). Outcome dependency: Attention, attribution, and attraction. *Journal of Personality and Social Psychology, 34*, 978–989.

Biernat, M., and Manis, M. (1994). Shifting standards and stereotype-based judgments. *Journal of Personality and Social Psychology, 66*, 5–20.

Biernat, M., and Vescio, T. K. (1993). Categorization and stereotyping: Effects of group context on memory and social judgment. *Journal of Experimental Social Psychology, 29*, 166–202.

Blaine, B., and Crocker, J. (1993). Self-esteem and self-serving biases in reactions to positive and negative events: An integrative review. In R. Baumeister (Ed.), *Self-esteem: The puzzle of low self-regard* (pp. 55–85). New York: Plenum.

Blair, I. V., and Banaji, M. R. (1996). Automatic and controlled processes in stereotype priming. *Journal of Personality and Social Psychology, 70*, 1142–1163.

Blaney, P. H. (1986). Affect and memory: A review. *Psychological Bulletin, 99*, 229–246.

Bless, H., Mackie, D. M., and Schwarz, N. (1992). Mood effects on attitude judgments: Independent effects of mood before and after message elaboration. *Journal of Personality and Social Psychology, 63*, 585–595.

Bodenhausen, G. V. (1990). Stereotypes as judgmental heuristics: Evidence of circadian variations in discrimination. *Psychological Science, 1*, 319–322.

Bodenhausen, G. V. (1993). Emotion, arousal, and stereotypic judgments: A heuristic model of affect and stereotyping. In D. M. Mackie and D. L. Hamilton (Eds.), *Affect, cognition, and stereotyping: Interactive processes in group perception* (pp. 13–37). San Diego, CA: Academic Press.

Bodenhausen, G. V., Kramer, G. P., and Süsser, K. (1994a). Happiness and stereotypic thinking in social judgment. *Journal of Personality and Social Psychology, 66*, 621–632.

Bodenhausen, G. V., Sheppard, L. A., and Kramer, G. P. (1994b). Negative affect and social judgment: The differential impact of anger and sadness. *European Journal of Social Psychology, 24*, 45–62.

Bornstein, R. F. (1989). Exposure and affect: Overview and meta-analysis of research. *Psychological Bulletin, 106*, 265–289.

Bornstein, R. F., and D'Agostino, P. R. (1992). Stimulus recognition and the mere exposure effect. *Journal of Personality and Social Psychology, 63*, 545–552.

Bower, G. H. (1981). Mood and memory. *American Psychologist, 36*, 129–148.

Bower, G. H. (1991). Mood congruity of social judgments. In J. P. Forgas (Ed.), *Emotion and social judgments* (pp. 31–54). Oxford: Pergamon.

Bower, G. H., and Mayer, J. D. (1989). In search of mood-dependent retrieval. *Journal of Social Behavior and Personality, 4*, 121–156.

Bowers, K. S., and Farvolden, P. (1996). Revising a century-old Freudian slip—from suggestion disavowed to truth repressed. *Psychological Bulletin, 119*, 355–380.

Brandon, S., Boakes, J., Glaser, D., and Green, R. (1998). Recovered memories of childhood sexual abuse. Implications for clinical practice. *British Journal of Psychiatry, 172*, 296–307.

Brehm, J. (1956). Post-deciosn changes in the desirability of alternatives. *Journal of Abnormal and Social Psychology, 52*, 384–389.

Brewer, M. B. (1988). A dual process model of impression formation. In T. K. Srull and R. S. Wyer (Eds.), *Advances in social cognition* (Vol. 1, pp. 1–36). Hillsdale, NJ: Erlbaum.

Brewer, M. B., Dull, V., and Lui, L. (1981). Perceptions of the elderly: Stereotypes as prototypes. *Journal of Personality and Social Psychology, 41*, 656–670.

Brewer, M. B., and Gardner, W. (1996). Who is this "we"? Levels of collective identity and self representations. *Journal of Personality and Social Psychology, 71*, 83–93.

Brewer, M. B., and Weber, J. G. (1994). Self-evaluation effects on interpersonal versus intergroup social comparison. *Journal of Personality and Social Psychology, 66*, 268–275.

Brewer, W. F. (1992). The theoretical and empirical status of the flashbulb memory hypothesis. In E. Winograd and U. Neisser (Eds.), *Affect and accuracy in recall: Studies of "flashbulb" memories* (pp. 274–305). New York: Cambridge University Press.

Brown, A. S., and Murphy, D. R. (1989). Cryptomnesia: Delineating inadvertent plagiarism. *Journal of Experimental Psychology: Learning, Memory, and Cognition, 15*, 432–442.

Brown, J. D., Collins, R. L., and Schmidt, G. W. (1988). Self-esteem and direct versus indirect forms of self-enhancement. *Journal of Personality and Social Psychology, 55*, 445–453.

Brown, J. D., and Dutton, K. A. (1995). The thrill of victory, the complexity of defeat: Self-esteem and people's emotional reactions to success and failure. *Journal of Personality and Social Psychology, 68*, 712–722.

Brown, J. D., and Smart, S. A. (1991). The self and social conduct: Linking self-representations to prosocial behavior. *Journal of Personality and Social Psychology, 60*, 368–375.

Brown, R., and Kulik, J. (1977). Flashbulb memories. *Cognition, 5*, 73–99.

Bruner, J. S. (1957). Going beyond the information given. In H. Gulber et al. (Eds.), *Contemporary approaches to cognition*. Cambridge, MA: Harvard University Press.

Buss, D. M., and Craik, K. H. (1983). The act frequency approach to personality. *Psychological Review, 90*, 105–126.

Cahill, L., Prins, B., Weber, M., and McGaugh, J. L. (1994). Beta-Adrenergic activation and memory for emotional events. *Nature, 371*, 702–704.

Campbell, J. D. (1990). Self-esteem and clarity of self-concept. *Journal of Personality and Social Psychology, 59*, 538–549.

Campbell, J. D., and Lavallee, L. F. (1993). Who am I? The role of self-concept confusion in understanding the behavior of people with low self-esteem. In R. Baumeister (Ed.), *Self-esteem: The puzzle of low self-regard* (pp. 3–20). New York: Plenum.

Campbell, J. D., Trapnell, P. D., Heine, S. J., Katz, I. M., Lavallee, L. F., and Lehman, D. R. (1996). Self-concept clarity: Measurement, perslonality correlates, and cultural booundaries. *Journal of Personality and Social Psychology, 70*, 141–156.

Cantor, N., and Kihlstrom, J. F. (1987). *Personality and social intelligence*. Englewood Cliffs, NJ: Prentice-Hall.

Cantor, N., and Mischel, W. (1979). Prototypes in person perception. In L. Berkowitz (Ed.), *Advances in experimental social psychology* (Vol. 12, pp. 3–53). New York: Academic Press.

Carey, S. (1985). *Conceptual change in childhood*. Cambridge, MA: MIT Press.

Carlston, D. E., and Skowronski, J. J. (1994). Savings in the relearning of trait information as evidence for spontaneous inference generation. *Journal of Personality and Social Psychology, 66*, 840–856.

Carlston, D. E., Skowronski, J. J., and Sparks, C. (1995). Saving in relearning: II. On the formation of behavior-based trait associations and inferences. *Journal of Personality and Social Psychology, 69*, 420–436.

Carlston, D. E., and Smith, E. R. (1996). Principles of mental representation. In E. T. Higgins and A. W. Kruglanski (Eds.), *Social psychology: Handbook of basic principles* (pp. 184–210). New York: Guilford Press.

Carrol, J. S. (1978). The effects of imagining an event on expectations for the event: An interpretation in terms of the availability heuristic. *Journal of Experimental Social Psychology, 14*, 88–96.

Caspi, A., and Bem, D. J. (1990). Personality continuity and change across the life course. In L. A. Pervin (Ed.), *Handbook of personality: Theory and research* (pp. 549–575). New York: Guilford Press.

Chaiken, S., Liberman, A., and Eagly, A. H. (1989). Heuristic and systematic information processing within and beyond the persuasion context. In J. S. Uleman and J. A. Bargh (Eds.), *Unintended thought: Limits of awareness, intention, and control.* (pp. 212–252). New York: Guilford.

Chaiken, S., and Trope, Y. (1999). *Dual-process theories in social psychology*. New York: Guilford.

Chapman, L. J., and Chapman, J. P. (1967). Genesis of popular but erroneous diagnostic observations. *Journal of Abnormal Psychology, 72* 193–204.

Chapman, L. J., and Chapman, J. P. (1969). Illusory correlation as an obstacle to the use of valid psycho-diagnostic signs. *Journal of Abnormal Psychology, 74*, 272–280.

Chase, W. G., and Simon, H. A. (1973). Perception and chess. *Cognitive Psychology, 4*, 55–81.

Chen, M., and Bargh, J. (1997). Nonconscious behavioral confirmation processes: The self-fulfilling consequences of automatic stereotype activation. *Journal of Experimental Social Psychology, 33*, 541–560.

Chi, M., Feltovich, P., and Glaser, R. (1981). Categorization and representation of physics problems by experts and novices. *Cognitive Science, 5*, 121–152.

Choi, I., and Nisbett, R. E. (1998). Situational salience and cultural differences in the correspondence bias and actor-observer bias. *Personality and Social Psychology Bulletin, 24*, 949–960.

Christianson, S. A. (1989). Flashbulb memories: Special, but not so special. *Memory and Cognition, 17*, 435–443.

Cialdini, R. B., Borden, R. J., Thorne, A., Walker, M. R., Freeman, S., and Sloan, L. R. (1976). Basking in reflected glory: Three (football) field studies. *Journal of Personality and Social Psychology, 34*, 366–375.

Cohen, C. (1981). Person categories and social perception: Testing some boundaries of the processing effects of prior knowledge. *Journal of Personality and Social Psychology, 40*, 441–452.

Cohen, D., and Nisbett, R. E. (1994). Self-protection and the culture of honor: Explaining Southern violence. *Personality and Social Psychology Bulletin, 20*, 551–567.

Cohen, D., Nisbett, R. E., Bowdle, B. F., and Schwarz, N. (1996). Insult, aggression, and the southern culture of honor: An "experimental ethnography." *Journal of Personality and Social Psychology, 70*, 945–960.

Collins, A. M., and Loftus, E. F. (1975). A spreading-activation theory of semantic processing. *Psychological Review, 82*, 407–428.

Conway, M., and Ross, M. (1984). Getting what you want by revising what you had. *Journal of Personality and Social Psychology, 47*, 738–748.

Conway, M. A., Anderson, S., J., Larsen, S., F., Donnelly, C. M., McDaniel, M. A., McClelland, A. G. R., Rawles, R. E., and Logie, R. H. (1994). The formation of flashbulb memories. *Memory and Cognition, 22*, 326–343.

Cooper, J., and Fazio, R. H. (1984). A new look at dissonance theory. In L. Berkowitz (Ed.), *Advances in experimental social psychology* (Vol. 17, pp. 229–266). New York: Academic Press.

Cooper, J., Zanna, M. P., and Taves, P. A. (1978). Arousal as a necessary condition for attitude change following induced compliance. *Journal of Personality and Social Psychology, 36*, 1101–1106.

Cose, E. (1993). *The rage of a privileged class*. New York: Harper Collins.

Cousins, S. D. (1989). Culture and self-perception in Japan and the United States. *Journal of Personality and Social Psychology, 56*, 124–131.

Crocker, J. (1981). Judgment of covariation by social perceivers. *Psychological Bulletin, 90*, 272–292.

Crocker, J., and Major, B. (1989). Social stigma and self-esteem: The self-protective properties of stigma. *Psychological Review, 96*, 608–630.

Crocker, J., Voelkl, K., Testa, M., and Major, B. (1991). Social stigma: The affective consequences of attributional ambiguity. *Journal of Personality and Social Psychology, 60*, 218–228.

Damasio, A. R. (1994). *Descartes' error: Emotion, reason, and the human brain*. New York: Putnam.

Darley, J. M., and Berscheid, E. (1967). Increased liking as a result of anticipation of personal contact. *Human Relations, 20*, 29–40.

Darley, J. M., and Gross, P. H. (1983). A hypothesis-confirming bias in labeling effects. *Journal of Personality and Social Psychology, 44*, 20–33.

Davis, C. G., Lehman, D. R., Wortman, C. B., Silver, R. C., and Thompson, S. C. (1995). The undoing of dramatic life events. *Personality and Social Psychology Bulletin, 21*, 109–124.

Dawes, R. M. (1976). Shallow Psychology. In J. Carroll and J. Payne (Eds.), *Cognition and social behavior*. Hillsdale, NJ: Erlbaum.

Dawes, R. M. (1989). Statistical criteria for establishing a truly false consensus effect. *Journal of Experimental Social Psychology, 25*, 1–19.

Deaux, K., and Emswiller, T. (1974). Explanations of successful performance on sex-linked tasks: What is skill for the male is luck for the female. *Journal of Personality and Social Psychology, 29*, 80–85.

Debner, J. A., and Jacoby, L. L. (1994). Unconscious perception: Attention, awareness, and control. *Journal of Experimental Psychology: Learning, Memory, and Cognitions, 20*, 304–317.

Devine, P. G. (1989). Stereotypes and prejudice: Their automatic and controlled components. *Journal of Personality and Social Psychology, 56*, 5–18.

Devine, P. G., and Baker, S. M. (1991). Measurement of racial stereotype subtyping. *Personality and Social Psychology Bulletin, 17*, 44–50.

Devine, P. G., Hirt, E. R., and Gehrke, E. M. (1990). Diagnostic and confirmation strategies in trait hypothesis testing. *Journal of Personality and Social Psychology, 58*, 952–963.

Devine, P. G., Monteith, M. J., Zuwerink, J. R., and Elliot, A. J. (1991). Prejudice with and without compunction. *Journal of Personality and Social Psychology, 60*, 817–830.

Devine, P. G., Sedikides, C., and Fuhrman, R. W. (1989). Goals in social information processing: The case of anticipated interaction. *Journal of Personality and Social Psychology, 56*, 680–690.

Diener, E., and Diener, M. (1995). Cross-cultural correlates of life satisfaction and self-esteem. *Journal of Personality and Social Psychology, 68*, 653–663.

Ditto, P. H., and Lopez, D. F. (1992). Motivated skepticism: Use of differential decision criteria for preferred and nonpreferred conclusions. *Journal of Personality and Social Psychology, 63*, 568–584.

Dodgson, P. G., and Wood, J. V. (1998). Self-esteem and the cognitive accessibility of strengths and weaknesses after failure. *Journal of Personality and Social Psychology, 75*, 178–197.

Doosje, B., Spears, R., and Koomen, W. (1995). When bad isn't all bad: Strategic use of sample information in generalization and stereotyping. *Journal of Personality and Social Psychology, 69*, 642–655.

Dovidio, J. F., Evans, N., and Tyler, R. B. (1986). Racial stereotypes: The contents of their cognitive representations. *Journal of Experimental Social Psychology, 22*, 22–37.

Duncan, B. L. (1976). Differential social perception and attribution of intergroup violence: Testing the lower limits of stereotyping of blacks. *Journal of Personality and Social Psychology, 34*, 590–598.

Dunning, D. (in press). A newer look: Motivated social cognition and the schematic representation of social concepts. *Psychological Inquiry.*

Dunning, D., and Cohen, G. L. (1992). Egocentric definitions of traits and abilities in social judgment. *Journal of Personality and Social Psychology, 63*, 341–355.

Dunning, D., and Hayes, A. F. (1996). Evidence for egocentric comparison in social judgment. *Journal of Personality and Social Psychology, 71*, 213–229.

Dunning, D., Leuenberger, A., and Sherman, D. A. (1995). A new look at motivated inference: Are self-serving theories of success a product of motivational forces? *Journal of Personality and Social Psychology, 69*, 58–68.

Dunning, D., Meyerowitz, J. A., and Holzberg, A. (1989). Ambiguity and self-evaluation: The role of idiosyncratic trait definitions in self-serving assessments of ability. *Journal of Personality and Social Psychology, 57*, 1082–1090.

Dunning, D., Perie, M., and Story, A. L. (1991). Self-serving prototypes of social categories. *Journal of Personality and Social Psychology, 61*, 957–968.

Dunning, D., and Sherman, D. A. (1997). Stereotypes and tacit inference. *Journal of Personality and Social Psychology, 73*, 459–471.

Eagly, A. H., and Chaiken, S. (1993). *The psychology of attitudes.* Fort Worth, TX: Harcourt Brace Jovanovich, Inc.

Eddy, D. (1982). Probabilistic reasoning in clinical medicine: Problems and opportunities. In D. Kahneman, P. Slovic, and A. Tversky (Eds.), *Judgment under uncertainty: Heuristics and biases* (pp. 249–267). Cambridge: Cambridge University Press.

Edwards, K. (1990). The interplay of affect and cognition in attitude formation and change. *Journal of Personality and Social Psychology, 59*, 202–216.

Edwards, K., and Smith, E. E. (1996). A disconfirmation bias in the evaluation of arguments. *Journal of Personality and Social Psychology, 71*, 5–24.

Ehrlichman, H., and Halpern, J. N. (1988). Affect and memory: Effects of pleasant and unpleasant odors on retrieval of happy and unhappy memories. *Journal of Personality and Social Psychology, 55*, 769–779.

Eich, E. (1995). Searching for mood dependent memory. *Psychological Science, 6*, 67–75.

Eich, E., Macaulay, D., and Ryan, L. (1994). Mood dependent memory for events of the personal past. *Journal of Experimental Psychology: General, 123*, 201–215.

Epstein, S. (1979). The stability of behavior: I. On prediciting most of the poeple much of the time. *Journal of Personality and Social Psychology, 37*, 1097–1126.

Epstein, S. (1983). The stability of confusion: A reply to Mischel and Peake. *Psychological Review, 90*, 179–184.

Erber, R. (1991). Affective and semantic priming: Effects of mood on category accessibility and inference. *Journal of Experimental Social Psychology, 27*, 480–498.

Ericsson, K. A., and Simon, H. A. (1980). Verbal reports as data. *Psychological Review, 87*, 215–251.

Esses, V., Haddock, G., and Zanna, M. P. (1993). Values, stereotypes, and emotions as determinants of intergroup attitudes. In D. M. Mackie and D. L. Hamilton (Eds.), *Affect, cognition, and stereotyping: Interactive processes in group perception* (pp. 137–166). San Diego: Academic Press.

Esses, V. M., and Zanna, M. P. (1995). Mood and the expression of ethnic stereotypes. *Journal of Personality and Social Psychology, 69*, 1052–1068.

Farah, M. J. (1988). Is visual imagery really visual? Overlooked evidence from neuropsychology. *Psychological Review, 95*, 385–316.

Fazio, R. H. (1993). Variability in the likelihood of automatic attitude activation: Data reanalysis and commentary on Bargh, Chaiken, Govender, and Pratto (1992). *Journal of Personality and Social Psychology, 64*, 753–758.

Fazio, R. H., Effrein, E. A., and Falender, V. J. (1981). Self-Perception following social interaction. *Journal of Personality and Social Psychology, 41*, 232–242.

Fazio, R. H., Jackson, J. R., Dunton, B. C., and Williams, C. J. (1995). Variability in automatic activation as an unobtrusive measure of racial attitudes: A bona fide pipeline? *Journal of Personality and Social Psychology, 69*, 1013–1027.

Fazio, R. H., Sanbonmatsu, D. M., Powell, M. C., and Kardes, F. R. (1986). On the automatic activation of attitudes. *Journal of Personality and Social Psychology, 50*, 229–238.

Fehr, B. (1988). Prototype analyses of the concepts of love and commitment. *Journal of Personality and Social Psychology, 55*, 557–579.

Fein, S., and Spencer, S. J. (1997). Prejudice as self-image maintenance: Affirming the self through derogating others. *Journal of Personality and Social Psychology, 73*, 31–44.

Festinger, L. (1957). *A theory of cognitive dissonance*. Stanford, CA: Stanford University Press.

Fischhoff, B. (1975). Hindsight =\= Foresight: The effects of outcome knowledge on judgment under uncertainty. *Journal of Experimental Psychology: Human Perception and Performance, 1*, 288–299.

Fischhoff, B. (1977). Perceived informativeness of facts. *Journal of Experimental Psychology: Human Perception and Performance, 3*, 349–358.

Fischhoff, B., and Beyth, R. (1975). "I knew it would happen"—remembered probabilities of once-future things. *Organizational Behavior and Human Performance, 13*, 1–16.

Fiske, A. P., Kitayama, S., Markus, H. R., and Nisbett, R. E. (1998). The cultural matrix of social psychology. In D. T. Gilbert, S. T. Fiske, and G. Lindzey (Eds.), *Handbook of social psychology* (Vol. 2, 4th ed., pp. 915–981). New York: McGraw-Hill.

Fiske, S. T., and Neuberg, S. L. (1990). A continuum of impression formation, from category-based to individuating processes: Influences of information and motivation on attention and interpretation. In M. Zanna (Ed.), *Advances in Experimental Social Psychology* (Vol. 23, pp. 1–74). San Diego, CA: Academic Press.

Fiske, S. T., and Taylor, S. E. (1991). *Social cognition*. New York: Random House.

Fong, G. T., Krantz, D. H., and Nisbett, R. E. (1986). The effects of statistical training on thinking about everyday problems. *Cognitive Psychology, 18*, 253–292.

Forgas, J. P. (1994). Sad and Guilty? Affective influences on the explanation of conflict in close relationships. *Journal of Personality and Social Psychology, 66*, 56–68.

Forgas, J. P. (1995). Mood and judgment: The affect infusion model (AIM). *Psychological Bulletin, 117*, 39–66.

Freund, T., Kruglanski, A. W., and Shpitzajzen, A. (1985). The freezing and unfreezing of impressional primacy: Effects of the need for structure and the fear of invalidity. *Personality and Social Psychology Bulletin, 11*, 479–487.

Freyd, P. (1998). False Memory Syndrome Foundation, World Wide Web Page: http://advicom.net/~fitz/fmsf/.

Garcia-Marques, L., and Hamilton, D. L. (1996). Resolving the apparent discrepancy between the incongruency effect and the expectancy-based illusory correlation effect: The TRAP model. *Journal of Personality and Social Psychology, 71*, 845–860.

Gavanski, I., and Wells, G. L. (1989). Counterfactual processing of normal and exceptional events. *Journal of Experimental Social Psychology, 25*, 314–325.

Gelman, S. A., and Markman, E. M. (1986). Categories and induction in young children. *Cognition, 23*, 183–209.

Gigerenzer, G. (1991). How to make cognitive illusions disappear: Beyond "heuristics and biases." In W. Stroebe and M. Hewstone (Eds.), *European Review of Social Psychology* (pp. 83–115). New York: Wiley.

Gigerenzer, G. (1996). On narrow norms and vauge heuristics: A reply to Kahneman and Tversky (1996). *Psychological Review, 103*, 592–596.

Gigerenzer, G., Hell, W., and Blank, H. (1988). Presentation and content: The use of base rates as a continuous variable. *Journal of Experimental Psychology: Human Perception and Performance, 14*, 513–525.

Gigerenzer, G., Hoffrage, U., and Kleinbolting, H. (1991). Probabilistic mental models: A Brunswikian theory of confidence. *Psychological Review, 98*, 506–528.

Gilbert, D. T. (1989). Thinking lightly about others: Automatic components of the social inference process. In J. A. Bargh and J. S. Uleman (Eds.), *Unintended thought* (pp. 189–211). New York: Guilford.

Gilbert, D. T., Giesler, R. B., and Morris, K. A. (1995). When comparisons arise. *Journal of Personality and Social Psychology, 69*, 227–236.

Gilbert, D. T., and Hixon, J. G. (1991). The trouble of thinking: Activation and application of stereotypic beliefs. *Journal of Personality and Social Psychology, 60*, 509–517.

Gilbert, D. T., Krull, D. S., and Malone, P. S. (1990). Unbelieving the unbelievable: Some problems in the rejection of false information. *Journal of Personality and Social Psychology, 59*, 601–613.

Gilbert, D. T., and Malone, P. S. (1995). The correspondence bias. *Psychological Bulletin, 117*, 21–38.

Gilbert, D. T., Pelham, B. W., and Krull, D. S. (1988). On cognitive busyness: When person perceivers meet persons perceived. *Journal of Personality and Social Psychology, 54*, 733–740.

Gilbert, G. M. (1951). Stereotype persistence and change among college students. *Journal of Abnormal and Social Psychology, 46*, 245–254.

Gillig, P. M., and Greenwald, A. G. (1974). Is it time to lay the sleeper effect to rest? *Journal of Personality and Social Psychology, 29*, 132–139.

Gilovich, T. (1981). Seeing the past in the present: The effect of associations to familiar events on judgments and decisions. *Journal of Personality and Social Psychology, 40*, 797–808.

Gilovich, T. (1983). Biased evaluation and persistence in gambling. *Journal of Personality and Social Psychology, 44*, 1110–1126.

Gilovich, T. (1990). Differential construal and the false consensus effect. *Journal of Personality and Social Psychology, 59*, 623–634.

Gilovich, T. (1991). *How we know what isn't so: The fallibility of human reason in everyday life.* New York: The Free Press.

Gilovich, T., Jennings, D. L., and Jennings, S. (1983). Causal focus and estimates of consensus: An examination of the false-consensus effect. *Journal of Personality and Social Psychology, 45*, 550–559.

Gilovich, T., Kerr, M., and Medvec, V. H. (1993). Effect of temporal perspective on subjective confidence. *Journal of Personality and Social Psychology, 64*, 552–560.

Gilovich, T., and Medvec, V. H. (1994). The temporal pattern to the experience of regret. *Journal of Personality and Social Psychology, 67*, 357–365.

Gilovich, T., and Medvec, V. H. (1995). The experience of regret: What, when, and why. *Psychological Review, 102*, 379–395.

Gilovich, T., Vallone, R., and Tversky, A. (1985). The hot hand in basketball: On the misperception of random sequences. *Cognitive Psychology, 17*, 295–314.

Ginossar, Z., and Trope, Y. (1987). Problem solving in judgment under uncertainty. *Journal of Personality and Social Psychology, 52*, 464–474.

Gleicher, F., Boninger, D. S., Strathman, A., Armor, D., Hetts, J., and Ahn, M. (1995). With an eye toward the future: The impact of counterfactual thinking on affect, attitudes, and behavior. In N. J. Roese and J. M. Olsen (Eds.), *What might have been: The psychology of counterfactual thinking* (pp. 283–304). Mahwah, NJ: Erlbaum.

Gleicher, F., Kost, K. A., Baker, S. M., Strathman, A. J., Richman, S. A., and Sherman, S. J. (1990). The role counterfactual thinking in judgments of affect. *Personality and Social Psychology Bulletin, 16*, 284–295.

Goethals, G. R., and Reckman, R. F. (1973). The perception of consistency in attitudes. *Journal of Experimental and Social Psychology, 9*, 491–501.

Gollwitzer, P. M., and Kinney, R. F. (1989). Effects of deliberative and implemental Mindsets on illusion of control. *Journal of Personality and Social Psychology, 56*, 531–542.

Gollwitzer, P. M., and Moskowitz, G. B. (1996). Goal effects on action and cognition. In E. T. Higgins and A. W. Kruglanski (Eds.), *Social psychology: Handbook of basic principles* (pp. 361–399). New York: Guilford Press.

Greenwald, A. G. (1992). New look 3: Unconscious cognition reclaimed. *American Psychologist, 47*, 766–779.

Greenwald, A. G., and Banaji, M. R. (1995). Implicit social cognition: Attitudes, self-esteem, and stereotypes. *Psychological Review, 102*, 4–27.

Greenwald, A. G., and Gillmore, G. M. (1997). Grading leniency is a removable contaminant of student ratings. *American Psychologist, 52*, 1209–1217.

Greenwald, A. G., and Pratkanis, A. R. (1984). The self. In R. S. Wyer and T. K. Srull (Eds.), *Handbook of social cognition* (Vol. 3, pp. 129–178). Hillsdale, NJ: Erlbaum.

Greenwald, A. G., and Ronis, D. L. (1978). Twenty years of cognitive dissonance: Case study of the evolution of a theory. *Psychological Review, 85*, 53–57.

Gregory, W. L., Cialdini, R. B., and Carpenter, K. M. (1982). Self-relevant scenarios as mediators of liklihood estimates and compliance: Does imagining make it so? *Journal of Personality and Social Psychology, 43*, 89–99.

Grice, H. P. (1975). Logic and conversation. In P. Cole and J. L. Morgan (Eds.), *Syntax and semantics: Vol. 3: Speech acts* (pp. 41–58). New York: Academic Press.

Gruder, C. L., Cook, T. D., Hennigan, K. M., Flay, B. R., Alessis, C., and Halamaji, J. (1978). Empirical tests of the absolute sleeper effect predicted from the discounting cue hypothesis. *Journal of Personality and Social Psychology, 36*, 1061–1074.

Hacking, I. (1975). *The emergence of probability*. New York: Cambridge University Press.

Hamilton, D. L., Dugan, P., and Trolier, T. K. (1985). The formation of stereotypic beliefs: Further evidence for distinctiveness-based illusory correlations. *Journal of Personality and Social Psychology, 48*, 5–17.

Hamilton, D. L., and Gifford, R. K. (1976). Illusory correlation in interpersonal perception: A cognitive basis of stereotypic judgments. *Journal of Experimental Social Psychology, 12*, 392–407.

Hamilton, D. L., Katz, L. B., and Leirer, V. O. (1980). Organizational processes in impression formation. In R. Hastie, T. M. Ostrom, E. B. Ebbeson, R. S. Wyer, D. L. Hamilton, and D. E. Carlston (Eds.), *Person memory: The cognitive basis of social perception* (pp. 155–177). Hillsdale, NJ: Erlbaum.

Hamilton, D. L., and Sherman, J. W. (1994). Stereotypes. In J. R. S. Wyer and T. K. Srull (Eds.), *Handbook of Social Cognition* (2nd ed., pp. 1–68). Hillsdale, NJ: Erlbaum.

Hampson, S. E., John, O. P., and Goldberg, L. R. (1986). Category breadth and hierarchical structure in personality: Studies of asymmetries in judgments of trait implication. *Journal of Personality and Social Psychology, 51*, 37–54.

Hartshorne, H., and May, M. A. (1928). *Studies in deceit.* New York: Macmillan.

Hastie, R. (1980). Memory for information which confirms or contradicts a general impression. In R. Hastie, T. M. Ostrom, E. G. Ebbesen, R. S. Wyer, D. L. Hamilton, and D. E. Carlston (Eds.), *Person memory: The cognitive basis of social perception* (pp. 155–177). Hillsdale, NJ: Erlbaum.

Hastie, R. (1984). Causes and effects of causal attribution. *Journal of Personality and Social Psychology, 47*, 44–56.

Hastie, R., and Kumar, A. P. (1979). Person memory: Personality traits as organizing principles in memory for behaviors. *Journal of Personality and Social Psychology, 37*, 25–38.

Hastie, R., Schroeder, C., and Weber, R. (1990). Creating complex social conjunction categories from simple categories. *Bulletin of the Psychonomic Society, 28*, 242–247.

Hawkins, S. A., and Hastie, R. (1990). Hindsight: Biased judgments of past events after the outcomes are known. *Psychological Bulletin, 107*, 311–327.

Heine, S. J., and Lehman, D. R. (1995). Cultural variation in unrealistic optimism: Does the West feel more invulnerable than the East? *Journal of Personality and Social Psychology, 68*, 595–607.

Heine, S. J., and Lehman, D. R. (1997a). The cultural construction of self-enhancement: An examination of group-serving biases. *Journal of Personality and Social Psychology, 72*, 1268–1283.

Heine, S. J., and Lehman, D. R. (1997b). Culture, dissonance, and self-affirmation. *Personality and Social Psychology Bulletin, 23*, 389–400.

Higgins, E. T. (1987). Self-discrepancy: A theory relating self and affect. *Psychological Review, 94*, 319–340.

Higgins, E. T. (1989). Self-discrepancy theory: What patterns of self-beliefs cause people to suffer? In L. Berkowitz (Ed.), *Advances in experimental social psychology* (Vol. 22, pp. 93–136). New York: Academic Press.

Higgins, E. T. (1996). Knowledge activation: Accessibility, applicability, and salience. In E. T. Higgins and A. W. Kruglanski (Eds.), *Social psychology: Handbook of basic principles* (pp. 133–168). New York: Guilford Press.

Higgins, E. T. (1998). Promotion and prevention: Regulatory focus as a motivational principle. In M. P. Zanna (Ed.), *Advances in experimental social psychology* (Vol. 30, pp. 1–46). New York: Academic Press.

Higgins, E. T., and Bargh, J. A. (1987). Social cognition and social perception. *Annual Review of Psychology, 38*, 369–425.

Higgins, E. T., Bond, R. N., Klein, R., and Strauman, T. (1986). Self-discrepancies and emotional vulnerability: How magnitude, accessibility, and type of discrepancy influence affect. *Journal of Personality and Social Psychology, 51*, 5–15.

Higgins, E. T., and King, G. A. (1981). Accessibility of social constructs: Information-processing consequences of individual and contextual variability. In N. Cantor and J. F. Kihlstrom (Eds.), *Personality, cognition, and social interaction* (pp. 69–121). Hillsdale, NJ: Erlbaum.

Higgins, E. T., King., G. A., and Mavin, G. H. (1982). Individual construct accessiblity and subjective impressions and recall. *Journal of Personality and Social Psychology, 43*, 35–47.

Higgins, E. T., Rholes, W. S., and Jones, C. R. (1976). Category accessibility and impression formation. *Journal of Experimental Social Psychology, 13*, 141–154.

Higgins, E. T., Roney, C. J. R., Crowe, E., and Hymes, C. (1994). Ideal versus ought predilections for approach and avoidance: Distinct self-regulatory systems. *Journal of Personality and Social Psychology, 66*, 276–286.

Higgins, E. T., Shah, J., and Friedman, R. (1997). Emotional responses to goal attainment: Strenth of regulatory focus as moderator. *Journal of Personality and Social Psychology, 72*, 515–525.

Higgins, E. T., and Tykocinski, O. (1992). Self-discrepancies and biographical memory: Personality and cognition at the level of psychological situation. *Personality and Social Psychology Bulletin, 18*, 527–535.

Hilton, J. L., and Fein, S. (1989). The role of typical diagnosticity in stereotype-based judgments. *Journal of Personality and Social Psychology, 57*, 201–211.

Hirt, E. R., Erickson, G. A., and McDonald, H. E. (1993). Role of expectancy timing and outcome consistency in expectancy-guided retrieval. *Journal of Personality and Social Psychology, 65*, 640–656.

Holyoak, K. J., and Gordon, P. C. (1983). Social reference points. *Journal of Personality and Social Psychology, 44*, 881–887.

Hovland, C. I., Janis, I. L., and Kelley, H. H. (1953). *Communication and persuasion*. New Haven, CT: Yale University Press.

Hunter, J. E., and Hunter, R. F. (1984). Validity and utility of alternative predictors of job performance. *Psychological Bulletin, 96*, 72–98.

Hyman, I. E., Husband, T. H., and Billings, F. J. (1995). False memories of childhood experiences. *Applied Cognitive Psychology, 9*, 181–197.

Isen, A. M. (1987). Positive affect, cognitive processes, and social behavior. In L. Berkowitz (Ed.), *Advances in experimental social psychology* (Vol. 20, pp. 203–253). New York: Academic Press.

Isen, A. M., Shalker, T. E., Clark, M., and Karp, L. (1978). Resources required in the construction and reconstruction of conversation. *Journal of Personality and Social Psychology, 36*, 1–12.

Jackson, L. A., Sullivan, L. A., and Hodge, C. N. (1993). Stereotype effects of attributions, predictions, and evaluations: No two social judgments are quite alike. *Journal of Personality and Social Psychology, 65*, 69–84.

Jacoby, L. L., and Dallas, M. (1981). On the relationship between autobiographical memory and perceptual learning. *Journal of Experimental Psychology: General, 110*, 306–340.

Jacoby, L. L., Kelley, C., Brown, J., and Jasechko, J. (1989). Becoming famous overnight: Limits on the ability to avoid unconscious influences of the past. *Journal of Personality and Social Psychology, 56*, 326–338.

Jacoby, L. L., Lindsay, D. S., and Toth, J. P. (1992). Unconscious influences revealed: Attention, awareness, and control. *American Psychologist, 47*, 802–809.

Jamieson, D. W., and Zanna, M. P. (1989). Need for structure in attitude formation and expression. In A. R. Pratkanis, S. J. Breckler, and A. G. Greenwald (Eds.), *Attitude structure and function* (pp. 383–406). Hillsdale, NJ: Erlbaum.

Jenkins, H. M., and Ward, W. C. (1965). Judgments of contingency between responses and outcomes. *Psychological Monographs, 79,* (1, whole issue).

Jennings, D., Amabile, T. M., and Ross, L. (1982). Informal covariation assessment: Data-based vs. theory-based judgments. In A. Tversky, D. Kahneman, and P. Slovic (Eds.), *Judgment under uncertainty: Heuristics and biases* (pp. 211–230). New York: Cambridge University Press.

Jepson, D., Krantz, D. H., and Nisbett, R. E. (1983). Inductive reasoning: Competence or skill? *Behavioral and Brain Sciences, 6,* 494–501.

John, O. P., Hampson, S. E., Goldberg, L. R. (1991). The basic level in personality-trait hierarchies: Studies of trait use and accessibility in different contexts. *Journal of Personality and Social Psychology, 60,* 348–362.

Johnson, E. J., and Tversky, A. (1983). Affect, genaralization, and the perception of risk. *Journal of Personality and Social Psychology, 45,* 20–31.

Johnson, M. K., Hashtroudi, S., and Lindsay, D. S. (1993). Source monitoring. *Psychological Bulletin, 114,* 3–28.

Johnson, M. K., Raye, C. L., Wang, A. Y., and Taylor, T. H. (1979). Fact and fantasy: The roles of accuracy and variability in confusing imaginations with real experiences. *Journal of Experimental Psychology: Human Learning and Memory, 5,* 229–240.

Johnston, L., and Hewstone, M. (1992). Cognitive models of stereotype change: 3. Subtyping and the perceived typicality of disconfirming group members. *Journal of Experimental Social Psychology, 28,* 360–386.

Jones, E. E. (1990). *Interpersonal perception.* New York: W. H. Freeman and Company.

Jones, E. E., and Davis, K. E. (1965). From acts to dispositions: The attribution process in person perception. In L. Berkowitz (Ed.), *Advances in experimental social psychology* (Vol. 2, pp. 219–266). New York: Academic Press.

Jones, E. E., and Harris, V. A. (1967). The attribution of attitudes. *Journal of Experimental Social Psychology, 3,* 1–24.

Jones, E. E., and Nisbett, R. E. (1972). The actor and the observer: Divergent perceptions of the causes of behavior. In E. E. Jones, D. E. Kanouse, H. H. Kelley, R. E. Nisbett, S. Valins, and B. Weiner (Eds.), *Attribution: Perceiving the cause of behavior* (pp. 79–94). Morristown, NJ: General Learning Press.

Judd, C. M., Ryan, C. S., and Park, B. (1991). Accuracy in the judgment of in-group and out-group variability. *Journal of Personality and Social Psychology, 61,* 366–379.

Jussim, L. (1986). Self-fulfilling prophecies: A theoretical and integrative review. *Psychological Review, 93,* 429–445.

Jussim, L., Yen, H., and Aiello, J. R. (1995). Self-consistency, self-enhancement, and accuracy in reactions to feedback. *Journal of Experimental Social Psychology, 31,* 322–356.

Kahneman, D., and Miller, D. T. (1986). Norm theory: Comparing reality to its alternatives. *Psychological Review, 93,* 136–153.

Kahneman, D., and Tversky, A. (1972). Subjective probability: A judgment of representativeness. *Cognitive Psychology, 3,* 430–454.

Kahneman, D., and Tversky, A. (1973). On the psychology of prediction. *Psychological Review, 80,* 237–251.

Kahneman, D., and Tversky, A. (1982). The simulation heuristic. In D. Kahneman, P. Slovic, and A. Tversky (Eds.), *Judgment under uncertainty: Heuristics and biases* (pp. 201–208). New York: Cambridge University Press.

Kahneman, D., and Tversky, A. (1996). On the reality of cognitive illusions. *Psychological Review, 103,* 582–591.

Kaiser, M., Proffitt, D. R., and McClosky, M. (1986). The development of beliefs about falling objects. *Perception and Psychophysics*.

Karlins, M., Coffman, T. L., and Walters, G. (1969). On the fading of social stereotypes: Studies in three generations of college students. *Journal of Personality and Social Psychology, 13*, 1–16.

Katz, D., and Braly, K. (1933). Racial stereotypes in one hundred college students. *Journal of Abnormal and Social Psychology, 13*, 1–16.

Keil, F. C. (1989). *Concepts, kinds, and cognitive development*. Cambridge, MA: MIT Press.

Kelley, H. H. (1950). The warm-cold variable in first impressions of persons. *Journal of Personality, 18*, 431–439.

Kelley, H. H. (1967). Attribution theory in social psychology. *Nebraska symposium on motivation, 14*, 192–241.

Kelley, H. H., and Stahelski, A. J. (1970). Social interaction basis of cooperators' and competitors' beliefs about others. *Journal of Personality and Social Psychology, 16*, 66–91.

Kihlstrom, J. F. (1987). The cognitive unconscious. *Science, 237*, 1445–1452.

Kihlstrom, J. F., Cantor, N., Albright, J. S., Chew, B. R., Klein, S. B., and Neidenthal, P. M. (1988). Information processing and the study of the self. In L. Berkowitz (Ed.), *Advances in experimental social psychology* (Vol. 21, pp. 159–187). San Diego, CA: Academic Press.

Kitayama, S., Markus, H. R., Matsumoto, H., and Norasakkunkit, V. (1997). Individual and collective processes in the construction of the self: Self-enhancement in the United States and self-criticism in Japan. *Journal of Personality and Social Psychology, 72*, 1245–1267.

Klayman, J., and Ha, Y. (1987). Confirmation, disconfirmation, and information in hypothesis testing. *Psychological Review, 94*, 211–228.

Klein, W. M., and Kunda, Z. (1992). Motivated person perception: Constructing justifications for desired beliefs. *Journal of Experimental Social Psychology, 28*, 145–168.

Koehler, D. J. (1991). Explanation, imagination, and confidence in judgment. *Psychological Bulletin, 110*, 499–519.

Krosnick, J. A., Li, F., and Lehman, D. R. (1990). Conversational conventions, order of information acquisition, and the effects of base rates and individuating information on social judgments. *Journal of Personality and Social Psychology, 59*, 1140–1152.

Krueger, J. (1998). On the perception of social consensus. In M. P. Zanna (Ed.), *Advances in experimental social psychology* (Vol. 30, pp. 163–240). San Diego: Academic Press.

Krueger, J., and Rothbart, M. (1988). Use of categorical and individuating information in making inferences about personality. *Journal of Personality and Social Psychology, 55*, 187–195.

Kruglanski, A. W. (1980). Lay epistemology process and contents. *Psychological Review, 87*, 70–87.

Kruglanski, A. W. (1996). Motivated social cognition: Principles of the interface. In E. T. Higgins and A. W. Kruglanski (Eds.), *Social psychology: Handbook of basic principles* (pp. 493–520). New York: Guilford Press.

Kruglanski, A. W., and Freund, T. (1983). The freezing and unfreezing of lay-inferences: Effects on impressional primacy, ethnic stereotyping, and numerical anchoring. *Journal of experimental Social Psychology* 19, 448–468.

Kruglanski, A. W., and Webster, D. M. (1996). Motivated closing of the mind: "Seizing" and "freezing." *Psychological Review, 103*, 263–283.

Kunda, Z. (1987). Motivated inference: Self-serving generation and evaluation of causal theories. *Journal of Personality and Social Psychology, 53*, 636–647.

Kunda, Z. (1990). The case for motivated reasoning. *Psychological Bulletin, 108*, 480–498.

Kunda, Z., Miller, D. T., and Claire, T. (1990). Combining social concepts: The role of causal reasoning. *Cognitive Science, 14*, 551–577.

Kunda, Z., and Nisbett, R. E. (1986). The psychometrics of everyday life. *Cognitive Psychology, 18* 199–224.

Kunda, Z., and Oleson, K. C. (1995). Maintaining stereotypes in the face of disconfirmation: Constructing grounds for subtyping deviants. *Journal of Personality and Social Psychology, 68*, 565–579.

Kunda, Z., and Oleson, K. (1997). When exceptions prove the rule: How extremity of deviance determines deviants' impact on stereotypes. *Journal of Personality and Social Psychology, 72*, 965–979.

Kunda, Z., and Sherman-Williams, B. (1993). Stereotypes and the construal of individuating information. *Personality and Social Psychology Bulletin*, 19, 90–99.

Kunda, Z., and Sinclair, L. (in press). Motivated reasoning with stereotypes: Activation, application, and inhibition. *Psychological Inquiry.*

Kunda, Z., Sinclair, L., and Griffin, D. (1997). Equal ratings but separate meanings: Stereotypes and the construal of traits. *Journal of Personality and Social Psychology, 72*, 720–734.

Kunda, Z., Fong, G. T., Sanitioso, R., and Reber, E. (1993). Directional questions direct self-perceptions. *Journal of Experimental Social Psychology, 29*, 63–86.

Kunda, Z., and Thagard, P. (1996). Forming impressions from stereotypes, traits, and behaviors: A parallel-constraint-satisfaction theory. *Psychological Review, 103*, 284–308.

Kunst-Wilson, W. R., and Zajonc, R. B. (1980). Affective discrimination of stimuli that cannot be recognized. *Science, 207*, 557–558.

Laird, J. D., Wagener, J. J., Halal, M., and Szegda, M. (1982). Remembering what you feel: Effects of emotion on memory. *Journal of Personality and Social Psychology, 42*, 646–657.

Lambert, A. J., Khan, S. R., Lickel, B. A., and Fricke, K. (1997). Mood and the correction of positive versus negative stereotypes. *Journal of Personality and Social Psychology, 72*, 1002–1016.

Landman, J. (1987). Regret and elation following action and inaction. *Personality and Social Psychology Bulletin, 32*, 311–328.

Latane, B., and Darley, J. M. (1970). *The unresponsive bystander: Why doesn't he help?* New York: Appleton-Century Crofts.

Leddo, J., Abelson, R. P., and Gross, P. H. (1984). Conjunctive explanations: When two reasons are better than one. *Journal of Personality and Social Psychology, 47*, 933–943.

LeDoux, J. (1996). *The emotional brain: The mysterious underpinnings of emotional life.* New York: Simon and Schuster.

Lehman, D., and Nisbett, R. E. (1990). A longitudinal study of the effects of undergraduate education on reasoning. *Developmental Psychology, 26*, 952–960.

Lepore, L., and Brown, R. (1997). Category and stereotype activation: Is prejudice inevitable? *Journal of Personality and Social Psychology, 72*, 275–287.

Lerner, M. J., and Miller, D. T. (1978). Just world research and attribution process: Looking back and ahead. *Psychological Bulletin, 85*, 1030–1051.

Lewinsohn, P. M., and Rosenbaum, M. (1987). Recall of parental behavior by acute depressives, remitted depressvies, and nondepressives. *Journal of Personality and Social Psychology, 52*, 611–619.

Linville, P. W. (1985). Self-complexity and affective extremity: Don't put all your eggs in one cognitive basket. *Social Cognition, 3*, 94–120.

Linville, P. W. (1987). Self-complexity as a cognitive buffer against stress-related illness and depression. *Journal of Personality and Social Psychology, 52*, 663–676.

Lippmann, W. (1922). *Public opinion*. New York: Harcourt, Brace.

Locksley, A., Borgida, E., Brekke, N., and Hepburn, C. (1980). Sex stereotypes and social judgment. *Journal of Personality and Social Psychology, 39*, 821–831.

Locksley, A., Hepburn, C., and Ortiz, V. (1982). Social stereotypes and judgments of individuals. *Journal of Experimental Social Psychology, 18*, 23–42.

Lockwood, P., and Kunda, Z. (1997). Superstars and me: Predicting the impact of role models on the self. *Journal of Personality and Social Psychology, 73*, 91–103.

Loftus, E. F., and Coan, J. (in press). The construction of childhood memories. In D. Peters (Ed.), *The child witness in context: Cognitive, social, and legal perspectives* New York: Kluwer.

Loftus, E. F., Feldman, J., and Dashiell, R. (1995). The reality of illusory memories. In D. L. Schacter (Ed.), *Memory distortion: How minds, brains, and societies reconstruct the past* (pp. 47–68). Cambridge, MA: Harvard University Press.

Loftus, E. F., and Palmer, J. C. (1974). Reconstruction of automobile deconstruction: An examination of the interaction between language and memory. *Journal of Verbal Learning and Verbal Behavior, 13*, 585–589.

Lord, C. G., Lepper, M. R., and Preston, E. (1984). Considering the opposite: A corrective strategy for social judgment. *Journal of Personality and Social Psychology, 47*, 1231–1243.

Lord, C. G., Ross, L., and Lepper, M. R. (1979). Biased assimilation and attitude polarization: The effects of prior theories on subsequently considered evidence. *Journal of Personality and Social Psychology, 37*, 2098–2109.

Mackie, D. M., and Worth, L. T. (1989). Processing deficits and the mediation of positive affect in persuasion. *Journal of Personality and Social Psychology, 57*, 27–40.

Mackie, D. M., and Worth, L. T. (1991). "Feeling good but not thinking straight": Positive mood and persuasion. In J. P. Forgas (Ed.), *Emotion and social judgments* (pp. 201–220). Oxford: Pergamon.

Macrae, C. N., Bodenhausen, G. V., and Milne, A. B. (1995). The dissection of selection in person perception: Inhibitory processes in social stereotyping. *Journal of Personality and Social Psychology, 69*, 397–407.

Macrae, C. N., Bodenhausen, G. V., and Milne, A. B. (1998). Saying no to unwanted thoughts: Self-focus and the regulation of mental life. *Journal of Personality and Social Psychology, 74*, 578–589.

Macrae, C. N., Bodenhausen, G. V., Milne, A. B., and Jetten, J. (1994a). Out of mind but back in sight: Stereotypes on the rebound. *Journal of Personality and Social Psychology, 67*, 808–817.

Macrae, C. N., Milne, A. B., and Bodenhausen, G. V. (1994b). Stereotypes as energy-saving devices: A peek inside the cognitive toolbox. *Journal of Personality and Social Psychology, 66*, 37–47.

Madon, S., Jussim, L., and Eccles, J. (1997). In search of the powerful self-fulfilling prophecy. *Journal of Personality and Social Psychology, 72*, 791–809.

Major, B. (1980). Information acquisition and attribution processes. *Journal of Personality and Social Psychology, 39*, 1010–1024.

Major, B., Testa, M., and Bylsma, W. H. (1991). Responses to upward and downward comparisons: The impact of esteem-relevance and perceived control. In J. Suls and T. A. Wills (Eds.), *Social comparison: Contemporary theory and research* (pp. 237–260). Hillsdale, NJ: Erlbaum.

Markman, K. D., Gavanski, I., Sherman, S. J., and McMullen, M. N. (1995). The impact of perceived control on the imagination of better and worse possible worlds. *Personality and Social Psychology Bulletin, 21*, 588–595.

Marks, G., and Miller, N. (1987). Ten years of research on the false-consensus effect: An empirical and theoretical review. *Psychological Bulletin, 102*, 72–90.

Markus, G. B. (1986). Stability and change in political attitudes: Observed, recalled and explained. *Political Behavior, 8*, 21–44.

Markus, H. (1977). Self-schemata and processing information about the self. *Journal of Personality and Social Psychology, 35*, 63–78.

Markus, H., Crane, M., Bernstein, S., and Siladi, M. (1982). Self-schema and gender. *Journal of Personality and Social Psychology, 42*, 38–50.

Markus, H., and Kitayama, S. (1991). Culture and the self: Implications for cognition, emotion, and motivation. *Psychological Review, 98*, 224–252.

Markus, H., and Kunda, Z. (1986). Stability and malleability of the self-concept. *Journal of Personality and Social Psychology, 51*, 858–866.

Markus, H., and Nurius, P. (1986). Possible selves. *American Psychologist, 41*, 954–969.

Markus, H., Smith, J., and Moreland, R. L. (1985). Role of the self-concept in the perception of others. *Journal of Personality and Social Psychology, 49*, 1494–1512.

Markus, H., and Zajonc, R. B. (1985). The cognitive perspective on social psychology. In G. Lindzey and E. Aronson (Eds.), *Handbook of Social Psychology* (pp. 137–230). New York: Random House.

Matza, D. (1964). *Delinquency and drift*. New York: Wiley.

McArthur, L. Z. (1972). The how and what of why: Some determinants and consequences of causal attribution. *Journal of Personality and Social Psychology, 22*, 171–193.

McConahay, J. B. (1986). Modern racism, ambivalence, and the modern racism scale. In J. F. Dovidio and S. L. Gaertner (Eds.), *Prejudice, discrimination, and racism* (pp. 91–125). Orlando, FL: Academic Press.

McDonald, H. E., and Hirt, E. R. (1997). When expectancy meets desire: Motivational effects in reconstructivce memory. *Journal of Personality and Social Psychology, 72*, 5–23.

McFarland, C., and Ross, M. (1987). The relation between current impressions and memories of self and dating partners. *Personality and Social Psychology Bulletin, 13*, 228–238.

McGuire, W. J., McGuire, C. V., Child, P., and Fujioka, T. (1978). Salience of ethnicity in the spontaneous self-concept as a function of one's ethnic distinctiveness in the social enviorenment. *Journal of Personality and Social Psychology, 36*, 511–520.

McGuire, W. J., and Padawer-Singer, A. (1976). Trait salience in the spontaneous self-concept. *Journal of Personality and Social Psychology, 33*, 743–754.

McKean, K. (1985). Decisions. *Discover* (June), 22–31.

Medin, D. L. (1989). Concepts and conceptual structure. *American Psychologist, 44*, 1469–1481.

Medin, D. L., Goldstone, R. L., and Gentner, D. (1993). Respects for similarity. *Psychological Review, 100*, 254–278.

Medin, D. L., Lynch, E. B., and Coley, J. (1997). Categorization and reasoning among tree experts: Do all roads lead to Rome? *Cognitive Psychology, 32*, 49–96.

Medvec, V. H., Madey, S. F., and Gilovich, T. (1995). When less is more: Counterfactual thinking and satisfaction among Olympic medalists. *Journal of Personality and Social Psychology, 69*, 603–610.

Medvec, V. H., and Savitsky, K. (1997). When doing better means feeling worse: The effects of categorical cutoff points on counterfactual thinking and satisfaction. *Journal of Personality and Social Psychology, 72*, 1284–1296.

Meehl, P. E. (1954). *Clinical versus statistical prediction: A theoretical analysis and review of the literature.* Minneapolis: University of Minnesota Press.

Merikle, P. M. (1992). Perception without awareness: Critical issues. *American Psychologist, 47*, 792–795.

Merikle, P. M., Joordens, S., and Stolz, J. A. (1995). Measuring the relative magnitude of unconscious influences. *Consciousness and Cognition, 4*, 422–439.

Miller, D. T., and McFarland, C. (1986). Counterfactual thinking and victim compensation: A test of norm theory. *Personality and Social Psychology Bulletin, 12*, 513–519.

Miller, D. T., and McFarland, C. (1987). Pluralistic ignorance: When similarity is interpreted as dissimilarity. *Journal of Personality and Social Psychology, 53*, 298–305.

Miller, D. T., and McFarland, C. (1991). When social comparison goes awry: The case of pluralistic ignorance. In J. Suls and T. Wills (Eds.), *Social comparison: Contemporary theory and research* (pp. 287–313). Hillsdale, NJ: Erlbaum.

Miller, D. T., and Prentice, D. A. (1994). Collective errors and errors about the collective. *Personality and Social Psychology Bulletin, 20*, 541–550.

Miller, D. T., and Ross, M. (1975). Self-serving biases in attribution of causality: Fact or fiction? *Psychological Bulletin, 82*, 213–225.

Miller, D. T., Taylor, B., and Buck, M. L. (1991). Gender gaps: Who needs to be explained? *Journal of Personality and Social Psychology, 61*, 5–12.

Miller, D. T., and Taylor, B. R. (1995). Counterfactual thought, regret, and superstition: How to avoid kicking yourself. In N. J. Roese and J. M. Olsen (Eds.), *What might have been: The psychology of counterfactual thinking* (pp. 305–332). Mahwah, NJ: Erlbaum.

Miller, D. T., Turnbull, W., and McFarland, C. (1989). When a coincidence is suspicious: The role of mental simulation. *Journal of Personality and Social Psychology, 57*, 581–589.

Miller, D. T., Turnbull, W., and McFarland, C. (1990). Counterfactual thinking and social perception: Thinking about what might have been. In M. Zanna (Ed.), *Advances in Experimental Social Psychology* (Vol. 23, pp. 305–331). New York: Academic Press.

Miller, J. G. (1984). Culture and the development of everyday social explanation. *Journal of Personality and Social Psychology, 46*, 961–978.

Mischel, W. (1968). *Personality and assessment.* New York: Wiley.

Mischel, W. (1974). Processes in delay of gratification. In L. Berkowitz (Ed.), *Advances in experimental social psychology* (Vol. 7, pp. 249–292). San Diego, CA: Academic Press.

Mischel, W., and Peake, P. K. (1982). Beyond deja vu in the search for cross-situational consistency. *Psychological Review, 89*, 730–755.

Mischel, W., and Shoda, Y. (1995). A cognitive-affective system theory of personality: Reconceptualizing situations, dispositions, dynamics, and the invariance in personality structure. *Psychological Review, 102*, 246–268.

Mischel, W., Shoda, Y., and Peake, P. K. (1988). The nature of adolescent competencies predicted by preschool delay of gratification. *Journal of Personality and Social Psychology, 54*, 687–696.

Monteith, M. J. (1993). Self-regulation of prejudiced responses: Implications for progress in prejudice-reduction efforts. *Journal of Personality and Social Psychology, 65*, 469–485.

Monteith, M. J., Devine, P. G., and Zuwerink, J. R. (1993). Self-directed versus other-directed affect as a consequence of prejudice-related discrepancies. *Journal of Personality and Social Psychology, 64* 198–210.

Monteith, M. J., Sherman, J. W., and Devine, P. G. (1998). Suppression as a stereotype control strategy. *Personality and Social Psychology Review, 2,* 63–82.

Morris, M. W., and Peng, K. (1994). Culture and cause: American and Chinese attributions for social and physical events. *Journal of Personality and Social Psychology, 67,* 949–971.

Mullen, B., Atkins, J. L., Champion, D. S., Edwards, C., Hardy, D., Story, J. E., and Vanderklok, M. (1985). The false consensus effect: A meta-analysis of 115 hypothesis tests. *Journal of Experimental Social Psychology, 21,* 262–283.

Muraven, M., Tice, D. M., and Baumeister, R. F. (1998). Self-control as limited resource: Regulatory depletion patterns. *Journal of Personality and Social Psychology, 74,* 774–789.

Murphy, G. L., and Medin, D. L. (1985). The role of theories in conceptual coherence. *Psychological Review, 92,* 289–316.

Murray, S. L., Holmes, J. G., and Griffin, D. W. (1996). The benefits of positive illusions: Idealization and the construction of satisfaction in close relationships. *Journal of Personality and Social Psychology, 70,* 79–98.

Murray, S. L., Holmes, J. G., MacDonald, G., and Ellsworth, P. C. (1998). Love me? Love me not? When self-doubts turn into relationship insecurities. *Journal of Personality and Social Psychology, 75,* 1459–1480.

Neely, J. H. (1977). Semantic priming and retrieval from lexical memory: Roles of inhbitionless spreading activation and limited-capacity attention. *Journal of Experimental Psychology: General, 106,* 226–2254.

Neisser, U., and Harsch, N. (1992). Phantom flashbulbs: False recollections of hearing the news about Challenger. In E. Winograd and U. Neisser (Eds.), *Affect and accuracy in recall: Studies of "flashbulb memories"* (pp. 9–31). Cambridge: Cambridge University Press.

Neuberg, S. L., and Fiske, S. T. (1987). Motivational influences on impression formation: Dependency, accuracy-driven attention, and individuating information. *Journal of Personality and Social Psychology, 53,* 431–444.

Newcomb, T. M. (1929). *The consistency of certain extrovert-introvert behavior patterns in 51 problem boys.* New York: Columbia University, Teachers College, Bureau of Publications.

Niedenthal, P. M., Setterlund, M. B., and Wherry, M. B. (1992). Possible self-complexity and affective reactions to goal-relevant evaluation. *Journal of Personality and Social Psychology, 63,* 5–16.

Nisbett, R. E. (1993). Violence and U.S. regional culture. *American Psychologist, 48,* 441–449.

Nisbett, R. E., and Borgida, E. (1975). Attribution and the psychology of prediction. *Journal of Personality and Social Psychology, 32,* 932–943.

Nisbett, R. E., and Cohen, D. (1996). *Culture of honor: The psychology of violence in the South.* Boulder, CO: Westview Press.

Nisbett, R. E., Krantz, D. H., Jepson, C., and Kunda, Z. (1983). The use of statistical heuristics in everyday inductive reasoning. *Psychological Review, 90,* 339–363.

Nisbett, R. E., and Kunda, Z. (1985). Perception of social distributions. *Journal of Personality and Social Psychology, 48,* 297–311.

Nisbett, R. E., and Ross, L. (1980). *Human inference: Strategies and shortcomings of social judgment.* Englewood Cliffs, NJ: Prentice Hall.

Nisbett, R. E., and Wilson, D. (1977). Telling more than we can know: Verbal reports on mental processes. *Psychological Review, 84,* 231–253.

Nisbett, R. E., Zukier, H., and Lemley, R. E. (1981). The dilution effect: Nondiagnostic information weakens the implications of diagnostic information. *Cognitive Psychology, 13*, 248–277.

Northcraft, G. B., and Neale, M. A. (1987). Experts, amateurs, and real estate: An anchoring-and-adjustment perspective on property pricing decisions. *Organizational Behavior and Human Decision Processes, 39*, 84–97.

Nunnally, J. C. (1978). *Psychometric theory* (2nd ed.). New York: McGraw Hill.

Olson, J. M., Roese, N. J., and Zanna, M. P. (1996). Expectancies. In E. T. Higgins and A. W. Kruglanski (Eds.), *Social psychology: Handbook of basic principles* (pp. 211–238). New York: Guilford Press.

Oyserman, D., and Markus, H. R. (1990). Possible selves and delinquency. *Journal of Personality and Social Psychology, 59*, 112–125.

Park, B. (1986). A method for studying the development of impressions of real people. *Journal of Personality and Social Psychology, 51*, 907–917.

Park, B., DeKay, M. L., and Kraus, S. (1994). Aggregating social behavior into person models: Perceiver-induced consistency. *Journal of Personality and Social Psychology, 66*, 437–459.

Park, B., and Hastie, R. (1987). Perception of variability in category development: Instance- versus abstraction-based stereotypes. *Journal of Personality and Social Psychology, 53*, 621–636.

Park, B., Judd, C. M., and Ryan, C. S. (1991). Social categorization and the representation of variablity information. In W. Stroebe and M. Hewstone (Eds.), *European review of social psychology* (pp. 211–245). Chichester, England: Wiley.

Park, B., and Rothbart, M. (1982). Perception of out-group homogeneity and levels of social categorization: Memory for the subordinate attributes of in-group and out-group members. *Journal of Personality and Social Psychology, 42*, 1051–1068.

Piaget, J. (1962). *Plays, dreams and imitation in childhood.* New York: Norton.

Parrot, G. W., and Sabini, J. (1990). Mood and memory under natural conditions: Evidence for mood incongruent recall. *Journal of Personality and Social Psychology, 59*, 321–336.

Pelham, B. W., and Neter, E. (1995). The effect of motivation on judgment depends of the difficulty of the judgment. *Journal of Personality and Social Psychology, 68*, 581–594.

Pelham, B. W., and Wachsmuth, J. O. (1995). The waxing and waning of the social self: Assimilation and contrast in social comparison. *Journal of Personality and Social Psychology, 69*, 825–838.

Pennington, N., and Hastie, R. (1986). Evidence evaluation in complex decision making. *Journal of Personality and Social Psychology, 51*, 242–254.

Pennington, N., and Hastie, R. (1988). Explanation-based decision making: effects of memory structure on judgment. *Journal of Experimental Psychology: Learning, Memory, and Cognition, 14*, 521–533.

Pennington, N., and Hastie, R. (1992). Explaining the evidence: Tests of the story model for juror decision making. *Journal of Personality and Social Psychology, 62*, 189–206.

Peterson, D. R. (1968). *The clinical study of social behavior.* New York: Appleton.

Pettigrew, T. F. (1979). The ultimate attribution error: Extending Allport's cognitive analysis to prejudice. *Personality and Social Psychology Bulletin, 5*, 461–476.

Petty, R. E., and Cacioppo, J. T. (1986). The elaboration likelihood model of persuasion. In L. Berkowitz (Ed.), *Advances in experimental social psychology* (Vol. 29, pp. 123–205). New York: Academic Press.

Petty, R. E., Harkins, S. G., and Williams, K. D. (1980). The effects of group diffusion of cognitive effort on attitudes: An information processing view. *Journal of Personality and Social Psychology, 38*, 81–92.

Phillips, L. D., and Edwards, W. (1966). Conservatism in a simple probability inference task. *Journal of Experimental Psychology, 72*, 346–354.

Plous, S. (1989). Thinking the unthinkable: The effects of anchoring on likelihood estimates of nuclear war. *Journal of Applied Social Psychology*, 19, 67–91.

Pratkanis, A. R., Greenwald, A. G., Leippe, M. R., and Baumgardner, M. H. (1988). In search of reliable persuasion effects: III. The sleeper effect is dead. Long live the sleeper effect. *Journal of Personality and Social Psychology, 54*, 203–218.

Prentice, D. A., and Miller, D. T. (1993). Pluralistic ignorance and alcohol use on campus: Some consequences of misperceiving the social norm. *Journal of Personality and Social Psychology, 64*, 243–256.

Prentice, D. A., and Miller, D. T. (1996). Pluralistic ignorance and the perpetuation of social norms by unwitting actors. In M. P. Zanna (Ed.), *Advances in experimental social psychology* (Vol. 28, pp. 161–209). San Diego, CA: Academic Press.

Purdue, C. W., and Gurtman, M. B. (1990). Evidence for the automaticity of ageism. *Journal of Experimental Social Psychology, 26*, 199–216.

Pyszczynski, T., and Greenberg, J. (1987). Toward an integration of cognitive and motivational perspectives on social inference: A biased hypothesis-testing model. In L. Berkowitz (Ed.), *Advances in experimental social psychology* (Vol. 20, pp. 297–340). New York: Academic Press.

Pyszczynski, T., La Prelle, J., and Greenberg, J. (1987). Encoding and retrieval effects of general person characterizations on memory for incongruent and congruent information. *Personality and Social Psychology Bulletin, 13*, 556–567.

Quattrone, G. A. (1982). Overattribution and unit formation: When behavior engulfs the person. *Journal of Personality and Social Psychology, 42*, 593–607.

Quattrone, G. A., and Jones, E. E. (1980). The perception of variability within ingroups and outgroups: Implications for the law of small numbers. *Journal of Personality and Social Psychology, 38*, 141–152.

Ratcliff, R., and McKoon, G. (1988). A retrieval theory of priming in memory. *Psychological Review, 95*, 385–408.

Read, S. J., and Marcus-Newhall, A. (1993). Explanatory coherence in social explanations: A parallel distributed processing account. *Journal of Personality and Social Psychology, 65*, 429–447.

Read, S. J., and Miller, L. C. (1993). Rapist or "regular guy": Explanatory coherence in the construction of mental models of others. *Personality and Social Psychology Bulletin, 19*, 526–541.

Redelmeier, D. A., and Tversky, A. (1996). On the belief that arthritis pain is related to the weather. *Procedures of the National Academy of Science, 93*, 2895–2896.

Roese, N. J. (1994). The functional basis of counterfactual thinking. *Journal of Personality and Social Psychology, 66*, 805–818.

Roese, N. J. (1997). Counterfactual thinking. *Psychological Bulletin, 121*, 133–148.

Roese, N. J., and Olson, J. M. (1995). Functions of counterfactual thinking. In N. J. Roese and J. M. Olson (Eds.), *What might have been: The psychology of counterfactual thinking* (pp. 169–198). Mahwah, NJ: Erlbaum.

Roese, N. J., and Olson, J. M. (1997). Counterfactual thinking: The intersection of affect and function. In M. P. Zanna (Ed.), *Advances in experimental social psychology* (Vol. 29, pp. 1–59). San Diego, CA: Academic Press.

Rosch, E. (1978). Principles of categorization. In E. Rosch and B. B. Lloyd (Eds.), *Cognition and categorization* (pp. 27–48). Hillsdale, NJ: Erlbaum.

Rosch, E., and Mervis, C. (1975). Family resemblances: Studies in the internal structure of categories. *Cognitive Psychology, 7*, 573–605.

Rosch, E., Mervis, C. G., Gray, W. D., Johnson, D. M., and Bayes Braem, P. (1976a). Basic objects in natural categories. *Cognitive Psychology, 8*, 382–439.

Rosch, E., Simpson, C., and Miller, R. S. (1976b). Structural bases of typicality effects. *Journal of Experimental Psychology: Human Perception and Performance, 2*, 491–502.

Rosenberg, M. (1965). *Society and the adolescent self-image.* Princeton: Princeton University Press.

Rosenthal, R., and Jacobson, L. (1968). *Pygmalion in the classroom: Teacher expectations and student intellectual development.* New York: Holt, Rinehart, and Winston.

Ross, L. (1977). The intuitive psychologist and his shortcomings. In L. Berkowitz (Ed.), *Advances in experimental social psychology* (Vol. 10, pp. 173–220). San Diego, CA: Academic Press.

Ross, L., Amabile, T. M., and Steinmetz, J. L. (1977a). Social roles, social control, and biases in social-perception processes. *Journal of Personality and Social Psychology, 35*, 485–494.

Ross, L., Greene, D., and House, P. (1977b). The "false consensus effect": An egocentric bias in social perception and attribution processes. *Journal of Experimental Social Psychology, 13*, 279–301.

Ross, L., Lepper, M. R., and Hubbard, M. (1975). Perseverance in self-perception and social perception: Biased attribution processes in the debriefing paradigm. *Journal of Personality and Social Psychology, 32*, 880–892.

Ross, L., and Nisbett, R. E. (1991). *The person and the situation: Perspectives of social psychology.* New York: McGraw-Hill.

Ross, M. (1997). Validating memories. In N. L. Stein, P. A. Ornstein, B. Tversky, and C. Brainerd (Eds.), *Memory for everyday and emotional events* (pp. 49–81). Mahwah, NJ: Erlbaum.

Ross, M. (1989). Relation of implicit theories to the construction of personal histories. *Psychological Review, 96*, 341–357.

Ross, M., Buehler, R., and Karr, J. W. (1998). Assessing the accuracy of conflicting autobiographical memories. *Memory and Cognition, 26*, 1233–1244.

Ross, M., and Ellard, J. H. (1986). On winnowing: The impact of scarcity on allocators' evaluations of candidates for a resource. *Journal of Experimental Social Psychology, 22*, 374–388.

Ross, M., McFarland, C., and Fletcher, G. J. O. (1981). The effect of attitude on recall of past histories. *Journal of Personality and Social Psychology, 10*, 627–634.

Ross, M., and Sicoly, F. (1979). Egocentric biases in availability and attribution. *Journal of Personality and Social Psychology, 37*, 322–337.

Rothbart, M., and John, O. P. (1985). Social categorization and behavioral episodes: A cognitive analysis of the effects of intergroup contact. *Journal of Social Issues, 41*, 81–104.

Rothbart, M., and Lewis, S. (1988). Inferring category attributes from exemplar attributes: Geometric shapes and social categories. *Journal of Personality and Social Psychology, 55*, 861–872.

Rumelhart, D. E. (1984). Schemata and the cognitive system. In R. S. Wyer and T. K. Srull (Eds.), *Handbook of Social Cognition* Hillsdale (Vol. 1, pp. 161–188). NJ: Erlbaum.

Rumelhart, D. E., and McClelland, J. L. (Eds.). (1986). *Parallel distributed processing: Explorations in the microstructure of cognition.* Cambridge, MA: MIT Press.

Sagar, H. A., and Schofield, J. W. (1980). Racial and behavioral cues in black and white children's perceptions of ambiguously aggressive acts. *Journal of Personality and Social Psychology, 39*, 590–598.

Salovey, P., and Birnbaum, D. (1989). Influence of mood on health-relevant cognitions. *Journal of Personality and Social Psychology, 57*, 539–551.

Sanitioso, R., Kunda, Z., and Fong, G. T. (1990). Motivated recruitment of autobiographical memories. *Journal of Personality and Social Psychology, 59*, 229–241.

Schachter, S., and Singer, J. E. (1962). Cognitive, social, and physiological determinants of emotional state. *Psychological Review, 69*, 379–399.

Schacter, D. L. (1987). Implicit memory: History and current status. *Journal of Experimental Psychology: Learning, Memory, and Cognition, 13*, 501–518.

Schacter, D. L. (1996). *Searching for memory: The brain, the mind, and the past.* New York: Basic Books.

Schaller, M. (1992). In-group favoritism and statistical reasoning in social inference: Implications for formation and maintenance of group stereotypes. *Journal of Personality and Social Psychology, 63*, 61–74.

Schanck, R. L. (1932). A study of community and its group institutions conceived of as behavior of individuals. *Psychological Monographs, 43*, 1–133.

Schul, Y. (1983). Integration and abstraction in impression formation. *Journal of Personality and Social Psychology, 44*, 45–54.

Schwarz, N. (1990). Feelings as information: Informational and motivational functions of affective states. In E. T. Higgins and R. Sorrentino (Eds.), *Handbook of motivation and cognition: Foundations of social behavior* (Vol. 2, pp. 527–561). New York: Guilford Press.

Schwarz, N. (1994). Judgement in social context: Biases, shortcomings, and the logic of conversation. In M. P. Zanna (Ed.), *Advances in Experimental Social Psychology* (Vol. 26, pp. 123–162). San Diego: Academic Press.

Schwarz, N., and Bless, H. (1992). Scandals and the public's trust in politicians: Assimilation and contrast effects. *Personality and Social Psychology Bulletin, 18*, 574–579.

Schwarz, N., Bless, H., Strack, F., Klumpp, G., Rittenauer-Schatka, H., and Simons, A. (1991). Ease of retrieval of information: Another look at the availability heuristic. *Journal of Personality and Social Psychology, 61* 195–202.

Schwarz, N., and Clore, G. L. (1983). Mood, misattribution, and judgements of well-being: Informative and directive functions of affective states. *Journal of Personality and Social Psychology, 45*, 513–523.

Schwarz, N., and Clore, G. L. (1996). Feelings and phenomenal experience. In E. T. Higgins and A. W. Kruglanski (Eds.), *Social psychology: Handbook of basic principles* (pp. 433–465). New York: Guilford Press.

Schwarz, N., Strack, F., Hilton, D. J., and Naderer, G. (1991). Base rates, representativeness, and the logic of conversation: The contextual relevance of "irrelevant" information. *Social Cognition, 9*, 67–84.

Shafir, E. (1993). Choosing versus rejecting: Why some options are both better and worse than others. *Memory and Cognition, 21*, 546–556.

Sherif, M., Harvey, O. J., White, J., Hood, W., and Sherif, C. (1961). *Intergroup conflict and cooperation: The Robber's Cave experiment.* Norman: University of Oklahoma Institute of Intergroup Relations.

Sherman, J. W., and Klein, S. B. (1994). Development and representation of personality impressions. *Journal of Personality and Social Psychology, 67*, 972–983.

Sherman, S. J., and McConnell, A. R. (1995). Dysfunctional implications of counterfactual thinking: When alternatives to reality fail us. In N. J. Roese and J. M. Olsen (Eds.),

What might have been: The psychology of counterfactual thinking (pp. 199–232). Mahwah, NJ: Erlbaum.

Sherman, S. J., Presson, C. C., and Chassin, L. (1984). Mechanisms underlying the false consensus effect: The special role of threats to the self. *Personality and Social Psychology Bulletin, 10*, 127–138.

Sherman, S. J., Presson, C. C., Chassin, L., Corty, E., and Olshavsky, P. (1983). The false consensus effect in estimates of smoking prevalence: Underlying mechanisms. *Personality and Social Psychology Bulletin, 9*, 197–207.

Sherman, S. J., Skov, R. B., Hervitz, E. F., and Stock, C. B. (1981). The effects of explaining hypothetical future events: From possibility to actuality and beyond. *Journal of Experimental Social Psychology, 17*, 142–158.

Shiffrin, R. M., and Schneider, W. (1977). Controlled and automatic human information processing: II. Perceptual learning, automatic attending, and general theory. *Psychological Review, 84*, 127–190.

Shilts, R. (1987). *And the band played on: Politics, people, and the AIDS epidemic.* New York: St. Martin's Press.

Shoda, Y., Mischel, W., and Wright, J. C. (1994). Intraindividual stability in the organization and patterning of behavior: Incorporating psychological situations into the idiographic analysis of personality. *Journal of Personality and Social Psychology, 67*, 674–687.

Showers, C. (1992). Compartmentalization of positive and negative self-knowledge: Keeping bad apples out of the bunch. *Journal of Personality and Social Psychology, 62*, 1036–1049.

Showers, C. J., and Kling, K. C. (1996). Organization of self-knowledge: Implications for recovery from sad mood. *Journal of Personality and Social Psychology, 70*, 578–590.

Shultz, T. R., and Lepper, M. R. (1996). Cognitive dissonance reduction as constraint satisfaction. *Psychological Review, 103*, 219–240.

Shweder, R. A., and LeVine, R. A. (1984). *Culture theory: Essays on mind, self, and emotion.* New York: Cambridge University Press.

Simon, H. (1957). *Models of man: Social and rational.* New York: Wiley.

Sinclair, L. (1998). *Justifying desired impressions of evaluators: Motivated activation, application, and inhibition of stereotypes.* Unpublished doctoral dissertation, University of Waterloo.

Singer, J. A., and Salovey, P. (1988). Mood and memory: Evaluating the network theory of affect. *Clinical Psychological Review, 8*, 211–251.

Skinner, B. F. (1963). Operant behavior. *American Psychologist, 18*, 503–515.

Skov, R. B., and Sherman, S. J. (1986). Information gathering processes: Diagnosticity, hypothesis-confirmatory strategies, and perceived hypothesis confirmation. *Journal of Experimental Social Psychology, 22*, 93–121.

Slovic, P., Fischhoff, B., and Lichtenstein, S. (1982). Facts versus fears: Understanding perceived risk. In D. Kahneman, P. Slovic, and A. Tversky (Eds.), *Judgment under uncertainty: Heuristics and biases* (pp. 436–489). New York: Cambridge University Press.

Slusher, M. P., and Anderson, C. A. (1987). When reality monitoring fails: The role of imagination in stereotype maintenance. *Journal of Personality and Social Psychology, 52*, 653–662.

Smelsund, J. (1963). The concept of correlation in adults. *Scandinavian Journal of Psychology, 4*, 165–173.

Smith, E. E. (1990). Categorization. In D. N. Osherson and E. E. Smith (Eds.), *Thinking: An invitation to cognitive science* (pp. 33–53). Cambridge, MA: MIT Press.

Smith, E. E., and Medin, D. L. (1981). *Categories and concepts*. Cambridge, MA: Harvard University Press.

Smith, E. R. (1996). What do connectionism and social psychology offer each other? *Journal of Personality and Social Psychology, 70*, 893–912.

Smith, E. R. (1998). Mental representations and memory. In D. Gilbert, S. T. Fiske, and G. Lindzey (Eds.), *Handbook of Social Psychology* (Vol. 1, 4th ed. pp. 391–345). New York: McGraw-Hill.

Smith, E. R., Fazio, R. H., and Cejka, M. A. (1996). Accessible attitudes influence categorization of multiply categorizable objects. *Journal of Personality and Social Psychology, 71*, 888–898.

Smith, E. R., and Miller, F. D. (1978). Limits on perception of cognitive processes: A reply to Nisbett and Wilson. *Psychological Review, 85*, 355–362.

Smith, E. R., and Zarate, M. A. (1992). Exemplar-based model of social judgment. *Psychological Review, 99*, 3–21.

Snyder, M. (1984). When belief creates reality. In L. Berkowitz (Ed.), *Advances in experimental social psychology* (Vol. 18, pp. 248–306). New York: Academic Press.

Snyder, M., and Cantor, N. (1979). Testing hypotheses about other people: The use of historical knowledge. *Journal of Experimental Social Psychology, 15*, 330–342.

Snyder, M., and Swann, W. B. (1978). Hypothesis testing in social interaction. *Journal of Personality and Social Psychology, 36*, 1202–1212.

Sorrentino, R. M., and Higgins, E. T. (1986). Motivation and cognition: Warming up to synergism. In R. M. Sorrentino and E. T. Higgins (Eds.), *Handbook of motivation and cognition*. (pp. 3–19). New York: Guilford Press.

Sowell, T. (1981). *Ethinic America*. New York: Basic Books.

Spellman, B. A., and Holyoak, K. J. (1992). If Saddam is Hitler then who is George Bush? Analogical mapping between systems of social roles. *Journal of Personality and Social Psychology, 62*, 913–933.

Spencer, S. J., Fein, S., Wolfe, C., Hodgson, H. L., and Dunn, M. A. (1998). Stereotype activation under cognitive load: The moderating role of self-image threat. *Personality and Social Psychology Bulletin, 24*, 1139–1152.

Spencer, S. J., Steele, C. M., and Quinn, D. M. (1999). Stereotype threat and women's math performance. *Journal of Experimental Social Psychology, 35*, 4–28.

Srull, T. K. (1981). Person memory: Some tests of associative storage and retrieval models. *Journal of Experimental Psychology: Human Learning and Memory, 7*, 440–463.

Srull, T. K., Lichtenstein, M., and Rothbart, M. (1985). Associative storage and retrieval processes in person memory. *Journal of Experimental Psychology: Learning, Memory, and Cognition, 11*, 316–345.

Srull, T. K., and Wyer, R. S. J. (1979). The role of category accessibility in the interpretation of information about persons: Some determinants and implications. *Journal of Personality and Social Psychology, 37*, 1660–1672.

Stangor, C., and Lange, J. (1994). Mental representations of social groups: Advances in understanding stereotypes and stereotyping. In M. P. Zanna (Ed.), *Advances in Experimental Social Psychology* (Vol. 26, pp. 357–416). San Diego: Academic Press.

Stangor, C., Lynch, L., Duan, C., and Glass, B. (1992). Categorization of individuals on the basis of mulitple social features. *Journal of Personality and Social Psychology, 62*, 207–218.

Stangor, C., and McMillan, D. (1992). Memory for expectancy-congruent and expectancy-incongruent information: A review of the social and social developmental literatures. *Psychological Bulletin, 111*, 42–61.

Steele, C., M., and Liu, T. J. (1983). Dissonance processes as self-affirmation. *Journal of Personality and Social Psychology, 45*, 5–19.

Steele, C. M. (1988). The psychology of self-affirmation: Sustaining the integrity of the self. In L. Berkowitz (Ed.), *Advances in experimental social psychology* (Vol. 21, pp. 261–302). New York: Academic Press.

Steele, C. M. (1997). A threat in the air: How stereotypes shape intellectual identity and performance. *American Psychologist, 52*, 613–629.

Steele, C. M., and Aronson, J. (1995). Stereotype threat and the intellectual test performance of African Americans. *Journal of Personality and Social Psychology, 69*, 797–811.

Steele, C. M., Spencer, S. J., and Lynch, M. (1993). Self-image resilience and dissonance: The role of affirmational resources. *Journal of Personality and Social Psychology, 64*, 885–896.

Stein, M. I. (1966). *Volunteers for peace.* New York: Wiley.

Stephan, W. G. (1985). Intergroup relations. In G. Lindzey and E. Aronson (Eds.), *Handbook of social psychology* (pp. 599–658). New York: Random House.

Strack, F., and Mussweiler, T. (1997). Explaining the enigmatic anchoring effect: Mechanisms of selective accessibility. *Journal of Personality and Social Psychology, 73*, 437–446.

Stroessner, S. J., Hamilton, D. L., and Mackie, D. M. (1992). Affect and stereotyping: The effect of induced mood on distinctiveness-based illusory correlations. *Journal of Personality and Social Psychology, 62*, 564–576.

Swann, W. B. (1984). Quest for accuracy in person perception: A matter of pragmatics. *Psychological Review, 91*, 457–477.

Swann, W. B. (1987). Identity negotiation: Where two roads meet. *Journal of Personality and Social Psychology, 53*, 1038–1051.

Swann, W. B. (1990). To be adored or to be known?: The interplay of self-enhancement and self-verification. In E. T. Higgins and R. Sorrentino (Eds.), *Handbook of motivation and cognition: Foundations of social behavior* (Vol. 2, pp. 527–561). New York: Guilford Press.

Swann, W. B., De La Ronde, C., and Hixon, J. G. (1994). Authenticity and positivity strivings in marriage and courtship. *Journal of Personality and Social Psychology, 66*, 857–869.

Swann, W. B., Griffin, J. J., Predmore, S. C., and Gaines, B. (1987). The cognitive-affective crossfire: When self-consistency confronts self-enhancement. *Journal of Personality and Social Psychology, 52*, 881–889.

Swann, W. B., Pelham, B. W., and Krull, D. S. (1989). Agreeable fancy or disagreeable truth? Reconciling self-enhancement and self-verification. *Journal of Personality and Social Psychology, 57*, 782–791.

Swann, W. B. J., and Read, S. J. (1981). Self-verification processes: How we sustain our self-conceptions. *Journal of Experimental Social Psychology, 17*, 351–370.

Tanaka, J. W., and Taylor, M. (1991). Object categories and expertise: Is the basic level in the eye of the beholder? *Cognitive Psychology, 23*, 457–482.

Taylor, D. M., and Jaggi, V. (1974). Ethnocentrism and causal attribution in a South Indian context. *Journal of Cross-Cultural Psychology, 5*, 162–171.

Taylor, S. E. (1991). Asymmetrical effects of positive and negative events: The mobilization-minimization hypothesis. *Psychological Bulletin, 110*, 67–85.

Taylor, S. E., and Brown, J. D. (1988). Illusion and well-being: A social psychological perspective on mental health. *Psychological Bulletin, 103*, 193–210.

Taylor, S. E., and Fiske, S. T. (1975). Point of view and perceptions of causality. *Journal of Personality and Social Psychology, 32*, 439–445.

Taylor, S. E., and Fiske, S. T. (1978). Salience, attention, and attribution: Top of the head phenomena. In L. Berkowitz (Ed.), *Advances in exprimental social psychology* (Vol. 11, pp. 249–288). New York: Academic Press.

Taylor, S. E., Fiske, S. T., Etcoff, N. L., and Ruderman, A. J. (1978). Categorical and contextual bases of person memory and stereotyping. *Journal of Personality and Social Psychology, 36*, 778–793.

Taylor, S. E., and Golllwitzer, P. M. (1995). Effects of mindset on positive illusions. *Journal of Personality and Social Psychology, 69*, 213–226.

Taylor, S. E., and Crocker, J. (1981). Schematic basis of social information processing. In E. T. Higgins, C. P. Herman, and M. P. Zanna (Eds.), *Social cognition: The Ontario symposium* (Vol. 1, pp. 89–134). Hillsdale, NJ: Erlbaum.

Tesser, A. (1986). Some effects of self-evaluation maintenance on cognition and action. In R. M. Sorrentino and E. T. Higgins (Eds.), *The handbook of motivation and cognition: Foundations of Social Behavior* (pp. 435–464). New York: Guilford Press.

Tesser, A. (1988). Toward a self-evaluation maintenance model of social behavior. In L. Berkowitz (Eds.), *Advances in experimental social psychology* (Vol. 21, pp. 181–227). New York: Academic Press.

Tesser, A. (1991). Emotion in social comparison and reflection processes. In J. Suls and T. A. Wills (Eds.), *Social comparison: Contemporary theory and research* (pp. 115–145). Hillsdale, NJ: Erlbaum.

Tesser, A., and Campbell, J. (1983). Self-definition and self-evaluation maintenance. In J. Suls and A. Greenwald (Eds.), *Social psychological perspectives on the self* (pp. 1–31). Hillsdale, NJ: Erlbaum.

Tesser, A., and Cornell, D. P. (1991). On the confluence of self processes. *Journal of Experimental Social Psychology, 27*, 501–526.

Tetlock, P. E., and Boettger, R. (1989). Accountability: A social magnifier of the dilution effect. *Journal of Personality and Social Psychology, 57*, 388–398.

Tetlock, P. E., and Kim, J. I. (1987). Accountability and judgment processes in a personality prediction task. *Journal of Personality and Social Psychology, 52*, 700–709.

Tetlock, P. E., and Levi, A. (1982). Attribution bias: On the inconclusiveness of the cognition-motivation debate. *Journal of Experimental Social Psychology, 18*, 68–88.

Thagard, P. (1989). Explanatory coherence. *Behavioral and Brain Sciences, 12*, 435–467.

Thagard, P. (1992). *Conceptual revolutions*. Princeton: Princeton University Press.

Thagard, P., and Kunda, Z. (1998). Making sense of people: Coherence mechanisms. In S. J. Read and L. C. Miller (Eds.), *Connectionist models of social reasoning and social behavior* (pp. 3–26). Mahwah, NJ: Erlbaum.

Triandis, H. C. (1989). The self and social behavior in differing cultural contexts. *Psychological Review, 96*, 506–520.

Trope, Y. (1986a). Identification and inferential processes in dispositional attribution. *Psychological Review, 93*, 239–257.

Trope, Y. (1986b). Self-enhancement and self-assessment in achievement behavior. In R. M. Sorrentino and E. T. Higgins (Eds.), *Handbook of motivation and cognition* (pp. 350–378). New York: Guilford Press.

Trope, Y., and Alfieri, T. (1997). Effortfulness and flexibility of dispositional judgment processes. *Journal of Personality and Social Psychology, 73*, 662–674.

Trope, Y., and Bassok, M. (1982). Confirmatory and diagnostic strategies in social information gathering. *Journal of Personality and Social Psychology, 43*, 22–34.

Trope, Y., and Bassok, M. (1983). Information-gathering strategies in hypothesis-testing. *Journal of Experimental Social Psychology* 19, 560–576.

Tulving, E., Schacter, D. L., and Stark, H. (1982). Priming effects in word-fragment completion are independent of recognition memory. *Journal of Experimental Psychology: Learning, Memory, and Cognition, 8*, 336–342.

Tulving, E., and Thomson, D. M. (1973). Encoding specificity and retrieval processes in episodic memory. *Psychological Review, 80*, 352–373.

Turnbull, W. (1981). Naive conceptions of free will and the deterministic paradox. *Canadian Journal of Behavioral Science, 13*, 1–13.

Tversky, A. (1977). Features of similarity. *Psychological Review, 84*, 327–352.

Tversky, A., and Kahneman, D. (1971). Belief in the law of small numbers. *Psychological Bulletin, 76*, 105–110.

Tversky, A., and Kahneman, D. (1973). Availability: A heuristic for judging frequency and probability. *Cognitive Psychology, 5*, 207–232.

Tversky, A., and Kahneman, D. (1974). Judgment under uncertainty: Heuristics and biases. *Science, 185*, 1124–1131.

Tversky, A., and Kahneman, D. (1983). Extensional versus intuitive reasoning: The conjunction fallacy in probability judgment. *Psychological Review, 90*, 293–315.

Uleman, J. S., and Bargh, J. A. (Eds.). (1989). *Unintended thought.* New York: Guilford Press.

Uleman, J. S., Newman, L. S., and Moskowitz, G. B. (1996). People as flexible interpreters: Evidence and issues from spontaneous trait inference. In M. P. Zanna (Ed.), *Advances in Experimental Social Psychology* (Vol. 28, pp. 211–279). San Diego: Academic Press.

Vaillant, G. E. (1977). *Adaption to life.* Boston: Little, Brown.

Vallone, R. P., Griffin, D. W., Lin, S., and Ross, L. (1990). Overconfident prediction of future actions and outcomes by self and others. *Journal of Personality and Social Psychology, 58*, 582–592.

von Hippel, W., Jonides, J., Hilton, J. L., and Narayan, S. (1993). Inhibitory effect of schematic processing on perceptual encoding. *Journal of Personality and Social Psychology, 64*, 921–935.

Wanke, M., Bless, H., and Biller, B. (1996). Subjective experience versus content of information in the construction of attitude judgments. *Personality and Social Psychology Bulletin, 22*, 1105–1113.

Weber, R., and Crocker, J. (1983). Cognitive processes in the revision of stereotypic beliefs. *Journal of Personality and Social Psychology, 45*, 961–977.

Webster, D. M. (1993). Motivated augmentation and reduction of the overattribution bias. *Journal of Personality and Social Psychology, 65*, 261–271.

Wegener, D. T., Petty, R. E., and Smith, S. M. (1995). Positive mood can increase or decrease message scrutiny: The hedonic contingency view of mood and message processing. *Journal of Personality and Social Psychology, 69*, 5–15.

Wegner, D. M. (1994). Ironic processes of mental control. *Psychological Review, 101*, 34–52.

Wegner, D. M., and Bargh, J. A. (1998). Control and automaticity in social life. In D. T. Gilbert, S. T. Fiske, and G. Lindzey (Eds.), *The Handbook of Social Psychology* (Vol. 1, 4th. ed., pp. 446–496). New York: McGraw-Hill.

Wegner, D. M., and Erber, R. (1992). The hyperaccessibility of suppressed thoughts. *Journal of Personality and Social Psychology, 63*, 903–912.

Wells, G. L., and Gavanski, I. (1989). Mental simulation of causality. *Journal of Personality and Social Psychology, 56*, 161–169.

Wilder, D. A., Simon, A. F., and Faith, M. (1996). Enhancing the impact of counterstereotypic information: Dispositional attributions for deviance. *Journal of Personality and Social Psychology, 71*, 276–287.

Wilson, T. D., and Brekke, N. (1994). Mental contamination and mental correction: Unwanted influences on judgments and evaluations. *Psychological Bulletin, 116*, 117–142.

Wilson, T. D., and LaFleur, S. J. (1995). Knowing what you'll do: Effects of analyzing reasons on self-prediction. *Journal of Personality and Social Psychology, 68*, 21–35.

Wilson, T. D., and Schooler, J. W. (1991). Thinking too much can reduce the quality of preferences and decisions. *Journal of Personality and Social Psychology, 60*, 181–192.

Winter, L., and Uleman, J. S. (1984). When are social judgments made? Evidence for the spontaneousness of trait inferences. *Journal of Personality and Social Psychology, 47*, 237–252.

Winter, L., Uleman, J. S., and Cunniff, C. (1985). How automatic are social judgments? *Journal of Personality and Social Psychology, 49*, 904–917.

Wittenbrink, B., Gist, P. L., and Hilton, J. L. (1997a). Structural properties of stereotypic knowledge and their influences on the construal of social situations. *Journal of Personality and Social Psychology, 72*, 526–543.

Wittenbrink, B., Judd, C. M., and Park, B. (1997b). Evidence for racial prejudice at the implicit level and its relationship with questionnaire measures. *Journal of Personality and Social Psychology, 72*, 262–274.

Wittgenstein, L. (1953). *Philosophical investigations.* New York: Macmillan.

Wong, P., and Weiner, B. (1981). When people ask "why" questions, and the heuristics of attributional search. *Journal of Personality and Social Psychology, 40*, 650–663.

Wood, J. V., Giordano-Beech, M., Taylor, K. L., Michela, J. L., and Gaus, V. (1994). Strategies of social comparison among people with low self-esteem: Self-protection and self-enhancement. *Journal of Personality and Social Psychology, 67*, 713–731.

Word, C. O., Zanna, M. P., and Cooper, J. (1974). The nonverbal mediation of self-fulfilling prophecies in interracial interaction. *Journal of Experimental Social Psychology, 10*, 109–120.

Wyer, R. S., and Gordon, S. (1982). The recall of information about persons and groups. *Journal of Experimental Social Psychology, 18*, 128–164.

Wyer, R. S., and Srull, T. K. (1986). Human cognition in its social context. *Psychological Review, 93*, 322–359.

Yarkin, K. L., Town, J. P., and Wallston, B. S. (1982). Blacks and women must try harder: Stimulus persons' race and sex attributions of causality. *Personality and Social Psychology Bulletin, 8*, 21–24.

Yee, D., and Eccles, J. S. (1988). Parent perceptions and attributions for chidren's math achievement. *Sex Roles*, 19, 317–333.

Zajonc, R. B. (1968). Attitudinal effects of mere exposure. *Journal of Personality and Social Psychology Monographs, 9*, 1–27.

Zajonc, R. B. (1980). Feeling and thinking: Preferences need no inferences. *American Psychologist, 35*, 151–175.

Zanna, M. P., and Cooper, J. (1974). Dissonance and the pill: An attributional approach to studying the arousal properties of dissonance. *Journal of Personality and Social Psychology, 29*, 703–709.

Zbrodoff, N. J., and Logan, G. D. (1986). On the autonomy of mental processes: A case study of mental arithmetic. *Journal of Experimental Psychology: General, 115*, 118–130.

Zuckerman, M., Knee, C. R., Hodgins, H. S., and Kunitate, M. (1995). Hypothesis confirmation: The joint effect of positive test strategy and acquiescence response set. *Journal of Personality and Social Psychology, 68*, 52–60.